特殊教育导论

肖　非　傅王倩◎主　编

TESHU JIAOYU DAOLUN

北京师范大学出版集团
BEIJING NORMAL UNIVERSITY PUBLISHING GROUP
北京师范大学出版社

图书在版编目(CIP)数据

特殊教育导论 / 肖非，傅王倩主编 . —北京：北京师范大学出版社，2021.1(2024.8 重印)

全国高等院校特殊教育专业精品教材

ISBN 978-7-303-26257-1

Ⅰ. ①特… Ⅱ. ①肖… ②傅… Ⅲ. ①特殊教育－高等学校－教材 Ⅳ. ①G76

中国版本图书馆 CIP 数据核字(2020)第 159436 号

图 书 意 见 反 馈　gaozhifk@bnupg.com　010-58805079
营 销 中 心 电 话　010-58802755　58800035
北师大出版社教师教育分社微信公众号　京师教师教育

TESHU JIAOYU DAOLUN

出版发行：北京师范大学出版社　www.bnupg.com
　　　　　北京市西城区新街口外大街 12－3 号
　　　　　邮政编码：100088
印　　刷：北京虎彩文化传播有限公司
经　　销：全国新华书店
开　　本：787 mm×1092 mm　1/16
印　　张：21.25
字　　数：421 千字
版　　次：2021 年 1 月第 1 版
印　　次：2024 年 8 月第 5 次印刷
定　　价：50.00 元

策划编辑：王建虹　　　　责任编辑：齐　琳　张筱彤
美术编辑：焦　丽　　　　装帧设计：焦　丽
责任校对：包冀萌　　　　责任印制：马　洁

丛书编委会

总　序

　　经过两个多世纪的发展，特殊教育已逐渐形成自己的学科体系，具备独特的研究范畴及研究方法。党和国家一直关心和支持特殊教育的发展。2016 年 8 月，国务院印发的《"十三五"加快残疾人小康进程规划纲要》特别指出，要"大力推行融合教育，建立随班就读支持保障体系，在残疾学生较多的学校建立特殊教育资源教室，提高普通学校接收残疾学生的能力，不断扩大融合教育规模"。2017 年 7 月，教育部等七部门联合印发了《第二期特殊教育提升计划(2017－2020 年)》，该计划是巩固一期成果、进一步提升残疾人受教育水平的必然要求，是推进教育公平、实现教育现代化的重要任务，是增进残疾人家庭福祉、加快残疾人小康进程的重要举措。2017 年 1 月，国务院对《残疾人教育条例》进行修订，修订后的条例强调保障残疾人教育机会平等、积极推进融合教育、加强对残疾人教育的支持保障，体现了对残疾人平等受教育权的尊重，体现了国家对残疾人的关爱，对残疾人公平接受教育机会、融入社会的关切。该条例的修订也是我国残疾人教育发展的新突破、新起点、新征程。

　　特殊教育对于残疾儿童和少年而言是促进其社会化发展、提高生活质量的必要途径。同时特殊教育解决的不仅是残疾人的个人问题，更是家庭问题和社会问题。特殊教育的发展水平是社会文明和科学进步的体现，具有重要的社会效益。现代社会的特殊教育被纳入全民教育体系，不再单纯是一种福利式、慈善型教育，而是专业化教育。发展特殊教育是推进教育公平、实现教育现代化的重要内容，是坚持以人为本理念、弘扬人道主义精神的重要举措，是保障和改善民生、构建社会主义和谐社会的重要任务。

　　从特殊教育的发展史来看，特殊教育走过了一条从隔离到回归主流再到融合的道路。一些教育发达国家，现在已经到了融合教育的阶段。从 20 世纪 90 年代开始，越来越多的教师、学生家长、法律工作者、各级行政管理人员都在不断地表达这样的希望：创造一个融合的社会环境，所有的儿童都可以进入普通学校接受有质量的教育。这导致了发达国家的教育政策发生了巨大的改变。而我国的特殊教育发展也具有自己的特色，也存在着相应的问题。尽管近几十年来特殊教育发展迅速，但仍需要指出的是，相较于普通教育的发展，特殊教育理论研究和学科建设还较为薄弱，发展还不均衡，特殊教育经费短缺，办学条件亟待改善，办学规模远不能满足社会发展要求，特殊教育教师队伍还有待进一步加强，建立具有中国特色的特殊教育学科体系还不够完善等，因此我国特殊教育工作者还承担着艰巨的变革与发展的任务，需要一代又一代的不断努力和进取。

为了进一步完善我国的特殊教育体系，发展具有中国特色的特殊教育学科，致力于更好满足残疾儿童少年对更公平更高质量的特殊教育需求，本丛书汇集国内知名专家，从特殊教育体系、不同类型特殊儿童教育、特殊儿童的相关服务以及西方先进特殊教育研究等不同版块，来建立较为系统、完善、前沿的特殊教育教材，一方面促进特殊教育学科的发展，另一方面也为新生的特殊教育力量提供坚实的知识和实践基础。最后，期待在未来的日子里，残疾人进入普通学校学习的障碍会越来越少，我国的教育系统能够越来越自觉地给包括残疾学生在内的所有学生提供有质量的教育，期待我们的教育可以满足每一个孩子的需要。

肖　非

前　言

　　本书是"全国高等院校特殊教育学专业精品教材"之一。"特殊教育导论"课程的教材，不论是在国内还是在国外，均已出版多本，且框架体例也相对稳定。不过，随着我国特殊教育的快速发展，特殊教育正面临新形势和新挑战；并随着《中国教育现代化2035》的发布，特殊教育进入现代化发展阶段。此时，在借鉴参考已有著作的基础上，本书在以下方面进行了创新。

　　第一，本书立足于"特殊教育导论"的定位，建构特殊教育的基础框架。本书以特殊教育体系为基础，从特殊教育的历史发展、制度与立法等宏观层面入手，展现全面的图景；之后，本书聚焦于特殊教育的培养目标、课程、教学、管理、教师、学生等微观层面，分别展开论述；最后，本书展望特殊教育的未来发展。本书突破了从不同障碍类型的特殊需要学生的身心特征进行论述的体例，在更为整体性的框架下进行分析、评述并阐述引用案例，便于读者思考。同时，这一框架能够更好地与普通教育衔接，也有助于普通教育工作者更好地了解、认识特殊教育。随着融合教育的快速发展，普通教育和特殊教育的"双轨"逐渐模糊，两者更应通力合作。基于此，本书通过对基础理论的介绍帮助读者建立起正确的特殊教育观和方法论，并初步形成特殊教育的基本能力。

　　第二，本书在内容上强调有中国特色的特殊教育。特殊教育思想在我国有长远的历史，但这一学科在我国的发展深受西方特殊教育学的影响，使得我国特殊教育在理论、方法、教学实践中表现出本土化不足的问题。特殊教育的发展深受社会、文化、教育制度等情境性因素的影响，特殊教育的发展之路必定是本土化探索之路。在国际先进模式的引导下，只有具有中国特色的特殊教育才能实现可持续发展。作为特殊教育的基础性教材，本书尽量在立于时代前沿的同时，注重对有中国特色的特殊教育学及有中国特色的特殊教育实践进行阐述、分析。例如，在"我国特殊教育的立法与政策"一章着重分析我国特殊教育的法律及相关政策；在"特殊教育的未来发展"一章专用一节来强调建设有中国特色的特殊教育学科的路径。

　　第三，本书凸显在新时代背景下发展的若干要素。特殊教育走向内涵式发展阶段，提升特殊教育质量成为发展的要义。其中，特殊教育的制度设计、特殊教育体系等均对特殊教育的发展有重要影响。教育政策对教育管理和实践的体制机制进行规定，同时影响相关的教育资源配置。在特殊教育现代化发展阶段，对特殊教育政策制度的把握尤为重要。因此,本书设计了两章专门阐述制度与体系、立法与政策的问题。同时,教师是教育之本,《中共中央 国务院关于全面深化新时代教师队伍建设改革的意见》明确了新时代背景下教师队伍建设改革的思路,特殊教育作为教育的重要组成部分,亦必须大力发展特殊教育教师队伍。这些内容为之前各版"特殊教育导论"课程教材中较为薄弱的环节,本书安排专门的章节进行较为系统的介绍,具有一定的创新性。

　　本书共分为十一章,绪论介绍特殊教育的基本概念、基本问题、历史发展脉络,明确学习"特殊教育导论"的意义;第一章介绍特殊教育的产生与发展,以便读者了解特殊教育发展的历史;第二章介绍特殊教育制度与体系,包括我国和其他国家的情况,给予读者全局性的理解;第三章阐述我国特殊教育立法与政策,包括立法的意义等方面;第四章重点讨论特殊教育培养目标,并在各节中具体讨论三类特殊教育的培养目标;第五章介绍特殊教育课程,并讨论特殊教育学校课程的发展和改革中的问题等方面;第六章阐述特殊教育教学,分别从教学过程、教学方法和教学评价等方面展开;第七章分析特殊教育管理,包括理论基础、学校管理和班级管理;第八章介绍特殊教育教师,从特殊教育教师的特点、劳动价值、权利地位、专业伦理、专业素质和专业发展等方面展开论述;第九章介绍特殊教育学生,从特殊教育学生的概念和类别及各类特殊教育学生的心理特点与教育展开论述;第十章展望特殊教育的未来发展。

　　本书是团队合作的成果,各部分的执笔人分别为:绪论——肖非(北京师范大学)、冯超(北京师范大学);第一章——莫琳琳(北京市海淀区特殊教育研究与指导中心)、徐冉(教育部教育装备研究与发展中心);第二章——章雪(北京师范大学)、秦婉(北京师范大学);第三章——傅王倩(北京师范大学);第四章——刘颖(成都大学);第五章——吴春艳(四川师范大学);第六章——张薇(昌吉学院);第七章——李媛媛(北京社会管理职业学院);第八章——瞿婷婷(西北师范大学);第九章——王丽红(北京师范大学);第十章——陆莎(北京教育科学研究院)。全书由肖非、傅王倩统稿。

　　由于编者水平有限,本书中疏漏之处在所难免,有待不断修改完善,恳请广大读者批评指正。最后,谨向参考文献中的各位作者致谢!

肖　非

北京师范大学英东教育楼

2019 年 9 月 1 日

目　录

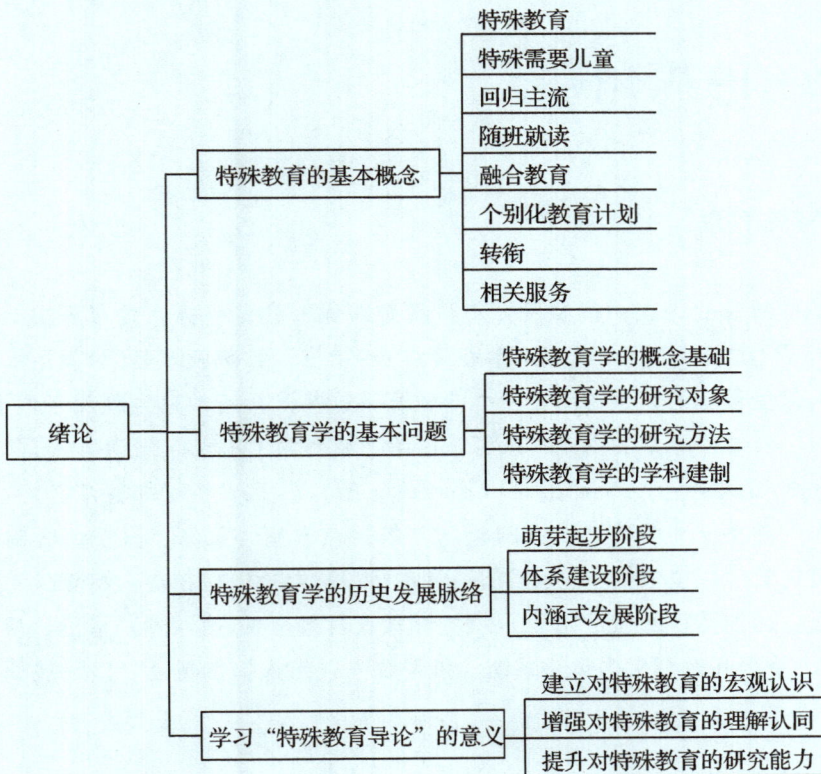

本章导读

　　"特殊教育导论"主要介绍特殊教育专业学习的基础知识和概念。本部分为绪论,主要介绍特殊教育的基本概念,以及特殊教育作为一门学科所涉及的对象、方法、发展历程等基本问题。学习本章,重点是理解特殊教育基本概念的内涵、产生与发展的背景,通过对不同历史时期、不同国家和地区、不同社会发展背景下的特殊教育理念和实践进行对比,理解不同概念之间存在的历史发展联系,如回归主流(mainstreaming)与融合教育(inclusive education)的联系、融合教育与随班就读(learning in regular class)的联系等,并在此基础上尝试用动态发展的眼光分析特殊教育的发展。

　　学完本章,应该能做到:掌握特殊教育的重要基本概念;了解特殊教育学所涉及的基本问题;了解特殊教育学的历史发展脉络;理解学习"特殊教育导论"的重要性及意义。

第一节
特殊教育的基本概念

一、特殊教育

　　对于特殊教育的概念,很多研究者从教育对象、教育目标、教育形式、教育方法等角度进行了不同的界定。《英汉双解教育辞典》指出,特殊教育是"为满足那些不能在普通班级内接受教育的儿童的需要所办的教育。这些儿童通常在生理或心理上有缺陷,或者在学习上有异乎寻常的困难,或者在情绪上或行为上出现问题"①。美国《残疾人教育法案》(Individuals with Disabilities Education Act,IDEA)将特殊教育定义为:满足能力特殊学生的独特需要而特别设计的教学,包括在教室、家庭、医院、机构以及其他场所中进行的教学,也包括体育教学。② 日本《世界教育辞典》指出:特殊教育不仅指身心残疾儿童,还包括智能超常儿童。③《国际教育百科全书(第八卷)》指出,特殊教育指"教育计划、培训和教育机构整个系统。该系统向残疾人提供帮助,以发展他们的潜在

---

　　① 〔英〕德里克·郎特里:《英汉双解教育辞典》,469 页,北京,教育科学出版社,1992。
　　② U. S. Department of Education's Individuals with Disabilities Education Act (IDEA), https://sites. ed. gov/idea/,2019-04-20.
　　③ 〔日〕平冢益德:《世界教育辞典》,462 页,长沙,湖南教育出版社,1989。

能力……同时也指对天才儿童所进行的所谓具有一定目标的特殊教育"[1]。我国《特殊教育辞典(第三版)》中关于特殊教育的界定得到了国内多数学者的认可，它指出特殊教育是"教育的一个组成部分，使用一般的或经过特别设计的课程、教材、教法和教学组织形式及教学设备，对有特殊需要的儿童进行的旨在达到一般和特殊培养目标的教育"[2]。

　　特殊教育以特殊需要儿童(children with special needs)为教育对象。在日常生活和学习中，根据人们的经验和理解，可以将特殊教育做狭义和广义之分。狭义的特殊教育也称"缺陷教育""残障教育"，指对有身心发展缺陷的儿童的教育，其教育对象主要按照《第二次全国残疾人抽样调查残疾标准》的划分，包括智力残疾、视力残疾、听力残疾、肢体残疾、言语残疾、精神残疾、多重残疾等群体，也包括近年来愈加受到重视的孤独症儿童、多动症儿童及学习障碍儿童等。广义的特殊教育泛指针对所有因环境、生理或心理等因素而有特殊教育需要的儿童的教育，其教育对象不仅包括上述各类身心发展缺陷儿童，也涵盖超常儿童、有情绪行为困扰的儿童。

　　相较于普通教育，特殊教育的发展历史相对短暂。18世纪下半叶，国外相继产生服务于各类特殊需要儿童的教育机构，以聋校、盲校和智力落后儿童学校为主。例如，1770年，法国米歇尔·德·莱佩(Michel de L'Epée)在巴黎建立了第一所聋校，这也是世界范围内现代意义特殊教育产生的标志；1784年，法国瓦伦丁·阿羽依(Valentin Hauy)在巴黎建立了第一所盲校；1837年，法国精神科医生爱德华·塞甘(Edouard Seguin)在巴黎创办了最早的智力落后儿童学校。就我国而言，特殊教育的起步较晚，1874年，英国传教士威廉·穆瑞(William Murray)在北京创建了近代中国第一所盲校，名为瞽叟通文馆，标志着我国特殊教育的产生；1887年，美国米尔斯夫妇在山东创办了中国第一所聋校——启喑学馆；1915年，张謇在江苏南通创办了盲哑师范传习所，开启了中国特殊教育师资的培养。[3]

　　中华人民共和国成立后，我国政府对特殊教育的发展非常重视，1951年便将之纳入教育体系。1986年的《中华人民共和国义务教育法》将学龄期各类特殊需要儿童的教育纳入义务教育轨道。1988年，第一次全国特殊教育工作会议召开，研究和部署中国特殊教育的发展问题。经过多年的探索和努力，当前我国义务教育阶段特殊教育已经基本形成以随班就读和特殊教育班为主体、以特殊教育学校为骨干的发展格局。从宏观来看，我国已形成从各类残疾学前教育到义务教育，再到盲、聋、肢体残疾等残疾青年接受高等教育、成人教育的特殊教育体系；虽然还是以普及义务教育为主要目标，但已经扩展到学前教育、高级中等教育、职业技术教育及高等教育领域，初步形成了

---

[1]　丁延森：《国际教育百科全书(第八卷)》，369页，贵阳，贵州教育出版社，1990。
[2]　朴永馨：《特殊教育辞典(第三版)》，43页，北京，华夏出版社，2014。
[3]　马建强：《中国特殊教育史话》，79~89页，北京，新华出版社，2015。

完整的特殊教育层次结构。①

二、特殊需要儿童

根据《特殊教育词典(第三版)》中的定义,特殊需要儿童指在身心发展或学习、生活中与普通儿童有明显差异,因而需要给予区别于一般帮助的特殊服务的儿童,包括高于正常的超常儿童、学习困难儿童、有视觉和听觉等各种残疾的儿童、在某一方面某个时期的发展或学习中需短期或长期的各种特殊服务的非残疾儿童。要清晰地掌握特殊需要儿童的定义,首先需要了解残疾儿童(disabled children)、特殊儿童(exceptional children)、特殊教育需要儿童(child with special educational needs,SEN)这几个与之相近的概念。

残疾儿童又称"缺陷儿童",通常指在精神、生理、人体结构上某种组织、功能丧失或有障碍,全部或部分丧失从事某种活动能力的儿童。参照我国《第二次全国残疾人抽样调查残疾标准》,残疾儿童可分为智力残疾、听力残疾、视力残疾、肢体残疾、言语残疾、精神残疾、多重残疾等类型,每类残疾按其轻重程度分为一至四级。

特殊儿童的范畴有广义与狭义之分,狭义的特殊儿童专指各类身心发展有缺陷的残疾儿童,广义的特殊儿童指与正常儿童相比有显著差异的儿童。这些差异可表现在智力、感官、情绪、肢体、行为或言语等方面,既包括发展上低于正常水平的儿童,也包括高于正常发展水平的超常儿童。依据不同的标准可以将特殊儿童划分为不同的类型,在实际操作层面,各个国家规定的具体种类的数量和名称也不尽相同。例如,美国的《残疾人教育法案》(IDEA,2004)规定特殊儿童有13类,分别是孤独症、学习障碍、言语或语言障碍、智力障碍、情绪障碍、多重障碍、听觉障碍、肢体障碍、视觉障碍、聋—盲、外伤性脑损伤、发育迟缓、其他健康障碍。我国台湾地区在进行特殊教育实践时,将特殊儿童分为资赋优异与身心障碍两类,资赋优异儿童再细分为一般能力优异、学术性向优异、特殊才能优异;身心障碍则包括智能不足、视觉障碍、听觉障碍、语言障碍、肢体障碍、身体病弱、性格异常、行为异常、学习障碍、多重障碍及其他显著障碍。

特殊教育需要儿童首见于1978年英国的《沃诺克报告》("The Warnock Report"),该报告认为,传统的为残疾儿童分类的做法实际上给每个儿童贴上了有害的标签,这种基于医学的分类模式对特殊儿童的教育并无实际意义,而且有些儿童具有两种及以上的缺陷,难以将其分到单一缺陷的种类;同时,该报告强调,儿童都是平等的,把儿童分为残疾和无残疾两类本身就违背了平等原则。有鉴于此,1981年英国的《教育

① 邓猛:《关于特殊教育体系发展的思考》,载《现代特殊教育》,2016(22)。

法》废止了关于特殊儿童的 11 种分类，用特殊教育需要儿童一词统称那些存在学习困难的儿童；并认为，如果某个儿童有学习困难，而且对于该困难需要得到特殊教育服务才能克服，那么这个儿童就具有特殊教育需要。[①] 满足特殊教育需要可以通过多种方式，如改进教学技能，配备特别的设备，使用特殊的方法；适当调整教学课程以适应某个儿童；创造适合儿童发展的教学环境和情感气氛；等等。这些方式现已为很多国家的学者所使用。

从上述各个概念的表述可以看出，特殊儿童与残疾儿童是以医学和病理学为基础将儿童进行分类的，强调不同残疾类别儿童之间的区别、残疾与非残疾儿童的区别。20 世纪 80 年代，随着对残疾的认识不断深入，欧美一些国家开始使用特殊需要儿童和特殊教育需要儿童来代替特殊儿童和残疾儿童，试图从教育的视角审视儿童的需要，强调儿童发展的多样性，使特殊教育对象的范围突破残疾的范畴，面向更加复杂多样的学习困难儿童，目的是消除残疾类别对儿童及其家长和周围人的不良影响，避免用负面标签简化儿童。同时，这一做法也为特殊教育的发展提供了新的思路和视角，将原本针对某一特定类别残疾儿童进行补偿教育和训练的教育方式，转变为通过社会、环境、课程、教学等方面的调整使学校教育更适合不同学生的需求的教育方式。这也体现了对人的差异性的尊重。

三、回归主流

回归主流通常与一体化有相近的含义。在美国，回归主流是较常用的术语；而在多数欧洲国家，一体化则使用得更多。回归主流是针对隔离式教育的传统认识而提出的，萌芽于北欧特殊教育理论界提出的"正常化"运动；20 世纪 70 年代后，经美国特殊教育界的深入研究和广泛倡导，回归主流一度成为许多国家认同的特殊教育理论和制度模式，并得到欧美国家的法律认可，对其他国家的特殊教育发展也产生了重要影响。

回归主流是对有感官、智力、情绪或肢体残疾的学生和没有残疾的同龄学生共同进行教育的一种教育实践，让他们可以在相同的班级中学习，或者让残疾儿童从特殊班回归普通班，目的在于让残疾儿童尽可能地接近或达到正常儿童的发展水平。[②] 这是一个弥补、矫治残疾儿童缺陷的过程。在这一过程中，所有的教学努力都指向残疾儿童的"恢复"，全部的教育目标都集中在达到正常状态上。具体而言，回归主流的核心思想包括：让特殊儿童在最少受限制环境（least restrictive environment，LRE）中接受教育，依据特殊儿童残疾程度的不同，设置各种类型的特殊教育形式，制订个别化教

---

① 朴永馨：《特殊教育学》，2 页，福州，福建教育出版社，1995。
② ［美］M. C. 王：《特殊需要儿童教育》，172 页，重庆，西南师范大学出版社，2011。

育计划(individual educational program，IEP)，使大多数特殊儿童尽可能地在普通学校与普通儿童一起学习和生活；改变以往将特殊儿童集中到特殊教育学校，将他们与健全儿童隔离开的传统教育方式，使特殊教育的"支流"回归普通教育的"主流"。①

在回归主流的实践中，很多研究者对回归主流的具体模式、回归形式、主要原则、支持条件、安置方式等做了详细的论述。② 比如，有研究者按照回归主流的原因将之分为零拒绝模式(zero reject model)和失败—救援模式(fail-save model)两种。在回归主流的形式上，有研究者根据统合程度将回归主流由简单到复杂分成三种形式，分别是：①物理空间的回归，即特殊儿童与普通儿童在相同的学校情境中接受教育，所有儿童都有机会体验他们所生活的相同世界，彼此生活的空间是重叠的；②社会交互活动的回归，即除物理空间的回归外，学校人员还进行有计划的社会交互活动，让儿童相互了解、尊重，相互邀请参与一般的社交活动；③教学的回归，即特殊儿童与普通班教师、正常儿童进行交互活动，并在特殊教育教师的指导下接受高品质的个别化教学，在学习上、社会活动上及物理空间上都实现统合。出于回归主流的可行性的考虑，有研究者根据实践，认为回归主流需要一定的条件支持，要避免盲目回归主流的思想与行动，并提出了回归主流的七项标准，如特殊儿童的已有学业成绩和课程学习能力，特殊儿童对普通班常规教学和人际互动的适应能力，普通班环境设备和课程对特殊儿童的包容性，等等，以此判定特殊儿童是否适合被安置在普通班。③ 在安置方式上，受回归主流理论的影响，许多国家开始致力于特殊教育与普通教育的大融合，建立了随班就读制度及其辅助性措施——资源教室(resource room)——的教学安置模式，进而形成了针对残疾儿童的瀑布式特殊教育服务体系(cascade of special education services)，旨在尽可能地减少残疾儿童所面对的限制性因素，保证他们尽可能多地接受正常教育时。也就是说，只有当残疾儿童在普通班里得不到充分发展或无法接受正常教育时，才会考虑将其送入特殊班或特殊教育学校。④

四、随班就读

随班就读是将特殊儿童安置在普通教育机构中实施教育的一种形式，在特殊教育体系中起主体作用，是中国发展特殊教育事业的重要策略。中国有特殊教育需要的儿童与青少年主要指有视力、听力、智力残疾等的儿童与青少年，还包括大量的一直在

① 朴永馨：《特殊教育辞典(第三版)》，47～48 页，北京，华夏出版社，2014。
② 转引自雷江华：《融合教育导论》，35 页，北京，北京大学出版社，2017。
③ 转引自吴武典：《从特殊儿童的安置谈特殊教育的发展——台湾的经验与省思》，载《中国特殊教育》，1997(3)。
④ 方俊明：《特殊教育学》，86～91 页，北京，人民教育出版社，2005。

普通学校学习但有学习障碍、语言和言语障碍、肢体障碍等的儿童与青少年。随班就读可有效提高有特殊教育需要儿童与青少年的义务教育入学率，促进他们的身心发展及与社会的融合；也可促进全社会教育观念的转变，使广大教育工作者对教育功能、教育价值进行重新认识和思考。它是普及有特殊教育需要儿童与青少年义务教育的有效途径，对中国特殊教育及整个基础教育具有重要意义。

随班就读最先在我国农村地区出现。早在 20 世纪 50 年代，在四川大巴山地区的农村就有残疾学生在当地学校随班就读。从 1987 年开始，中国在 15 个区县有计划、有组织地开展随班就读实验工作，以探索有中国特色的残疾儿童教育普及和与普通教育的融合、回归主流之路。大规模随班就读实验从盲童、聋童教育开始。1987 年，在国家教育委员会的支持下，金钥匙视障教育研究中心在华北、华东、东北的部分农村地区开展了"让视障儿童在本村就近进入小学，随班就读"的教育改革试点工作。该试点工作主要包括三部分：①在试点地区普遍进行社会主义、人道主义宣传教育，为视障儿童创造良好的入学环境和社会环境；②由视障儿童所在班级的班主任兼任辅导教师，对其进行特殊教育专业知识培训，由其承担视障儿童的主要教学工作；③建立巡回辅导制度，由巡回教师负责业务指导、行政管理及各方面的协调工作。1987 年，黑龙江省海伦县（今海伦市）率先在全国开展聋童随班就读实验，全市 85 名聋童在当地的普通学校接受初等教育。随后，北京、河北、江苏、甘肃等地也开展了实验。1987 年，《国家教育委员会关于印发〈全日制弱智学校（班）教学计划〉（征求意见稿）的通知》提到"大多数轻度弱智儿童已经进入当地普通小学随班就读"，这是首次在国家文件中提出"随班就读"。

1988 年，第一次全国特殊教育工作会议将残疾儿童随班就读正式列为发展特殊教育的一项政策。1989 年，国家教育委员会委托北京、河北、江苏、黑龙江、山西、山东等地分别进行盲童和智力障碍儿童少年的随班就读实验，主要目的是探索农村儿童的受教育问题。实验内容包括随班就读的对象、师资和随班就读的教育教学安排。希望解决的问题是：何种残疾程度的盲童、智力障碍儿童适合随班就读？如何评估随班就读对象的残疾程度？如何组织残疾儿童入学？如何做随班就读教师的思想工作？如何组织必要的业务培训和指导？需要帮助学校解决哪些具体困难？在教学内容、教学要求、教学方法、教学评估等方面如何适当安排，既照顾残疾学生的特点又不影响整体的教学质量？1990 年，国家教育委员会在江苏省无锡市召开盲童随班就读现场会，总结、肯定了此项工作，并在全国推广。此后，国家教育委员会先后五次召开全国性随班就读工作现场会或研讨会，研讨实验中的问题，推广实验成果。1992 年，国家教育委员会又委托北京、黑龙江、江苏和湖北等地进行听力残疾、语言残疾儿童少年的随班就读实验，使随班就读的对象增至三类，即视力残疾（包括盲和低视力）、听力残疾（包括聋和重听）、智力障碍（以轻度为主，有条件的学校可以招收中度）儿童少年。1994 年，国家教育委员会在江苏省盐城市召开全国残障儿童随班就读工作会，对 20 世纪 80 年代起开展的随班就读实验进行了系统的总结，会后印发了《国家教育委员会关于开展残疾儿童少年随班就读工作的试行办法》，肯定了随班就读工作中取得的成绩及随班就读发挥的重要作用，标志着随班就读的政策架构初步成型。

2001 年，《关于"十五"期间进一步推进特殊教育改革和发展的意见》对随班就读工作提出了更加具体的要求，对建设随班就读教学管理制度、普通学校建立资源教室、特殊教育学校提供巡回指导服务、编制随班就读指导手册等都做了详细的规定。该文件标志着我国不再只关注随班就读学生的数量，开始关注随班就读的教育质量，随班就读迈入初步规范化阶段。2002 年，全国随班就读工作经验交流会在北京召开，确定要在全国 100 个县（区）开展建立随班就读工作支持保障体系的实验工作。2003 年，教育部颁布了《关于开展建立随班就读工作支持保障体系实验县（区）工作的通知》，提出要大张旗鼓地宣传随班就读工作的重要性，要做好随班就读的规划工作，加强随班就读的师资培训、管理工作、资金投入、支持系统等事项，目标之一是通过此次实验使随班就读支持保障体系基本形成。2003 年，教育部和中国残联印发了《全国随班就读工作经验交流会议纪要》，指出随班就读是发展我国特殊教育事业的重要策略，标志着我国政府逐渐认识到随班就读不仅要将残疾儿童安置在普通教室中，而且需要相关服务（related services）和保障体系作支撑。2006 年，《中华人民共和国义务教育法》修订，随班就读被纳入该法，不再仅以法规的形式存在。2008 年，修订的《中华人民共和国残疾人保障法》施行，该法将随班就读扩展到学前教育、高中教育及高等教育阶段，不再局限于义务教育阶段。

经过近半个世纪的实践，我国的随班就读工作取得了巨大的成就。首先，随班就读使残疾儿童的入学率大幅度提高。20 世纪 90 年代，根据教育部门对残疾儿童入学的统计，普通学校随班就读的残疾学生数量已超过特殊教育学校中的盲、聋、智力障碍三类残疾儿童的数量。特别是在 20 世纪末 21 世纪初，随班就读的规模飞速扩展，残疾儿童的入学率有了显著提升。1993 年，我国随班就读的特殊儿童仅有 6.88 万人，2001 年增加到 25 万人。[①] 进入 21 世纪，随班就读的发展势头有所减缓，但随班就读的残疾学生人数仍占在校残疾学生的 60%。可以说，随班就读已成为残疾学生的主要安置形式。其次，经过全国性的教育实践及相关法律法规的确认，我国从学前教育到高等教育的各级教育机构都要依法接收残疾儿童、少年和青年入学，不能因其残疾而拒绝接收。随班就读已经成为我国特殊教育发展的主体形式，推动我国特殊教育的发展。我国已形成了以大量随班就读和普通学校特教班为主体，以特殊教育学校为骨干的特殊教育格局，从举办特殊教育学校的单一办学形式转变为包含三种主要模式的多种特殊教育办学模式。最后，经过十几年的系统工作，教育工作者们确定了一套行之

---

① 萧白：《全国随班就读工作经验交流会在京召开》，载《人民教育》，2003(2)。

有效的检测和鉴定办法，探索出了就近入学和相对集中就读的模式，明确了随班就读的教学目的、教学原则、课堂教学模式、教材处理、考核评估、教师待遇等具体问题，在教师培训、家长工作、教育管理等方面积累了经验。具体来看，例如，义务教育阶段随班就读实行就近入学，入学年龄基本与当地普通儿童相同；每班残疾儿童的数量以 1～2 人为宜，最多 3 人；教学要求、教材与普通儿童基本相同，但需要根据残疾儿童的具体情况进行调整，为每个随班就读的残疾儿童制订个别化教育计划，实施个别化教学；教学形式以班级教学为主，加强对残疾儿童的个别辅导，学校尽可能建立辅导教室(亦称资源教室)，通过专业人员和设备对残疾儿童进行课内外辅导；通过任课教师、辅导教师、同学、家长和残疾儿童本人的共同努力，使随班就读的残疾儿童能平等有效地在普通班级学习。①

五、融合教育

融合教育又称"全纳教育"，兴起于 20 世纪 90 年代，1994 年，《萨拉曼卡宣言》使融合教育理念在全球范围内得到确认，并逐渐成为国际教育发展的主流思想。该宣言提出：教育要满足所有儿童的需要，为普通儿童设立的教育机构亦应接收所在地区的各类有特殊教育需要的儿童，并为其提供适应其需要的以儿童为中心的教育活动；在一切可能情况下，所有儿童应一起学习，不论他们有无或有何种困难和差异；全纳学校要兼顾儿童之间的不同需要，顺应不同的学习类型和学习速度，通过适宜的课程、学校组织、教学策略、资源利用及社区合作，确保面向全体儿童的教育质量；旨在消除歧视，创造接纳残疾人的社区，建立全纳性社会，实现人人受教育，同时提高整个教育体系的效益。②

在融合教育发展过程中，不同研究者从不同的立场和角度对融合教育的概念做出了界定。英国学者托尼·布思(Tony Booth)认为，融合教育就是加强学生参与的过程，主张学生参与就近社区的文化、课程、社区活动，并减少学生被排斥的过程。美国融合教育重建中心(National Center on Inclusive Education and Restructuring)强调，融合教育给所有学生(包括有严重残障的学生)提供均等的接受有效教育的机会；为了帮助学生作为社会的正式成员面对未来的生活，要在就近学校的相宜年龄班级中给予他们充分的帮助和支持。英国融合教育研究中心(Center for Studies on Inclusive Education)主张，融合教育即在适当的帮助下残障和非残障学生在各级普通学校共同学习，这意味着充分发挥学生的能力，使所有学生能参与学校的学习和生活；尽管学生的能力和

---

① 顾明远：《中国教育大百科全书(第三卷)》，1679 页，上海，上海教育出版社，2012。
② 朴永馨：《特殊教育辞典(第三版)》，50～51 页，北京，华夏出版社，2014。

学习成绩会有差异，但学生毕业后都要进入社会发挥自身作用。联合国教科文组织在2008年发布《通过全纳教育做法消除排斥：挑战与构想》（Overcoming Exclusive through Inclusive Approaches in Education：A Challenge and a Vision），对融合教育（全纳教育）的发展做出了详细规定，并得到国际一致的认可。该文件提出融合教育是在正规和非正规教育环境中为有学习需求者的广泛需要所提供的合理应对，而不仅仅是如何将一些学习者纳入主流学校这样的问题；它应是一种途径，即通过改变教育制度来实现对所有人的教育。[1]

融合教育最初是在批判一体化、回归主流的基础上发展起来的。虽然它们都朝着融合的方向发展，但融合教育在某些方面彻底颠覆了回归主流的思想理念。融合教育诞生于西方国家，其发展伴随着后现代主义革命。后现代主义思想是融合教育重要的哲学理论基础，它反对普遍性或统一性，推崇多元化发展理念；反对理性主义，提倡非理性主义的发展；反对中心主义，主张通过对话与合作建立平等关系。[2] 融合教育的拥护者们提倡异质平等，认为每个学生都是独一无二的存在，他们拥有自己独特的兴趣、能力、个人特点和学习需求，因此每个学生之间都存在差异，这是正常且普遍的。[3] 教育者应当承认并尊重这种差异，并在此基础上采取多种方式和途径，协调优化教育资源，尽可能地满足每一位学生的个别化教育需求。正因如此，很多融合教育者认为，基于回归主流运动而确立的最少受限制环境原则及其相应的等级安置体系虽然看似打破了教育环境的隔离，实现了最大化的融合，但事实上隐藏甚至支持了传统的隔离思想；因为这种安置形式暗含这样一种理念：残疾儿童若想融入正常社会，需要通过一系列外在的评估和鉴定，这种鉴定结果可决定儿童融入哪种开放程度的教育环境。[4] 也就是说，残疾儿童需要通过努力去证明自己有资格被安置到教育体系中的某一级别。[5] 这种做法事实上只是使原本横亘在残疾儿童和普通教育体系之间显而易见的障碍，通过逐级划分的方式变得不那么明显且合法化，因为这种需要证明的"自由和平

---

[1]　UNESCO，"Overcoming Exclusion through Inclusive Approaches in Education：A Challenge and a Vision," https：//unesdoc. unesco. org/ark：/48223/pf0000134785 _ chi? posInSet＝2&queryId＝77349286-4099-45ac-81c7-00e57bfd8f4a，2019-05-22.

[2]　李芳、邓猛：《全纳教育的后现代性分析》，载《外国教育研究》，2009(2)。

[3]　邓猛、肖非：《全纳教育的哲学基础：批判与反思》，载《教育研究与实验》，2008(5)。

[4]　Bellamy，G. T.，Rhodes，L. E.，& Albin，J. M.，"Supported Employment," in W. E. Kiernan & J. A. Stark（Eds.），*Pathways to Employment for Adults with Developmental Disabilities*，Baltimore，Paul H. Brookes，1986，pp. 129-138；Taylor，Steven J，"Caught in the Continuum：A Critical Analysis of the Principle of the Least Restrictive Environment," *Journal of the Association for Persons with Severe Handicaps*，1988(1)，pp. 41-53；Bellamy，G. T.，Rhodes，L. E.，Wilcox，B.，et al. "Quality and Equality in Employment Services for Adults with Severe Disabilities," *The Journal of the Association for Persons with Severe Handicaps*，1984(4)，p. 270.

[5]　景时：《中国式融合教育：随班就读的文化阐释与批判》，博士学位论文，华中师范大学，2013。

等"恰恰说明了残疾儿童本身就不具有自由和平等。① 换句话说，残疾并不是儿童的错，但儿童却要接受残疾带来的教育限制，这本身就是最大的不公平和不自由。带着对这种理念的反思和批判，融合教育的拥护者重申，教育应当是所有儿童都平等享受的权利，残疾并不是阻碍儿童自由接受教育的最主要原因；而且，若社会对残疾的支持程度足够，残疾就不会给儿童的教育造成障碍；应该遵循的原则是融合的安置而非最少受限的安置。② 所以融合教育的拥护者提倡"零拒绝"，认为教育系统应当对所有儿童开放，不能因残疾而拒绝儿童。

六、个别化教育计划

个别化教育计划最早出现于美国 1975 年的《所有残疾儿童教育法》（Education of All Handicapped Children Act），即 94-142 公法。该法案规定学校必须为每一位特殊儿童制订个别化教育计划，其内容必须描述儿童目前的成就与年度目标，以及所提供的特殊教育服务和评价的程序与结果。该计划由地方教育部门的代表、医生、心理学和教育学领域的学者、教师、学校负责人、社会工作者、学生家长或监护人组成的小组按照一定的程序共同制订，在过程中亦需听取特殊儿童本人的意见，完成后必须经家长或监护人同意方能实施。此后，英国、加拿大、澳大利亚、中国等国家和地区也纷纷借鉴这一想法和形式，把个别化教育计划纳入特殊教育事业发展规划，并将其视为特殊教育质量提升的重要方式和保障。时至今日，个别化教育计划已经在世界范围内得到广泛应用，为特殊儿童制订个别化教育计划已成为国际特殊教育相关工作者的共识。

关于个别化教育计划的内涵，各个国家和地区给出了自己的理解。美国教育部发布的《个别化教育计划指导》（A Guide to the Individualized Education Program）认为个别化教育计划是残疾儿童获得有质量教育的基石；个别化教育计划应当是相关利益人员通力合作，针对学生特点而制订的极具个性化的计划，旨在帮助儿童获得个别化的特殊教育支持和服务，以此为每个儿童提供高质量的教育。③英国特殊教育委员会（National Council for Special Education）在《个别化教育计划过程指导方针》（Guidelines on

① Hitzing, W, "ENCOR and Beyond," in T. Apolloni, J. Cappuccilli, & T. P, Cooke (Eds,), *Towards Excellence：Achievements in Residential Services for Persons with Disabilities*, Baltimore, University Park Press, 1980, pp. 71-93；Turnbull, R. Ellis, J. W., Boggs, E. M., et al., *Least Restrictive Alternatives：Principles and Practices*. Washington DC, American Association on Mental Deficiency，1980.

② Taylor, S. J., Racino, J., Knoll, J., & Lutfiyya, Z., *The Nonrestrictive Environment：Community Integration for People with the Most Severe Disabilities*, Syracuse, NY, Human Policy Press, 1987.

③ U. S. Department of Education, "A New Era：Revitalizing Special Education for Children and Their Families," https://www2. ed. gov/parents/needs/speced/iepguide/index. html # closer，2019-04-20.

the Individual Education Plan Process)中将个别化教育计划定义为："为特殊儿童准备的指南性文件，它规定了儿童在一段时间内要实现的学习目标，以及实现这些目标所需要的教学策略、资源和支持。"①在我国台湾地区实施的个别化教育计划被界定为运用团队合作的方式，针对有身心障碍的学生的个别特性所制订的特殊教育及相关服务计划；很多大陆学者则从不同的角度对个别化教育计划进行了讨论，认为它是关于特殊儿童身心全面发展和教育的总体构想和指南性文件。②虽然不同国家和地区的不同学者对个别化教育计划的界定各有侧重，但基本离不开两点：第一，个别化教育计划是在了解特殊儿童的个别教育需求基础上为他们量身定制的教学方案；第二，个别化教育计划是目标导向性文件，可以指导教学方向、监测教学进度、评价教学效果。从教育教学的角度看，个别化教育计划立足于特殊儿童的学习能力和教育需求，既规定了儿童应当享受的教育支持和相关服务，又指明了其学习和发展的方向和目标，还提供了评价教学的方式和标准。

在个别化教育计划的实际执行过程中，很多国家和地区制定了相应的政策法规，将个别化教育计划的主要内容和程序确定了下来，以此保障顺利实施。例如，美国1975年的94-142公法及其后续修订法案（IDEA）不仅开创性地提出了个别化教育计划的理念，而且随着实践的发展，与时俱进地对个别化教育计划进行调整和指引。再如，英国1944年颁布的《实践法则》（Code of Practice）详细介绍和分析了个别化教育计划的概念，并规定学校应当为学生制订个别化教育计划，随后，许多理论工作者和一线教师开始从事这方面的理论和实践研究。我国台湾地区于1997年修订特殊教育相关规定时，将个别化教育计划列为强制项目，明确了个别化教育计划的地位；1998年发布的新规定又对个别化教育计划的内容及实施方式做出了详细的说明。从不同国家和地区关于个别化教育计划的表述可以看出，个别化教育计划既是一个文件，也是一个过程。

虽然在具体内容构成和人员安排上有所区别——如美国和英国的个别化教育计划强调对学生进步与成绩的报告，以此呈现绩效标准，检验个别化教育计划的效果；而我国部分地区的个别化教育计划则缺少这一部分，且较重视描述学生的障碍对其在普通班级学习的影响，不像美国等国家和地区那样描述学生无法融合的理由——但总体来看，个别化教育计划基本涵盖六个方面的特征。③一是个别性，即个别化教育计划充分考虑学生的个体差异，针对不同学生的教育需求制订不同的教育计划。二是整体性，个别化教育计划既要很好地反映全面发展的学生，又要很好地反映多元综合的课程，

---

① U. K. National Council for Special Education, "Guidelines on the Individual Education Plan Process," http://ncse.ie/wp—content/uploads/2014/10/final_report.pdf,2019-04-20.

② 肖非：《关于个别化教育计划几个问题的思考》，载《中国特殊教育》，2005(2)。

③ 陈奇娟：《从特殊教育需求评估到个别化教育计划：英国全纳教育的两大核心主题》，载《外国教育研究》，2014(4)。

体现全人教育观。三是教育性，个别化教育计划的基础是学生不同的教育需求，关注点为个体发展的特点和差异性，促进学生社会化发展。四是说明性，个别化教育计划可以是一份指南性和记录性文件，详细记录家长、学生、教师及相关人员的观点，很好地说明并体现了学校为每个学生提供什么样的教育。五是合作性，个别化教育计划从制订到实施，需要多方人员协调各种资源并通力合作，具体包括学校行政人员、一线教师、特殊教育专家、特殊教育协调人（SENCO）、社会工作者、心理学家、家长和学生本人等。六是程序性和科学性，个别化教育计划的制订和实施有完整的程序，需要专业人员的参与，并遵循科学的方法，以此保证个别化教育计划有效促进学生发展。①

程序性是个别化教育计划的重要内涵之一，在不同国家和地区，个别化教育计划的制订和实施程序也不尽相同。通观不同国家和地区个别化教育计划的制订流程不难发现，不管具体步骤有多少，整个个别化教育计划的过程可以表示为"评估—目标—安置—服务—重新设定目标"的不断循环。当然，很多时候在过程中间会有不止一个重新设定目标和采取新行动的阶段。如果在最后对每个学生的总体评估中发现个别学生的问题仍然比较严重，离预期目标比较远，则需要学校以外的专业机构或专业人士提供额外的支持。当然，各个国家在具体实施过程中还会依据本土情况进行调整。比如，在特殊教育学校日渐减少的美国和英国，个别化教育计划的制订会先从学生的需要出发，再决定具体的安置环境和方式，但在中国的个别化教育计划实践中，这两个步骤的顺序正好相反——学生先被评估鉴定，确定安置方式后，再依据其教育需求制订个别化教育计划，并且将之作为课程调整和学习发展的基础。对这种先安置后制订个别化教育计划的模式，有学者提出质疑，他们认为，个别化教育计划的制订应先于安置方式，若反之，则会在被安置的环境限制下去规划学生的个别化教育计划，而不是根据学生个别化教育计划中的需求去设置安置的形态，或者创造服务模式。② 但事实上，这不仅是个别化教育计划制订的问题，而且涉及整个国家教育体制的发展、特殊教育水平和融合教育程度等一系列因素。

从理论的角度，安置方式应当属于个别化教育计划的决策领域，因为它牵涉学生的心理发展、课程教学、同伴交往等方面，不同的安置方式会给学生的教育成长带来较大影响，安置方式应该被视为重要的教育需求，被写进学生的个别化教育计划。但从实践角度来说，并非每个国家和地区目前都有能力依据学生的需求决定其安置方式，因此，在对学生进行评估后，结合安置环境为学生制订个别化教育计划不失为一种退

---

① Janet Tod & Mike Blamires, *Implementing Effective Practice-Individual Educational Plans*, London, David Fulton Publishers, 2000, pp. 30-35.

② Bateman, B. D. , & Linden, M. A. *Better IEPs : How to Develop Legally Correct and Educationally Useful Programs* (4th ed.), Verona, WI, Attainment Co. 2006.

而求其次的做法。虽然这种做法可能会在某种程度上窄化个别化教育计划的外延，但也令个别化教育计划更聚焦于学生的课程教学，促进个别化教育计划的实施过程与课程、教育的结合，有利于个别化教育计划目标的实现。

归根结底，个别化教育计划对于我国特殊教育而言是个舶来品。在个别化教育计划本土化发展的过程中，有学者从西方社会文化背景的角度，结合美国特殊教育的发展进程，对其本质特征做出如下总结：第一，科学化，即个别化教育计划建立在科学与精确测量的基础之上，重视发展客观、有效的科学测量工具与鉴定程序，以此诊断残疾或障碍的类型和程度，并据此发展科学的教育和干预手段，遵循的是实证主义范式；第二，程序化，即个别化教育计划是一系列关于特殊教育教学与服务的实施程序与具体步骤，简洁明了与可操作性是个别化教育计划的最基本要求；第三，法制化，目前很多国家和地区，如美国、英国、加拿大、澳大利亚等都明确地将个别化教育计划列为法律条款的组成部分，残疾儿童的鉴定、安置、教育、评估等需要遵循相应的法律程序来进行，且不可因儿童的文化、种族或家庭经济条件而有歧视，否则便被视为违法，个别化教育计划由国家强制力量保障执行；第四，标准化，即对于设计和实施人员来说，个别化教育计划的制订过程与方法、诊断与评估标准、形式与结构都体现出标准化操作的特点，以保证个别化教育计划不因地区和学校的差异而无法得到规范执行或大规模推广；第五，民主化，个别化教育计划的发展体现了社会生活中参与、协商、辩论、妥协等精神和处事方式。[1] 而就我国目前个别化教育计划的发展状态而言，虽然上述个别化教育计划的本质特征是当下我国特殊教育发展极力追求的，但落实到具体实践时则缺少重要的法律保障，个别化教育计划的制订和实施都显得有些随意和主观。不论是在合作性和教育性方面，还是在科学性和程序性方面，我国的个别化教育计划还有很大的发展空间。

七、转衔

从普通意义上说，转衔(transition)是指从一种情况或地方转换到另外一种情况或地方的过程。人在一生中的不同时期都会遇到转衔，比如，儿童从学前教育转入正式学校教育，青年从学校学习转入社会工作，这些都属于转衔的范畴。儿童在转衔过程中会碰到一些问题，特殊儿童尤其如此。[2] 对特殊儿童而言，不论是从幼儿园到小学的衔接过渡，还是从义务教育阶段向高中或中等职业教育阶段的衔接过渡，抑或是从高

---

① 邓猛、郭玲：《西方个别化教育计划的理论反思及其对我国特殊教育发展的启示》，载《中国特殊教育》，2010(6)。

② ［美］塞西尔·R. 雷诺兹、［美］伊莱恩·弗莱彻-詹曾：《简明特殊教育百科全书（第二版）》，569 页，北京，求真出版社，2013。

中教育阶段向高等教育阶段及向成年独立生活的衔接过渡，由于环境的限制和身心障碍因素，他们都面临巨大的挑战。好的转衔教育能够帮助特殊儿童消除成年生活环境对他们的隔离和排斥，促进成年生活环境对特殊儿童的接纳，帮助特殊儿童消除学校封闭环境对其心理和认识的不利影响，促进他们主动地较快适应成年生活环境，为特殊儿童获得有质量的生活和学习奠定环境基础，早日获得和其他社会成员一样的尊严和生活的意义。

　　特殊教育语境中的转衔并非我国本土的概念，它源于美国的《残疾人教育法案》。美国的《残疾人教育法案》规定，高年级学生的个别化教育计划必须有支持他们从学校向成年生活转衔的个别化转衔计划（individualized transition plan，ITP），并且个别化转衔计划的技能、目标要与个别化教育计划联系起来，以适应未来成年生活的需要。个别化转衔计划以实现特殊儿童从中学毕业顺利过渡到获得成年生活期望的结果为目标，主要包括就业、教育、居住和休闲娱乐四个领域。与之相关的各方人员组成转衔团队，对转衔所涉及且可能产生重要影响的行为、活动等信息进行共同分析、判断和评估，并给予相应的个别指导和服务，以合作的方式协调安排方案及其过程。《残疾人教育法案》还规定，学校对个别化转衔计划负有最重要的责任，通常学生 16 岁后的个别化教育计划中的一个必要组成部分便是个别化转衔计划，并且该计划要在不晚于学生达到州法定成人年龄一年内开始实行，在毕业后为学生提供持续三年的后续服务。[①]

　　个别化转衔计划作为学生在达到一定年龄后个别化教育计划的必要组成部分，实际上是融合教育价值观在社会领域的延伸。特殊儿童能享受免费公立教育并不意味着他们一定能有工作的机会，一定能融入社区或过上有质量的生活。转衔教育承接个别化教育计划的理念，以儿童生活发展为核心，以团队合作的方式，协调多方资源，满足儿童的基本发展需求，支持儿童发挥自身潜能，实现自我价值。这也正是转衔教育的意义所在。

八、相关服务

　　相关服务是美国特殊教育语境中的概念，最早出现在 1975 年的 94-142 公法中，即《所有残疾儿童教育法》。[②] 该法案认为，除教师和行政人员外，提供相关服务的人员也是所有儿童学校教育过程中不可或缺的一部分。具体的相关服务指：交通和其他诸如发展性、矫正性和支持性的服务，这些服务是残疾儿童从特殊教育中受益所需要的，它包括语言病理学和听力学、心理服务、物理治疗和职业治疗、娱乐、残疾的早期鉴

　　① 盛永进：《特殊儿童教育导论》，106～110 页，南京，南京师范大学出版社，2015。
　　② ［美］M. C. 王：《特殊需要儿童教育》，228～237 页，重庆，西南师范大学出版社，2011。

别和评估、咨询服务、用于诊断评估的医疗服务；这一词语同时包括学校的健康服务、学校中的社会工作服务及家长咨询与培训。后来的《残疾人教育法案》重申了这一定义。

教育者在针对特殊儿童的教育实践中已经意识到，社会工作者、心理工作者、护士、物理和职业治疗师、听力学家和语言病理学家等作为拥有专业知识的专业人士，对于特殊儿童的教育起着重大作用。在 94-142 公法实施之前，这些专业资源被称为"学生人事服务"，被视作对学校教学任务的一种支持。《残疾人教育法案》实施后，1998—1999 年，有 610 多万名残疾儿童获得相关服务。

根据《残疾人教育法案》的定义，相关服务还帮助特殊儿童实现其个别化教育目标。事实上，虽然《残疾人教育法案》没有明确要求个别化教育计划团队要包括相关服务人员，但如果要在个别化教育计划会议中讨论学生所需的特定相关服务，那么把相关服务提供者纳入个别化教育计划的制订过程中则是恰当且必不可少的。《残疾人教育法案》也声明，根据父母或公共机构的决定，其他具有关于儿童的知识或专业知识的人员，包括适当的相关服务人员，可能是儿童个别化教育计划团队的一部分。在个别化教育计划文本中，相关服务部分的描述紧跟关于学生长短期目标的描述，并列出所提供的具体服务、提供服务的位置和频率、服务预计开始的日期及预期持续的时间。为了确保个别化教育计划这一部分的正确编写，特定服务的提供者必须参加个别化教育计划会议，或者以书面形式将上述服务信息确定下来。

第二节
特殊教育学的基本问题

一、特殊教育学的概念基础

特殊教育学是教育学的一个分支，是研究特殊教育现象及其规律的科学。朴永馨主编的《特殊教育辞典（第三版）》提出，由于特殊教育有广义和狭义两种理解，特殊教育学也可有两种理解。广义的特殊教育学是指研究有各种特殊教育需要儿童教育的现象与规律的科学；狭义的特殊教育学是指研究各类残疾儿童教育的现象与规律的科学，又称"残疾儿童教育学""缺陷儿童教育学""障碍儿童教育学""治疗教育学"等。同时，按具体研究对象又可细分为盲教育学、聋教育学、智力落后教育学等。

特殊教育学是一门由相关学科的知识组合交叉形成的学科，文理渗透、医教结合是特殊教育学的特点。特殊教育学的特殊性主要在于教育对象的特殊，因此，特殊教育学从诞生之日起就不仅是一个教育问题，还涉及医学康复、社会正义、伦理道德乃至哲学层面的问题。一般认为，特殊教育包含两个概念：一是特殊教育科学，二是特殊教育活动。前者研究特殊教育的现象和规律、原则和方法，以指导特殊教育活动；后者是社会与学校的工作。① 要搞好特殊教育，就必须了解特殊教育相关的学科基础，从而更深刻地理解特殊教育科学，为特殊教育的实践工作打下坚实的基础。与特殊教育密切相关的学科主要有普通教育学、心理学、医学、社会学和哲学。教育学是一门研究教育现象及其规律的社会科学。特殊教育作为教育的一种类型，和普通教育一脉相承，普通教育中有关教育的本质、教育的功能、教育的内容、教育的组织和管理、课堂教育的形式和方法等一系列理论大多都适合于特殊教育。虽然特殊教育的对象是特殊群体，但特殊教育并不能脱离普通教育而独自存在，特殊教育的每一次发展和变革都深受普通教育的推动和影响，特别是在回归主流运动和融合教育思潮的影响下，特殊教育与面向一般人群的普通教育的关系更为密切。普通教育中有教无类的教育思想，启发诱导、因材施教等教育原则，对特殊教育来说同样是适用的。因此，特殊教育在一定程度上也需要遵循普通教育的一般原理来制订具体的教学计划，进行教育管理。

心理学既是一门基础学科，也是一门应用学科。在学科分类上，特殊教育学虽是教育学的二级学科，但与心理学特别是发展心理学、教育心理学和变态心理学的关系十分密切。从心理学的角度，采用心理学的方法来探讨特殊儿童的身心特点，根据特殊儿童的身心特点和发展水平来制订特殊儿童的个别化教育计划，这是特殊教育必须贯彻的重要原则。医学是研究人生命过程及医治疾病的一门科学，属于自然科学的范畴。由于特殊教育的对象有一部分是患有脑性瘫痪等疾病的病弱儿童，有盲、聋、智力落后、肢体残疾等残障的儿童，以及患有遗传性疾病的儿童，因此，特殊教育与医学的关系也很密切，特殊教育也是从医学领域起步的。社会学以人类的社会生活及发展为研究对象，揭示人类各历史阶段社会形态、社会结构的形成和发展的过程与规律。由于特殊人群的产生，特殊教育的出现和发展成为人类社会发展中的一部分，特殊教育的发展需要全社会的支持。在一定程度上，特殊教育的发展也是衡量某一国家政治、经济、科学技术发展和国民基础文明水平的重要标志。因此，社会学理论也是特殊教育学的重要理论基础之一。

特殊教育学虽然是一门应用学科，但其理论基础必须随实践的发展不断地丰富和完善。一方面，特殊教育学对其他学科进行借鉴，兼容并蓄；另一方面，随着特殊教育学自身学科内容与概念体系不断丰富，它也形成了相对独立和独特的专业理论与知识领域。有研究者通过分析总结，认为特殊教育学作为一种知识理论体系具备层次性、

---

① 雷江华：《特殊教育理论基础的多维视角辨析》，载《中国特殊教育》，2012(2)。

交叉性与发展性三个特性。① 层次性体现在：首先，特殊教育学是教育学的分支或子学科，即在我国学科体系框架中，特殊教育学是教育学一级学科下的二级学科；其次，狭义与广义特殊儿童的区别以及残疾与特殊教育需要的划分显示特殊教育学内部也具有不同的层次结构。交叉性具体表现在特殊教育学与其他学科的融合关系上，如医学、心理学、教育学、社会学等学科的理论奠定了特殊教育学最核心的理论基础，语言学、管理学、经济学、哲学、人类学、近代脑科学和电子计算机科学的内容也被特殊教育充分借鉴、为己所用。发展性则是从发展的角度来看，特殊教育学仍处于成长阶段，学科的系统性与完整性有待加强。在这一过程中，特殊教育学经历了多种转变，如理论范式从隔离走向融合，从医学—心理学模式走向社会学—教育学模式，从残疾走向特殊教育需要，等等。因此可以说，特殊教育学是一门多学科、多层次、相互交叉和渗透的综合性学科。

二、特殊教育学的研究对象

研究对象是确立学科的基本问题。当下学者大多认为，特殊教育学是研究特殊教育现象及其规律、原则和方法的科学。广义的特殊教育学研究各种特殊儿童教育的现象与规律，狭义的特殊教育学则研究各类残疾儿童教育的现象与规律。② 可见，特殊教育学的研究对象是各类特殊儿童的特殊教育活动、现象，旨在探寻这些活动、现象背后的本质联系。由于特殊教育的对象涉及各类特殊儿童，特殊儿童的界定对特殊教育学的研究范畴有重要影响。在特殊教育的发展过程中，不同的残疾认识模式和教育理念影响了人们划定的特殊儿童范围，特殊教育学的研究范围也随之发生变化。③ 这一点在对特殊儿童的称呼的变化中有所体现。

早期特殊教育学的出发点为缺陷，即基于医学、病理学的视角，强调特殊儿童的先天或后天缺陷。当时的研究对象主要集中在残疾程度较重且较为明显的盲、聋、智力障碍人士。20世纪中期，特殊教育的出发点开始转为残疾，即一个人的活动能力从正常人的角度看是受到限制或完全缺失的。从这个出发点来看，残疾的类型更加分化，情绪行为障碍、孤独症、学习障碍等新的残疾类型不断出现，轻中度残疾儿童的教育与社会适应问题引起更多关注，特殊教育研究对象的范围随之扩大，对特殊儿童的理解也随之出现广义与狭义之分。广义的特殊儿童指与正常儿童有显著差异的各类儿童，既包括各种能力超常的儿童，也包括智力落后、视觉或听觉障碍、肢体障碍、言语障

① 邓猛、肖非：《特殊教育学科体系探析》，载《中国特殊教育》，2009(6)。
② 朴永馨：《特殊教育辞典(第三版)》，43～44 页，北京，华夏出版社，2014。
③ 邓猛、肖非：《特殊教育学科体系探析》，载《中国特殊教育》，2009(6)。

碍、学习障碍、情绪行为障碍、多重障碍等儿童；狭义的特殊儿童专指生理或心理发展上有缺陷的残疾儿童。传统的特殊教育主要以狭义的特殊儿童即残疾儿童为研究与实践对象。

随着融合教育理念的不断发展和推广，越来越多的教育工作者认识到每个儿童都是独一无二的，有各自独特的发展特点和轨迹。即便在相同的教育体系和情境中，每个儿童的教育需求也可能千差万别，存在丰富的多样性，因而不能用简单的残疾特征将儿童划分为"正常"和"异常"两种类型，这种做法不利于消除普通儿童与特殊儿童以及普通教育与特殊教育之间的隔离与不平等。1978 年，英国发布《沃诺克报告》，首次提出用特殊教育需要儿童来替代传统的残疾儿童和特殊儿童。该报告认为，传统的对残疾儿童进行分类的做法实际上是给每个儿童贴上有害的标签，这种基于医学的分类模式对特殊儿童的教育并无实际意义，而且有些儿童具有两种及以上的缺陷，难于被分到单一缺陷的种类中；同时，该报告强调儿童都是平等的，把儿童分为残疾、无残疾两类本身就违背了平等原则。鉴于此，英国 1981 年的《教育法》废止了关于特殊儿童的11 种分类，用特殊教育需要儿童一词统称那些存在学习困难的儿童，并认为如果某个儿童有学习困难，而且该困难需要得到特殊教育服务才能克服，那么这个儿童就具有特殊教育需要。① 与传统分类相比，特殊教育需要儿童这一概念超出了传统的以病理学为基础的残疾分类和诊断，完全从教育的视角审视儿童的需要，动态地评估儿童的教育需求，一定程度上打破了特殊教育与普通教育之间的明显界限。这不仅使狭义的残疾人教育走向真正广义的特殊教育，也使特殊教育成为普通学校难以回避的问题。从缺陷到残疾再到特殊教育需要，这既是特殊教育学研究对象与研究范围扩大的过程，也是特殊教育基本理念与实践模式变化的过程。

三、特殊教育学的研究方法

对于特殊教育学的研究方法，有学者认为可以从三个层次来考虑，分别是哲学方法论层面、一般学科方法论层面和具体研究方法层面。②

哲学方法论指从事实材料出发，根据逻辑规律和法则来形成概念、做出判断、进行推理，包括比较、分析、综合、抽象、概括、演绎、归纳等。运用哲学的逻辑方法对已有的事实、命题、理论等进行考察，可以得到新的、更深刻且全面的知识。虽然哲学思辨与概念演绎从来不为特殊教育领域所强调，但与其他学科一样，特殊教育学的研究也始终无法回避哲学方法论层面的审视。特殊教育学的发展伴随人们对残疾、

① 朴永馨：《特殊教育学》，2 页，福州，福建教育出版社，1995。
② 雷江华：《中国特殊教育学学科论初探》，载《华中师范大学学报（人文社会科学版）》，2005(4)。

权利、公平等主题的思考和讨论。比如，从宗教模式到医学模式再到社会模式的残疾认识观念演变，从残疾儿童到特殊教育需要儿童所体现的后现代主义平等理念，从隔离教育到融合教育的教育权利尊重，都影响了特殊教育研究的理论模式与实践方式。

一般学科方法论主要包括质的研究方法和量的研究方法。质的研究方法是从大量的社会现象出发收集资料，通过分析和综合找出其中规律的方法。这一方法从特殊教育的大量现象中抽象出本质上的关系，概括出概念、范畴，进行推理和判断，形成理论，并在实践中加以检验和修正。量的研究方法是对事物和社会现象的存在、发展、变化以及构成事物和社会现象的成分、关系、空间排列等用数量表示其规定性的研究方法。特殊教育学应用量的研究方法，可以找出特殊教育个体及群体的诸多身心指标之间的相互关系、相互作用，以及其构成的数量变化和数量关系，从而找到一定的规律。

至于具体研究方法，特殊教育学所运用的具体研究方法与其他学科的研究方法别无二致，主要包括观察法、文献法、测验法、调查法、统计法、图表法、历史法、比较法、实验法、个案法、行动研究法、人种学研究方法等。同时，在特殊教育研究中，单一被试实验是研究者们常采用的方法之一，这是因为传统教育学、心理学实验与统计方法中的样本容量问题、样本同质性问题不太适用于特殊教育领域。单一被试实验研究法是研究单一个体、对象或事件的研究方法，如单一个案、个案研究、相同受试者、受试者内重复测量、密集式的临床实验、应用行为分析、时间系列、单一制度、异质的及 $N=1$ 的研究方法。① 该研究法在实验设计上可从单基线设计扩展到多基线设计，多基线设计又可分为跨行为多基线、跨情境多基线与跨被试多基线实验设计；在数据处理上，该研究方法从单纯的图形与文字描述发展到具有统计学意义的定量分析。

特殊教育学的研究方法可在特殊教育的研究中得到展现。有研究者总结了特殊教育相关研究的基本特征，可以为今后的特殊教育研究提供基础和借鉴。② 首先，特殊教育的研究对象复杂。比如，不同国家对特殊儿童的分类有所不同，除特殊儿童与普通儿童之间存在群体性差异外，不同障碍类型儿童之间的差异较大，同类型障碍儿童个体之间的差异也较大。其次，特殊教育研究方法多样且综合。特殊教育研究对象的复杂性决定了研究方法的多样性及综合性。例如，对于不同群体间或相同群体间差异的比较研究可采用实验研究的方法；对于同一群体内的个体之间的比较可采用个案研究方法；对于一些涉及变量较多、难以控制的研究课题，可采用质的研究方法；而对于特殊教育对象的追踪研究，则可以采用社会学和人类学的研究方法。再次，特殊教育研究工具独特。由于特殊教育研究对象具有特殊性，对其进行测量的工具也有特殊的要求，但目前大部分测量工具并不适用于特殊儿童的教育与心理研究。例如，大多数

① 杜晓新：《单一被试实验研究中的效度问题》，载《中国特殊教育》，2002(3)。
② 杜晓新、宋永宁：《特殊教育研究方法(第二版)》，1～7页，北京，北京大学出版社，2015。

标准化的测量工具是以普通儿童为样本制定的，对特殊儿童的鉴别与评估仅能起到筛选的作用，其对特殊儿童群体内差异的鉴别与区分并不敏感，这会影响研究结果的准确性和可信度。最后，特殊教育研究伦理问题突出。当前，科学研究中的伦理道德问题受到人们前所未有的关注，有关伦理道德的问题在特殊儿童心理学研究中非常突出。一些研究者在对特殊儿童进行研究时，对特殊儿童缺少基本的尊重，不是以一种平等的目光看待特殊儿童。同时，研究可能涉及特殊儿童的隐私，如他们的残疾情况、家庭经济状况、个人学习状况，研究者的过分追问及在研究论文中对特殊儿童隐私的暴露都严重地违背了研究的伦理道德。

四、特殊教育学的学科建制

学科是一个以具有正当资格的研究者为中心的研究社群，他们有共同的组织目标、价值观、约定俗成的学术权威标准及相似的学术生态环境，共同构建有利于交流、可操作的学术活动平台。[①] 一门学科要实现发展上的成熟，除了要有规范的学科理论体系确立诸如研究对象、学科性质、基本假设和原理、范式方法等学科发展的核心问题，还要有确立学科地位和确保学科活动顺利开展的外在制度，也称学科建制，包括组织机构、研究群体和学术协会等。[②] 特殊教育作为一门学科，在 20 世纪 20 年代左右于西方国家发展成一个需要专门化知识与技能的职业领域，特殊教育专业人员的资格制度及大学培训课程形成，由特殊教育教师、管理者、研究者、治疗师等构成的专业人员体系不仅直接服务于残疾人群，还对整个社会残疾观念的变化及国家特殊教育政策产生实质性的影响。[③]

从组织机构来看，当前国内外有一批高等学校设有特殊教育专业，专门进行特殊教育领域的研究和实践人才培养，形成了相对成熟的科研体系、人才培养模式及相对丰富的教材和著作体系。比如，目前我国高校不仅编著了阐述特殊教育一般问题和各类特殊儿童心理与教育的特殊教育学专业系列教材，还形成了根据专业培养目标、依据人才培养的规格而构建的专业教材体系，包括社会学、教育学、心理学、语言学、医学、教育史、管理学、哲学、特殊教育学、特殊儿童心理学、特殊儿童语言学、特殊儿童病理学、特殊教育史、特殊教育管理学、特殊教育哲学、特殊教育社会学、智力落后儿童教育学、听觉障碍儿童教育学、视觉障碍儿童教育学、学习困难儿童教育学等不同层次和领域的相关教材；同时，在特殊教育观念、特殊教育活动、特殊教育

---

① 刘贵华：《泛"学科"论》，载《现代大学教育》，2002(2)。

② 郭卉：《"学科"标准的审视与超越——对我国高等教育管理学学科建设的思考》，载《现代教育科学（高教研究）》，2005(1)。

③ 邓猛、肖非：《特殊教育学科体系探析》，载《中国特殊教育》，2009(6)。

体制及特殊教育机制等方面也有相应的著作，正在构建一个逻辑较为合理严密的特殊教育理论体系。

在特殊教育专业标准方面，美国特殊儿童委员会（Council for Exceptional Children，CEC）1995 年就明确规定了特殊教育专业人员标准，包括：至少获得学士学位，掌握美国特殊儿童委员会规定的共同核心知识和技能，掌握特定残疾领域（如孤独症、智力障碍等）教育工作应具备的专业知识与技能，具备一年以上的特殊教育实际工作经验。我国对特殊教育专业人员也有相应要求，比如，2015 年，教育部颁布《特殊教育教师专业标准（试行）》，从专业理念与师德、专业知识、专业能力三个方面对特殊教育从业人员提出要求。上述专业标准涵盖了特殊教育专业人员必备的学位、知识、技能、实践经验等，构成了可操作的特殊教育专业人员培训制度，为特殊教育学的发展提供了人力基础。

第三节
特殊教育学的历史发展脉络

特殊教育学是一门多学科、多层次相互交叉和渗透且具有较强实践性的综合性学科。追溯特殊教育的发展历史可发现，特殊教育学的产生以学校和专业人员的产生为开端。特殊教育学校最早出现于 18 世纪的欧洲，一些进步的教师和医生提出了各种理论，为特殊教育奠定了基础，逐渐形成了聋教育学、盲教育学、智力落后教育学等。到 19 世纪，有医生和教师提出了治疗教育学理论；19 世纪末，心理学的发展使特殊儿童心理学产生，出现了特殊教育学。20 世纪中期，特殊教育的概念有所扩大，研究对象从学龄残疾儿童扩展到学龄前残疾儿童的早期诊断与教育训练；同时，特殊教育实现较大范围的延伸，涵盖了残疾青年的中等教育、高等教育、职业教育。多个学科（教育学、心理学、医学、社会学、语言学、哲学、电子学、听力学等）在研究残疾儿童教育、心理和康复方面密切结合、交叉，使特殊教育学发展成研究有特殊教育需要儿童的发展规律的一门跨学科的、边缘的、新兴的学科。[1] 回顾我国特殊教育学的发展，虽然历时不长，但已基本成为一门独立的学科，已有独特的学科研究领域和研究问题，也有较为完备的学科建制。有研究者总结了我国特殊教育学的发展过程，将其划分为三个阶段。[2]

---

[1] 朴永馨：《特殊教育辞典（第三版）》，44～45 页，北京，华夏出版社，2014。
[2] 雷江华：《中国特殊教育学学科论初探》，载《华中师范大学学报（人文社会科学版）》，2005(4)。

一、萌芽起步阶段

该阶段为 19 世纪末至党的十一届三中全会召开前。这一阶段以 19 世纪末瞽叟通文馆的建立为开端，但一直到中华人民共和国成立，特殊教育学的发展都停留在对少数关于盲、聋儿童的教育实践和经验的总结中。虽然当时也出台过一些文件，试图加强特殊教育的发展，但终因战乱而未能实现，因此，这一阶段有关特殊教育学的成果并不多。具体而言，商务印书馆于 1929 年发行了华林一编写的《低能教育》和《残废教育》，这两本书比较系统地介绍了当时西方特殊教育发展的历史与现状，以及各类残疾儿童教育教学的原理与方法。这两本书作为中国近代教育史上最早有关特殊教育的专著，对中国当时特殊教育的发展起到了一定的指导作用；但它们仅介绍了国外经验，并无本土实践总结。1935 年，吴燕生撰写了《聋教育常识》，立足于本土化社会情境，探讨了聋教育方面的成果。

此外，中华人民共和国成立前，有些教育学著作也包含了关于特殊教育的篇章，如 1927 年，舒新城在《教育通论》的第九章"教育通论"中专门论述了特殊教育问题。1928 年，庄泽宣在《教育概论》中设第十四章"特殊教育"，包括：聋哑教育史及现状，盲人教育史及现状，残废教育史及现状，成人教育史，美国成人教育机关，法国之成人教育，丹麦之人民高等学校，中国之成人教育，概况，通俗教育机关，平民教育之起源、试验、总会及分会事业，图书馆史，英美之图书馆，图书馆学校，中国之图书馆，博物馆史，欧美现况，中国之博物院，参考用书。1935 年，卢哲夫翻译的《教育学新论》的第九章专门论述了异常儿的教育。

中华人民共和国成立后，随着国家对特殊教育的重视，特殊教育很快被纳入了整个国民教育体系。特殊教育在政府的积极支持下稳步发展。1959 年，教育部和一些地方教育部门举办了为期 3～6 个月的聋人教育和盲人教育师资短期训练班，学习内容包括听课、讨论、见习和实习。但从中华人民共和国成立至党的十一届三中全会召开之前，有关特殊教育的论著并不多见。1956 年，人民教育出版社出版了奥·伊·斯柯罗霍道娃的著作《我怎样理解和想象周围世界》。东北师范大学教育系教育学教研室编写的《教育学》将教育科学体系划分为五个组成部分：研究青年一代教育教养和教学的一般规律的普通教育学；研究幼儿的教学与教育的内容和方法的幼儿教育学；研究儿童、青年和成年之心身缺陷的特殊教育学，其中包括聋哑教育学、盲人和低能儿童教育学等；研究学校里的个别科目的内容、形式和方法的分科教学法；研究从古代到现今的教育理论和实践之发展的教育史。尽管当时提出了特殊教育学是教育学的分支学科，包括聋童教育学、盲童教育学、智力落后儿童教育学等，但缺乏自成体系的单独论述特殊教育问题的特殊教育学著作。

二、体系建设阶段

党的十一届三中全会召开至党的十八大召开，我国特殊教育迎来了新的曙光，具体表现为特殊教育专业和研究机构的诞生。1980年4月，时任教育部部长蒋南翔同志在中国盲人聋哑人第三届全国代表会议上发表讲话指出："筹办一所全国性的特殊教育师范学校，为全国各地培养特殊教育师资。"[①]之后，我国开始筹建中等特殊教育师范学校。1981年，黑龙江肇东师范学校率先开办特殊教育师范部；1982年，南京特殊教育师范学校由教育部创办；1982年，朴永馨先生开始在北京师范大学教育系开设特殊教育选修课，这是我国高等师范院校最早设置的特殊教育课程；1980年，北京师范大学教育系成立了特殊教育研究室，这是我国第一个特殊教育专门研究机构；1986年，北京师范大学设立了我国第一个特殊教育本科专业；1988年，华东师范大学心理学系设立特殊教育专业；1989年，华中师范大学教育系特殊教育专业成立并开始招生；这一时期成立特殊教育专业的师范院校还有辽宁师范大学、西南师范大学（今西南大学）等。这些高等师范院校在加强专业建设的同时，纷纷设立了特殊教育研究机构，如北京师范大学特殊教育研究中心（前身为特殊教育研究室）、华东师范大学特殊教育研究所、华中师范大学特殊教育研究中心、陕西师范大学特教研究室、东北师范大学特殊教育研究所等。1997年9月，华东师范大学率先成立特殊教育学系；2001年，北京师范大学教育系特殊教育专业经调整整合成特殊教育系。

特殊教育专业设立后，教育部开始加强课程计划和教材建设。1989年起，教育部先后颁发《中等特殊教育师范学校教学计划（试行）》以及中等特殊教育师范学校盲人教育、聋人教育、智力落后教育的专业课教学大纲，组织编写和出版了22门专业课教学用书。1989年10月，全国高等师范院校特殊教育专业课程方案研讨会召开，对制订高等师范院校特殊教育专业教学计划提出指导性意见。自此，特殊教育学的译著、著作、教材相继出版，产生了一批比较有代表性的成果。其间，中国教育学会特殊教育研究会（今特殊教育分会）成立；一批不同层次的特殊教育研究机构组建，如中央教育科学研究所特殊教育研究室等。《特殊儿童师资与培训》（后更名为《中国特殊教育》）、《现代特殊教育》《特殊教育研究》《特殊教育》等期刊陆续创刊，为特殊教育学的繁荣发展提供了理论的舞台。

---

① 何东昌：《中华人民共和国重要教育文献：1976～1990》，1801页，海口，海南出版社，1998。

三、内涵式发展阶段

党的十八大召开后，我国特殊教育事业进入内涵式发展阶段，特殊教育学科体系日益成熟。2016 年 10 月，全国特殊教育学科发展三十周年研讨会在湖北省十堰市成功举行，与会代表围绕"特殊教育学科建设与教师专业培养""教育康复背景下特殊教育的发展""特殊教育学校的实践与变革"等专题展开了深入研讨，为总结、反思我国特殊教育学科建设提供了良好的契机。[①] 很多研究者针对"中国特色特殊教育学科的建设"这一主题进行了讨论。有研究者认为，所谓中国特殊教育学科理论体系基本源于西方，鲜少有中国本土化的理论贡献。就西方特殊教育学科发展而言，从各类特殊儿童的界定标准，到特殊教育核心概念的内涵和外延；从不同教育安置模式及其背后所蕴含的教育思想的转变，到学科理论基础和方法范式的拓展更新，无不根植于西方社会政治、经济发展背景。反观我国特殊教育几十年的发展历程，除了在学科建制上有较大进步，理论建设方面基本没有重大突破。以理论研究为例，概览现有特殊教育相关著作或教材，译著居多，原创较少；介绍、验证西方理论的研究比比皆是，而基于本土情境生成理论的研究却凤毛麟角。实践方面也是如此，以孤独症儿童干预实践为例，近年来诸如应用行为分析、关键反应训练、离散单元教学等一大批基于西方社会文化情境的教育干预方法被引入我国，成为孤独症儿童教育干预的主流。但大多数培训都只聚焦在干预技术层面的机械模仿（因为易掌握，见效快），而对方法背后的理念及相关社会文化背景视而不见，这就使得学员只知其然而不知其所以然，一旦在自我实践过程中遇到与预期效果偏离的情况，便无从下手、不知所措，最终使得儿童成为"与国际接轨"的牺牲品。[②]

中国特殊教育改革发展的历史轨迹和当今存在的现实问题是中国特殊教育学科建设的基点和方向。独特的历史、文化和国情决定了我国必须走自己的特殊教育发展道路，今后的学科建设应当从以下几方面进行努力。

第一，立足于本土化特殊教育改革。过去几十年中，我国特殊教育经历了数次改革实践，积累了很多具有本土特色的经验，值得总结分享并形成理论；同时，我国特殊教育也遇到一些极富地方性的问题与困难，无法从已有经验中找到答案，需要特殊教育工作者结合当地实际情况，创造性地提出解决方法。这些经验和方法都是在本土情境中产生的，具有较强的针对性，是中国特殊教育学科建设过程中的宝贵资源，对此应当予以充分重视和利用。

---

①② 雷江华、孙玉梅、余品纹等：《2016 年全国特殊教育学科发展三十周年研讨会会议综述》，载《现代特殊教育》，2016(22)。

第二，加强中国特色特殊教育理论建设。"国际化理念＋中国化实践"是当前我国特殊教育学科发展的普遍模式，这种看似与国际接轨的教育潮流实际上往往导致"水土不服"的现象，致使教育理念与实践发展脱节。如何从本土教育实践中提炼总结出有中国特色的教育理论，是未来每一位特殊教育工作者需要思考的问题。

第三，批判地吸收国际特殊教育经验。发展有中国特色的特殊教育学科并不意味着完全拒绝国际特殊教育发展的经验，相反，我们需要秉持"拿来主义"的原则，对国际上的特殊教育理论、概念、话语、方法进行分析甄别，杜绝生搬硬套，在中国特殊教育改革发展需要的基础上，批判地继承和吸收国际特殊教育经验。

第四节
学习"特殊教育导论"的意义

"特殊教育导论"是特殊教育专业的基础课程之一，可以帮助特殊教育专业学生掌握特殊儿童、特殊教育等相关基础概念和宏观体系，引导特殊教育专业学生形成自己独特的、健康的、积极的特殊教育观念，为更深入地了解和掌握其他特殊教育相关课程知识奠定基础，为特殊教育专业学生提供学习、思考特殊教育问题的指南。具体而言，学习"特殊教育导论"课程的意义在于以下几点。[①]

一、建立对特殊教育的宏观认识

"特殊教育导论"是特殊教育专业的基础课程，它包含特殊教育的基本概念、基本知识、基本方法和基本理念。学习"特殊教育导论"，学生可以较为全面、系统地熟悉特殊教育的基本概念和理论，形成认识特殊教育发展及特殊教育学的基本框架，加深对特殊教育活动不同层次和各个侧面的理解。同时，在学习过程中，学生可以建立对特殊教育的宏观理解，树立科学先进的教育理念，提高特殊教育教学工作的理性自觉。另外，作为特殊教育专业的基础课程，"特殊教育导论"为特殊教育专业其他课程的学习提供了理论基础，可以帮助学生更好地理解和掌握其他专业课程的相关知识和技能，不断地提高特殊教育理论素养，为专业学习和实践打下坚实的基础。

---

① 盛永进：《特殊教育学基础》，26～28页，北京，教育科学出版社，2011。

二、增强对特殊教育的理解认同

特殊教育专业并非传统意义上的热门专业。由于研究对象的特殊性和复杂性，对特殊教育的学习格外需要认同和坚持。特殊教育是人的教育，对人和生命的终极关怀应当是特殊教育始终追求的目标。这就要求特殊教育从业者具备强烈的人文关怀意识和广博扎实的专业本领，对特殊教育所秉持的价值观有深切认同。"特殊教育导论"通过对特殊教育理论知识和发展历程的阐述、探讨，渗透特殊教育尊重生命价值、追求人格平等的价值观，可以帮助学生在掌握特殊教育价值理念演变轨迹的过程中，更加透彻清晰地理解特殊教育事业背后的价值坚持，提升学生对特殊教育的学习兴趣，增强学生对特殊教育的理解和认同。

三、提升对特殊教育的研究能力

特殊教育的研究能力建立在丰富的理论知识和实践经验积累的基础上。"特殊教育导论"是关于特殊教育基本理论知识的课程，是对特殊教育活动、特殊教育现象及特殊教育规律的提炼和总结，体现了以往特殊教育研究者丰富、高质量的研究成果，蕴含大量科学先进的特殊教育思想理念，这些思想理念值得后人在此基础上深入探讨。对"特殊教育导论"的学习和研究可以帮助学生获得大量的特殊教育理论知识，提升学生的理论思维水平，增强学生的批判精神。在此过程中，学生学习如何思考特殊教育问题、恰当地选择研究方法、准确地表述个人的见解、与不同的特殊教育观点对话，提升自身特殊教育研究的能力。

本章小结

特殊教育是我国教育事业的重要组成部分。要深入透彻地理解特殊教育的发展，首先就要对特殊教育涉及的基本概念进行辨析和掌握，这些基本概念包括特殊教育、特殊需要儿童、回归主流、随班就读、融合教育、个别化教育计划、转衔、相关服务等。它们是特殊教育理论和实践发展过程中不可回避的问题。同时，对特殊教育活动中教育现象和规律的探索与研究使特殊教育学形成。特殊教育学在相对短暂的发展过程中不断构建和完善自身的理论基础、研究范式和学科建制，成为一门独立的学科。

思考题

· **单项选择题**

个别化教育计划最早出现于哪个国家的法律文件?( )

A. 英国　　B. 美国　　C. 日本　　D. 中国

· **简答题**

①请简述什么是特殊需要儿童。

②请简述随班就读的发展。

③请简述回归主流的主要思想。

④请思考融合教育与回归主流思想的区别。

本章阅读书目

[1]朴永馨. 特殊教育学[M]. 福州:福建教育出版社,1995.

[2]雷江华. 融合教育导论[M]. 北京:北京大学出版社,2017.

[3]全纳教育:未来之路. 48th ICE. UNESCO. 2008.

[4]盛永进. 特殊教育学基础[M]. 北京:教育科学出版社,2011.

[5]杜晓新,宋永宁. 特殊教育研究方法(第二版)[M]. 北京:北京大学出版社,2015.

第一章

特殊教育的产生与发展

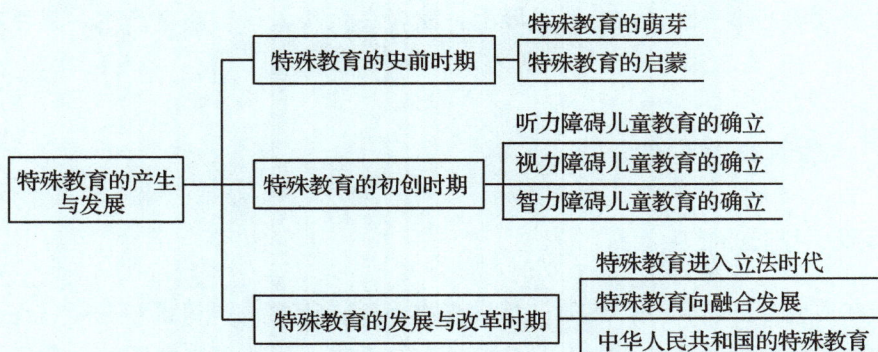

```
                                    ┌─ 特殊教育的萌芽
                    ┌─ 特殊教育的史前时期 ─┤
                    │                  └─ 特殊教育的启蒙
                    │
                    │                  ┌─ 听力障碍儿童教育的确立
特殊教育的产生 ──────┼─ 特殊教育的初创时期 ─┼─ 视力障碍儿童教育的确立
与发展              │                  └─ 智力障碍儿童教育的确立
                    │
                    │                      ┌─ 特殊教育进入立法时代
                    └─ 特殊教育的发展与改革时期 ─┼─ 特殊教育向融合发展
                                           └─ 中华人民共和国的特殊教育
```

本章导读

　　教育与人类共生共存；自原始社会起，特殊教育随着社会生产力的发展不断前进。特殊教育在漫长的人类历史中，或巨或微、或迅或缓地发展变化，过程曲折且艰难。本章主要介绍特殊教育的产生与发展过程，详细梳理特殊教育史前时期、初创时期、发展与改革时期三个重要的发展阶段；对西方发达国家的特殊教育发展史进行分析，同时展现我国现代特殊教育的进程，总结世界特殊教育的发展趋势。

第一节
特殊教育的史前时期

　　教育出现于人类社会之初，源于社会劳动，是为了满足传授生产劳动和生活经验的需要而产生的，并随着社会的进步不断发展，成为人类社会永恒的课题。[①] 原始社会是人类社会发展的第一阶段，自人类诞生，就存在残疾人；自教育产生，就存在特殊教育。

一、特殊教育的萌芽

(一)原始社会的特殊教育

　　人类在适应自然、改造自然的漫长进程中不断进行尝试、积累和总结，逐渐掌握了一定的知识和技能，形成了朴素的自然观和社会观。原始社会的人类生育子女并将知识、经验和技能传递给其子女时，教育便产生了。这当中既包含意念的因素，又包含属于本能的自觉，反映了人类最初的智力活动和知识传播的过程。[②] 而关于人类是如何产生和进化的，学术界一直在探究和追寻。1859年，英国生物学家达尔文的《物种起源》一书问世，阐明了生物从低级到高级、从简单到复杂的发展规律。1871年，他的《人类的由来及性选择》一书出版，列举许多证据来说明人类是由已经灭绝的古猿进化而来的。自达尔文创立生物进化论，多数人相信人类是生物进化的产物，现代人和现代类人猿有共同的祖先。恩格斯在《劳动在从猿到人转变过程中的作用》中提出，人的

---

　　① 李志民：《教育的本质是什么》，载《教育家》，2016(5)。
　　② 连赟：《论古代残疾人的音乐教育》，载《艺术百家》，2011(8)。

形成经历了攀树的猿群、正在形成中的人和完全形成的人三个阶段；制造工具标志着正在形成中的人发展为完全形成的人，原始社会形成。[①]

原始社会是人类历史上第一个社会形态。人类产生的过程就是原始社会形成的过程。它存在了二三百万年，是截至目前人类社会史上最长的一个社会发展阶段。生产力极其低下是原始社会发展缓慢的根本原因。社会生产力的主要标志是使用石器工具。劳动的结合方式主要是简单协作，人们之间的分工主要是按性别、年龄实行的自然分工。

由于原始社会距离我们年代久远，文字资料也十分匮乏，考察当时的残疾人教育状况几乎不可能，只能依据一些考古发现和历史遗存，进行一些基于史料的推测。残疾现象自古有之，今后亦然。在原始社会，由于生产力水平极其低下，生存环境十分恶劣，近亲婚配相当普遍，再加上人为灾祸的影响，极易出现有身体残疾的人，如盲、聋、哑、智力落后、肢体缺陷等。[②] 当时，残疾人与健全人一起生活，为了生存，向残疾人传授生活和生产的基本知识、提高残疾人的生活能力就变得非常必要，这便是残疾人教育产生和发展的原动力。在原始社会，对于残障现象，人类已有一定的社会认识。云南的纳西族和独龙族，在中华人民共和国成立前保持了原始社会的一些传统，在这种社会风貌中，纳西族人认为近亲通婚会使后代中产生智力障碍，独龙族人则认为血族成员互通婚姻会使所生子女成为"哑巴"。篆书中"盲"用"𥄂"表示，意为目中无眸。关于原始社会残疾人的生活情况，在后来的文献中也有记载，如《礼记》中记载道："鳏寡孤独废疾者皆有所养。"说明残疾人是同健全人一起生活的。原始社会时期的残疾人教育主要表现为残疾人和健全人一起在部落中学习，接受劳动技能、生活习俗的教育。传说，舜做部落联盟首领时，曾让一些接受过教育的残疾人充当公职人员，管理部落中的公共事务。《尚书》记载道："帝曰：'夔！命汝典乐，教胄子。'"相传夔是"一足之人"，这是最早关于残疾人参与教育活动的文字记载。为了从事生产和维系种族繁衍，以对下一代的培养为目标的教育得以产生，原始社会的身心异常者所接受的教育即为广义的特殊教育。[③] 可以说，残疾人教育是伴随人类的产生而产生的，并在漫长的历史中不断演变，成为原始人类生存和发展的一种必然需求，此种意义上的残疾人教育也可以被理解为广义的特殊教育。

(二)古代社会的特殊教育

随着生产力的发展进步、家庭及国家的产生、文字的发明及文化的勃兴，特殊教育走出原始的非形式化的发展阶段，特殊儿童家庭教育这一形式产生。两河流域文明、

[①]　石然：《恩格斯"劳动在从猿到人转变过程中的作用"之解读》，载《中学生物教学》，2013(4)。
[②]　连赟：《论古代残疾人的音乐教育》，载《艺术百家》，2011(z2)。
[③]　刘宇晟：《中国古代特殊教育的发展》，载《中国特殊教育》，2000(2)。

古埃及文明、古印度文明与中国文明是古代文明的代表，通过这些文明中的特殊教育可窥古代社会特殊教育样貌之一斑。

在两河流域，古苏美尔文明兴起后出现了不同的王朝，伴随家庭教育和学校教育的产生，特殊儿童在家庭中接受父母和其他长辈教育这种情况的出现是可以肯定的。在两河流域文明的观念中，残疾人是神不当作为的结果。在苏美尔人的神话中有关于神制造残疾人的想象。例如，传说地母神宁玛赫在醉酒后造出了六个人，结果只有两个人有可辨识的特征；水神恩基也试图独自造人，结果所造之人先天不全，身体虚弱，智力低下。在苏美尔人的神话中，残疾人是天神醉酒或擅自作为的结果，而不是神按照正常的秩序造人的结果。[①]

在古埃及的特殊教育中，家庭教育也是那些被父母留下来的残疾儿童接受教育的基本形式。古埃及人对残疾人的认识与采取的措施之间同样存在矛盾。一方面，残疾人被认为是"魔鬼缠身"的人，残疾是神的惩罚，要用祈祷、念咒等办法驱邪。另一方面，古埃及人善待侏儒，古埃及神话中有好几位侏儒神，在古埃及宫廷里还立有侏儒石像，这说明古埃及人没有视侏儒为残疾人；同时，古埃及人注重对残疾人的帮助甚至训练，如一名叫卡马的神职人员训练盲人学习音乐、艺术及按摩，让他们参加宗教仪式，使盲人在一定时期内可成为诗人和音乐家，智力障碍者及其他残疾人也受到神的保护。

古希腊最重要的城邦之一——斯巴达，为了强壮自己的民族，会对所有刚出生的婴儿进行检查，体弱或有残疾的就会被丢弃，只有健康、强壮的婴儿才会被交还父母抚养。同时，古希腊人也注重利用医学解决残疾人的问题，但这种医学与神话、迷信、误解混杂，对残疾人的影响好坏参半。古希腊医生提倡对疾病进行分类，并根据他们推测出的疾病采用不同的方法来处理，还特别关注精神错乱、盲和聋这三类残疾。

同古希腊一样，古罗马也存在弃婴甚至杀婴的现象，古罗马著名的《十二铜表法》规定，"婴儿被识别出为特别畸形者，得随意杀之"[②]。不过，古罗马人也试图为残疾人提供医学上的支持和关怀。虽然对残疾人及其教育发展的正面影响增大，但速度还是比较缓慢的。由于缺少对病因的正确认识，古罗马医生带给残疾人的可能是适得其反的影响。总的来说，大多数古罗马人对残疾人的态度仍是反感和嫌恶的。

中国先秦时期的残疾人教育也有较大发展。甲骨文中已有对个别残疾的称谓，如"疾目"（盲）、"疾耳"（聋）、"疾言"（语言障碍、失语症）。《山海经》记载了聋的症状。《左传·僖公二十四年》记载道："耳不听五声之和为聋，目不别五色之章为昧。"《黄帝内经》记载了用针刺治疗眼睛疾病的方法。夏商时期，出现了比较完善的教育机构和从

---

① 叶舒宪：《苏美尔神话的原型意义》，载《现代中文学刊》，1999(6)。

② 世界著名法典汉译丛书编委会编：《十二铜表法》，13页，北京，法律出版社，2000。

事音乐教育的乐师。《礼记》记载："瞽宗，殷学也。"郑玄注："瞽宗，乐师瞽矇之所宗也。古者有道德者使教焉，死则以为乐祖，于此祭之。"《周礼》中写道："瞽矇掌播鼗、柷、敔、埙、箫、管、弦、歌。讽诵诗，世奠系，鼓琴瑟。掌九德六诗之歌，以役大师。"可见，瞽矇就是进行演唱、奏乐和音乐教育的盲人乐师。周代掌管音乐的最高官职"大师"，就是由瞽人来担任的。《诗经》中的《大雅》和《周颂》都描写了盲人乐工在祭祀、宴饮场面上的演奏活动。周代的瞽矇教育已经有了一定的规模，按照才艺的高下，瞽矇分为上瞽、中瞽、下瞽三等，按照《周礼》的规定，"瞽矇上瞽四十人，中瞽百人，下瞽百有六十人"，合计三百人，这是一支既为宫廷、官府奏乐，又培养音乐人才的庞大队伍。据成书于西汉的《列女传》记载，古人为求生子形容端正、才德过人，还会让盲人"诵诗书，道正事"来进行胎教。除以盲人为乐师外，先秦时期还有让残疾人担任卜筮巫祝之事的，如《荀子》所说的"知其吉凶妖祥，伛巫跛击（觋）之事也"。

此后，等级、迷信等观念逐渐取代了朴素平等的唯物观念，成为社会的主流思想。封建思想排斥残障，甚至公开地歧视残障个体。明孝宗在位期间，曾规定残障人士不得留在学中，"有徇情将老疾鄙猥之人滥容在学及充贡者，参究黜罢"。这种思想观念主导着社会，不仅影响残疾人教育的发展，而且影响对残障现象的认识，造成这一认识停滞不前。除了东汉王充在《论衡》中提出胎儿在母体时若遭受不良影响则可能出现"喑、聋、跛、盲"，封建社会时期其余关于残障的认识都没有突破前一社会阶段。

总的来说，古代社会依然存在对残疾人的偏见和排斥等消极做法，但相较于原始社会，情况似乎已改变，残疾人的活动范围在消极使用或雇佣的背景下有所扩大，关于残疾人医学处理的一些合理的理论和教育实践得到坚持与推广。

二、特殊教育的启蒙

(一)中世纪时期的特殊教育

从 476 年西罗马帝国灭亡到 1453 年东罗马帝国灭亡，在漫长的中世纪里，战争与动荡威胁着人类的生命并造成更多残疾，残疾人的生存处境更显艰难；但同时，基督教一些理念的传播在一定程度上间接地推动了残疾人观的进步。中世纪的残疾人教育在夹缝中透出了希望之光。

战争纷纷扰扰，炮火下的基督教却迅速壮大，逐渐发展成为诸多西方国家的官方宗教。随着基督教向西传播，在欧洲产生了不同宗教派别，为确保教会权力，13 世纪上半叶，教皇格列高利九世任命宗教裁判官建立异端裁判所，进行秘密审讯，通过严刑拷打、处以火刑等方法打击异端。在基督教徒和反基督教徒相互迫害的过程中，一些残疾人因为自身生理或心理的异常而被视为异端。① 奥勒留·奥古斯丁（Aurelius Augustinus）要求将疯子与癫痫患者置于宗教管辖范围内；他还拒绝残疾人加入教会，在他的影响下，聋者不能参加教会的盛典，而智力障碍者会因自己的怪异行为而遭受迫害。约翰·加尔文（John Calvin）宣称智力障碍者为撒旦所控制。马丁·路德（Martin Luther）建议将智力障碍者抛入河中淹死。因此可以肯定，残疾人在中世纪的迫害潮中不仅不能幸免，反而更加悲惨。

但与此同时，基督教经典中有很多善待残疾人的记载。基督教徒反对弃婴行为，而且经常将被丢弃的孩子捡回家抚养。在基督教徒的著述中经常可以看见收养弃儿的记载。第戎的贝尼格纳斯（Benignus of Dijon）经常保护、收养被遗弃的儿童，其中一些是残疾儿童。《马太福音》（*Matthew*）中有治好手臂枯萎的病人、治好两个盲人等故事，这些记载表明基督教教义中存在有利于残疾人教育发展的内容。②

（二）西方文艺复兴时期的特殊教育

文艺复兴开始于 14 世纪，并在 15 世纪和 16 世纪达到顶峰。在这一时期，人文主义对生命的敬仰、自然科学对迷信的冲击、宗教改革对教会统治的打击都在建造一个重视人文、理性和科学的环境，这对于残疾人教育而言是一个值得期待的结果。

在特殊教育史上，首先进行特殊教育尝试的不是文艺复兴的发源地意大利，而是西班牙。为首次特殊教育尝试提供直接动力的不是哲学思想，而是经济利益的考量。由于根据查士丁尼一世法令中关于继承的规定，不能说话且听不见的聋哑儿童没有财产继承权，影响巨额家产继承权的继承法令便成为启动贵族聋哑儿童教育工作的催化剂。佩德罗·庞塞·德·利昂（Pedro Ponce de Leon）作为西班牙本尼狄克修道院的修道士，采用自己设计的教育方法对一些西班牙富有贵族家庭的聋哑儿童进行教育。庞塞的伟大成就在于，他认识到残疾并不能阻碍残疾人的学习及他们对各种刺激的利用，包括学习符号语言。可以说，庞塞是第一位成功的特殊教育家。人类在 1578 年有了真正意义上的残疾人教育。

当然，在 16 世纪和 17 世纪，还有一些其他的特殊教育探索者。西班牙本尼狄克修道院的修道士曼纽尔·拉米雷斯·卡瑞恩（Manuel Ramirez Carrion）直接继承了庞塞的教育方法，著有《自然的奇迹》。他分析了由聋至哑的原因，但其教育方法因保密而使后人无法确知。荷兰化学家、医生范·海尔特（van Helmont）也进行过聋人教育的实践，对聋人口语教学产生了一定影响。瑞士人约翰·康拉德·阿曼（Johann Conrad Amman）曾在荷兰从事聋童教育，被认为是聋人口语教学的奠基人，对聋童教育的影

---

① ［美］胡斯都·L.冈察雷斯：《基督教思想史（第 2 卷）》，225 页，南京，译林出版社，2010。

② ［英］坎伯·摩根：《马太福音》，76 页，上海，上海三联书店，2011。

响甚大。数学家约翰·瓦利斯(John Wallis)是17世纪英国聋童教育的先驱之一，曾对聋童教育进行过理论和实践的探索。

(三)启蒙运动时期的特殊教育

17世纪、18世纪的启蒙运动则通过对理性、科学、唯物主义经验论的倡导，进一步冲击了阻碍残疾人生存和特殊教育发展的陈腐观念，为特殊教育的发展准备了温床。

在启蒙运动中，随着人文主义、理性主义、经验主义等思想的发展和传播，科学得到前所未有的进步，宗教神学的地位被削弱，残疾人及其教育所处的社会背景发生了巨大转变。令人望而生畏的欧洲麻风病院的命运转变是残疾人生存状况缓慢改进的一种象征，学者在视觉、语言等方面的少量发明和研究也为残疾人生存条件的改善带来了希望。庞塞等人在聋人教育实践领域的探索拉开了特殊教育启蒙的序幕，在17世纪的欧洲，有越来越多的人加入聋人教育实践的队伍，特殊教育的启蒙过程得到推进。在特殊教育观念领域，虽然仍然没有专门从事特殊教育研究的队伍，但一些哲学家、教育家在思考自己的专业问题时，越来越频繁地踏进特殊教育领域，直接或间接地思考残疾人及其教育的问题。在这一时期，以洛克为代表的经验主义哲学家，以卢梭、狄德罗和孔狄亚克为代表的启蒙思想家，均为特殊教育提供了不同的思想。这些实践的探索和理论的思考完成了特殊教育正式登场前的准备工作。另外，值得一提的是，处于文艺复兴与启蒙运动过渡时期的夸美纽斯为残疾人教育贡献了重要的思考，这是启蒙运动时期特殊教育发展的重要基础。

🔗 拓展阅读

夸美纽斯与特殊教育

夸美纽斯是17世纪的捷克教育家，被誉为欧洲封建社会的最后一位教育家、资产阶级新时期的第一位教育家。他的著作《大教学论》被认为是教育学学科独立的标志。他对教育的贡献不仅体现在他的儿童观和教育观上，也体现在他对特殊教育的认识上。夸美纽斯在其教育著作《大教学论》中讨论教育、环境和儿童的关系时，介绍了16世纪分别发生在德国和法国的两则"狼孩"故事，说明"狼孩"一旦回归人类社会，通过精心教育，仍然可以恢复人性，具有一定的可教育性。这在客观上为后人对智力障碍者的教育埋下了伏笔。[①]

他最早在图画书中帮助儿童认识、了解残疾人。1658年，夸美纽斯为幼儿编写的《世界图解》出版，该书使用图画并配以文字，向幼儿介绍大千世界，不仅涉及动物、植物，还涉及人类的起源、各年龄阶段的名称、人类有机体的组成部分、道德、家庭、

---

① [捷]夸美纽斯：《大教学论》，35页，北京，人民教育出版社，1957。

城市、国家和教会等内容。书中的插图逼真生动、形象鲜明。值得一提的是，这本书还向儿童介绍了关于残疾人的内容。书中的插图专门讲了身体和正常人的样子不大相同的人，包括巨人、侏儒、双体人、双头人、巨头人、大鼻子者、厚嘴唇者、粗脖子者、斜视者、歪脖子者、肿脖子者、驼背者、跛子、尖脑袋者、秃顶者。尽管这些认识并不全面，但反映了当时社会对"异常者"的看法。

夸美纽斯试图让人们从幼年时就对残疾人有客观的认识和了解，这种努力是值得称道的，因为这种努力最终有利于形成客观认识残疾人的社会氛围。另外，他肯定迟钝和愚笨的人也可以接受教育。夸美纽斯认为，只要有合理的教育，人人的智力都能得到发展。他反对以智力迟钝为借口拒绝给予儿童教育。在他看来，一般人都可以接受教育，因智力极低而不能发展的人极少。"大家会说，有些人的智力非常迟钝，要他们去求知识是不可能的。我的答复是：我们差不多找不出一块模糊的镜子模糊到了完全反映不出任何影像的田地，我们也差不多找不出一块粗糙的板子粗糙到了完全不能刻上什么东西的地步。并且，假如镜子是被灰尘或斑点弄污了，便得把镜子先弄干净；假如木板粗糙，便得把木板先磨光；那时它们便能实践它们的功用了。同样，假如教员肯充分卖力气，人们是可以琢磨好的。"①即使是那些智力确有滞后表现的儿童，夸美纽斯对他们的教育也充满信心，他说："有些人虽则看上去天性鲁钝笨拙，这也毫无障碍可言，因为这就使得这类智能的普遍培植更加刻不容缓。一个人的心性愈是迟钝孱弱，他便愈加需要帮助，使他能在可能的范围以内，尽量减少他的兽性的鲁钝和笨拙。"②夸美纽斯对智力落后者教育的这种信心无疑是值得称赞的。

---

①② ［捷］夸美纽斯：《大教学论》，65、48 页，北京，人民教育出版社，1957。

第二节
特殊教育的初创时期

18世纪到20世纪中期，特殊教育进入初创时期。这一时期的重要标志就是盲、聋、智力障碍三类特殊教育学校的产生。它们都最先产生于当时较早且较彻底地进行资产阶级革命的法国，这表明人类文明向前迈了一大步。三类特殊教育学校的举办从民间组织发起转向政府职责，各国积极开办特殊教育学校，鼓励残疾儿童少年入学接受教育，并完善各类特殊教育课程。特殊教育学校的数量迅速增加，越来越多的残疾儿童少年接受了正规的学校教育。此外，特殊教育体系初现雏形，从基础教育阶段延伸至学前教育和高等教育阶段。

一、听力障碍儿童教育的确立

早在16世纪和17世纪，科学界就开始研究听力障碍者的语言发展。他们对聋人进行教育教学，其目的在于了解人类语言发展的本质，从而证明自己坚持的理论是正确的。他们并没有从聋人的权利与教育需求出发，也没有将自己的研究发现和教学方法运用于众多聋人教育问题中。例如，早在1550年，意大利内科医生卡尔丹诺就认识到哑是从属于聋的第二缺陷，应充分发挥健康器官的代偿作用进行教学。因此，卡尔丹诺被称为"世界聋哑教育的奠基人"。西班牙的波内特于1620年出版了专著《论声音的实质和教聋人说话的艺术》一书，提出了视觉教学的基本思想，也就是必须使用手指的形式来表达语言以帮助聋人理解。1661年，牛津大学几何学教授约翰·瓦利斯帮助学生丹尼尔·威利学习如何利用发音器官发声，从而使威利获得了简单的口语能力，并且运用书面语言帮助威利理解语言的意义。瑞士人阿曼则是聋人口语教学的奠基人，他认为口语是人类唯一的思想形式，在其著作《说话的聋哑人》中论述了口语教学的重要性和可行性。这些人都对聋人教育进行了研究与尝试，也总结出一些教学经验，但都没有促成正式聋人学校的成立。

(一)法国初创聋人学校

现代意义的特殊教育以聋人教育的产生为标志。1745年，西班牙籍犹太人嘉士伯·罗德里格·泊瑞尔在法国建立了一所聋童学校。由于他对自己的教学方法保密，后人对其教学经验了解甚少。从零星的资料可以发现，他重视聋童的感觉训练，首先让聋童通过感觉器官感受事物，在此基础上学习语言的表达。语言表达以口语教学为基础，同时采用西班牙手指语和他自己创造的 40 个手语。也正因为他的保密，其教学方法并没有得到广泛传播，所以后人没有将他作为法国聋人教育的开创者。

同期，50 岁的法国神父莱佩在走访特鲁瓦的一个教区时，遇到了上层社会的一对孪生聋姐妹，在与她们交往的过程中，莱佩对聋人手势产生了浓厚的研究兴趣。莱佩发现，聋人因为聋哑而无法了解和接受天主教思想，所以需要建立聋人学校来帮助贫穷的聋人孩子。于是，他于 1770 年在法国巴黎建立了世界上第一所聋人学校——公立残障儿学校，主要招收聋哑儿童及部分贫困儿童。这所学校的建立被视为特殊教育产生的标志。

莱佩认为，聋人的母语是手势，可以表达聋人想表达的一切，因此他偏爱手语教学，也创立了聋童手语教学体系，被称为"手语教育体系鼻祖"。但由于继承者的片面理解和对聋人语言的复杂化，他的手语教学体系一度遭到人们的反对。尤其是"口语教学体系创始人"海尼克，他于 1778 年在德国莱比锡建立了与莱佩相对的第一所纯口语教学体系的聋哑学校，这也是世界上最先得到政府认可的聋哑学校。1789 年，聋童教育家西卡德接管了莱佩的公立残障儿学校，继续强调手语教学。法国成为 18 世纪聋人教育的中心。

(二)英国聋人学校的产生

亨利·贝克尔是英国皇家协会的博物学家，也是英国第一位专业的聋人教育教师。他受约翰·瓦利斯教学方法的影响，对聋人教育产生了极大兴趣。他运用这些教学方法教育一位亲戚的失聪女儿，取得了较好的效果。于是，亨利·贝克尔开始游走于很多失聪儿童家庭，为他们开展教育。从始至终他都是到不同失聪儿童家庭中实施教育，没有成立自己的学校，也对自己的教学方法非常保密。失聪儿童家庭教师便成为他唯一的谋生方式。此时，英国的聋人教育主要在家庭中进行，聋人学校还未产生。

在法国巴黎莱佩的公立残障儿学校建立的同期，托马斯·布雷渥在爱丁堡创办了英国的第一所聋人学校。同样因为他对自己的教学方法保密，其教学方法也没有在社会上得到广泛传播。值得一提的是，因为他的家族成员受其教学方法的影响，在英国的不同城市创办了聋人学校，间接地将布雷渥的教学思想与方法传播出去，所以其思想与方法影响了英国聋人教育很多年，甚至还影响了美国聋人教育的初创。

(三)美国聋人学校的产生

弗朗西斯·格林因其子查尔斯有听力障碍，于是远赴英国，进入布雷渥设在爱丁堡的聋人学校学习。1796 年，弗朗西斯·格林学成回国，将聋人教育引入美国，成为美国最早引进和传播聋人教育的先驱。他回到美国后，在工作之余撰文宣传布雷渥、莱佩等聋人教育家的思想、方法与教学经验。虽然他也没有创立聋人教育学校，但他所进行的聋人教育宣传对美国聋人教育发展起到了非常重要的作用。而英国布雷渥的聋人教育方法也影响了美国最初聋人教育形式的产生。

后来，康斯威尔和加劳德特一起创办了美国第一所影响力较大的正规聋人学校。康斯威尔教授之女艾丽丝因脊髓性脑膜炎而失去了听力。艾丽丝的家庭教师通过家庭式手语对其进行教学，同时，邻居加劳德特运用西卡德的沟通方式与艾丽丝交流，取得了一些教学效果。但康斯威尔教授认为，最有挑战性的工作是不仅教会艾丽丝说话，而且教育全美国和她一样的失聪孩子。于是，康斯威尔教授在康涅狄格州进行了一次聋哑人人口调查，并将调查结果交给哈佛大学的相关机构，以期得到支持与帮助。不久，哈佛大学筹集资金，派人到欧洲学习聋人教育，加劳德特则成为外出学习的人选。加劳德特在欧洲学习，康斯威尔教授则在美国通过各种渠道筹集建立学校所需要的资金。加劳德特回国后便开始学校的筹建工作，终于在1817年建立了美国第一所专门为聋人提供教育的学校——康涅狄格聋哑人教育收容所；1819年，学校更名为哈特福德美国聋哑教育收容所，后又改称美国聋校。加劳德特担任学校校长一职。

19世纪早期，在康斯威尔和加劳德特的聋人学校的带动下，美国政府开始关注聋人教育，聋人学校接二连三地建立起来。1818年，美国建立了第二所聋校，即纽约聋哑学校。1820年，宾夕法尼亚聋哑学校建立。随后，美国得克萨斯州政府开始对聋人教育予以关注。马萨诸塞州议会决定资助美国聋校；新英格兰地区的其他州也采取相似的措施。1822年，美国成立了第一所州立聋人教育机构——肯塔基聋哑指导中心，它的成立标志着政府对特殊教育的正式介入。随着政府对聋人教育的介入，很多州纷纷建立了自己的聋人学校。

美国聋人教育受布雷渥家族教学方法的影响，最初以手语教学模式为主体。1864年，美国在马萨诸塞州建立了第一所以口语教学为主体的聋人学校。因受到政府和商人的支持与赞助，1870年，该校更名为克拉克聋人学校，还成功影响了美国聋人教育的立法，推动了美国聋人口语教学的发展。

美国聋人教育不仅关注学龄阶段的学生，还逐渐向高等教育和学前教育阶段延伸。1864年，美国国会在哥伦比亚盲聋哑学院（阿莫斯·肯德尔开办的盲聋学校与加劳德特创办的美国聋校合并而来）内设立了有学位授予权的大学部，标志着美国第一所聋人高等教育机构成立；1894年，学校改名为加劳德特学院。1888年，美国建立了最早的聋童幼儿园。至此，美国聋人教育体系雏形初现。

（四）中国聋人学校的产生

1887年，中国第一所聋人学校在山东诞生，被命名为"启喑学馆"，"启喑"即让聋哑孩子能够开口说话。启喑学馆的创办人是美国传教士米尔斯的第二任夫人。1857年，米尔斯与第一任夫人抵达中国，他们生育了四个子女，而其中一个儿子在三岁时因疾病成为聋儿。1874 年，米尔斯的第一任夫人因病去世，其遗愿是让自己的儿子和与自己的儿子一样的中国聋儿都能接受专门的聋人教育。遗憾的是，当时的中国并没有正规的聋人学校。1878 年，米尔斯将儿子送回美国接受教育，而米尔斯儿子的老师汤普森小姐与米尔斯结下良缘，并愿意帮助米尔斯完成第一任夫人的遗愿，让中国的聋儿也能接受正规的聋人教育。

1884 年，汤普森小姐来到烟台，着手创办聋人学校。她在学习汉语的同时为中国聋童编写了第一本教材《启喑初阶》。这本教材主要仿照美国的聋人教育方法，运用形象生动的画面并配以汉字，在理解字的概念的基础上用手语图案教授手语，然后再教授聋童发声，采用手语与口语相结合的方式，最后学习书面语。这本《启喑初阶》开创了中国聋人教育的先河，一直影响着中国的聋人教育教学基本方式。1887 年，汤普森小姐在自己的住所里创办了启喑学馆，且开始正式招生。

因为当时人们对聋人是否能接受教育仍持怀疑态度，对启喑学馆也持怀疑态度，很少有人愿意将失聪的孩子送来学习。启喑学馆也没有受到当地乡绅等的资助，这些都使其发展举步维艰。启喑学馆在美国罗彻斯特聋校等社会组织的捐助下，经历了新建校舍、停办、复办、合办的蹒跚前进的发展过程，启喑学馆也逐步发展为烟台启喑学馆、烟台启喑学堂、烟台市聋哑中心学校，如今成为中国聋人教育的发源地——烟台市特殊教育学校。

🔗 拓展阅读

口手之争①

聋人在社会生活中应该采用怎样的交流手段、对聋人的语言教学应该采用手语教学还是口语教学，是聋人教育争论的焦点。18 世纪，争论在法国赞成聋人使用手语的莱佩和德国坚持聋人必须使用口语的海尼克之间展开。莱佩和海尼克所进行的关于聋人最合适的语言交际形式的讨论主要是由不同的教育观念引发的。莱佩和赞同手语的人认为，失聪仅是失聪者自身的一种与众不同的差异而已，社会应该尊重他们的这种差异，而不应该强迫他们与正常人一样。在教育中，他们以感觉刺激的替代为教育理论，希望通过其他的手段来弥补听力的缺陷。为此，他们将教育工作的重点放在如何帮助聋人规范他们的手语，并在此基础上学习一些发音和看话的技巧，以便更好地交际。坚持口语教学的聋人教育专家虽然也承认聋人的语言障碍来自他们与一般人的差异，但是，他们认为这种差异所带来的交际障碍是不能通过其他方式予以消除的。这种差异只能通过学习听力正常者的交际形式——口语，即学习看话和有声语言——来

① 张福娟：《特殊教育史》，64～67、107～111 页，上海，华东师范大学出版社，2000。

克服，只有这样他们才有可能获得正常的生活，融入更广泛的社会。

19世纪下半叶，聋人教育中的口语与手语之争随着特殊教育中心的转移，从欧洲转移到了美洲。争论的双方以口语教学法的倡导者贝尔和赞成手语教学法的加劳德特为代表。自从加劳德特将手语教学方法引入美国并运用于美国聋人教学实践，几十年里人们一直将手语教学看成聋人教学的最有效形式，手语教学法处于美国聋人教学的主导地位。但到了19世纪中叶，有越来越多的美国人对聋人学校采用的手语教学提出了质疑。有人说，这种教学法是以牺牲聋人的口语能力为代价的。于是，聋人教育中单纯的交流手段之争，在19世纪逐渐演变成对不同聋人教育思想和教学方法的全面讨论，并在美国引发了关于聋人教育技术、教育目的与教育内容的大辩论。对聋人实施口语教学法的最坚定拥护者当数贝尔。贝尔认为，在所有教育中，教会聋人发音是最重要的，也是最了不起的。1880年，在米兰召开的第二次关于改善聋人条件的国际会议——米兰会议——将口语教学在聋人教育中合法化，口语教学渐渐占据了主导地位。但米兰会议对聋人口语教学的片面夸大使有些教育专家因激动而不切实际地说出了"聋将在实践中消失"的妄语。

二、视力障碍儿童教育的确立

18世纪中叶，随着各地聋人教育的兴起，人们看到了聋人的可教育性，聋人通过教育习得了文化知识和社会生活能力。人们开始改变曾经对残疾人的偏见，也逐渐从对聋人教育的关注扩大到对盲人教育的关注。世界上第一所盲人学校也是在法国诞生的。

(一)法国初创盲人学校

法国人阿羽依是盲人教育史上最有影响力的人物之一。他十分钦佩莱佩聋人教育的成功，也希望自己能在盲人教育中有所作为。同时，他还对狄德罗的哲学思想特别感兴趣，受狄德罗思想的影响，阿羽依对盲人的感知觉有了一定认识，即认为盲人的其他感知器官锻炼得比常人更加发达，可以补偿视觉缺失，因此，对盲人的教育应该以已有感觉器官为基础来建立盲人与外界的联系。

他从关注盲人教育到建立盲人学校，经历了从同情到惊叹再到坚定决心的过程。当他看到盲人乐队通过扮鬼脸取乐他人时，他对盲人感到同情，因为他认为这是有损尊严的事情；但当他亲临奥地利盲人钢琴家、作曲家的演奏会时，他又对盲人有了新的看法，他惊叹于盲人完全可以通过学习获得某种能力并表现出色；当他将一枚大面值硬币给予一位盲人乞丐时，盲人乞丐通过触摸分辨出硬币面值偏大且还给他，他更加坚信盲人有学习的能力。由此，阿羽依坚定了为盲人开办学校以使其接受教育的决心。

1784 年，他在巴黎创办了世界上第一所盲人学校——巴黎国立盲童学校。他的盲人教育是以感觉主义的替代刺激理论为基础的，在盲人学校里开设了读、写、算术、定向行走、手工、音乐、体育、识别地图等课程。在教学方法上他倡导运用直观、叙述等方法进行教学，教会盲人文化知识和适应社会生活的能力。教材和材料采用的是他自己研发的一种在纸板上雕刻文字的读写系统，也被称为凸字系统，是盲人和无视力障碍者都可以使用的阅读工具，一定程度上帮助了盲人进行书面阅读学习。但这套系统只是将无视力障碍者所使用的书面语设计成凸出来的字母，盲人触摸起来比较费力。1829 年，法国人布莱尔在此基础上发展出了包含 6 个点的点字符号系统，使世界盲人教育向前迈进了一大步，为普及盲人教育提供了前提条件。此外，阿羽依还特别强调盲人职业教育的重要性，培养盲人靠自己维持生存的能力，可以帮助盲人摆脱贫困。不过，后来阿羽依的盲人教育逐渐走向极端，盲人教育变成了单纯的职业教育。

(二)英国盲人学校的产生

在英国，最早推动盲人教育机构发展的不是无视力障碍者，而是盲人自己。1791 年，盲诗人爱德华·鲁什顿、盲音乐家约翰·卡里斯蒂和无视力障碍者亨利·杜纳特在利物浦创办了英国第一所盲人教育机构——贫困盲人教育学校。这所学校以音乐和手工艺为主要教学内容，招收学生的年龄为 9 岁至 68 岁。由于没有设立如算术、阅读等真正教学意义上的课程，且学生的年龄范围很大，该校后来更名为贫困盲人救济院。虽然这个教育机构不是真正意义上的学校，但它对英国盲人教育发展起到了推动作用，开创了英国盲人教育的先河。

后来，贫困盲人救济院受到英国各地区的效仿，各地区纷纷建立起类似的教育机构。如 1793 年，爱丁堡盲人收容所、布里斯托尔盲人收容所和盲人工业学校相继成立；1797 年，伦敦盲人学校成立。值得注意的是，当时的盲人学校大多关注实用技能，关于文化知识的教育较少，教育者认为，只需要通过职业教育就能帮助盲人掌握维持生计的一技之长。

1835 年，英国第一所真正意义上的盲人学校——约克郡盲校成立。这所学校除开设盲人职业教育课程外，还开设数学、阅读、书写等课程，具有浓厚的教育色彩。1866 年，伍斯特郡建立了当时盲人教育的最高一级教育机构——绅士子嗣盲人学院。

(三)美国盲人学校的产生

美国第一所盲人教育机构建立于 1829 年，其创始人是波士顿医生约翰·菲舍。菲舍受世界上第一所盲人学校的创办者阿羽依的影响，开始关注美国的盲人教育。他在一次人口调查中发现，新英格兰地区有约 1500 名视力障碍者，菲舍希望能像阿羽依一样，在新英格兰地区建立一所盲人教育机构。1829 年，在马萨诸塞州议会的帮助下，新英格兰盲人院开始筹建。在盲人院筹建期间，塞缪尔·格雷德利·豪担任新英格兰盲人院具体建设工作的负责人，并远赴巴黎、爱丁堡、柏林等地参观学习。豪还带回了来自巴黎和爱丁堡的两名盲人教育教师。1832 年，新英格兰盲人院正式开办，确定名称为马萨诸塞盲人院；后因得到波士顿富商帕金斯上校的资助和支持，1877 年学校更名为帕金斯盲校。这个盲人教育机构最后成为美国最有名的盲人教育学校，著名的海伦·凯勒就是从这所学校毕业的。

美国第二所盲人学校——纽约盲人学校于 1832 年成立于纽约，由约翰·鲁斯创立。鲁斯认为，国家在给盲人提供食物的同时还应该提供适当的教育。虽然鲁斯主持的这所学校的招生人数逐年上升，但由于鲁斯不擅长整体管理经营，学校最后只能依靠学生作品展览维持下去。1833 年，在费城诞生了美国第三所盲人学校——宾夕法尼亚盲人学校。这 3 所盲校为美国盲人教育教师的培养做出了巨大贡献。此后，美国盲人教育机构逐渐增加，从 1847 年的 6 所盲校增加至 1913 年的 61 所盲校，且出现盲聋合校的办学形式。1913 年，在波士顿出现了在普通学校为低视力学生设立特殊教育班的教育安置形式，为后期融合教育的发展与推广奠定了基础。

(四)中国盲人学校的产生

瞽叟通文馆是中国第一所盲人教育机构，于 1874 年由英国传教士威廉·穆瑞创立。1870 年，穆瑞来到中国，他发现在街头流浪的乞讨者大部分是盲人；更让他出乎意料的是，有多个盲人对读书表现出强烈兴趣，表示非常希望了解书的内容，并且请朋友读书给自己听。此时的穆瑞除深深感动和同情外，还认为自己应该为盲人做点儿什么特别的工作。他希望创立盲人教育机构的心愿并没有得到当时传教士组织的支持，于是他决定自己学习盲文并教授给盲人，以帮助盲人阅读。

穆瑞在工作之余自学盲文，并将之教授给两名学生。当看到两名学生能够顺利阅读时，尤其是第二名盲童，他甚至可以毫不怯场地面向公众大声朗读，穆瑞备受鼓舞。这更加坚定了穆瑞投身于盲人教育的决心，于是他开始筹集资金创办盲人学校。

1874 年，瞽叟通文馆在北京成立。1891 年，瞽叟通文馆得到英国的戈登·库明小姐的捐助，她按年拨款以补助学校的办学经费，帮助学校稳定发展。1911 年，穆瑞去世，学校工作由其夫人接管。为纪念穆瑞，瞽叟通文馆更名为希尔麦累(穆瑞)盲人学校。1919 年，因时局动荡，学校被迫停办；1920 年，戈登·库明小姐等中外人士组成董事会，复办盲人学校。复办的盲人学校由董事会领导，学校管理分工更加规范，逐渐发展出包括预备班、初级小学、高级小学、特教部等的教学体系及相应的培训课程。学前教育和初级教育以普通小学课本为教学蓝本，而特教部则以职业教育课程为主要教学内容。1921 年，学校新建校舍，迁至当时的北京西郊八里庄(今海淀区八里庄)，更名为启明瞽目院。1954 年，北京市人民政府接管学校，学校改名为北京市盲童学校，由私立改为公立，至今已发展为北京市盲人学校。

🔗 拓展阅读

穆瑞和康熙盲字[①]

中国历史上第一套盲文由穆瑞发明，名曰康熙盲字，该设计根据布莱尔的 6 点符型盲文和《康熙字典》的音韵，以北京语音——当时中国的官话——为基准，整理了代表中国北方常用单字的 408 个字音，并以 40 个数字符号组成音节，每个音节由两个盲符编码以表示不同读音。这套语系有很强的数字规律性，每个字音都从 1 到 10 编成系列符号，学生只需要记住各发音的号码，读时将号码转成字即可。例如，标记符号是 387，经过一定训练的盲人用手触摸能立即感知这个符号，头脑里便会出现 387 所代表的字义。康熙盲字是中国最早的盲文，穆瑞此举对中国盲人来说具有启明灯般的意义。借助康熙盲字，盲人的指尖成了眼睛，知识通过指尖注入头脑、流入心田，对这些盲人来说，光明的世界不再是难以祈求的梦想。早期北京盲人教育的赞助人库明小姐写过一本穆瑞的传记，书名就是《中国盲字的发明人》。1879 年，布莱尔盲文获得国际盲人教育界的承认，而穆瑞在此之前就将该法用于中国盲字的创制，当说是极具前瞻性的。这使中国盲文在创制之始就与随后的国际主流盲文接轨，在普适性和通用性方面奠定了良好的基础，少走了弯路。

康熙盲字的功用是多方面的。盲人教育是其最基本的功能。据说康熙盲字非常简单，有盲人略加训练便没有偏差地掌握了此方法。熟练掌握该方法的学生在阅读书写上所能达到的流利程度和准确性并不比常人差。据测试，盲人学生的记录速度可以达到每分钟 22 个字。以康熙盲字为基准，中国最早的盲文教科书范本形成，在 19 世纪 90 年代，穆瑞等人用这套盲文编拟了《中国盲人识字课本》等。中国近代盲人教育体系也据此得以初建。1874 年，穆瑞于北京创立瞽叟通文馆，为中国首家盲人学校，开中国近代特殊教育之先河。

三、智力障碍儿童教育的确立

(一)法国初创智力障碍学校

18 世纪的人们将智力障碍者和精神疾病患者混为一谈，智力障碍者被安置于精神疾病患者收容所。他们经常受到不公的对待，许多治疗方法也可以说是残忍的。直到

---

① 郭卫东：《基督教新教传教士与中国盲文体系的演进》，载《近代史研究》，2006(2)。

18 世纪末，法国著名精神疾病医生皮内尔跳出了原有关于精神疾病源的理论，提出人与社会的不协调是导致心理疾病的原因。他提出了全新的精神疾病治疗方法，如积极的活动、相互友爱、最少的限制、规律的生活习惯、治疗手段的一致性等，同时倡导关注精神病人的心理状态。他是第一个将智力落后区别于精神疾病的人，并采取了分类管教的治疗方式，这使得后人对智力障碍的观点有所改变。皮内尔的学生埃斯基罗尔进一步发展了这种观点，认为所谓"白痴"和"弱智"不是疾病，而是一种智力没有表现出来的状态。

皮内尔的另一位学生伊塔德通过对"野孩子"的教育与训练向世人证明了智力障碍者的可教育性。1799 年，人们在法国南部小镇阿维隆发现了一个十二三岁的"野孩子"，伊塔德给他取名为维克多。维克多被发现时全身一丝不挂，神态惊恐，无语言能力，视觉、嗅觉、触觉、听觉等感官能力极差，行为酷似野兽。当时皮内尔将其诊断为"不能治疗的智力落后者"。但伊塔德认为，自然界和社会文明对人性的影响是最重要的，维克多从小一直生活在森林里，因生活环境的刺激而形成了如今的野蛮状态，依靠教育和训练是可以使其恢复人性的。于是，伊塔德制订了一个为期五年的计划来对维克多进行教育和训练。他从感觉功能出发，逐渐进入语言和思维等领域，最终维克多在感觉功能上有所发展，但始终说不出一句完整的话，反抗和不合作行为也没有得到改善，伊塔德的教育实验以失败告终。但伊塔德的教育实验在智力障碍教育史上功不可没，他对待智力障碍者的态度影响了后人，他采用的科学的感觉训练方法也启发了后来的谢根、蒙台梭利等人，智力障碍教育由此起步。

伊塔德的学生谢根受伊塔德思想的影响，对智力障碍儿童的教育方法进一步系统化，更强调生理学的方法和道德教育。1837 年，谢根在法国巴黎创办了智力落后儿童学校，这是世界上第一所智力障碍学校。该校一直运用感觉运动训练的方法教育、训练智力障碍儿童，影响了 19 世纪整个特殊教育界。

(二)美国智力障碍教育的产生

美国早期对待精神疾病患者的态度与欧洲早期一样，也是将智力障碍者与精神疾病患者混为一谈，将他们关在屋子里，采用违背道德的手段进行治疗。受皮内尔人道主义和心理调节康复治疗观的影响，美国的鲁西、迪克斯等先进人士逐渐使精神疾病的治疗得到改善。不过智力障碍者依旧和精神疾病患者一起接受治疗。美国的治疗教育观比起欧洲还是十分落后的。直到 19 世纪中叶，聋人和盲人教育的兴起与成功促使人们对残疾有了新的认识，也鼓舞了特殊教育领域有志之士的士气。当时，人们渐渐开始关注智力障碍者的教育问题，智力障碍学校也在美国纷纷出现。

1848 年，在帕金斯盲校的一旁建立起了马萨诸塞州青少年智力障碍学校，这所学校是由时任帕金斯盲校校长的塞缪尔·格雷德利·豪据理力争开办起来的。豪认为，从被社会抛弃的智力障碍者的数量可以看出社会文明的程度；对智力障碍者进行学校教育，可以帮助他们习得社会道德规范，以适应社会、减少破坏。事实证明豪的想法是正确的，他所招收的学生在德、智、体等方面取得了进步。豪的成功让人们看到了智力障碍者教育的希望，为美国智力障碍教育开启了先河。

受豪成功办学的影响，美国其他州也建立起智力障碍者学校，在办学上也受到了豪和法国的谢根的协助。例如，1852 年，艾文在宾夕法尼亚州建立了一所私立智力障碍教育训练机构，1853 年该校接受政府拨款，更名为宾夕法尼亚州智力障碍儿童学校；1854 年，纽约也开办了一所智力障碍儿童教育公立学校——纽约奥巴尼实验学校，该校由威尔布担任学监，受到过谢根的帮助；1888 年，在新泽西州建立的私立性质的文兰德启智学校远近闻名，该校学生近千人，校领导戈达德翻译的"比纳—西蒙量表"和杜尔制定的"文兰德社会成熟量表"在智力障碍筛查诊断方面发挥了巨大作用。

第三节
特殊教育的发展与改革时期

第二次世界大战结束后，特殊教育进入了新的发展与改革时期。随着特殊教育实践经验的积累，人们对特殊教育提出了更高要求，正是这些要求推动特殊教育进入立法时代。特殊教育摒弃了传统的三类障碍儿童的分类，向更为宽泛的特殊教育需要方向发展。受美国民权运动的影响，人们对隔离式的特殊教育提出了质疑，融合教育成为特殊教育发展改革的新趋势。

一、特殊教育进入立法时代

早期的特殊教育与宗教的联系较为密切，大多教育机构是由教会开办的，政府的参与不多。随着特殊教育的发展，人们认识到了特殊人群的可教育性及特殊教育的重要性，政府也逐渐参与特殊教育机构的创办。20 世纪后，特殊教育逐渐得到法律上的认可与支持，法律保障特殊儿童与少年接受教育的合法权益，推动特殊教育稳步快速发展。

（一）法国特殊教育立法

法国是现代特殊教育的发源地，第一所盲人学校、第一所聋人学校和第一所智力障碍学校都在法国诞生。第二次世界大战结束后，法国的特殊教育持续发展，受《朗之万—瓦隆计划》的影响不断推进改革。《朗之万—瓦隆计划》是由法国教育改革计划委员会在 1947 年向法国教育部提交的一份法国教育改革计划，提出了教育的公正原则，即所有儿童不论家庭、社会和种族出身，都享有平等的受教育权利。在《朗之万—瓦隆计划》的推动下，特殊教育也采取了相应的改革措施。例如，扩大特殊教育对象的范围，重视特殊教育师资培训，强调国家对特殊教育学校设置的职责，在各级教育管理部门中设立特殊教育管理部门，等等。

到了 20 世纪 70 年代，受西方国家经济危机的影响，法国教育的发展面临困难，于是法国采用颁布特殊教育法令的方式来促进特殊教育事业的发展。1975 年，法国政府颁布了《残障者照顾方针》，规定发展特殊教育是国家的义务，各省必须设立特殊教育委员会，并且要将特殊教育纳入义务教育范畴，保障特殊儿童均可入学，特殊儿童也可以在普通学校就读，等等。该方针颁布后，法国特殊儿童的入学率显著增加，其可选择的教育安置形式也更加多样化。特殊儿童在普通学校就读这一现象促使法国特殊教育向回归主流教育发展。

(二)英国特殊教育立法

20 世纪早期，英国的特殊教育法律主要关注并服务于盲、聋、身体缺陷、心理障碍和患癫痫病五类特殊儿童，如《缺陷儿童教育法》(1906)、《心理缺陷儿童教育法》(1913)、《聋儿教育法》(1937)等。1944 年 8 月，巴特勒提交的《巴特勒法案》(又称《1944 年教育法》)获得英国议会的通过，对英国特殊教育产生了重大影响。《巴特勒法案》将曾经的五种特殊儿童类型扩增到九种，新增了低视力儿童、部分听力受损儿童、智力障碍儿童和身体羸弱儿童，扩大了特殊教育的服务对象范围。《巴特勒法案》还规定了地方教育部门的职责，将设立特殊教育学校、为所管辖区内的儿童提供筛查诊断和教育服务的职责都划给地方教育部门。从此，特殊教育办学成为政府行为，英国特殊教育学校增加了一倍，教育设施设备也有所改善。

1978 年，英国的一个重要报告《沃诺克报告》问世，这是在英格兰、苏格兰和威尔士地区进行全面调查的基础上对英国特殊教育提出来的一系列建议。例如，废止传统的残疾分类，用"特殊教育需要"这一概念来统称所有有特殊教育需求的学生。特殊教育需要学生除传统残疾学生外，还包括其他因有某种学习困难而有特殊教育需求的学生。《沃诺克报告》还主张教育实行一体化，即残疾学生应尽可能地在普通学校就读，而不是被隔离在特殊教育学校中；同时也要继续办好特殊教育学校，加强师资培训，普通学校教师也应拥有特殊教育的素养和能力。《沃诺克报告》的发布是英国特殊教育安置形式由隔离走向一体化的转折点，此后各地纷纷重新进行特殊教育布局，加强普通学校中的特殊教育建设。该报告中有很多观点被英国政府接受。英国于 1981 年出台了《教育法》，正式认可了"特殊教育需要"这一更加包容、宽泛的概念，还增加了评估和鉴定的权利，以保障每个学生在任何学校就读都能获得评估报告中的教育服务。此外，1981 年的《教育法》还赋予家长咨询与上诉的权利，用法律的形式保障一体化的顺利推行。

《沃诺克报告》和 1981 年的《教育法》将英国的特殊教育向一体化推进，通过法律的形式保障所有有特殊教育需要的学生的受教育权利。后来颁布的《特殊教育需要鉴定与评估实施章程》(1994)、《为了所有儿童的成功：满足特殊教育需要》(1997)和《学校中的成功白皮书》(1997)则将一体化落实到全纳教育的不同方面，并使之程序化、系统化。

(三)美国特殊教育立法

美国特殊教育自兴起后迅速发展，特殊教育立法也较早起步，且法律体系比较完善。20 世纪 20 年代，新泽西州、加利福尼亚州就制定了特殊教育法规。受 20 世纪 50 年代美国民权运动中"隔离就是不平等"思想的影响，美国特殊教育立法加快进程。例如，于 1965 年颁布并于 1970 年修订的《初等与中等教育法》，在 1974 年进一步延伸为《1974 年教育法修正案》(93-380 公法)，对残疾儿童的诊断、鉴定、教育安置、教育计划、教育经费等进行了保障。

在《1974 年教育法修正案》的基础上，1975 年美国出台了较之前更为完整且十分重要的特殊教育法律——《所有残疾儿童教育法》，这就是著名的 94-142 公法。94-142 公法要求 6～21 岁的所有残疾儿童和青少年都必须接受免费的、合适的公共教育，每个残疾儿童都要在最少受限制的环境中接受教育，要为每个残疾儿童制订个别化教育计划。该法对政府职责、学校职责、儿童与家长权利、评估鉴定、教育安置、相关服务、康复治疗、教育经费等各个方面都做了详尽的规定。1977 年，美联邦政府又对该法进行修订，颁布了《所有残疾儿童教育实施细则》。由于《所有残疾儿童教育法》并没有涵盖 0～5 岁的学前儿童，1986 年，美联邦政府又颁布了《残障者教育法修正案》，即 99-457 公法，增加了对学前残疾儿童教育干预的相关政策，使教育体系进一步完善。

美国特殊教育法律在实践中不断修订与完善：1990 年通过了《残疾人教育法案》；1997 年通过了《残疾人教育法案修正案》；2004 年通过了《残疾人教育促进法》(IDEIA)。此外，美国还在其他教育法中对涉及特殊教育的部分做出具体规定，对特殊教育法律进行补充。

除法国、英国、美国三国在特殊教育领域有相关法律外，加拿大、德国、匈牙利、波兰等国家也相继在宪法、教育法律或国家政策中提及特殊教育，为残疾儿童的受教育权利提供保障，强调残疾儿童和普通儿童一样，享有平等的受教育权利。

拓展阅读

美国特殊教育法律中的一些重要规定[①]

美国特殊教育的法律规定内容丰富、范围极广。大到财政经费的安排，小到残疾学生带枪支上学的惩戒，都可以找到具体的法律规定。通过这些具体的规定可以找到美国特殊教育法律的一些原则性内容。具体如下。

· 零拒绝

零拒绝即不管残疾的类型和程度如何，不能有一个儿童被排斥在各类学校所提供的合适教育之外。换句话说，就是所有的残疾儿童都有权利接受学校所提供的合适教育。

· 非歧视性评估

非歧视性评估（nondiscriminatory evaluation）即对特殊儿童的评估过程必须是公平的、不带任何歧视性质的。为了保证评估过程的公平性，评估必须考虑孩子的本族语言。

· 正当程序

正当程序（due process）指每一个家庭和学校都可以行使宪法第十四次修正案所制定的合适程序的权利。当他们在有关孩子的教育问题上产生分歧时，如家长不同意孩子的教育安置场所，他们可以请求调解或进入诉讼程序。

· 最少受限制环境

最少受限制环境指每一个残疾儿童，包括公立学校、私立学校及其他机构的残疾儿童，必须在最大程度上和非残疾的同伴在一起接受教育。只有在普通班级的各种支持措施和服务都不能取得满意效果的情况下，儿童才可以被安置到特殊教育班、特殊教育学校或其他隔离性质的机构。可以这样认为，当今的各种特殊教育政策，如回归主流、融合教育，都在很大程度上受到了最少受限制环境原则的影响。

· 个别化教育计划

从 94-142 公法开始，美国的特殊教育法律都明确规定，必须为每一个接受特殊教育和相关服务的残疾人提供一份书面的个别化教育计划。法律的实施细则详细规定了个别化教育计划的范围、内容、参与人员、设计程序等有关内容。美国的特殊教育服务一直依据法律条例为残疾学生提供适合其发展的个别化教育。美国与个别化教育计划有关的特殊教育法案在 1975—1997 年共经历了三次修改。个别化教育计划在美国特殊教育中的普及和完善也随着法律修订的内容前进 。

第一次是 1986 年的《残障者教育法修正案》，也称 99-457 公法。它将 94-142 公法

---

① 肖非：《美国特殊教育立法的发展——历史的视角》，载《中国特殊教育》，2004(3)。

定义的 6～21 岁的特殊教育受益年龄向前延伸，包含了 3～5 岁的学前期和从出生到 2 岁的婴幼儿期。该法要求对 0～5 岁的残疾儿童实施个别化家庭服务计划（individual-ized family service plan，IFSP）。1990 年，美国通过了《残疾人教育法》的第二次修正，也称 101-476 公法，即著名的 IDEA。关于个别化教育计划的修订内容包括在制订个别化教育计划时，要增加针对残疾个体的转衔服务的安排。当残疾学生年满 16 岁时，必须考虑该学生离校后的衔接发展方向。对于某些 16 岁以上的特殊学生，如果他们在高中阶段就已经完全在职业机构工作，那么，个别化转衔计划就可以取代个别化教育计划。1997 年，美国的特殊教育法律完成了第三次修正，此次修正的法案被称为《残疾人教育法案修正案》，又称 105-17 公法。个别化教育计划在此次修正中有几个变化：一是个别化教育计划的书面文件更具实用性且强调教育成效；二是强调将残疾学生安置在完全融合的教学情境中；三是增强父母的意见在个别化教育计划中的分量；四是尽量减少教师不必要的书面工作，强调实际的教学过程。

二、特殊教育向融合发展

(一)扩大特殊教育对象的范围

特殊教育创立之初，人们主要关注聋童、盲童和智力障碍儿童的教育问题，同时建立盲人学校、聋人学校和智力障碍学校。随着特殊教育的发展，人们开始注意到，除传统的三类特殊儿童外，诸如肢体残疾、癫痫患儿等儿童也有特殊教育的需要；还有一些看似没有明显残疾却存在学习困难的儿童，他们往往被教育者忽视。因此，特殊教育的对象也随之发生了一些变化。

1944 年之前，英国政府所提供的特殊教育服务局限于盲、聋、身体缺陷、心理障碍和患癫痫病这五类特殊儿童。《巴特勒法案》则确定了九类应接受特殊教育的儿童，分别是盲童、低视力儿童、聋童、部分听力受损儿童、智力障碍儿童、患癫痫病儿童、心理障碍儿童、身体缺陷儿童和身体羸弱儿童。《沃诺克报告》明确提出了"特殊教育需要"这一新的概念，废止了对残疾的传统分类。这一举措使特殊教育对象的范围更加宽泛，也更加包容。"特殊教育需要"的提出意味着在学习中面临各类困难的儿童都需要接受适合自己的特殊教育。那么，特殊儿童就不仅指在特殊教育学校中的残疾儿童，事实上，更多的特殊儿童是在普通学校中接受教育的。法国在 1963 年也提出了"不适应儿童"的概念，以此取代传统的"残疾儿童"称谓。"不适应儿童"主要包括有感官障碍（盲、弱视、聋、重听等）、运动障碍、身体虚弱、言语障碍、智能障碍、行为障碍等的儿童，以及其他因社会因素而感到不适应的儿童。1964 年，法国进一步规范了"不适应儿童"的分类，具体分为视觉障碍、听觉障碍、智力缺陷、身体性障碍、学习障碍、性格异常、运动障碍和社会性障碍八类。20 世纪 70 年代后，苏联特殊教育的对象包括七类学生：视觉障碍儿童、听觉障碍儿童、智力障碍儿童、语言障碍儿童、肢体障碍儿童、有特殊才能儿童和其他类型特殊儿童，其他类型特殊儿童主要指精神障碍、脑性瘫痪、孤独症患儿等。美国在 1978 年颁布了《天才和有特殊才能儿童教育法》，将天才儿童纳入特殊教育的对象，提出要对天才和有特殊才能的儿童提供财政支持。

可见，人们对特殊教育对象的认识逐渐从残疾转向有特殊教育需要。正是这种更宽泛的概念将特殊教育对象从"分类"推向了"无类"，促进了教育的一体化。有的儿童存在不止一种障碍，其表现出的学习困难很难有一个明确的障碍分类，他们同样属于有特殊教育需要的儿童，需要特殊教育服务。宽泛的特殊教育对象还引发了人们对标签效应的讨论，一些人认为标签会给儿童带来更多的负面影响，教育者应考虑儿童的当前表现，采取合适的教学，防止因残疾或有障碍而被贴上标签。

(二)重视评估鉴定

如何判定儿童是否有特殊教育需求？谁来判定儿童能否接受特殊教育？英国把这种判定职责赋予地方。英国《巴特勒法案》规定，地方要查明所管辖区内有哪些儿童需要接受特殊教育，教育部门可以指派医务人员进行检查，了解儿童的身心状况并进行确诊。随着一体化的推进，英国 1981 年的《教育法》正式将评估鉴定制度纳入法律体系，即无论儿童在何种安置环境下接受教育，都必须拥有特殊教育需要诊断报告，只有这样才能享受诊断报告所建议的特殊教育服务。1994 年，英国的评估鉴定工作进一步完善，出台了《特殊教育需要鉴定与评估实施章程》，该章程使得评估与鉴定工作程序更加规范。该章程将特殊教育服务分为五个阶段，明确了各阶段地方教育部门和学校的职责。此外，该章程还促进了特殊教育需要评估社会模式的形成，在考虑儿童特殊教育需要的同时，还要求评估学校特殊教育服务的质量，并且要求学校任命特殊教育协调人来承担相关工作。

法国从 20 世纪 70 年代起开始重视特殊幼儿的早期发现与诊治，并重视小学阶段的早期筛查。从幼儿入园便建立教育档案，如果发现有特殊幼儿，则尽早积极干预。小学开展由心理教师专门负责的特殊儿童早期筛查，并设立短期的过渡性质的适应班，以帮助儿童最终回到正常环境中就读。德国也重视特殊婴幼儿的早期筛查与诊断，通过家长发现、送校咨询、观察诊断、制订个别化计划的流程，达到矫正的目的。德国还建立了学前特殊教育机构，通过早期诊断评估，明确将来必定要进入特殊教育机构的幼儿，帮助他们尽早适应环境。

(三)从隔离走向融合

第二次世界大战结束后，受美国民权运动的影响，特殊教育界发起了回归主流运动。1968 年，美国的劳伊德·邓恩对隔离式的特殊教育提出了质疑，认为隔离不利于特殊学生适应主流社会，也让普通学校的教师逃脱了特殊教育的责任。邓恩在 1970 年提出了瀑布式特殊教育服务体系，根据学生的障碍程度将其安置到不同的教育环境中。瀑布式特殊教育服务体系按照教育受限制程度分为七级，与特殊儿童的障碍程度相匹配。受该体系影响，迪诺提出了最少受限制环境的概念。1975 年，《所有残疾儿童教育法》根据最少受限制环境的原则提出了要让特殊儿童尽量与普通儿童一起学习、生活，并且要为特殊儿童提供个别化教育计划和充分的相关服务。

回归主流运动在全球产生了巨大的影响，在英国回归主流被称为一体化。英国在 1978 年的《沃诺克报告》中推行了一体化的主张。报告认为，绝大多数特殊需要儿童都可以在普通学校就读，他们可以在普通班级中接受额外辅助，可以接受普通班级和特殊班级结合后的教育，也可以在特殊班级学习但与普通班级进行社交融合，等等。一体化思想强调学校场所一体化、社交一体化和功能一体化。其中功能一体化即一起参加教育活动，这是最佳的教育形式。同期，加拿大也开始逐步实施一体化教育，让特殊学生就近进入普通教育学校接受教育，公立普通学校采取不同的特殊教育方案。

20 世纪 80 年代中期，美国又提出融合教育的概念，认为回归主流主张的依据残疾的不同程度决定教育环境的做法是不公平的等级制度，恰恰违背了回归主流本身所追求的教育平等理想。[①] 因此，融合教育倡导零距离的哲学，要求主流教育满足所有儿童的需求。融合教育逐渐成为全球特殊教育发展的新趋势。1994 年，联合国教科文组织在西班牙召开了世界特殊需要教育大会，在《萨拉曼卡宣言》中正式提出了融合教育的理念。

🔗 拓展阅读

美国特殊儿童安置模式的争论[②]

20 世纪 50 年代以前，美国的特殊儿童安置模式以隔离的特殊教育学校与特殊教育班为主。1970 年，邓恩提出了一个连续性的安置体系，这一体系根据学生的残疾程度与教育需要，提供从最少受限制环境到最多受限制环境的七个级别，主要包括全日制普通班、部分时间普通班与辅导教室、部分时间普通班和特殊班、全日制特殊班、特殊教育学校、家庭教育、医院等。这个连续性安置体系提倡的多元安置成为回归主流阶段特殊教育实践的主要模式。20 世纪 80 年代，融合教育在批判回归主流思想的基础上发展起来。融合教育倡导者认为，根据残疾程度决定教育环境的做法违背了回归主流本身所追求的教育平等理想，呼吁打破教育中存在的等级观念，使普通学校成为所

---

① 邓猛：《从隔离到全纳——对美国特殊教育发展模式变革的思考》，载《教育研究与实验》，1999(4)。
② 赵梅菊、肖非：《完全融合与多元安置：美国特殊儿童安置模式的争论》，载《比较教育研究》，2016(11)。

有儿童都能学习的地方，并倾向于让儿童在普通教室中学习，而非将其"抽离"到普通教室之外接受教育与服务。但是，在应该如何融合特殊儿童的问题上，融合教育倡导者内部发生了分歧。完全融合教育倡导者主张实施普通教室这种单一的安置形式，特殊教育学校、普通学校的特殊班和资源教室等安置形式没有存在的必要。部分融合教育倡导者则认为，特殊儿童可以一部分时间在普通教室学习，普通教室并不能满足所有特殊儿童的需要，普通教室之外的特殊班和资源教室有存在的必要。也就是说，部分融合支持多种安置形式的存在，其实质也是一种多元安置模式。综上所述，对特殊儿童安置模式的争论集中在完全融合与多元安置上。完全融合教育的观念占领了特殊教育领域理论与伦理的制高点，从道德的高度引出了对传统的隔离式特殊教育体系的完全否定。但是，融合教育的政策与目标在特殊教育实践中很难实现。根据美国教育部 2014 年公布的数据，美国 2012 年安置在普通学校的 6～21 岁残疾学生占该年龄段全部残疾学生的比例高达 94.8%，但其中只有 61.52% 的学生在普通教室学习的时间超过 80%，其余的学生则有大量时间在普通教室之外接受特殊教育服务。反对完全融合教育的学者批判完全融合是一种乌托邦式的概念，认为完全融合追求的是一种美好的幻觉。至今，美国特殊教育界关于安置模式的争论依然没有停止。

三、中华人民共和国的特殊教育

(一)特殊教育政策确立

中华人民共和国成立后，特殊教育也进入了新的发展阶段。我国陆续制定盲、聋哑、智力障碍教育政策，以规范特殊教育办学。1951 年 10 月，《政务院关于改革学制的决定》颁布，正式将特殊教育纳入我国的学制体系。1953 年，教育部增设了盲聋哑教育处，保障特殊教育学制的稳步落实。学制改革为特殊教育政策的发展奠定了基础。1956 年，《教育部关于盲童学校、聋哑学校经费问题的通知》发出，提出盲童学校和聋哑学校的各项经费开支要高于同级普通学校，为中华人民共和国特殊教育经费的相关政策奠定了基础。1957 年，《教育部关于办好盲童学校、聋哑学校的几点指示》颁布，对盲童学校、聋哑学校的工作方针、教学工作、人员编制、师资培养、组织领导等做出了详细规定，这是中华人民共和国成立后第一次对盲聋哑教育进行比较系统正式的政策规划。

"文化大革命"期间，我国特殊教育发展处于停滞状态。"文化大革命"结束后，随着经济复苏，特殊教育也进入了新的改革阶段。1954 年通过的《中华人民共和国宪法》规定"中华人民共和国公民有受教育的权利"；1982 年通过的《中华人民共和国宪法》对残疾儿童的教育问题做出进一步规定，指出"国家和社会帮助安排盲、聋、哑和其他有残疾的公民的劳动、生活和教育"。1986年通过的《中华人民共和国义务教育法》也规定"地方各级人民政府为盲、聋哑和弱智的儿童、少年举办特殊教育学校(班)"。1995年，我国教育基本法《中华人民共和国教育法》也提出"国家扶持和发展残疾人教育事业"。我国还为残疾人制定了专门的法律政策。1990年颁布的《中华人民共和国残疾人保障法》(2008年修订，2018年修正)对残疾人教育做出了规定。1994年，国务院颁发了《残疾人教育条例》，更加详细地规定了特殊教育的各个方面。《残疾人教育条例》是我国第一部有关残疾人教育的专项法规；2017年1月11日，国务院第161次常务会议修订通过。《残疾人教育条例》规定了特殊教育的义务教育、职业教育、高级中等教育和继续教育等各级各类教育的办学要求，还对教师、条件保障和法律责任等进行了明确规定，尤其关注特殊教育体系和融合教育问题。

此外，我国还出台了若干特殊教育政策，如《关于发展特殊教育的若干意见》(1989年)、《关于"十五"期间进一步推进特殊教育改革和发展的意见》(2001年)、《关于进一步加快特殊教育事业发展的意见》(2009年)等。针对随班就读，1994年，《国家教育委员会关于开展残疾儿童少年随班就读工作的试行办法》出台。近几年，为提高特殊教育质量，我国教育部等七部门先后发布了《特殊教育提升计划(2014—2016年)》和《第二期特殊教育提升计划(2017—2020年)》，按步骤整体规划特殊教育的发展。另外，2015年，教育部颁布了《特殊教育教师专业标准(试行)》；2016年，教育部颁布了《普通学校特殊教育资源教室建设指南》。中华人民共和国成立以后，我国特殊教育迅速发展，这与法律法规的确立和完善密切相关。法律法规是推动特殊教育向前发展并与国际接轨的根本动力。

(二)特殊教育学校发展

中华人民共和国成立之初，全国共有42所盲聋哑学校。此后，盲聋哑学校稳步发展，各地政府积极办学，新建盲聋哑学校，以保障盲聋哑儿童基本能接受义务教育。1949年的42所盲聋哑学校，至1965年增加至266所。1979年，我国开始智力障碍学校的试办。至2019年，全国共有特殊教育学校2192所，义务教育入学率达到90%以上。[①] 特殊教育学校从盲和聋哑两类，发展至今日的盲校、聋校、培智学校和综合性特殊教育学校等类，基本实现了30万人口以上的区县有1所特殊教育学校。特殊教育学校数量迅速增长，由此可见国家对残疾人平等接受义务教育的重视，残疾学生也能学有所成的思想逐渐深入人心。

特殊教育学校除数量上的增长外，在课程改革方面也取得了一定的进展。20世纪

---

① 中华人民共和国教育部：《2019年全国教育事业发展统计公报》，http：//www.moe.gov.cn/jyb_sjzl/sjzl_fztjgb/202005/t20200520_456751.html，2020-05-19。

80 年代,《教育部初等教育司关于征求对聋哑学校教学计划意见的通知》《国家教育委员会初教司关于征求对全日制盲校小学教学计划意见的函》《国家教育委员会关于印发〈全日制弱智学校(班)教学计划〉(征求意见稿)的通知》发布,分别对聋哑学校、盲校和培智学校的教学计划进行改革意见的征集。根据改革实践经验,2007 年,教育部正式出台了《聋校义务教育课程设置实验方案》《盲校义务教育课程设置实验方案》和《培智学校义务教育课程设置实验方案》。这些文件拟定了各类特殊教育学校的培养目标,规定了课程设置的原则、内容和其他相关内容。课程设置实验方案让各类特殊教育学校的教学有本可依。为进一步办好特殊教育,让特殊教育课程内容与时俱进,2016 年,教育部又颁布了《盲校义务教育课程标准(2016 年版)》《聋校义务教育课程标准(2016 年版)》《培智学校义务教育课程标准(2016 年版)》,为残疾学生制定了一整套系统的学习标准。新课程标准还推出了成套教材,这是我国特殊教育发展史上具有里程碑意义的事情。

随着义务教育阶段特殊教育的推进,残疾学生毕业后的职业发展显得越发重要。1991 年的《中国残疾人事业"八五"计划纲要(1991—1995 年)》对开设残疾人职业教育机构提出了要求。此后,我国开始建立残疾人中等职业技术学校、职业高中,还有其他非学历性质的残疾人职业教育与培训机构,着力培养残疾人的职业技能,为他们步入社会做好技术上的准备。

我国的特殊教育还向两头延伸,一头是学前教育,另一头是高中及以上层次的教育。我国重视残疾儿童的早期教育和早期干预,开设学前教育康复机构和特殊教育学前班。例如,在特殊教育学校、幼儿园或福利院为残疾儿童设立听力语言训练机构、智力障碍幼儿康复训练机构(班)和低视力康复机构等。20 世纪 90 年代后,高中层次的特殊教育开始发展,青岛市盲校和南京市聋人学校开特殊高中教育之先河。同时,长春大学设立了特殊教育学院,后来天津理工大学聋人工学院和北京联合大学特殊教育学院创办,标志着特殊高等教育的开始。我国特殊教育不断发展,教育体系逐渐扩大并完善,课程改革也不断取得新进展。

(三)随班就读的实践

早在 20 世纪 50 年代,在我国部分农村地区就出现了普通学校接收残疾儿童跟班学习的现象,但限于当时的文化氛围和事业发展,还没有从法律法规的角度对这些教育行为进行规范和规定。1987 年,《国家教委关于印发〈全日制弱智学校(班)教学计划〉(征求意见稿)的通知》初次提出"随班就读"这一术语,即"在普及初等教育的过程中,大多数轻度弱智儿童已经进入当地普通小学随班就读。这种形式有利于弱智儿童与正常儿童的交往,是在那些尚未建立弱智学校(班)的地区特别是农村地区解决轻度弱智儿童入学问题的可行办法"。1987 年,我国政府在全国 15 个区县有组织、有计划地开展了随班就读试验研究,试验研究从盲聋教育开始逐步推广。1988 年,随班就读正式作为发展特殊教育的一项政策，在第一次全国特殊教育工作会议上获得通过。此后，随班就读试验进一步推广，智力障碍儿童少年也被纳入随班就读的试验范围。

随班就读试验得到了国家教育部门的肯定。1994年，国家教育委员会在总结经验的基础上，印发了《国家教育委员会关于开展残疾儿童少年随班就读工作的试行办法》，对随班就读的对象、入学、教学要求、师资培训、家长工作、教育管理等方面进行了相关规定。这是我们国家第一个比较全面的随班就读政策指导文件。该文件规定，残疾儿童少年应当就近入学，每班随班就读学生以1~2人为宜，最多不超过3人。1994年颁布的《残疾人教育条例》将随班就读这种教育安置形式以法规的形式提出。

2014年，为加快推进随班就读的发展，教育部等七部门发布了《特殊教育提升计划（2014—2016年）》，对发展随班就读提出了具体措施，包括：扩大普通学校随班就读规模，尽可能在普通学校安排残疾学生随班就读，加强特殊教育资源教室、无障碍设施等建设，为残疾学生提供必要的学习和生活便利；随班就读的义务教育阶段生均公用经费参照义务教育阶段特殊教育学校生均预算内公用经费标准执行；支持承担随班就读残疾学生较多的普通学校设立特殊教育资源教室（中心），配备基本的教育教学和康复设备，为残疾学生提供个别化教育和康复训练；对在普通学校承担残疾学生随班就读教学和管理工作的教师，在绩效考核中给予倾斜；推动地方确定随班就读、送教上门指导教师和康复人员等的岗位条件；加强普通学校随班就读、资源指导、送教上门等特殊教育教师培训。为给随班就读学生提供必备的服务保障，教育部高度重视资源教室的建立。2016年，教育部办公厅印发了《普通学校特殊教育资源教室建设指南》，对普通学校资源教室建设做了详细全面的指导。

截至2017年，我国普通小学、初中随班就读和附设特教班招收的特殊教育学生为5.66万人，在校生为30.40万人，分别占特殊教育招生总数和在校生总数的51.10%和52.52%。这说明我国已有一半以上的残疾儿童少年进入普通学校就读；此外，还有很多有特殊教育需要的学生一直在普通学校中接受教育。我国随班就读的发展是中国具体国情和西方融合教育思想有机结合的产物，虽然目前还存在很多问题，但随班就读是国家关注与支持的特殊教育安置途径。目前，随班就读支持保障体系的构建是我国特殊教育发展的重点任务，随班就读是未来特殊教育发展的重要趋势。

拓展阅读

融合教育本土化实践的思考

在中国心理卫生协会残疾人心理分会第十届年会（杭州，2014）上，学者邓猛提出了中国融合教育本土化实践的思考。融合教育理念于20世纪90年代中期传到中国，始见于学者的介绍与讨论。2006年12月13日，联合国大会通过《残疾人权利国际公约》，明确倡导"充分和切实地参与和融入社会""尊重差异，接受残疾人是人的多样性的一部分和人类的一分子"等原则。中国作为《残疾人权利国际公约》的发起国之一，于2007年3月签署该公约，推动残疾人融合教育的发展。尽管社会的呼吁、政府的倡导不绝于耳，相关研究与实践却仍不多。由于文化与教育体制的差异，在理解融合教育时往往出现三方面的误解。

第一，认为残疾儿童少年跟普通儿童少年完全不同，应该到特殊教育学校或机构接受教育或康复训练。事实上。残疾儿童少年首先是儿童少年，其次才是残疾的。他们是人的存在的多样性和差异性的一种表现，而不意味着他们低人一等。残疾只是残疾人作为人的特性的一部分，人们往往放大他们的缺陷与不足，却忽略他们平等的权利，低估他们发展的潜能。

第二，认为融合教育是特殊教育学校的事情，跟普通教育关联不大。从本质上看，融合教育首先是普通教育的事情，普通教育从来没有也不可能离开特殊教育。相关研究清楚地表明，一个自然的普通班级里，1/4左右的学生有不同类型与程度的特殊教育需要，忽视这部分学生的教育理论与实践必然是不完整、不公平的教育理论与实践。因此，普通学校是融合教育的主角，特殊教育学校只是配角；与其说融合教育是特殊教育的选择，倒不如说它是普通教育的选择。

第三，认为融合教育只是几个残疾学生的事情，是学校工作的"边角料"。事实上，融合教育是应对学生多样性需求的教育，追求的是学校教育体制与教学范式的整体性变革；首先是面向所有学生的教育，其次才是面向包括残疾学生在内的处境不利学生的教育。融合教育在给残疾学生教育机会的同时，也给普通教育变革提供契机。

本章小结

特殊教育的发展历史漫长而曲折。从原始社会到18世纪前后，残疾人教育从受到忽视逐步转变为受到些许关注。广义的特殊教育在经历了漫长的萌芽与启蒙期后，进入了18世纪到20世纪中期的初创时期。特殊教育从个人和民间行为逐步变成各国政府稳定的、系统的政策举措，听力障碍儿童教育、视力障碍儿童教育、智力障碍儿童教育相继确立，特殊教育体系初步形成。第二次世界大战结束后，世界特殊教育进入了发展与改革时期。各国特殊教育规模不断扩大，体系逐步完善，法律法规逐步健全。世界特殊教育逐步从隔离走向融合，并不断扩大教育对象的范围，更加重视评估鉴定。而我国现代特殊教育亦在时代潮流的影响下，不断完善政策体系，积极践行随班就读的教育实践。

思考题

·单项选择题

现代意义上的特殊教育的创立标志是（　　　）。

A. 聋人教育的产生

B. 盲人教育的产生

C. 培智教育的产生

D. 以上三类教育都产生

·简答题

①简述法国、英国、美国和中国创办早期聋人学校的经验。

②简述法国、英国、美国和中国创办早期盲人学校的经验。

③简述法国和美国创办早期智力障碍学校的经验。

·论述题

请论述文艺复兴和启蒙运动给残疾人及其教育带来的变化。

本章阅读书目

[1]朱宗顺. 特殊教育史[M]. 北京：北京大学出版社，2011.

[2]朴永馨. 特殊教育学[M]. 福州：福建教育出版社，1995.

[3]张福娟. 特殊教育史[M]. 上海：华东师范大学出版社，2000.

特殊教育制度的概念与确立依据 ┬ 特殊教育制度的概念
                              └ 特殊教育制度的确立依据

特殊教育制度
与体系

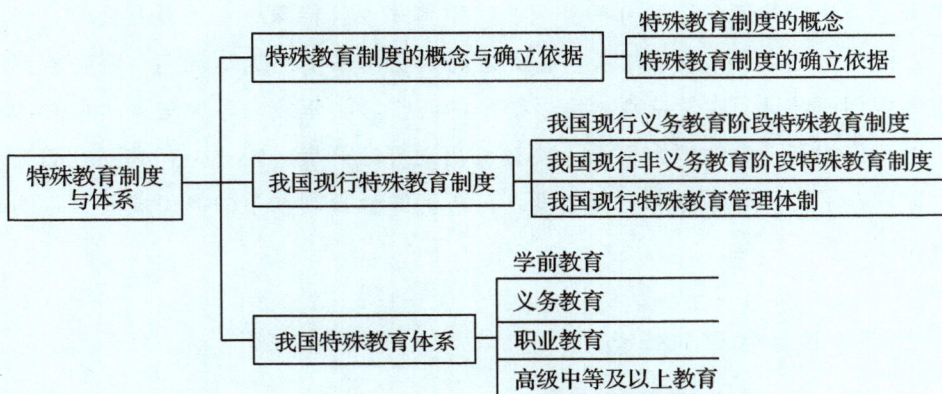

我国现行特殊教育制度 ┬ 我国现行义务教育阶段特殊教育制度
                     ├ 我国现行非义务教育阶段特殊教育制度
                     └ 我国现行特殊教育管理体制

我国特殊教育体系 ┬ 学前教育
                 ├ 义务教育
                 ├ 职业教育
                 └ 高级中等及以上教育

　　特殊教育制度作为特殊教育活动的规范,以自身固有的常规性和重要性引领特殊教育的发展,成为特殊教育改革与发展的重要保障,体现特殊教育思想和特殊教育观念,是特殊教育政策的重要表现。本章主要介绍特殊教育制度的概念与确立依据、我国现行的特殊教育制度和特殊教育体系。学完本章,应该能对我国现行的特殊教育制度及体系有全面的了解和把握。

第一节
特殊教育制度的概念与确立依据

　　随着社会文明的进步,社会对特殊教育的关注日益增多。特殊教育作为国家战略重点之一,不仅关系到当前的经济建设,而且关系到国家的命运、民族的未来。特殊教育作为一项系统工程,涉及智力障碍儿童、感官障碍儿童、孤独症患儿等诸多特殊儿童,覆盖学前教育、义务教育、中等教育(含职业技术教育)及高等教育诸多学段,涉及医学、心理学、社会学、教育学、组织学等诸多学科领域,并包含民政部、财政部、教育部、残联等诸多政府部门和组织。整体来说,特殊教育涉及范围广,影响因素多元,组织网络庞大,关系复杂,需要通过制度化来实现统筹规划。特殊教育制度正是统筹规划的结果,它使特殊教育系统中的各级各类学校、各种教育机构和教育行政部门的工作均有一定的规则可循,使教育活动有序开展。因此,有必要全面把握特殊教育制度,了解什么是特殊教育制度,分析特殊教育制度中的各组成要素,明晰特殊教育制度的确立依据。

一、特殊教育制度的概念

(一)特殊教育制度概念的界定

　　教育制度是国家各级各类教育组织与教育机构构成的总体及用政令、律例等规范形式确立的教育活动的程序、准则和政策的总和。[①] 其作为一种规范体系,教育制度带

---

　　① 邓凌雁:《2015 年度中国教育制度史研究综述》,载《内蒙古师范大学学报(教育科学版)》,2016(10)。

有制定者的意图，在宏观决策、制度创新、资源分配等方面起着举足轻重的作用，在顶层制度建设层面把握国家教育发展的方向。[①] 特殊教育制度作为教育制度的一个重要组成部分，是国家或地方政府以政令的形式确立的特殊教育活动的准则和规范体系，规定各级各类特殊教育的性质、培养目标、入学条件、学习年限及它们之间的相互关系与衔接。作为特殊教育活动的规范，特殊教育制度以自身固有的常规性和重要性引领特殊教育的发展，成为特殊教育改革与发展的重要保障；[②] 体现特殊教育思想和特殊教育观念，是特殊教育政策的重要表现。[③]

(二)特殊教育制度的特点

1. 客观性

特殊教育机构的设置、层次类型的分化、各级各类特殊教育机构的制度化等都受客观生产力发展水平的制约，具有客观性。[④] 在古代，生产力发展水平低，特殊教育发展缓慢，无制度体系生成的土壤；在近代，机器大生产提高了生产力，经济发展水平提高，特殊教育也加速发展，逐渐向体系化迈进。

2. 规范性

任何教育制度都有自身的规范性，特殊教育制度也不例外。特殊教育制度规定特殊教育的对象、特殊教育办学、特殊教育培养目标等方面的内容，设计一系列规则和秩序，使特殊教育工作有章可循。

3. 历史性

特殊教育制度随社会的发展变化而发展变化，具有历史性。在不同的社会历史条件下，特殊教育制度所侧重的内容不同。特殊教育制度会随时代的变革而不断变革。

4. 强制性

特殊教育制度对受教育者个体的行为及相关负责部门的管理行为具有一定的强制作用。

(三)特殊教育制度的具体内容

教育制度随社会发展而发生变革，与社会变迁密切联系。近现代中国的教育制度从萌芽到形成，经历了模仿日本、吸收欧美、学习苏联的发展过程，在具体实践中逐

---

① 刘校静：《教育制度史的创新性研究——评〈中国教育制度通史〉》，载《山东师范大学学报(人文社会科学版)》，2002(3)。

② 孟繁华：《顾明远教育制度与宏观决策思想研究》，载《中国教育学刊》，2018(10)。

③ 冯增俊：《中国教育制度世纪变革回顾与展望》，载《华南师范大学学报(社会科学版)》，2002(1)。

④ 王道俊、郭文安：《教育学》，110 页，北京，人民教育出版社，2016。

步演进，且不断深化、充实。① 从形成初期到现在，我国的教育制度经历了一个由简单到复杂、由不完善到接近完善的发展变化过程。中华人民共和国成立之初，我国的教育制度在探索建立民族的、科学的、大众的文化教育体系的过程中不断完善。② 1951年，《政务院关于学制改革的决定》颁布，奠定了我国教育制度发展的基础。我国特殊教育制度是在借鉴西方教育经验的基础上结合本国实际与教育实践形成的。我国特殊教育制度的建设以《政务院关于学制改革的决定》为开端。该文件在保留"六三三四"学制的基础上，新增了工农速成学校和业余学校，并颁布各类学校的办学规章；同时规定各级人民政府应设立"聋哑、盲目等特种学校，对生理上有缺陷的儿童、青年和成人，施以教育"。在此后的特殊教育制度建设过程中，我国为残疾儿童提供了更多的接受公共教育的机会，建立了面向他们的基础教育设施，帮助他们早日发现残疾，并促进残疾儿童与同龄人更多的接触。③ 当前，国际社会提倡终身教育理念、建设学习型社会，我国教育政策与国际先进教育理念保持一致，在教育制度建设过程中也强调终身教育体系的构建；在特殊教育领域表现为：特殊教育及相关服务贯穿特殊教育需要人群学习、生活、工作的始终。

特殊教育制度在发展过程中已成为一个多类型、多层次和多元体制的系统，具体包括特殊教育管理体制、特殊教育体系建设、特殊教育政策与立法、特殊教育财政制度等方面的内容。

1. 特殊教育管理体制

特殊教育是国民教育体系的重要组成部分。作为一项国家事业，特殊教育管理体制与国家教育行政管理体制相关。国家通过行政管理部门对各类教育事业及相应的教育机构进行领导和管理，以实现教育目的。而教育行政管理部门作为教育行政体制的基本组成，是教育行政的具体实施者，其主要职责在于进行科学的教育决策与教育管理。④

在一些国家，教育行政管理体制分为联邦与州两部分；在我国，教育行政管理体制分为中央与地方两级。以我国教育行政管理体制为例，中央层面以教育部为主；地方教育管理机构分省、自治区、直辖市教育管理机构，地级市、地区、自治州、盟教育管理机构，县级市等县级行政区教育管理机构，以及乡级行政区教育管理机构，共四个层次。教育管理机构主要履行制定教育规划、制定教育规章与教育标准、教育行

① 冯增俊：《中国教育制度世纪变革回顾与展望》，载《华南师范大学学报(社会科学版)》，2002(1)。

② 范国睿：《教育制度变革的当下史：1978—2018——基于国家视野的教育政策与法律文本分析》，载《华东师范大学学报(教育科学版)》，2018(5)。

③ Aron L., & Loprest P., "Disability and the Education System."*The Future of Children*，2012(1)，pp. 97-122。

④ 肖建文、杨婉琪：《清末新政与中国教育制度近代化》，载《宜春学院学报》，2005(1)。

政执法、教育督导、教育评价等职能。特殊教育也不例外，由中央统一领导，各级行政部门分级管理。中华人民共和国教育部基础教育司所设的特殊教育处是领导管理全国特殊教育的最高级别的教育行政管理部门。从管理体制上看，特殊教育管理机构主体多样，涉及教育部门、民政部门、卫生部门、社会团体等。从办学形式上看，管理范围包括专门的特殊教育学校，普通学校和一般福利机构开设的特殊教育班，以及在普通学校、普通班、普通教育机构中的随班就读。

2. 特殊教育体系建设

特殊教育自身发展体系、特殊教育社会服务体系、特殊教育支持保障体系是特殊教育领域的三大发展体系。[①]

特殊教育自身发展体系是根据不同类型特殊儿童身心发展的特点和学习阶段，为残疾人提供从学前教育、义务教育、中等教育（含职业技术教育）到高等教育的具有持续性、衔接性的终身教育发展体系。其针对教育对象、修业年限、特点、教育目的、课程改革、学校数量、培养层次、组织机构提出相应的要求。学前教育主要招收 3 岁至 6 或 7 岁的特殊儿童；可在特殊教育学校中设立学前班，或在普通幼儿园中设立特殊班；一般由教育部门主办，但国家和地方政府、企事业组织、社会团体、公民个人等都可以设立学前教育机构；以全日制为主，也有寄宿制、半日制等。在义务教育阶段，特殊儿童接受比较正规、系统的教育，使特殊儿童在德、智、体诸方面全面发展。这一阶段的主要特点是儿童的年龄普遍较大，学习年限也普遍较长；大部分学校由教育部门主办，一小部分由民政部门主办，社会团体或私人办的特殊教育学校（班）占比较小。中等教育主要是进行职业技术教育训练。特殊教育学校一般针对有视觉障碍、听觉障碍及智力障碍的学生进行普通教育和职业技术教育。高等教育包括专科教育、本科教育、研究生教育，主要通过设立专门招收特殊学生的特殊教育系（或部）实现特殊高等教育；另外，函授和业余大学、电大等也对特殊人群开放。

现代特殊教育的发展需要一个健全的、涵盖社会方方面面的特殊教育社会服务体系，从而提高残疾人的环境适应能力，帮助残疾人生活、学习和就业。现代化的特殊教育支持保障体系主要涉及政策法规、特殊教育师资与专业支持、信息资源、社会支持四个方面。特殊教育支持保障体系的完善是实现特殊教育现代化的重中之重。

3. 特殊教育政策与立法

特殊教育政策是国家管理与发展特殊教育的主要手段和工具，清晰描述特殊教育的对象、办学形式、办学目标、教育内容、教育方式、经费筹措机制、师资培养模式等内容。特殊教育政策保障特殊教育事业的开展，明确特殊教育的定位，满足人们的

特殊教育需求，影响特殊教育的资源分配，解决一定时期内特殊教育发展的相关问题。[①] 其制定、颁布、实施的过程是理念落实的过程。依据公平理念，有特殊教育需要的儿童都有机会在普通学校中与普通儿童一起接受教育，特殊儿童的受教育权利受到保护。政策与立法通过调整教育资源，进行合理分配，保证每个公民都有相对均等的教育机会和条件。学校通过客观的制度化管理措施和教师科学的教学方式防止制度与政策层面的歧视。通过特殊教育政策与立法，促进特殊教育制度体系建设，满足个人和社会的特殊教育需求；在社会层面加强特殊教育法治观念，营造良好的特殊教育氛围，以法的严格要求规范特殊教育事业的发展。

完备的特殊教育政策与立法具有整合化、体系化的特点，对特殊教育的发展来说意义重大、影响深远；从理论与实践出发，打牢特殊教育这项国家事业、社会事业的基础，并影响整个教育体系的发展。

4. 特殊教育财政制度

人力资本理论认为，教育的投资回报率高于物质资本的投资回报率。教育投资可以产生个人经济效益与社会经济效益。通常意义上，社会经济越发达，教育投资力度就越大。特殊教育投资也是具有丰厚回报的人力资本投资，必须在明确特殊教育财政体制改革的方向和目标的同时完善公共教育财政体制建设；但由于特殊教育的生均成本一般是普通教育的 2～3 倍，成本高昂，而收效相对不明显，曾一度受到质疑。[②]

相关研究从筹款机制和拨款机制的角度考察特殊教育财政制度。研究者认为，特殊教育筹款机制是一种博弈的结果，特殊教育经费的税基选择、财政投入总量、各级政府和公民间分担的比例在很大程度上受公共选择的限制。特殊教育拨款机制更多地考虑特殊教育自身的特点，包括特殊教育对象的异质性、特殊教育安置方式的多样性等。一个国家的特殊教育拨款机制并不总是唯一的，针对不同类型的特殊学生可能会采用不同的拨款机制，不同的地方政府也有可能选择不一样的特殊教育拨款机制。特殊教育拨款机制包括政策工具（货币、实物和特殊教育教师培训），对象（特殊学生及其家庭、学校、地方政府或特殊教育中心），拨款依据（需求、任务、产出），支出自由度（对拨款指定用途、专款专用，也可以不指定专门用途），等等。

例如，美国的特殊教育经费由联邦、州及州以下地方政府共同承担，美国联邦政府的经费主要用于平衡州际差异，州及州以下地方政府承担向残疾学龄儿童提供特殊教育服务的主要责任。州一级政府通过对学区的转移支付承担近一半的特殊教育经费。中国特殊教育财政制度以地方投入为主、中央投入为辅，中央对于特殊教育的投入主

---

① 周蕴、祁占勇：《我国特殊教育政策研究热点的知识图谱分析》，载《现代特殊教育》，2017(8)。
② 黄建辉：《公平与卓越的追求：美国特殊教育发展与变革研究》，博士学位论文，福建师范大学，2015。

要以特殊教育专项补助经费的形式进行。①

此外，特殊教育制度还包括特殊教育行政专项管理职能，如特殊教育人事管理、特殊教育设施管理、学生管理、校办产业管理等。需要注意的是，配套制度的完善与特殊教育制度本身的建立与完善同等重要。

(四)特殊教育制度变革与教育观念转变

特殊教育制度与普通教育制度相比更为复杂，为实现让每个残疾人获得全面发展的机会、平等地融入社会生活的目标，需要从整体性的制度实践入手，完善特殊教育制度，实现向上的制度变革。特殊教育制度变革引领特殊教育的创新发展，使特殊教育与国际接轨，提升特殊教育对象的综合素质；借鉴先进的特殊教育经验，促进特殊教育观念转变，完善特殊教育制度。②

首先，特殊教育制度要发挥好制定特殊教育规划、特殊教育规章与标准，促进特殊教育立法与特殊教育管理的作用；依据时代需求与特殊儿童的实际，制定与修改特殊教育事业的发展目标及具体实施方案，明确各级政府的责任，规范教育机构(学校等)办学。其中，政府支持是特殊教育制度正常运行的坚强后盾。在政治、经济发展促进教育的条件下，应从制度层面为教育提供一个相对独立的空间。③

其次，特殊教育通过制度化进入教育体系，特殊教育制度应该被纳入制度研究范式。优化特殊教育的设施设备、教材、课程、学制、专业建设，积极扩大特殊教育招生与培养的规模，搭建各类残疾人接受特殊教育的资源平台，积极促进学前教育、义务教育、中等教育与高等教育的衔接与匹配，为残疾人接受不同层次和类别的特殊教育提供机会，努力提升特殊教育师资队伍的规模和素质，构建多元型与综合型特殊教育师资队伍。④

再次，制度变革与观念转变相互作用。融合教育理念与终身教育理念是国际公认的教育理念，具有前瞻性、全局性。特殊教育制度变革必然受到这两大先进理念的影响，按照它们的原则进行改造。同时，制度在变化发展过程中又反过来影响理念的发展与深化，从内容与形式两个方面深化理念、完善理论。

---

① 田志磊、张眉、郭楠等：《融合教育理念下的特殊教育财政：历史、现状及未来》，载《教育学术月刊》，2015(1)。

② 唐海龙：《"十三五"期间我国残疾人特殊教育制度创新思考》，载《中州大学学报》，2018(2)。

③ 王晓燕：《中国近代特殊教育制度化研究》，硕士学位论文，陕西师范大学，2015。

④ 彭华民、冯元：《中国特殊教育福利：从补缺到组合普惠的制度创新》，载《社会科学辑刊》，2016(6)。

二、特殊教育制度的确立依据

特殊教育制度是一个国家教育制度的重要组成部分，是一定社会历史阶段的产物，受一定社会政治、经济、文化等方面的影响和学生年龄特征、身体发展特点的制约。其确立与完善受多种因素的影响。

(一)社会生产力和科学技术发展状况

生产力的发展制约特殊教育事业发展的规模与速度。物质资料的生产是人类社会存在与发展的基础，教育的发展受生产力发展的制约，尤其是特殊教育。原始社会生产力水平低下，不具备建立专门的特殊教育机构的条件。到了近代，由于机器大工业生产的出现、科学技术的进步，特殊教育的规模与办学形式发生了改变，逐渐走向体系化。

生产力的发展推动科学技术的发展，也促进教学内容的发展与更新。但其发展水平也制约教学内容、教学方法和教学组织形式的发展和改革。例如，以往特殊教育注重传统的语文、数学知识，现代特殊教育更注重教学中信息技术的介入。

因此，在知识经济时代，特殊教育制度的建设要适应生产力发展水平，发挥教育对生产力的促进作用，促进特殊教育人群融入社会、实现自身价值。

(二)社会政治、经济制度

教育属于上层建筑范畴，受社会政治、经济制度制约，以一个国家的政治、经济制度为依据。

社会政治、经济制度制约特殊教育的性质和领导权。国家权力和资源保障特殊教育功能的发挥并使其为社会发展服务。教育就其本质而言具有社会性，没有国家力量就难以普及。另外，在某种程度上，特殊教育行政管理体制与社会政治、经济制度相统一。在政治、经济上实行中央集权的国家，其特殊教育管理体制往往也强调集中统一；在政治、经济上实行分权的国家，其特殊教育管理体制往往强调发挥地方的主观能动性。

社会政治、经济制度制约特殊教育的目的和内容。教育目的是一个社会的政治、经济制度对教育权益的要求的集中体现。在现代社会，特殊教育的目的在于满足特殊教育对象的特殊教育需要，促使其平等地参与社会。

社会政治、经济制度制约受教育权。让哪些人受教育、受何种程度的教育，很大程度上受社会政治、经济制度的影响。

（三）社会文化与民族传统

教育活动是在一定的文化观念影响下进行的，不同的文化特性必然影响教育制度的特性。

文化制约特殊教育的内容与水平。文化是教育的基础，特殊教育所传授的知识、理念大多来自文化。文化模式为特殊教育提供了相应的背景，但同时也会制约特殊教育的模式。文化对特殊教育发展模式影响的表现有：东方崇尚和谐、关注整体，而西方追求自由平等、关注个性；法国在教育行政上实行集权制，美国在教育行政上实行分权制，相应地，法国特殊教育制度实行集权制，而美国特殊教育制度则实行分权制；另外，人道主义精神和以支持为核心的残疾人观对特殊教育制度的影响日益增强，各国都倾向于把受教育权作为基本人权，以实现教育公平，再加上全纳教育思潮的影响，各国特殊教育制度建设几乎都迎合融合的发展趋势。

在建设特殊教育制度的过程中，要注意符合本民族的文化传统，不能脱离本国特殊教育制度的发展历史；要吸收原有学制中有益的成分，以适应自己的民族和文化传统。中国传统文化铸就了中国传统教育，中国传统文化对中国传统教育产生了诸多方面的影响。中国传统文化是一种伦理文化，其价值取向是追求人格的完善。中国文化重视和谐、中庸、宽容，所以中国的教育价值观历来强调"立人""达人"，培养学生的自我修养和关心别人的能力。作为制度文化的国家文化政策会影响教育制度和教育内容。[①] 作为物质文化的文化产品，包括物质产品和精神产品以及相应的生产方式和生产形态，也影响教育制度、教育内容、教育方法和组织形式。文字的产生和发展，不仅影响文化本身的发展，也影响学校教育。印刷术的发明使经典能够被保存与广泛传播，使学校教育有了教学用书。历代哲学家、思想家、文学家等的著作也影响教育的观念、内容与方法。中国少数民族的宗教信仰及语言也影响本民族的教育制度及教育实践。

（四）学生身心发展特征

人的身心发展规律制约教育制度纵向学段的划分及培养目标的确定。特殊教育对象是有特殊教育需要的人。特殊教育的基本观点之一为：特殊教育对象具有特殊性，同时与普通人之间存在共性。[②] 在身心发展方面，特殊儿童与正常儿童的心理发展规律具有一致性，都具有顺序性、不平衡性、阶段性、个别差异性、整体性。[③] 在确立特殊教育制度时，必须遵循儿童与青少年发展的规律，与人的发展相适应。

---

① 孟繁华：《顾明远教育制度与宏观决策思想研究》，载《中国教育学刊》，2018(10)。
② 朴永馨：《对残疾儿童的特殊性要具体分析》，载《大众心理学》，2002(6)。
③ 李娟、麻彦坤：《维果茨基有关缺陷儿童教育的基本观点》，第十一届全国心理学学术会议，北京，2007。

(五)其他因素

1. 国外特殊教育制度建设的经验

特殊教育制度建设涉及国际化与本土化。在发展本国特殊教育制度的过程中，既要注重本土化，又要和国际特殊教育制度发展趋势保持一致，遵循国际特殊教育惯例；既要符合自身国情发展，又要参照国际上的先进经验，构建现代特殊教育制度。

2. 普通教育领域的发展状况及改革等相关问题

特殊教育制度与成人教育制度、职业教育制度等一起存在于整个教育制度中，是相互联系、相互影响的。

3. 人口密度

人口密度影响特殊教育模式的发展，进而影响特殊教育制度的发展。若国家人口稠密，特殊教育学校这种安置方式则易于实现；若国家人口密度低，特殊教育学校这种安置方式则会面临交通成本、人力成本等诸多方面的困难，政府则更倾向于支持普通学校安置。[1]

4. 人的全面发展学说

培养全面发展的人是现代生产对现代教育提出的要求。马克思提出的人的全面发展以及教育与生产劳动相结合是现代社会和现代教育发展的普遍规律。让儿童参与力所能及的活动，对他们进行智育、体育、美育，从而实现人的全面发展，这一思想在一定程度上影响了特殊教育课程与教学。[2]

5. 内在制度逻辑

社会是一个交互制度系统，每项制度都有自己的中心逻辑。制度逻辑指在某一领域中稳定存在的制度安排和相应的行动机制。[3] 其涵盖正式的文本规定和非正式的行为惯例，强调社会环境在组织行为塑造中的作用，认为组织所处的制度环境多元且分散。组织在多元化制度逻辑的影响下，行为反应是不同的。[4] 制度牵涉不同的主体，或称利益主体。教育系统中的利益主体包括国家、学校、教师、社会公众等。这些利益主体组成了制度链，并在制度逻辑根深蒂固的影响和作用下表现出鲜明的行为惯性，他们在实践中倾向于使用已有的固定模式。特殊教育制度建设也遵循上述规律，在社会环境中受到不同利益主体的影响。

---

① 田志磊、张眉、郭楠等：《融合教育理念下的特殊教育财政：历史、现状及未来》，载《教育学术月刊》，2015(1)。

② 孟繁华：《顾明远教育制度与宏观决策思想研究》，载《中国教育学刊》，2018(10)。

③ 刘国艳：《教育改革的多重制度逻辑分析》，载《教育研究与实验》，2014(4)。

④ 李宏贵、蒋艳芬：《多重制度逻辑的微观实践研究》，载《财贸研究》，2017(2)。

第二节
我国现行特殊教育制度

1951 年，《政务院关于学制改革的决定》颁布，特殊教育由此成为中华人民共和国教育体系中的重要组成部分。一直到 20 世纪 80 年代中期，特殊教育学校都是我国特殊教育学生安置的主要形式。1986 年，《中华人民共和国义务教育法》颁布，残疾儿童的受教育权利得到保障；1990 年《中华人民共和国残疾人保障法》和 1994 年《残疾人教育条例》的颁布实施，使残疾儿童义务教育得到广泛关注与发展。

近年来，我国特殊教育事业不断发展，在普及义务教育的同时，特殊教育体系已经扩展到学前教育、高级中等教育、职业教育和高等教育领域，形成了完善的教育层次结构。

一、我国现行义务教育阶段特殊教育制度

基于我国国情，满足更多特殊儿童接受义务教育的需求仍是我国现阶段特殊教育发展的重点。

《中华人民共和国宪法》规定："国家和社会帮助安排盲、聋、哑和其他有残疾的公民的劳动、生活和教育。"

发展特殊教育是提高残疾人素质的根本途径，是社会主义人道主义精神的具体体现。它对促进残疾人自强自立，平等参与社会生活，进而成为社会主义建设的参加者具有重要作用。

我国规定，残疾儿童少年接受义务教育的入学年龄和年限，与当地正常儿童少年接受义务教育的入学年龄和年限相同；必要时，其入学年限和在校年限可以适当提高。入学年龄一般为 7～9 周岁，有条件的地方可以逐步过渡到 6 或 7 周岁。初等教育阶段，在校学生的年龄一般不得超过 18 周岁。特殊教育学校的学制一般为九年一贯制，各类特殊教育学校可以根据各地的不同情况和各类特殊儿童教育的特点，确定不同的年限。1989 年的《关于发展特殊教育的若干意见》及 1998 年的《特殊教育学校暂行规程》等文件都对我国现行各类特殊教育学校的布局、学制和入学年龄等做出了明确的规定。

(一)盲校

《关于发展特殊教育的若干意见》规定："盲童教育，原则上以省、自治区、直辖市

为单位划片设校，或以地市为单位设校；并有计划地在聋童学校和普通小学附设盲童班，或吸收掌握盲文的盲童在普通小学随班就读。"

盲童初等学校（班）和初级中等学校（班），原则上实行五四制，如果需要也可以实行六三制。各地应在盲童中先普及五年或六年制初等教育，有条件的地方可适当发展四年或三年制初级中等教育。

（二）聋校

《关于发展特殊教育的若干意见》规定："聋童教育，根据生源情况原则上以县为单位办班办校。"

聋童学校（班）原则上实行九年制，包括一年职业技能教育。条件不具备的地方，可实行六三分段，先在聋童中普及六年教育。

（三）培智学校

《关于发展特殊教育的若干意见》规定："弱智教育，城市可以在普通小学、残疾儿童福利机构分散办班或随班就读，城市也可以集中办校；农村实行就近入学、随班就读，加强个别辅导；有条件的县、乡（镇）也可以办班或建校。"

学制一般为九年。条件不具备的地方，可实行六三分段，先普及六年教育。

（四）随班就读制度

20世纪90年代，《中华人民共和国残疾人保障法》和《残疾人教育条例》颁布实施后，普及残疾儿童义务教育任务繁重。由于我国残疾儿童数量多，且较多分布在经济较为落后的地区，特殊教育学校存在数量不足、规模不大、集中于大中城市、建设时的一次性投资较大等问题。1989年，在总结了第一次全国特殊教育工作会议经验的基础上，国务院办公厅转发了国家教委等部门《关于发展特殊教育的若干意见》，在确立发展特殊教育基本方针的同时，提出了在普通学校附设特教班和残疾儿童少年在普通班级随班就读的新形式。开展残疾儿童少年随班就读工作是发展和普及我国残疾儿童少年义务教育的主要形式，是开创适合我国国情的残疾儿童少年义务教育新格局的需要。实践证明，这是对残疾儿童少年进行义务教育行之有效的途径。

1. 随班就读的教育对象

随班就读的残疾儿童少年，主要是视力残疾（包括盲和低视力）、听力残疾（包括聋和重听）、智力障碍（以轻度为主，有条件的学校可以招收中度）等类别的残疾儿童少年。

招收残疾儿童少年随班就读，应当对其残疾类别和程度进行检测和鉴定。视力、听力残疾儿童少年应接受由医疗部门、残疾儿童康复部门或当地盲、聋学校的专业技术人员进行的检测鉴定。

对智力障碍(特别是轻度智力障碍)儿童少年的确认一定要慎重。一般先由家长或学生所在班级的教师提出，乡镇组织由医疗、教育等部门人员组成的筛查小组，在家长和班级教师的参与下进行严格的筛查(其主要内容是了解被查儿童的病史、家族史及日常行为表现，并进行医学检查，进行智商测定和行为测定，然后进行综合分析)。名单确定后，由县级鉴定小组鉴定。城市可由区组织鉴定小组进行筛查和鉴定。鉴定小组应当由医疗、教育、心理等领域的专业人员组成。有关人员应经过专业培训，对使用量表的人员要有资格认定。对被确认为有智力障碍的儿童少年要定期复查，如发现有误，必须立即纠正。在暂不具备筛查鉴定条件的农村地区，对于被怀疑智力上有障碍的儿童少年(轻度)，可以将其作为有特殊需要的儿童少年，接收其在普通班就读，暂不做定性结论。

智力障碍儿童少年的鉴定结论，仅作为对其采取特殊教育方式的依据，不得移作他用。对其姓名和档案材料应该严格保密，仅由有关管理人员、科研人员和任课教师掌握，不得在学生中扩散。

2. 随班就读学生的入学

残疾儿童少年随班就读应当就近入学。在城市和交通便利的地区，也可以相对集中在指定学校就读。

残疾儿童随班就读的入学年龄与普通儿童相同，特殊情况可以适当放宽。

在普通学校随班就读的残疾儿童少年，每班以1～2人为宜，最多不超过3人。

县级教育行政部门应当把接收残疾儿童少年随班就读纳入普及九年义务教育发展规划，并把任务落实到乡镇和学校，切实保证残疾儿童少年按时入学。

普通学校应当依法接收本校服务范围内能够在校学习的残疾儿童少年随班就读，不得拒绝。

3. 随班就读的教学要求

学校应当安排残疾学生与普通学生一起学习、活动，补偿残疾学生的生理和心理缺陷，使其接受自身发展所需要的教育和训练，在德、智、体诸方面得到全面发展。

学校应当对残疾学生加强思想品德教育，培养其良好的行为习惯，使其逐步树立自尊、自爱、自强、自立精神；同时要加强对普通学生的思想教育，以逐步形成普通学生与残疾学生互相关心、互相帮助的良好校风和班风。

随班就读残疾学生使用的教材一般与普通学生相同(全盲学生使用盲文教材)，轻度智力障碍学生也可以使用培智学校教材。学校可以根据学生的实际情况，对其教学内容做适当调整。对视力、听力残疾学生的教学要求一般与普通学生相同，特殊情况下允许有适度的弹性。对轻度智力障碍学生的教学要求可以参考培智学校的教学计划、教学大纲和教材做出安排。对中度智力障碍学生的教学和训练也应做出适当安排。

对随班就读的残疾学生应当贯彻因材施教的原则，制订和实施个别教学计划。应当采取多种形式和方法，激发残疾学生的学习兴趣，挖掘其学习潜力。各科教学应当结合本学科的特点，在教授残疾学生文化科学知识的同时，注重对其适应社会生活的能力的培养，以及心理、生理缺陷的矫正、补偿。

教师在随班就读班级的课堂教学中，要处理好普通学生与残疾学生的关系，应当以集体教学为主，并加强对残疾学生的个别辅导。

对残疾学生的考核评估应当包括思想品德、文化知识、缺陷矫正和补偿、社会适应能力等方面。此项工作应有利于残疾学生自信心的培养和提高，不能简单套用对普通学生的评价方法。

随班就读班级教师应当指导残疾学生正确使用助视器、助听器等辅助用具，并教育全体学生爱护这些用具。

有条件的乡镇中心小学或随班就读残疾学生人数较多的学校要逐步设立辅导室，配备必要的教具、学具、康复训练设备和图书资料。辅导室应配备专职或兼职辅导教师。辅导教师应当受过特殊教育专业培训，其主要工作是帮助残疾学生补习文化知识，指导学生正确选配和使用助视器、助听器等辅助用具，对其进行康复训练，培养其社会适应能力等；帮助随班就读班级教师制订个别化教育计划、评估残疾学生的进步情况；宣传、普及特殊教育知识、方法，提供咨询，等等。

4. 随班就读的师资

随班就读班级的任课教师应由热爱残疾学生、思想好、业务水平较高的教师担任。他们应当具备特殊教育基础知识和基本技能，了解随班就读班级教育教学的基本原则和方法。

地方各级教育行政部门应当把视力残疾、听力残疾和智力障碍儿童少年随班就读的师资培训工作列入计划，设立培训基地，采取多种形式，对教师进行岗前和在职培训。普通中等师范学校要分期分批开设特殊教育课程，以保证随班就读教学的师资力量。

省级和地市级教育行政部门应当组织有关专家，为县级、乡级的教育部门培训残疾儿童少年检测人员。

对随班就读班级教师工作的考核评估应当包括普通教育和特殊教育两个方面，并充分肯定他们为残疾学生付出的劳动。

地方各级教育行政部门和学校应当根据实际情况，制定奖励和补贴办法，鼓励教师积极从事随班就读班级的教育教学工作。对表现突出的教师应当给予表彰。

5. 随班就读的家校合作

学校和班级教师应当与残疾学生家长建立经常的联系，随时交流学生的情况，以获得家长的配合和帮助。

学校要采取多种形式加强对残疾学生家长的培训，使他们了解其子女的心理、生理特点，基本的教育训练方法，辅助用具的选配、使用、保养常识，使其对子女做好家庭教育训练工作。

6. 随班就读的教育管理

地方各级教育行政部门应当在调查摸底的基础上制定规划和有关规定，建立残疾儿童少年随班就读工作的目标责任制。要加强对残疾儿童少年随班就读工作的领导和管理，对工作中出现的问题应及时研究，认真解决。

各级教育行政部门应逐步增加对残疾儿童少年随班就读的经费投入，并在教师编制、教师工作量计算、教具、学具和图书资料等方面照顾随班就读工作的需要。地方教育行政部门和学校应当为残疾学生在校学习提供便利条件，帮助残疾学生购置或配备满足特殊需要的教材、学具和辅助用具等。

省级、地市级及有条件的县级教育行政部门要充分发挥教研、科研部门的作用，配备专职或兼职特殊教育教研、科研人员，组成由教育行政管理人员、教研人员、科研人员、特殊教育学校和普通学校教师参加的研究队伍，积极开展残疾儿童少年随班就读的教育教学研究工作，不断提高教育教学质量。应当充分发挥特殊教育学校在教学研究、师资培训、提供资料与咨询、残疾儿童少年测查等方面的作用，做好残疾儿童少年随班就读的教育教学指导工作。

县级教育行政部门应当委派指导教师，对残疾儿童少年随班就读工作进行巡回指导。应当注意发挥乡(镇)中心学校在当地开展残疾儿童少年随班就读工作中的积极作用，组织各校随班就读班级教师进行经验交流，开展教学研究等活动。

学校应当建立残疾学生档案，主要包括个人和家庭情况、残疾鉴定、个别教育计划、学业考核评估等资料。

学校如无特殊原因，不得随意让随班就读残疾学生停学、停课或停止参加学校和班级的各项活动。

智力障碍学生通过随班就读，学习能力、社会适应能力有明显改善，能跟上普通学生学习进度的，应当不再被视为随班就读的对象。

残疾学生一般不留级。智力障碍学生可视具体情况，在小学阶段适当延长学习年限；学习期满，发给毕业证书或完成义务教育证书。

对小学毕业的残疾学生，可根据本地和学生的实际情况，安排其进入初级中等学校随班就读，或进入特殊教育学校学习。

各级教育行政部门在开展残疾儿童少年随班就读的工作中，要加强与当地卫生、民政、残联等有关部门、组织的合作协调，并争取社会的支持和帮助。

二、我国现行非义务教育阶段特殊教育制度

(一)学前教育

早在 20 世纪 80 年代,我国就提出并努力实行对残疾幼儿的早期发现、早期诊断矫治和早期训练教育的"三早"工作。根据《残疾人教育条例》的规定,县级人民政府及其教育行政部门、民政部门等有关部门应当支持普通幼儿园创造条件招收残疾幼儿;支持特殊教育学校和具备办学条件的残疾儿童福利机构、残疾儿童康复机构等实施学前教育。

在学前教育方面,目前,我国特殊幼儿的安置形式以隔离的学前教育机构或学前教育特殊班为主,包括特殊幼儿教育机构、聋儿康复机构、特殊教育学校的学前班,这些机构(班)一般只招收特殊幼儿,特殊幼儿缺少与普通幼儿互动与交流的机会。学前融合教育尚处于起步阶段,数量很少。长期以来,我国学前特殊教育的教育机构以聋儿康复机构为主,其他类型的残疾儿童教育康复机构在数量上微乎其微。其中,社会力量办学成为学前特殊教育的主体,政府在学前特殊教育中的主导性没有得到体现。①

(二)高中及职业教育

目前,我国特殊教育体系中的高中及职业教育受到广泛重视和关注。在特殊高中教育方面,各地逐步创办聋人高中与盲人高中;在职业教育方面,逐步形成初等、中等、高等职业教育共同发展且相互补充的新局面。总体而言,当前我国高中及职业教育阶段的特殊教育实行普通教育与职业教育双轨制。

1985 年,《中共中央关于教育体制改革的决定》提出"调整中等教育结构,大力发展职业技术教育",确立了职业教育在现代化建设中的战略地位,为特殊教育学校发展职业教育指明了方向。1989 年,《关于发展特殊教育的若干意见》明确提出,发展特殊教育事业的基本方针包括"着重抓好初等教育和职业技术教育",要求各级各类特殊教育学校"切实加强劳动技能和职业技术教育"。1990 年,《中华人民共和国残疾人保障法》首次以法律的形式规定特殊教育学校要"在进行思想教育、文化教育的同时,加强身心补偿和职业技术教育"。1994 年,国务院颁布的第一部残疾人教育法规《残疾人教育条例》,专设"职业教育"一章,明确规定"各级人民政府应当将残疾人职业教育纳入职业教育发展的总体规划,建立残疾人职业教育体系,统筹安排实施"。2010 年,《国家中长期

---

① 邓猛:《关于特殊教育体系发展的思考》,载《现代特殊教育》,2016(22)。

教育改革和发展规划纲要（2010—2020 年）》提出 10 年中特殊教育的发展任务之一为"加强残疾学生职业技能和就业能力培养"。正是党和国家对发展特殊教育学校职业教育的高度重视，制定了一系列发展特殊教育学校职业教育的政策，才使特殊教育学校职业教育从弱到强、特殊教育职业学校从少到多地发展起来，呈现出层次完整、形式多样、内容丰富的特色，基本建立了特殊教育与职业教育相互沟通，初等职业教育、中等职业教育和高等职业教育并举的特殊教育学校职业教育体系。[1]

（三）高等教育及成人教育

在高等教育方面，当前我国残疾人高等教育主要招收盲、聋和肢体残疾 3 类学生。其中，进入普通高等院校接受普通高等教育的以肢体残疾学生为主。2017 年，教育部、中国残联发布《残疾人参加普通高等学校招生全国统一考试管理规定》，为残疾学生，特别是盲、聋学生，提供平等参加高考的机会和相关支持。通过"单考单招"的形式接收残疾学生进入高等院校特殊教育学院(系、专业)接受特殊教育，招收对象以视力、听力残疾学生为主。

国家开放大学、上海开放大学先后开设了残疾人教育学院，运用现代远程教育手段，面向残疾人开展高等学历教育。一些特殊中等职业学校与高等院校采取合作办学等方式，高等院校招收中等职业学校的残疾毕业生修习大专课程。还有部分残疾人参加高等教育自学考试、函授大学或业余大学等非全日制学历高等教育。北京联合大学特殊教育学院 2014 年获批为面向视力残疾大学生的临床医学(针灸推拿)专业硕士授权学科点，这是全国首个面向残疾人招生的硕士点，填补了我国残疾人研究生教育的空白。

目前，我国特殊高等教育初步显现为以特殊高等教育学院就读为骨干，以普通高校就读为主体，以成人高等教育和远程教育等方式就读为辅的格局。[2]

此外，《残疾人教育条例》规定："残疾人所在单位应当对本单位的残疾人开展文化知识教育和技术培训。""扫除文盲教育应当包括对年满 15 周岁以上的未丧失学习能力的文盲、半文盲残疾人实施的扫盲教育。"

三、我国现行特殊教育管理体制

我国现行特殊教育行政管理体制坚持中央教育行政和地方教育行政分级管理、分

---

[1] 刘俊卿：《我国特殊教育学校职业教育发展的历史经验、现实问题及未来选择》，载《中国特殊教育》，2011(3)。

[2] 黄伟：《我国残疾人高等教育公平研究》，载《中国特殊教育》，2011(4)。

工负责的原则,实行国家统一领导下的省市县分级管理,中等及中等以下特殊教育由地方人民政府负责。

中央层面的特殊教育行政主管部门为教育部基础教育司下的特殊教育处,其职能主要是:根据党和政府关于特殊教育的工作方针、政策,制定特殊儿童学前教育和义务教育发展规划和有关规章,并组织实施和检查;制定各类特殊教育学校课程标准、教学计划、教学大纲,组织编写和审定教材;对特殊儿童学前教育和义务教育工作进行督导。

在20世纪80年代前,我国仅中央层面有专职的特殊教育管理干部,在个别省份有兼职负责人员。20世纪90年代后,各省级教育部门逐渐配齐专职的特殊教育管理干部,在各省级残联也有专(兼)职的职业教育阶段的特殊教育管理干部。各省级特殊教育行政主管部门为教育厅基础教育处,该处主管全省(自治区、直辖市)基础教育阶段的特殊教育工作,处内设专职干部主管特殊教育的行政管理工作,其职责主要是:统筹管理全省(自治区、直辖市)特殊教育工作;负责拟定特殊教育教学计划、学籍管理等基本教学文件和评估标准;指导特殊教育学校的思想道德建设工作;指导特殊教育学校的常规管理工作;规划、指导特殊教育课程改革、教材建设,组织审定地方教材,负责特殊教育学校教学用书管理工作,指导特殊教育学校信息化及图书、教学仪器设备配备工作;等等。

市级特殊教育行政管理部门一般为教育局内的中学教育处和初等教育处,中学教育处和初等教育处根据上级文件规定,综合管理所辖区域内的特殊教育工作。县级特殊教育行政管理部门为中教科和小教科,中教科和小教科实施对所辖区域内特殊教育学校的综合管理工作。市级和县级教育行政管理部门相应的处、科内只设兼职干部管理特殊教育,教育局局长分管。在一些地区,县级教研室有兼职的教研员,对当地特殊教育学校的教学科研业务进行领导和指导。

县级人民政府教育行政管理部门应当会同卫生部门、民政部门、残疾人联合会,根据新生儿疾病筛查、学龄前儿童残疾筛查、残疾人统计等信息,对义务教育适龄残疾儿童少年进行入学前登记,全面掌握所辖行政区域内义务教育适龄残疾儿童少年的数量和残疾情况。

县级人民政府应当根据所辖行政区域内残疾儿童少年的数量、类别和分布情况统筹规划,优先在部分普通学校建立特殊教育资源教室,配备必要的设备和专门从事残疾人教育的教师及专业人员,指定其招收残疾儿童少年接受义务教育;并支持其他普通学校根据需要建立特殊教育资源教室,或者安排具备相应资源、条件的学校为招收残疾学生的其他普通学校提供必要的支持。县级人民政府还应当为实施义务教育的特殊教育学校配备必要的残疾人教育教学、康复评估和康复训练等仪器设备,并加强九年一贯制义务教育特殊教育学校的建设。

针对随班就读的管理,我国实行地市级和县级政府分级管理,以县级政府负责为主；在各级政府的领导下，建立以教育部门为主，其他各有关部门协同管理的体制。随班就读的三级管理网络指在地市级教育行政管理部门领导下的教育行政管理、学校管理、班级管理的三级管理模式。各地在各级政府的领导和协调下成立县级随班就读工作领导小组，一般由分管副县（区、市）长担任组长，小组成员由当地残联、民政、财政、卫生、教育等部门成员构成。在地市级政府层面，由教育局分管局长领导，基础教育处具体负责，各职能处室、教育科学研究机构、教学研究室、师资培训中心各司其职，在分管局长的领导下实行随班就读的管理。县级教育行政管理部门应当委派指导教师，对残疾儿童少年随班就读工作进行巡回指导；应注意发挥乡（镇）中心学校在当地开展残疾儿童少年随班就读工作中的积极作用，组织各校随班就读班级教师进行经验交流，开展教学研究等活动。

针对特殊高等教育的管理，目前，教育部高校学生司本专科招生处指定专人负责残疾人高等教育考试招生录取事务，而残疾人高等教育的其他方面及职业教育等未被列入相关司局的职责范围。设区的市级以上地方人民政府可以根据实际情况举办实施高级中等以上教育的特殊教育学校，支持高等院校设置特殊教育学院或相关专业，提高残疾人的受教育水平。县级以上人民政府的教育部门及其他有关部门、学校应当充分利用现代信息技术，以远程教育等方式为残疾人接受成人高等教育、参加高等教育自学考试等提供便利和帮助，根据实际情况开设适合残疾人学习的专业、课程，采取灵活开放的教学和管理模式，支持残疾人顺利完成学业。

第三节
我国特殊教育体系

我国特殊教育经过 100 多年的探索，特别是改革开放以来的迅速发展，已初步形成由社会多个系统采用多种形式，从各类特殊学前教育到义务教育，再到盲、聋、肢残等残疾青年高等教育、成人教育的体系；虽然还是以普及义务教育为主要目标，但已经扩展到学前教育、高级中等教育、职业技术教育及高等教育领域，初步形成了完整的特殊教育层次结构。我国的特殊教育体系包括独立的特殊教育与普通教育两种方式，共同为残疾儿童、少年提供高质量的教育服务。这两种方式是相互结合、相辅相成的，可以双向交流，构成了特殊教育与普通教育密切融合而又相对独立，包含在国家大教育体系中的小特殊教育体系。①

根据《第二期特殊教育提升计划（2017—2020 年）》，到 2020 年，应实现完善特殊教育体系，全面普及残疾儿童少年义务教育，提高巩固水平，解决实名登记的未入学适龄残疾儿童少年就学问题；加大力度发展残疾儿童学前教育，加快发展以职业教育为主的残疾人高中阶段教育，稳步发展残疾人高等教育。

一、学前教育

学前教育是基础教育的有机组成部分，是学校教育制度的基础阶段。特殊儿童学前教育是我国特殊教育体系的一个基础部分，特殊教育发展方针明确提出积极开展学前教育。

特殊儿童的学前教育主要指为学龄前特殊儿童提供治疗、补偿性教育和功能康复训练，使特殊儿童在学前期能与普通儿童一样，得到德、智、体、美、劳的全面发展和对特殊教育需要的满足。它是特殊教育体系的基础。②

（一）国家对残疾儿童学前教育实施的要求

根据《残疾人教育条例》有关规定，各级人民政府应当积极采取措施，逐步提高残疾幼儿接受学前教育的比例。县级人民政府及其教育行政部门、民政部门等有关部门应当支持普通幼儿园创造条件招收残疾幼儿；支持特殊教育学校和具备办学条件的残疾儿童福利机构、残疾儿童康复机构等实施学前教育。

（二）安置方式

我国残疾儿童学前教育主要通过以下机构实施：残疾幼儿教育机构，普通幼儿教育机构，残疾儿童福利机构，残疾儿童康复机构，普通小学的学前班和残疾儿童少年特殊教育学校的学前班。

同时，根据《第二期特殊教育提升计划（2017—2020 年）》的有关规定，在有条件的地区设置专门招收残疾孩子的特殊幼儿园，鼓励各地整合资源，为残疾儿童提供半日制、小时制、亲子同训等多种形式的早期康复教育服务。

---

① 朴永馨：《科学发展，与时俱进——学习第四次全国特殊教育工作会议文件及国办发［2009］41 号文件》，载《中国特殊教育》，2009（6）。

② 方俊明：《特殊教育学》，81 页，北京，人民教育出版社，2005。

(三)教育责任

1. 特殊儿童学前教育的责任机构

特殊儿童学前教育的责任机构包括：卫生保健机构、残疾幼儿的学前教育机构、儿童福利机构和家庭。

2. 要求

卫生保健机构、残疾幼儿的学前教育机构、残疾儿童康复机构应当就残疾幼儿的早期发现、早期康复和早期教育为残疾幼儿家庭提供咨询、指导。

(四)发展现状

目前，我国特殊儿童学前教育已经取得较大成效，教育对象从主要面向听障儿童逐渐扩大到智力障碍、孤独症、脑性瘫痪患儿等其他特殊需要类型的特殊儿童；办学主体日益多元化，存在公办、民办两种类型，包括教育部门、残疾人联合会、民政部门、社会力量或企业等开办的学前特殊儿童教育机构；教育、教学形式也逐步丰富，包括专门的特殊儿童幼儿园、幼儿园设置的特殊班、特殊学校开设的学前班等。[①]

二、义务教育

特殊儿童的义务教育是根据国家法律的规定，对特殊儿童(主要是残疾儿童)实施的一定学习年限或达到一定年龄的普及教育。其特点是：有教育法律作保证；既是特殊儿童的权利，也是其父母的义务，有强制性质。免费是义务教育的特征之一。义务教育是特殊教育发展的中心任务。

《中华人民共和国义务教育法》明确地将视力残疾、听力语言残疾和智力残疾的适龄儿童、少年纳入九年义务教育的轨道。规定凡年满 6 或 7 周岁的儿童应当入学接受义务教育。

在义务教育方面，从 20 世纪 80 年代以来，我国通过建立特殊教育学校(班)和随班就读等多种形式的特殊教育提高残疾儿童、少年入学率，取得了很大的成绩。视力障碍、听力障碍及智力障碍三类残疾儿童、少年的入学率超过 80%，国家确定的以普及义务教育为重点的目标基本实现；以特殊教育学校为骨干，以大量附设班和随班就读为主体的特殊教育格局基本形成。[②]

---

① 黄建行、雷江华：《特殊教育学校办学模式》，70 页，北京，北京大学出版社，2016。
② 邓猛：《关于特殊教育体系发展的思考》，载《现代特殊教育》，2016(22)。

(一)国家对残疾儿童义务教育的要求

根据《残疾人教育条例》的相关规定，适龄残疾儿童、少年能够适应普通学校学习生活、接受普通教育的，就近到普通学校接受义务教育。

适龄残疾儿童、少年能够接受普通教育，但是学习生活需要特别支持的，根据身体状况就近到县级人民政府教育行政部门在一定区域内指定的具备相应资源、条件的普通学校入学接受义务教育。

适龄残疾儿童、少年不能接受普通教育的，由县级人民政府教育行政部门统筹安排进入特殊教育学校接受义务教育。

适龄残疾儿童、少年需要专人护理，不能到学校就读的，由县级人民政府教育行政部门统筹安排，通过提供送教上门或者远程教育等方式实施义务教育，并纳入学籍管理。

(二)安置方式

1. 特殊教育学校

特殊教育学校指由政府、企事业组织、社会团体、其他社会组织及公民个人依法举办的专门对残疾儿童、少年实施义务教育的机构，招收身心发展有较严重障碍的义务教育阶段学龄学生。在课程设置、教材、教具和学具、教学设备、校舍建筑等方面均与普通学校有不同之处。特殊教育学校的学制一般为九年一贯制。目前我国特殊教育学校主要有三类：盲校、聋校和培智学校（辅读学校）。根据教育部发布的《2019年全国教育事业发展统计公报》，全国共有特殊教育学校2192所，共有专任教师6.24万人。

2. 特殊班

特殊班是附设在普通学校、医疗康复机构或某类特殊教育学校的特殊教育班级。有两种形式：第一种是全日制特殊班，亦称自足式特殊班、包班制特殊班，对特殊学生在全天或大部分时间里单独进行集体授课和活动，受过特殊教育专门训练的教师负责几乎全部的教育教学工作，课程设置、教材、教学设备、教具学具、班级人数与特殊教育学校类似；第二种为部分时间制特殊班，学生一部分时间参加集体上课和活动，语文、数学课程一般由受过特殊教育专业训练的教师讲授，音乐、美术、体育等课程则多与普通学生合班上课。

3. 随班就读

随班就读是特殊儿童、少年在普通学校普通班级接受教育的一种形式。我国法律规定：普通小学、初级中等学校必须招收能适应普通学校学习生活的残疾儿童、少年入学；普通高级中等学校、中等专业学校、技工学校和高等院校必须招收符合国家规定的录取标准的残疾考生入学，不得因其残疾而拒绝招收。在义务教育阶段，可使各类残疾学生就近入学，以较经济的办法和较快的速度普及残疾人义务教育。在普通学校随班就读接受义务教育的残疾学生，同样适用于普通义务教育的课程设置方案、课程标准和教材，但学习要求应有适度弹性。招收残疾学生的普通学校应当安排专门从事残疾人教育的教师或者经验丰富的教师承担随班就读或者特殊教育班级的教育教学工作，并适当缩减班级学生数额，为残疾学生入学后的学习、生活提供便利和条件，保障残疾学生平等参与教育教学和学校组织的各项活动。随班就读是发展我国特殊教育事业的重要策略，是我国基础教育工作者参照国际上其他国家融合教育的做法并结合我国特殊教育实际的一种教育创新，是一条符合我国国情的普及残疾儿童、少年义务教育的有效途径。[1]

经过对盲、聋、智力落后学生随班就读的试点和研讨，我国已经有了适合自己特点的随班就读途径。根据《2019 年全国教育事业发展统计公报》，我国随班就读在校生39.05 万人，占特殊教育在校生总数的 49.15%。

《第二期特殊教育提升计划（2017—2020 年）》提出，优先采用普通学校随班就读的方式，就近安排适龄残疾儿童少年接受义务教育。以区县为单位统筹规划，重点选择部分普通学校建立资源教室，配备专门从事残疾人教育的教师，指定其招收残疾学生。其他招收残疾学生 5 人以上的普通学校也要逐步建立特殊教育资源教室。依托乡镇中心学校，加强对农村随班就读工作的指导。

2017 年修订的《残疾人教育条例》也明确指出："残疾人教育应当提高教育质量，积极推进融合教育，根据残疾人的残疾类别和接受能力，采取普通教育方式或者特殊教育方式，优先采取普通教育方式。"

4．送教上门

送教上门是我国对重度残疾儿童少年实施教育的一种特殊方式。由普通学校或特殊教育学校派出教师，到儿童家中提供教学和相关康复训练服务；遵循家庭自愿、定时入户、免费实施的原则；其教育对象纳入学籍管理。

（三）教育责任

义务教育阶段特殊教育的责任机构为：政府教育部门、卫生部门、民政部门，残疾人联合会，适龄残疾儿童少年的父母或其他监护人。

县级以上政府对实施义务教育工作进行监督、指导、检查，包括对残疾儿童少年实施义务教育工作的监督、指导、检查。适龄残疾儿童、少年的父母或其他监护人应当依法保证其残疾子女或被监护人入学接受并完成义务教育。

虽然义务教育阶段呈现多种力量、多种形式办学的特点，且政府在残疾儿童少年

---

[1]　朴永馨：《科学发展，与时俱进——学习第四次全国特殊教育工作会议文件及国办发〔2009〕41 号文件》，载《中国特殊教育》，2009(6)。

义务教育方面起主导作用，但残疾人受教育程度低的问题仍然没有得到根本的解决，残疾儿童少年教育仍然是义务教育普及最薄弱的环节。已经进入普通学校就学的残疾儿童因师资与教学资源的缺乏而出现"随班混读"的现象。除三类残疾儿童外，其他类型的特殊学生，包括有孤独症、脑性瘫痪、情绪行为障碍等的特殊需要儿童少年，其就学仍然存在严重困难，离全民教育的目标还很远。随班就读的残疾儿童少年在小学与初中之间的衔接中遇到困难，许多残疾儿童少年到初中阶段被迫转到特殊教育学校或干脆辍学。[①]

三、职业教育

特殊职业教育是特殊教育事业的重要组成部分，也是职业教育事业的重要组成部分。20 世纪 80 年代以来，我国特殊职业教育经历了艰难起步、实践探索、逐步规范的发展历程，取得了令人瞩目的历史性成就。特殊职业教育体系基本形成，构建了以初等职业教育为主体、中等职业教育为骨干的特殊教育职业教育体系框架。

(一)国家对残疾人职业教育发展的要求

根据《残疾人教育条例》的有关规定，残疾人职业教育应当大力发展中等职业教育，加快发展高等职业教育，积极开展以实用技术为主的中期、短期培训，以提高就业能力为主，培养技术技能人才，并加强对残疾学生的就业指导。

(二)安置方式

1. 特殊职业教育机构

县级以上地方人民政府应当根据需要，合理设置特殊职业教育机构，改善办学条件，扩大残疾人中等职业学校招生规模。

2. 普通职业教育机构

普通职业学校不得拒绝招收符合国家规定的录取标准的残疾人入学，普通职业培训机构应当积极招收残疾人入学。

县级以上地方人民政府应当采取措施，鼓励和支持普通职业教育机构积极招收残疾学生。

根据《第二期特殊教育提升计划(2017—2020 年)》的相关规定，中等职业学校通过随班就读、举办特教班等扩大招收残疾学生的规模。招生考试机构为残疾学生参加中考提供合理便利。依托现有特殊教育和职业教育资源，各省(自治区、直辖市)集中力

---

① 邓猛：《关于特殊教育体系发展的思考》，载《现代特殊教育》，2016(22)。

量至少办好一所面向本地区招生的盲人高中（部）、聋人高中（部）和残疾人中等职业学校。加强职业教育，支持校企合作，使完成义务教育且有意愿的残疾学生都能接受适宜的中等职业教育。

中国残疾人联合会发布的《2019 年残疾人事业发展统计公报》显示，目前全国残疾人中等职业学校（班）共有 145 个，在校生约为 1.73 万人，毕业生为 4337 人，毕业生中有 1705 人获得职业资格证书。

（三）教育责任

1. 责任机构

残疾人职业教育由普通职业教育机构和特殊职业教育机构实施，以普通职业教育机构为主。

2. 要求

实施残疾人职业教育的学校和培训机构，应当根据社会需要和残疾人的身心特性合理设置专业，并与企业合作设立实习实训基地，或者根据教学需要和条件办好实习基地。

四、高级中等及以上教育

《残疾人教育条例》规定："普通高级中等学校、高等学校、继续教育机构应当招收符合国家规定的录取标准的残疾考生入学，不得因其残疾而拒绝招收。"

（一）高中教育

1993 年，中国残疾人联合会与国家教育委员会分别在南京和青岛试办聋人普通高中和盲人普通高中，实行普通教育与职业教育相结合的双轨制教育，效果显著。在此基础上，各地陆续兴办了聋人高中、盲人高中。2019 年，全国共有特殊教育普通高中班（部）103 个，在校生有 8676 人，其中聋生为 6083 人，盲生为 1629 人，其他为 964人。但总的来看，残疾人高中教育及中等职业教育的规模较小。由于残疾儿童少年完成初中阶段义务教育的比例不高，能够升入高中或中等职业学校并完成学业的学生数量有限，制约了高中及中等职业特殊教育的发展。[①]

（二）高等教育

1. 发展现状

在高等教育方面，当前我国残疾人高等教育主要招收盲、聋和肢体残疾三类特殊

---

① 邓猛：《关于特殊教育体系发展的思考》，载《现代特殊教育》，2016(22)。

学生。其中，进入普通高等院校接受普通高等教育的以肢体残疾学生为主；通过"单考单招"的形式进入高等特殊教育学院（系、专业）接受特殊教育的以视力、听力残疾学生为主。目前，我国残疾人高等教育初步显现为以高等特殊教育学院（系、专业）就读为骨干，以普通高等院校就读为主体，成人高等教育和远程教育等方式就读为辅的格局。[①] 2019 年，全国有约 1.24 万名残疾人被普通高等院校录取，2053 名残疾人进入高等特殊教育学院学习。

2. 安置方式

第一类是特殊教育学院（系、专业）。典型的有以下几个。

长春大学特殊教育学院：我国第一所专门招收残疾学生的高等学校；1987 年，经国家教委批准，由中国残联与吉林省人民政府联合举办，面向全国招收盲、聋、肢体残疾学生。

滨州医学院特殊教育学院：我国第一所专门招收大学本科残疾学生的医学院；该学院创办于 1985 年 9 月，学制为五年制；残疾人考生须参加普通高等学校招生全国统一考试，统一录取。

北京联合大学特殊教育学院：2000 年起，该学院部分本科及高职专业招收残疾学生，包括艺术设计专业（听障）、计算机科学与技术专业（听障）、针灸推拿学专业（视障）；高职专业有五个，分别是听力语言康复技术专业、视觉传达艺术设计专业（听障）、计算机应用技术专业（听障）、园林技术专业（听障）、音乐表演专业（视障）；2014年，该院获批成为面向视力残疾大学生的临床医学（针灸推拿）专业硕士授权学科点，这是全国首个面向残疾人招生的硕士点，不仅完善了我国残疾人高等教育体系，而且填补了残疾人硕士研究生层次教育的空白。

天津理工大学聋人工学院：我国第一所专门招收聋人的高等工科学院，由天津市人民政府和中国残联合作举办；在生活及课外活动上，该学院将聋人大学生与普通大学生安排在一起，只是在教学中采用特殊手段单独授课。

中州大学特殊教育学院：河南省全日制高等特殊教育学院；2004 年起，面向全国招收高中毕业的聋生，为聋生开设的专业包括装潢艺术设计、古建筑绘画、摄影与摄像技术应用、动漫、计算机技术应用。

此外，部分普通高等院校也开办了招收残疾人的专业或班级，如上海应用技术大学、南京特殊教育师范学院、重庆师范大学、西安美术学院等都开设了聋人大专班。

第二类是融合教育。

2003 年起，上海市开始尝试在普通高等院校以融合教育的形式招收视障学生，华东师范大学、上海师范大学、上海中医药大学、上海第二工业大学等高校陆续通过单

---

① 黄伟：《我国残疾人高等教育公平研究》，载《中国特殊教育》，2011(4)。

独命题考试的形式招收数十名视障学生。

教育部与中国残联于 2017 年联合印发的《残疾人参加普通高等学校招生全国统一考试管理规定》要求，各级教育考试机构应遵循《残疾人教育条例》和高考组织规则，为残疾人参加高考提供必要支持条件和合理便利；教育部考试中心负责牵头协调有关部门，研究、提升和完善合理便利的种类及技术水平；省级教育考试机构负责本行政区域残疾人参加高考的组织管理和实施工作；教育考试机构应在保证考试安全和考场秩序的前提下，根据残疾考生的残疾情况和需要以及各地实际，为残疾考生提供必要条件和合理便利。

《第二期特殊教育提升计划（2017—2020 年）》提出：“普通高等学校积极招收符合录取标准的残疾考生，进行必要的无障碍环境改造，给予残疾学生学业、生活上的支持和帮助。修订普通高等学校招生体检指导意见。统筹残疾人高等教育资源的布局，支持高校增设适合残疾人学习的相关专业，增加招生总量。”

目前，从我国接纳残疾人的高等院校的情况来看，大多停留在专科和本科层次，研究生及以上层次的较少。另外，在专业设置上，我国残疾人专业的设置主要以其生理特点为依据，如盲人以按摩为主，聋人以计算机、艺术设计等对听力要求不高的专业为主，肢体残疾学生可选择的专业相对较多，但总体而言，残疾学生在专业选择上集中于几个传统且单一的专业，如广播、播音等是很受国外盲生欢迎的专业，但在我国几乎没有。虽然普通高等教育已迈入大众化阶段并向普及化方向发展，但残疾人高等教育仍没有进入大众化阶段。[①]

第三类是其他形式的成人教育。

多年来，我国积极支持、组织残疾人以函授、广播电视、自学考试和现代远程教育等形式进行学习。

我国针对全体在职残疾人及城乡残疾劳动者进行文化技术和职业培训，使他们不断根据社会发展需要提高文化技术素养，适应新职业需要。这类培训一般由残疾人组织或社会举办的职业培训中心、业余学校、培训班及一般成人教育机构开展，有多种层次和多种形式的学习。针对 12 岁以上残疾人的扫盲教育一般由政府有关部门或残疾人所在单位、社区采用多种办法开展，视力障碍者要学会盲文，失聪者要统一手语。

《第二期特殊教育提升计划（2017—2020 年）》中提出：“支持普通高校、开放大学、成人高校等面向残疾学生开展继续教育，支持各种职业教育培训机构加强残疾人职业技能培训，拓宽和完善残疾人终身学习通道。加强就业指导，做好残疾人教育与就业衔接工作。实施《‘十三五’残疾青壮年文盲扫盲行动方案》，多种形式开展残疾青壮年文盲扫盲工作。”2019 年，3.6 万名残疾青壮年文盲接受了扫盲教育。

---

① 宗占国、庄树范：《创建中国特色的残疾人高等教育》，载《中国高教研究》，2005(4)。

特殊教育学校现在及在可预见的将来仍是我国安置特殊儿童入学的主要模式之一。西方特殊教育服务模式的发展是一种模式替代另一种模式的过程，从机构到特殊教育学校、特殊班、资源班再到普通班级，逐步转换。我国特殊教育发展并非如此，各种模式同时出现、多样化发展。康复机构、特殊教育学校、特殊班、资源教室、融合教育（随班就读）等不同的安置方式百花齐放，呈现出多元选择、朝向融合的特点。在我国当前的社会情境中，医学心理模式、功能补偿模式、经济支持模式、社会政治模式、教育发展模式、福利慈善模式等和谐并存，互为补充。康复训练与教育教学并存，医教结合与融合教育相伴，每一种模式都有用武之地，并非像西方的服务模式那样相互冲突与取代。我国是当今世界少有的持续大量建设特殊教育学校的国家，并明确地将特殊教育学校作为融合教育的基础，并在特殊教育学校成建制地设置随班就读指导中心。特殊教育学校有较为丰富的资源与专业力量，是融合教育的基础与依托，发挥示范引领的骨干作用。[①]

总体而言，现阶段我国已经初步形成了具有中国特色的特殊教育体系，相关政策法规陆续颁布与实施，基本建立了从学前教育、义务教育、高等教育到成人教育，从普通教育到职业教育的特殊教育体系，残疾人的受教育机会不断增加，普及水平显著提高。但是，残疾儿童少年义务教育在中西部农村地区、边远贫困地区的普及水平仍然偏低，非义务教育阶段特殊教育的发展整体相对滞后，高级中等及以上教育的发展无法满足残疾人的受教育需求，特殊教育各层次之间的衔接还存在问题，特殊教育体系还需要不断完善，特殊教育总体水平和质量还有待提高。

本章小结

特殊教育制度作为教育制度的一个重要组成部分，是国家或地方政府以政令的形式确立的特殊教育活动的准则和规范体系，规定各级、各类特殊教育的性质、培养目标、入学条件、学习年限及它们的相互关系与衔接；具有客观性、规范性、历史性及强制性的特点；具体包括特殊教育管理体制、特殊教育体系建设、特殊教育政策与立法、特殊教育财政制度等方面的内容；它的确立受一定社会政治、经济、文化等方面的影响和学生年龄特征、身体发展特点的制约。我国目前现行的特殊教育制度包括义务教育阶段特殊教育制度、非义务教育阶段特殊教育制度及特殊教育管理体制。我国特殊教育体系包括学前教育、义务教育、职业教育、高级中等及以上教育，形成了完善的教育层次结构。

---

① 邓猛、赵泓：《新时期我国融合教育现状和发展趋势》，载《残疾人研究》，2019(1)。

思考题

　· 简答题
①请简要回答特殊教育制度的特点及内容。
②请简述我国特殊教育制度确立的影响因素。
　· 论述题
试论述我国现行特殊教育制度及体系现状。

本章阅读书目

[1]朱宗顺. 特殊教育史[M]. 北京：北京大学出版社，2011.

[2]朴永馨. 特殊教育学[M]. 福州：福建教育出版社，1995.

[3]张福娟. 特殊教育史[M]. 上海：华东师范大学出版社，2000.

[4]刘义娥. 特殊教育学校管理制度建设[M]. 北京：中国轻工业出版社，2012.

[5]雷江华. 学前特殊儿童教育[M]. 武汉：华中师范大学出版社，2008。

第三章

特殊教育
立法与政策

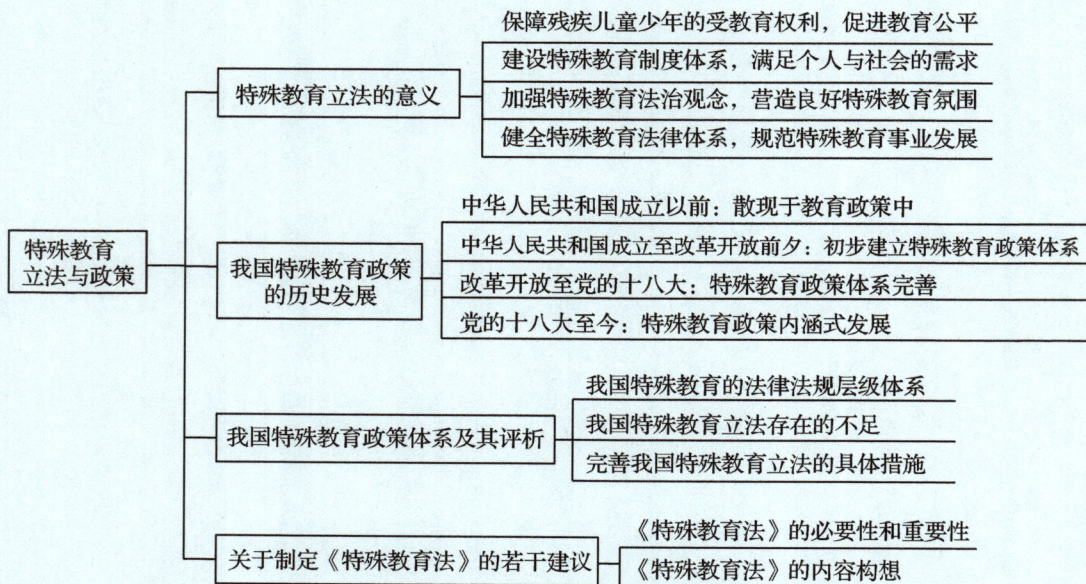

特殊教育立法与政策

├─ 特殊教育立法的意义
│   ├─ 保障残疾儿童少年的受教育权利，促进教育公平
│   ├─ 建设特殊教育制度体系，满足个人与社会的需求
│   ├─ 加强特殊教育法治观念，营造良好特殊教育氛围
│   └─ 健全特殊教育法律体系，规范特殊教育事业发展
│
├─ 我国特殊教育政策的历史发展
│   ├─ 中华人民共和国成立以前：散现于教育政策中
│   ├─ 中华人民共和国成立至改革开放前夕：初步建立特殊教育政策体系
│   ├─ 改革开放至党的十八大：特殊教育政策体系完善
│   └─ 党的十八大至今：特殊教育政策内涵式发展
│
├─ 我国特殊教育政策体系及其评析
│   ├─ 我国特殊教育的法律法规层级体系
│   ├─ 我国特殊教育立法存在的不足
│   └─ 完善我国特殊教育立法的具体措施
│
└─ 关于制定《特殊教育法》的若干建议
    ├─ 《特殊教育法》的必要性和重要性
    └─ 《特殊教育法》的内容构想

本章导读

特殊教育政策对特殊教育的发展具有重要影响,涉及特殊教育的发展方向、目标、资源配置、教师培养等诸多内容,极大影响特殊教育的实践方式。本章主要介绍我国特殊教育政策的发展阶段、特点及关于制定《特殊教育法》的建议。学完本章,应该能做到:了解我国特殊教育政策的发展阶段、层级分布及其特点,对中国特殊教育立法与政策有整体和全面的把握。

第一节
特殊教育立法的意义

特殊教育立法有广义与狭义之分。广义的特殊教育立法指国家权力(立法)机关和国家行政机关为调整特殊教育领域中不同主体的关系而制定和发布教育法律、法令、条例、办法等规范性文件的活动。[1] 狭义的特殊教育立法指国家最高权力(立法)机关专门制定特殊教育法律的活动。[2] 特殊教育立法作为分配特殊教育资源的重要手段、保障教育公平的重要机制,是在权衡多种价值的基础上做出的选择,具有保障残疾人受教育权利的目的性价值和明确权利主体与义务主体间权利与义务关系的工具性价值。只有落实特殊教育立法,保障法律的合法性,才能实现特殊教育依法行政、依法办学、依法审查。

从 20 世纪 70 年代开始,由于社会经济发展、教育观念更新、人道主义思想普及,各国开始重视残疾人问题,纷纷制定相关法律法规,保障残疾人的权益,推动特殊教育发展。美国于 1975 年颁布的《所有残疾儿童教育法》成为美国特殊教育史上的里程碑,也成为当时世界各国特殊教育立法的范例,推动了各国特殊教育立法的发展。[3] 该法案统合了 1970 年修订的《初等与中等教育法》和《1974 年教育法修正案》的主要内容,专门制定了针对身心障碍儿童的教育条款,重视融合和以人为本,为特殊儿童提供免费的、合适的公立教育,并提出了程序性保护措施、最少受限制环境原则,以及在评估过程中禁止有文化偏见和种族歧视。[4] 英国于 1970 年颁布《残障儿童教育法》,要求

---

① 顾明远:《中国教育大百科全书》,1734~1735 页,上海,上海教育出版社,2012。
② 侯晓燕、张岩宇:《我国特殊教育立法演变的历程及启示》,载《科技信息》,2007(29)。
③ 张娅茜:《国外特殊教育立法的经验与启示》,载《学校党建与思想教育》,2009(3)。
④ 汪敏:《论美国 IDEA 法案中的人本理念》,载《教育评论》,2014(12)。

地方教育部门负责所有儿童的教育。① 1978 年，《沃诺克报告》提出特殊教育需要这一概念，影响了特殊教育对象的命名与分类。英国于 1981 年颁布《教育法》，从法律层面规定英国特殊教育从隔离转向一体化，对英国特殊教育发展产生深远影响。韩国于 1977 年颁布了《特殊教育振兴法》，指出残疾人作为社会的公民，同样享有教育、康复、训练的权利；② 同时强调特殊教育发展过程中国家与政府的重要作用，韩国由此进入特殊教育国家化时期，特殊教育有了专门的法律保障。③ 我国于 1990 年颁布了《中华人民共和国残疾人保障法》，第一次明确提出残疾人有受教育的权利，在法律层面扩大了教育对象的范围，维护了特殊教育对象的受教育权利。由此可见，特殊教育立法具有重大意义。

一、保障残疾儿童少年的受教育权利，促进教育公平

人的发展受遗传、环境、教育的影响，其中教育在人的发展过程中起主导作用。在提倡终身教育的现代社会，教育对人的发展来说越来越重要，保障教育权利的重要性日益凸显。残疾人作为社会中的处境不利群体，有不同程度的身心缺陷，终身教育是其提高自身能力并参与社会生活的必要方式，享有受教育的权利对其发展极为关键。④ 权利由法律赋予、巩固，受教育权作为人的基本权利之一，残疾人也应当享有。特殊教育立法首先解决的问题正是残疾人的受教育权利问题，在法律层面为残疾人正名，提高他们在知识社会中的参与度，增强其公民角色的认同感，加强社会对人类多样性的认识，促进普通人与残疾人之间的相互尊重；进而通过相应的法律法规，以保障残疾人的受教育权利为核心，维护、稳固和促进特殊教育发展。⑤

保障残疾人的受教育权利涉及多个权利主体与义务主体。从残疾人本身来看，其在享有受教育权利的同时，也应履行为社会做贡献的义务。在获得教育的过程中，残疾人在最近发展区内实现最大程度的发展，对自己的社会角色进行正确定位，利用所接受的教育与获得的资源创造自身价值，服务社会，为建设现代化社会而努力。从国家义务与行政执法来看，特殊教育立法保障残疾人的受教育权利不是一纸空文，它作为一种国家意志依靠国家强制力保证落实。其中，国家应履行尊重的义务、保护的义

---

① 张秀：《英国特殊教育立法的演进及对我国大陆地区特殊教育的启示》，硕士学位论文，陕西师范大学，2014。

② Yoo J. P., & Palley E., "The Diffusion of Disability Rights Policy: A Focus on Special Education in South Korea," *International Journal of Disability, Development and Education*, 2014(4), pp. 362-376.

③ 吴春玉：《韩国特殊教育法的演变及特殊教育发展历程》，载《中国特殊教育》，2014(12)。

④ 陈颖：《从应然到实然：残疾人受教育权保护之法律形塑》，载《湖南师范大学教育科学学报》，2016(5)。

⑤ 汪放：《教育公平视野下我国特殊教育立法研究》，硕士学位论文，华中师范大学，2006。

务、给付的义务。① 尊重残疾人的教育选择，通过对师资培养模式、办学形式、经费来源等方面进行规定，保护残疾人的受教育权利；在此基础上，国家给予经费支持、服务支持和制度支持。另外，法律规定行为边界与行为规范，行政执法人员依照法律所规定的边界与范围，规范、有组织、有秩序地保障残疾人受教育的权利，做到依法行政、依法审查，推进特殊教育法制化建设。

权利的实现与公平相关。公平正义是现代社会的价值追求。在现代化建设中，教育起基础性、全局性、先导性作用；其中，教育公平是关注的焦点，其内涵包括法律层面规定的受教育权平等，政策层面享有的教育资源平等及教育活动中应有的机会平等，是一个循序渐进的过程。② 特殊教育立法正是从法律层面保障残疾人的受教育权利，泛化至残疾人平等地接受教育，有权使用教育资源、参与教育活动，进而推动教育公平。同时，教育公平是社会公平的子集，在社会公平中起基础性作用，与社会公平相互影响，教育公平的实现能促进社会公平的发展。③ 特殊教育立法保障残疾人受教育的权利，凸显残疾人在现代社会中的地位和价值，促进残疾人教育走向实质公平，实现教育领域的公平正义，符合现代社会文明的诉求，为社会公平的实现助力。

二、建设特殊教育制度体系，满足个人与社会的需求

举办优质的特殊教育，提高教育质量，满足教育对象的特殊教育需求，是特殊教育发展的目标之一。1994 年，在西班牙召开的世界特殊需要教育大会向国际社会提出了特殊教育需要这一概念。特殊教育需要针对的是因残疾或学习困难而产生特殊需要的儿童，这些儿童既与正常儿童存在共性，又具有自身的特殊性，存在特殊的教育需要。从这一点出发，特殊教育要兼顾公共教育与特殊教育，最大限度地保证特殊教育需要的满足。④ 特殊教育立法正是通过在宏观层面进行顶层设计，在中观层面强调特殊教育体制机制问题，在微观层面对特殊教育实践进行优化调整来保证特殊教育需求的满足与教育质量的提升的。立法在顶层设计上保障残疾人的受教育权利，在中层建设特殊教育支持保障体系，在顶层与中层的共同作用下影响底层特殊教育实践。特殊教育的发展成为社会文明的重要标志，特殊教育立法推动特殊教育发展、现代文明进步。特殊教育立法在宏观层面的作用往往涉及权利的保障、公平的维护。

特殊教育作为一项系统工程，涉及听力障碍儿童、智力障碍儿童、孤独症患儿等诸多特殊儿童，涉及学前教育、义务教育、中等教育等诸多学段，涉及医学、心理学、

---

① 劳凯声：《论受教育权利的国家义务》，载《中国教育学刊》，2018(1)。
② 石中英：《教育公平的主要内涵与社会意义》，载《中国教育学刊》，2008(3)。
③ 褚宏启：《关于教育公平的几个基本理论问题》，载《中国教育学刊》，2006(12)。
④ 杨锦龙：《关于〈萨拉曼卡宣言〉的启示》，载《泉州师范学院学报》，2001(5)。

社会学、教育学、组织学等诸多学科领域，涉及民政部门、残联、财政部门、教育部门等诸多主体。涉及范围广，影响因素多元，组织网络庞大，关系复杂，因此有必要建设支持保障体系促进特殊教育发展。特殊教育支持保障体系的建设从制度层面保障教育公平和教育质量，主要包括课程、师资、经费、资源保障、社会支持、专业支持等。① 体系化则需要规范的支撑调节，特殊教育立法可以作为中介调节影响因子，汇聚多方力量，厘清其中的利害关系，优化组织合作，明确各方权责，协调各方合作，打造覆盖所有特殊儿童的教育支持保障体系。具体来说，特殊教育立法规范特殊教育资源共享，健全特殊教育信息系统，建设跨学科合作专业服务团队，惠及特殊儿童、家长、学校和社会；确保体系的连贯性，与儿童发展的一般规律相符，避免重视一个阶段而忽视另一个阶段的现象，如关注转衔问题；对不同主体的合作程度、落实情况进行管理与监督，避免不良合作与互相推诿的现象；关注"普特结合"，从立法层面适应融合教育的发展趋势，从支持保障层面推动融合；明确支持经费的额度与调用问题，保障经费的一贯投入；组织特教中心、资源中心的建设，统筹安排中央与地方的教育支持保障体系建设。

特殊教育立法在微观层面规范实践，影响个人与社会特殊教育需求的满足。就个人而言，仅为特殊儿童提供教育机会是远远不够的，还要满足儿童的特殊教育需求，促进他们融入社会。法律规定教育安置形式，每一个特殊儿童根据自己的实际情况接受适当的教育。在特殊教育系统中，特殊儿童还会接受有效的个别化教育，在配套的教育服务方案中成长。就社会而言，特殊教育立法反映公平的教育理念，特殊儿童作为社会的主体之一获得公平适宜的教育，推动社会特殊教育需求的满足。另外，满足需求是动态性过程，需要在实践中优化调整，调整的方向与度由法律规定。

三、加强特殊教育法治观念，营造良好特殊教育氛围

民主与法治是人类社会进步的体现。法治体现于立法、执法、司法、守法这一连贯的法律过程中，意味着合理、合法的价值追求，规范化的立法、执法、司法、守法程序及自觉以法作为评判依据的法律主体，在此基础上形成一般法治观念。这种法治观念通过法律话语进行传播，并通过法律话语建构制度、影响行为。② 从逻辑上看，先有法治精神与法治观念，后有立法与法治建设。法律面前人人平等、保障秩序、注重公平与效率、有条件的自由是基本的法治观念，体现人道主义精神。③ 特殊教育立法也

---

① 张婷、朱凤英：《特殊教育内涵发展的走向与实践依托》，载《中国特殊教育》，2017(10)。
② 赵子尧：《观念、制度与行为：法治话语体系的逻辑建构》，载《人民论坛》，2018(34)。
③ 罗豪才：《现代行政法制的发展趋势》，载《国家行政学院学报》，2001(5)。

反映人道主义的特殊教育法治观念。一方面，特殊教育立法经历制定、修改、废除的过程，法律背后的观念也随之发生变化；必须在继承优良法律传统的同时不断更新观念，确保特殊教育立法紧跟特殊教育实践发展，甚至超越实践，指导未来特殊教育的发展，从而达到特殊教育普及化、大众化、有序化的要求。[1] 另一方面，强化特殊教育法律的社会功能，凸显特殊教育法律的专业性与操作性，树立特殊教育法律的权威；特殊教育立法保障执法、司法、守法层面做到严格按照法律规范进行，建立和维护特殊教育发展秩序，促进特殊教育法治建设，加快特殊教育的法治化进程，最终达到全社会形成特殊教育法律共识、理解特殊教育法治观念的目的，保障所有残疾儿童都能获得适合其发展的教育。

从国家层面而言，特殊教育立法可加强国民的特殊教育法治观念；从社会层面而言，特殊教育立法可影响全社会特殊教育氛围的形成。这是一个双向互动的过程。人们对残疾人的看法大致经历了歧视—同情—保护—尊重的过程，特殊教育观念发生了转变。西方人道主义哲学推崇自由、博爱、平等，认为人生而平等，人人都有接受教育的权利；[2] 东方的"仁爱"思想也提倡平等的人道主义。随着时代发展，先进观念影响特殊教育立法，这是一个自下而上的过程；成文法律背后的观念反过来影响社会，这是一个自上而下的过程。特殊教育法律的确立与修订体现出社会对残疾人的认识更科学，对残疾人教育权利的保障更完善，残疾人的社会地位得到认可，有助于营造全社会关心支持残疾人的特殊教育氛围；特别是重视人文关怀，对残疾人的接纳度更高，更多地关注残疾人可为之事，营造一种支持性的特殊教育氛围。

四、健全特殊教育法律体系，规范特殊教育事业发展

教育法治化是教育现代化的关键所在。特殊教育法律体系建设是特殊教育法治化、现代化的重要一环，关系到特殊教育的地位与特殊教育事业的发展前景。作为教育法律体系的重要组成部分，特殊教育法律体系是指各类与特殊教育相关的法律法规按照各自内在固有的秩序与联系而形成的一个整体。特殊教育法律体系建设以立法为基础，以受教育权的保障为起点。在国家统筹规划的前提下，特殊教育立法保障残疾人的受教育权利。特殊教育覆盖学前教育、义务教育、中等教育、高等教育、职业教育等多个学段，涉及招生入学、办学形式、经费投入、师资培养等多个实践层次，因此，在具体实践中必须有完整的法律体系支撑特殊教育的发展，保障残疾人的受教育权利。

---

[1]　杨舜尧：《论特殊教育法制保障的完善》，硕士学位论文，华中师范大学，2005。

[2]　雷江华：《重读〈萨拉曼卡宣言〉——解析全纳教育的理念：教育机会均等》，载《现代特殊教育》，2001(3)。

特殊教育立法则从影响特殊教育发展的各个层面入手，建立特殊教育法律体系。一方面，特殊教育立法规范特殊教育法律体系建设，优化法治实践。在相应的法律框架下，残疾人的受教育权利合法化，保障残疾人教育权利的实践规范化；特殊教育事业有法可依，所有程序严格按照法律的规定进行，对特殊教育资源配置和有效整合给予充分的保障；在国家意志层面以公正公开的形式满足特殊人群的特殊教育需要，强调教育质量。此外，特殊教育立法涉及不同层次的立法，这使得特殊教育法律体系具有多层次性，法律间相互影响，在一定程度上与其他相关法律有效接轨；法律与配套实施细则为特殊教育实践提供具体明确的保障，在中央与地方上下联动的实施过程促进特殊教育的扩展和深化，进而推进特殊教育治理体系与治理能力的现代化。另一方面，特殊教育立法通过影响特殊教育发展路径与发展速度规范特殊教育事业发展。特殊教育立法吸收先进特殊教育理念，引领特殊教育发展方向。融合教育是特殊教育未来发展的趋势，各国特殊教育立法也朝着融合教育的方向发展；同时，终身教育思想也影响特殊教育体系建设。特殊教育立法还影响特殊教育的发展速度。一定时期内的特殊教育法律数量增加、内容丰富，则表明特殊教育发展速度快、调整内容多。立法能动员全社会的力量，形成特殊教育合力，"举国办特教"，特殊教育得以良性发展。

总之，特殊教育立法对特殊教育发展来说意义重大、影响深远。特殊教育立法从理论与实践出发，打牢特殊教育这项国家事业、社会事业的基础，影响整个教育体系的发展。

第二节
我国特殊教育政策的历史发展

依法治国是中国共产党领导全国各族人民治理国家的基本方略。在依法治国的引领下，依法治教亦是我国教育的追求。依法治教指国家机关及有关机构依照有关教育的法律规定，在其职权范围内从事有关教育的治理活动；各级各类学校及其他教育机构、社会组织和公民依照有关教育的法律规定，从事办学活动、教育教学活动及其他有关教育的活动。依法治教主要包括教育立法、教育行政执法、教育司法、教育法制监督等。[①] 有法可依是依法治教的前提，教育立法是其核心要义。特殊教育作为国家教育事业的重要组成部分，其有法可依的关键在于特殊教育立法。严格意义上说，特殊教育立法作为中国教育立法的有机组成部分，始于中华人民共和国成立后。在此之前，

---

① 顾明远：《中国教育大百科全书》，2163～2164 页，上海，上海教育出版社，2012。

特殊教育以外国传教士等个人或民间团体办学为主，无相应的法律法规及政策。中华人民共和国成立后，特殊教育由国家接管，被纳入社会主义教育体系，特殊教育立法工作由此开启，成为我国法治化建设的重要任务。随着社会的发展，我国特殊教育立法逐渐走向法制化，在发展进程中推动了特殊教育发展，促进了教育公平。[①]

我国的特殊教育立法一直处于动态变化的过程中，不同时期有不同的法律法规及政策。

本节从历史的角度出发，将中国特殊教育立法划分为四个阶段：中华人民共和国成立以前、中华人民共和国成立至改革开放前夕、改革开放至党的十八大、党的十八大至今。在此基础上，介绍特定时期内特殊教育发展的法律法规及相关政策，分析我国特殊教育立法的发展趋势，为未来我国特殊教育发展提供经验。

一、中华人民共和国成立以前：散现于教育政策中

中国是有着悠久教育历史的国家，中国特殊教育和其他教育的发展一样源远流长，可追溯至先秦时期。据《尚书》记载，早在尧、舜、禹时期，残疾人就开始参与部落文化教育的管理活动。周朝的宫廷、官府设有培养乐师的特殊教育学校，身为盲人的瞽蒙既是乐官又是学员，这种特殊教育形式是世界特殊教育史上的创举。据《周礼》记载，早在夏、商、周时期，我国就有"慈幼""养老""赈穷""恤贫""宽疾""安富"的施政措施，并且当时的朝廷指派小司徒、乡师负责鉴别残疾人、减免残疾人税收和安排残疾人生活的有关事宜。

宋朝规定，残疾人被疑有罪时，不能进行拷讯，只能采取众证听罪的方式。"养疾"政策就是对残疾人收而养之，官之衣食。我国历代王朝通设福利院收养残疾人，通过给残疾人提供工作机会及赏赐、发放生活必需品等多种途径实施"养疾"政策。但这些政策始终停留在抚恤与救济的阶段，在我国漫长的古代社会发展过程中，没有出现系统的、真正意义上的特殊教育和特殊教育学校。

中华人民共和国成立前，政府没有制定关于特殊教育的专门法规，仅在一般性教育法规中规定残疾儿童入学、特殊教育学校建立等问题。《钦定蒙学堂章程》（1902年）、《钦定小学堂章程》（1902年）、《钦定中学堂章程》（1902年）、《奏定初等小学堂章程》（1904年）、《小学校令》（1912年）、《国民学校令》（1915年）、《国民学校令施行细则》（1916年）、《学校系统改革案》（1922年）等文件均涉及特殊教育的相关规定。

1912年，当时的教育部颁布了《小学校令》等一系列各级各类学校法令，逐步形成了一套新的学制系统，称壬子癸丑学制。《小学校令》对建立特殊教育学校的条件做出

---

① 刘坤：《完善特殊教育立法 促进教育公平》，载《课程教育研究》，2017(17)。

了法律性规定，即盲聋哑学校的建立要按照普通小学相应的条文规定办理审批手续。在观念上，特殊教育逐步进入国民教育体系。1915 年，毕业于汉口训盲学校的盲人刘先骕先生在湖南长沙创办了湖南导盲学校，这是中国近代史上中国人自己创办的第一所规模较大的特殊教育学校。近代著名实业家张謇于 1912 年在江苏南通创办了盲哑师范传习所，以培养特殊教育师资；1916 年，他又创办了南通盲哑学校，也是中国人自己创办的最早一批特殊教育学校之一。1927 年创办的南京市立盲哑学校是近代中国第一所公立特殊教育学校，它的诞生标志着当时的政府对特殊教育的直接参与。

二、中华人民共和国成立至改革开放前夕：初步建立特殊教育政策体系

中华人民共和国成立伊始，国家领导人就对特殊儿童的教育给予高度重视。《政务院关于改革学制的决定》明确规定："各级人民政府并应设立聋哑、盲目等特种学校，对生理上有缺陷的儿童、青年和成人，施以教育。"它是中华人民共和国发展特殊教育事业的第一个重要文件，特殊教育一改以往的慈善性质，被纳入国家教育体系，由国家接管。针对盲、聋教学的相关问题，《教育部关于小学教学计划在盲童学校中如何变通执行的指示》(1955 年)、《关于聋哑学校使用手势教学的班级的学制和教学计划问题的指示》(1956 年)、《聋哑学校口语教学班级教学计划(草案)》(1957 年)三个政策文件先后发布。另外，1955 年，教育部通过上海市教育局转告上海盲童学校试行《盲童学校教学计划(草案)》。1960 年和 1961 年，教育部还拟定过盲童学校和聋哑学校教学计划的修订初稿，但未正式颁行。1962 年，教育部颁布《全日制盲童学校教学计划(草案)》《全日制聋哑学校教学计划(草案)》。

这一时期中国特殊教育立法以盲人、聋人教育为基点，涉及办学经费、教学计划、学制等内容，逐渐走上规范化的轨道，朝着科学化方向发展；但存在法律文件数量少、缺少关于其他特殊儿童的特殊教育立法、办学形式单一、教育对象受限等问题。

三、改革开放至党的十八大：特殊教育政策体系完善

1978 年开始实行改革开放，党和国家工作的重点转到社会主义现代化建设上来，教育也要走向现代化，其中教育立法是关键。中央在反思前一阶段特殊教育发展局限性的基础上，重视特殊教育的发展，完善特殊教育法律法规及相关政策，特殊教育对象的范围逐渐扩大，教育内容逐渐丰富，特殊教育向两头延伸，特殊教育支持保障体系逐步建立。

1980 年，教育部将原来的盲聋哑教育处改为特殊教育处。1982 年颁布的《中华人民共和国宪法》第四十五条规定："国家和社会帮助安排盲、聋、哑和其他有残疾的公

民的劳动、生活和教育。"以根本大法的形式提出残疾人教育，由此，特殊教育在法律上的发展启动。1984年，《教育部初等教育司关于征求对聋哑学校教学计划意见的通知》发布，盲、聋儿童的义务教育问题依然是此时特殊教育立法关注的重点。与此同时，国家对智力障碍儿童的教育予以关注。1985年，《中共中央关于教育体制改革的决定》指出："在实行九年制义务教育的同时，还要努力发展幼儿教育，发展盲、聋、哑、残人和弱智儿童的特殊教育。"将智力障碍儿童纳入特殊教育范围后，特殊教育办学形式也走向多元。① 1986年颁布的《中华人民共和国义务教育法》第九条规定："地方各级人民政府为盲、聋哑和弱智的儿童、少年举办特殊教育学校（班）。国家鼓励企业、事业单位和其他社会力量，在当地人民政府统一管理下，按照国家规定的基本要求，举办本法规定的各类学校。"同年，国家教委等部门《关于实施〈义务教育法〉若干问题的意见》专门提到了残疾儿童的义务教育问题，指出："各级人民政府在实施义务教育的过程中，应当重视盲、聋哑、弱智等残疾儿童的义务教育，有计划、有步骤地解决残疾儿童入学问题。"并且该文件最早提出特殊教育的办学形式，即除特设特殊教育学校外，还可在普通小学或初中附设特殊教学班；而且提出应该把那些虽有残疾，但不妨碍正常学习的儿童吸收到普通中小学上学。

《全日制盲校小学教学计划（初稿）》《全日制弱智学校（班）教学计划（征求意见稿）》于1987年颁布。在《全日制弱智学校（班）教学计划（征求意见稿）》中，首次出现了"随班就读"一词。随班就读是为解决特殊儿童义务教育问题而产生的中国本土化解决方案。1988年颁布的《中国残疾人事业五年工作纲要（1988—1992年）》对包括残疾人教育在内的残疾人事业做出了全面部署，成为指导残疾人工作的行动纲领。这一文件指出："要切实把残疾人基础教育纳入九年义务教育的轨道，作为各地普及初等教育的任务之一。采取积极措施，在宣布普及初等教育的地区，应使适龄的残疾少年儿童全部入学。"1988年，《教育部关于认真做好"两基"验收后巩固提高工作的若干意见》指出："30万人口以上，残疾儿童少年较多的县（市、区），要形成特殊教育学校、普通学校特殊教育班和随班就读的残疾儿童少年义务教育格局，使残疾儿童少年能够较好地接受义务教育。"这一政策文件初步奠定了我国残疾儿童少年义务教育的安置形式。与以往经费问题的阐述不同，1989年，国家教委等部门联合发布了《特殊教育补助费使用办法》，规定补助经费的来源和管理、使用范围、补助原则等。1989年，八部门联合发布的《关于发展特殊教育的若干意见》指出，在重点抓好盲、聋、智力障碍三类残疾儿童普及教育的同时，要注意其他类型残疾儿童的教育。文件指出了各地学校"要继续创造条件，积极吸收肢体残疾和有学习障碍、语言障碍、情绪障碍等的儿童少年入学，并努力改

---

① 赵小红：《近25年中国残疾儿童教育安置形式变迁——兼论随班就读政策的发展》，载《中国特殊教育》，2013(3)。

进教学方法，探索教学规律，使他们受到适当的特殊教育"；并进一步要求"把残疾少年儿童教育切实纳入普及义务教育的工作轨道。各级教育部门要把残疾少年儿童教育同当地实施义务教育工作统一规划，统一领导，统一部署，统一检查。今后，要将残疾少年儿童教育发展规划执行情况作为检查、验收普及初等教育的内容之一"。该文件全面阐述了特殊教育的重要地位，就我国特殊教育的方针与政策、目标与任务、领导与管理等提出了 22 条意见，涉及内容综合、全面。

1990 年，《中华人民共和国残疾人保障法》颁布实施。该法第十八条规定："国家保障残疾人受教育的权利。各级人民政府应当将残疾人教育作为国家教育事业的组成部分，统一规划，加强领导。国家、社会、学校和家庭对残疾儿童、少年实施义务教育。"该法明确规定了特殊教育在办学渠道、教育方式、成人教育、师资培养、辅助手段等方面的发展方向。为切实做好贯彻实施工作，《国务院关于贯彻实施〈中华人民共和国残疾人保障法〉的通知》发布，要求各级教育部门"把残疾儿童少年教育切实纳入义务教育的工作轨道，统一规划，统一领导，统一部署，统一检查"。1991 年，国务院批准召开残疾人工作会议，研究部署"八五"期间残疾人工作的总体安排，与会人员听取并同意国家教育委员会关于残疾人教育事业进展和"八五"期间主要任务的报告。随后，国家教育委员会等部门联合发出《关于残疾人教育事业进展情况和"八五"期间的主要任务》。1992 年，国家教育委员会和中国残联制定《残疾儿童、少年义务教育"八五"实施方案》，从法规、经费、师资、课程、研究、评估六个方面采取措施。1991 年，国务院批准依据《中华人民共和国国民经济和社会发展十年规划和第八个五年计划纲要》制定的《中国残疾人事业"八五"计划纲要(1991—1995 年)》。该文件确定"八五"计划期间残疾人工作的总目标之一是使残疾人接受康复、教育、医疗保险的人数增加，并对特殊教育提出各方面的具体要求。1992 年，国家教育委员会发布《中华人民共和国义务教育法实施细则》，对残疾儿童义务教育实施中的具体事项做出正式、专门的规定。该文件规定，承担实施义务教育任务的学校包括"盲童学校、聋哑学校、弱智儿童辅读学校(班)、工读学校等"，并规定："盲童学校(班)的设置，由省级或者设区的市级人民政府统筹安排；聋哑学校(班)和弱智儿童辅读学校(班)的设置，由设区的市级或者县级人民政府统筹安排。"《中华人民共和国义务教育法》的颁布实施，不但明确了特殊儿童的教育是义务教育的一部分，而且使特殊教育的发展与整个教育事业的发展相协调。1994 年，《国家教育委员会关于开展残疾儿童少年随班就读工作的试行办法》出台，规范我国的随班就读工作，成为各地开展随班就读工作遵循的依据。

1994 年，国务院发布《残疾人教育条例》，明确提出残疾人教育是国家教育事业的组成部分。该条例规定了学前教育、义务教育、职业教育、普通高级中等以上教育及成人教育等各级各类特殊教育的组织机构、课程设置、教学模式等，并相应规定了特殊教育教师、物资条件保障、奖励与处罚等。这是与《中华人民共和国残疾人保障法》

相配套的中国第一部有关残疾人教育的专项行政法规，标志着中国特殊教育立法进入专项立法阶段，改变了特殊教育法律法规嵌套于普通教育法律法规的状况，特殊教育法律法规不再仅作为一部分出现在普通教育法律法规文本中。1995年，《中华人民共和国教育法》第十条规定："国家扶持和发展残疾人教育事业。"1998年，教育部颁布《特殊教育学校暂行规程》，从特殊教育学校的设置、学制、培养目标、教育教学工作的开展、学校学籍管理、学校日常管理、经费来源和使用等方面对特殊教育学校工作进行了规定，是我国第一部关于特殊教育学校的专门法规。2006年修订的《中华人民共和国义务教育法》第十九条规定："县级以上地方人民政府根据需要设置相应的实施特殊教育的学校（班），对视力残疾、听力语言残疾和智力残疾的适龄儿童、少年实施义务教育。特殊教育学校（班）应当具备适应残疾儿童、少年学习、康复、生活特点的场所和设施。普通学校应当接收具有接受普通教育能力的残疾适龄儿童、少年随班就读，并为其学习、康复提供帮助。"

2007年，党的十七大报告中提到"重视学前教育，关心特殊教育"，首次将特殊教育纳入党和国家的重大决策中，体现出党和国家对特殊教育事业发展的期待。2008年，《中华人民共和国残疾人保障法》修订，强调教育平等，涉及教育机会、教育过程、教育结果三方面内容。具体规定："县级以上人民政府应当根据残疾人的数量、分布状况和残疾类别等因素，合理设置残疾人教育机构，并鼓励社会力量办学、捐资助学。"与1990年的版本相比，修订后的第五条强调"县级以上人民政府应当将残疾人事业纳入国民经济和社会发展规划，加强领导，综合协调，并将残疾人事业经费列入财政预算，建立稳定的经费保障机制"，以此逐步完善我国特殊教育经费的筹措机制。2009年，教育部等部门发布《关于进一步加快特殊教育事业发展的意见》。2010年，《国家中长期教育改革和发展规划纲要（2010—2020年）》颁布，将特殊教育单列一章，专门探讨特殊教育发展问题，指明"关心和支持特殊教育""完善特殊教育体系""健全特殊教育保障机制"的发展任务，由此开启特殊教育质量提升的新阶段。2012年，《特殊教育学校建设标准》开始实行，特殊教育立法开始具体化。

从以上政策文件中不难看出，特殊教育立法以残疾儿童义务教育为核心，着力解决残疾儿童的入学问题，同时也重视中等及高等教育问题，朝特殊教育体系建设的方向努力。1985年的《教育部、国家计划委员会、劳动人事部、民政部关于做好高等学校招收残疾青年和毕业分配工作的通知》说明了残疾考生的定义、高校录取原则、残疾学生毕业后统一分配等问题。1987年，《国家教委、劳动人事部关于做好普通中等专业学校招收残疾青年考生工作的通知》规定，正确对待符合体检标准的残疾考生，若达到标准则一视同仁、择优录取，毕业包分配，将残疾考生的情况和问题函告国家教委职业技术教育司。1988年，《技工学校招生体检标准及执行细则的补充规定》为残疾青年提供了学习机会，使他们能够掌握某种劳动技能，为他们创造就业条件。1996年颁布的

《中华人民共和国职业教育法》第十五条规定："残疾人职业教育除由残疾人教育机构实施外，各级各类职业学校和职业培训机构及其他教育机构应当按照国家有关规定接纳残疾学生。"除此之外，涉及残疾儿童教育问题的法律法规还有《中华人民共和国未成年人保护法》《九十年代中国儿童发展规划纲要》等。根据中央的法律法规，一些地方的人民代表大会和人民政府也相继颁布有关特殊教育的地方性法规，如《黑龙江省实施〈中华人民共和国残疾人保障法〉办法》《上海市未成年人保护条例》等。

这一时期我国制定颁布了一系列法律法规及政策，数量较多，立法工作快速推进，中国特殊教育走上了法制化道路，特殊教育获得长足发展，特殊教育立法成果逐渐显现。①

四、党的十八大至今：特殊教育政策内涵式发展

党的十八大提出支持特殊教育，党的十九大提出办好特殊教育。我国特殊教育政策经历了从"关心"到"支持"再到"办好"的话语转变，特殊教育立法也紧紧围绕政策话语的转变开展，在完善前一阶段内容的基础之上，关注特殊教育质量提升，支持特殊教育保障体系的建立。

2012年，《关于加强特殊教育教师队伍建设的意见》颁布，这是第一个专门针对特殊教育教师的政策文件。2014年，国家出台《特殊教育提升计划（2014—2016年）》，明确了特殊教育发展的总体目标、重点任务、主要措施、组织领导。2014年，《教育部办公厅关于组织申报国家特殊教育改革实验区的通知》发布，在全国范围内遴选部分地区开展特殊教育改革实验。2015年，《教育部教师工作司关于进一步扩大特殊教育教师培养规模的通知》发布，与部分省份、高校沟通协调，以增量安排或存量调整的形式扩大特殊教育教师招生规模。② 随后颁布的《特殊教育教师专业标准（试行）》指明了特殊教育教师应具备的基本理念、专业知识与专业能力。另外，国家颁布了《国家手语和盲文规范化行动计划（2015—2020年）》，大力推广国家通用手语和通用盲文。2016年，教育部办公厅印发《普通学校特殊教育资源教室建设指南》，说明了资源教室的建设作用、功能、布局、区域设置、资源教师等相关问题。《国务院办公厅关于加快中西部教育发展的指导意见》要求保障残疾人的受教育权利，推进全纳教育，扩大普通学校随班就读规模，在残疾学生较多的普通中小学和中等职业学校设立特殊教育资源教室，对残疾学生实施特殊教育和康复训练。《盲校义务教育课程标准（2016年版）》《聋校义务教育课程标准（2016年版）》《培智学校义务教育课程标准（2016年版）》这三份特殊教育学校义

---

① 刘岩华：《试论我国残疾人教育立法的完善与发展》，载《中国特殊教育》，1998(4)。
② 王夏颖、钟婉娟：《我国特殊教育教师专业发展政策保障研究》，载《绥化学院学报》，2019(1)。

务教育课程标准是对我国多年来特殊教育发展和教育教学改革经验的集中总结，是第一批专门为残疾学生制定的课程标准，是"十三五"及之后一个时期特殊教育教学改革的顶层设计。2017年，《残疾人教育条例》修订通过，将随班就读作为有限选择的安置形式。其对特殊教育发展的理念做出了重大调整，优先发展融合教育，加快提升特殊教育普及水平。《残疾预防和残疾人康复条例》针对的是残疾预防与康复服务，并对预防、康复的保障措施、法律责任予以规定。为全面贯彻党中央、国务院关于办好特殊教育的要求，《第二期特殊教育提升计划（2017—2020年）》发布。《教育部办公厅 中国残联办公厅关于做好残疾儿童少年义务教育招生入学工作的通知》则保障了适龄残疾儿童少年接受义务教育的权利，对入学工作做出相关规定。同时，《残疾人参加普通高等学校招生全国统一考试管理规定》要求为残疾人平等参加普通高等学校招生全国统一考试提供支持条件和合理便利，保障残疾人接受高等特殊教育的权利。2018年，《教育部办公厅关于做好2018年普通中小学招生入学工作的通知》发布，依法保障能够接受普通教育的适龄残疾儿童少年就近就便随班就读。《国务院关于建立残疾儿童康复救助制度的意见》则从救助对象、救助内容和标准、工作流程、经费保障四个方面努力实现"人人享有康复服务"的目标，该文件填补了以往特殊教育立法中救助制度的空白。2019年，中共中央、国务院印发《中国教育现代化2035》，提出办好特殊教育，推进适龄残疾儿童少年教育全覆盖，全面推进融合教育，促进医教结合。以上文件作为顶层设计，指引、规范这一时期特殊教育立法的工作重点与工作内容。

在落实以上政策、延续发展上一阶段特殊教育的情况下，教育部发展特殊教育的工作有条不紊地展开；以推进随班就读、促进融合教育为中心，以支持保障体系建设为重点，具体如表3-1所示。

表3-1　教育部2012—2019年特殊教育领域工作要点

年份	教育部特殊教育领域年度工作要点
2012年	关心和支持特殊教育；制定普通学校接收残疾学生随班就读的政策措施；支持普通学校残疾学生随班就读资源教室（中心）建设。
2013年	加大力度普及残疾儿童少年义务教育，支持特殊教育发展；支持普通学校残疾学生随班就读资源教室（中心）建设，建立支持保障体系；加强特殊教育课程教学工作。
2014年	实施特殊教育两大重点项目，继续实施特殊教育改善办学条件项目，加大对承担随班就读学生较多的普通学校设立特殊教育资源教室（中心）、薄弱特殊教育学校改善办学条件等方面的支持力度。
2015年	深入实施《特殊教育提升计划（2014—2016年）》，推进特殊教育改革实验区工作，加强特殊教育学校课程和教材建设。
2016年	努力办好特殊教育；包括新一期特殊教育提升计划的制订、特殊教育经费的保障、特殊教育教材的编制。

续表

年份	教育部特殊教育领域年度工作要点
2017 年	提升特殊教育发展水平；印发《第二期特殊教育提升计划（2017—2020 年）》，会同有关部门召开《第二期特殊教育提升计划（2017—2020 年）》部署工作会；指导各地以区县为单位逐一核实未入学残疾儿童少年情况，着力解决义务教育问题；推动各地扩大残疾儿童少年接受学前、高中阶段和高等教育的机会；发挥中央专项补助资金的激励作用，推动各地加强特殊教育资源中心、普通学校资源教室的建设；推动各地对招收中重度、多重残疾学生较多的学校适当增加财政预算拨款；深化特殊教育改革实验区建设；强化全员专业培训，推进特殊教育教学和评价改革。
2018 年	办好特殊教育；全面实施《第二期特殊教育提升计划（2017—2020 年）》；落实"一人一案"，提升残疾儿童少年义务教育普及水平；督促 30 万人口以上县（市）独立设置特殊教育学校；推动以区县为单位加快建立特殊教育资源中心；推进特殊教育改革实验区建设。
2019 年	办好特殊教育；目标任务是给残疾学生特别扶助和优先保障，提升残疾人受教育水平；工作措施包括实施《第二期特殊教育提升计划（2017—2020 年）》；根据适龄残疾儿童少年底数落实好"一人一案"；启动《残疾人教育条例》立法后评估工作，制定国家通用盲文和手语量化评测方案，修订《汉语手指字母方案》等配套标准。

这一时期，残疾人小康进程是特殊教育立法关注的另一个方面。2012 年，中共中央宣传部等部门联合发布《关于加强残疾人文化建设的意见》，为残疾人提供均等的公共文化服务，保障残疾人文化建设。该年，国家还颁布了《无障碍环境建设条例》，保障残疾人平等参与社会生活，涉及无障碍设施建设、无障碍信息交流、无障碍社区服务、法律责任等相关内容。2013 年，中国残联发布《关于加快制定〈无障碍环境建设条例〉地方性法规、规章的指导意见》，指出要充分认识制定无障碍环境建设地方法规、规章的重要意义，地方法规、规章要在《无障碍环境建设条例》的基础上有所突破和创新，营造全社会无障碍环境建设的良好氛围。2013 年，《中共中央组织部等 7 部门关于促进残疾人按比例就业的意见》发布，按比例就业成为我国残疾人就业的一种重要形式。2015 年，《国务院关于加快推进残疾人小康进程的意见》发布，包括总体要求、扎实做好残疾人基本民生保障、千方百计促进残疾人及其家庭就业增收、着力提升残疾人基本公共服务水平、充分发挥社会力量和市场机制作用、加强对推进残疾人小康进程的组织领导六部分内容。2016 年，《"十三五"加快残疾人小康进程规划纲要》发布，指向保障和改善残疾人民生，帮助残疾人和全国人民共建共享全面小康社会。文件包括编制背景、总体要求、主要任务、保障条件、纲要实施和监测评估五部分内容。2017 年，党的十九大报告指出到 2020 年全面建成小康社会，国家着力推进残疾人的小康进程。习近平总书记指出："2020 年全面建成小康社会，残疾人一个也不能少。为残疾人事业做更多事情，也是全面建成小康社会的一个重要方面。"

第三节
我国特殊教育政策体系及其评析

一、我国特殊教育的法律法规层级体系

改革开放后，我国逐渐形成并加强了既与普通教育法律法规体系有基本共同点，又具有自身特殊性的特殊教育法律法规体系。这个体系有四个层次。

(一)国家根本大法的规定

1982年颁布的《中华人民共和国宪法》除对公民的受教育权有一般规定外，在第四十五条特别规定："国家和社会帮助安排盲、聋、哑和其他有残疾的公民的劳动、生活和教育。"在国家根本大法中单独列出残疾人教育问题在我国是空前的，在世界上也是少有的。国家最高层次法律的规定是制定残疾人教育法律法规的根本依据和出发点，是在一般保障公民权利之外对残疾人的人权和平等受教育权的根本保证。2018年修正的《中华人民共和国宪法》在第四十五条中强调："国家和社会帮助安排盲、聋、哑和其他有残疾的公民的劳动、生活和教育。"

(二)国家专项法律法规的规定

为保障《中华人民共和国宪法》规定的实施，1986年颁布的《中华人民共和国义务教育法》和2006年修订后的《中华人民共和国义务教育法》，再次明确保证包括残疾儿童在内的适龄儿童接受九年义务教育的权利。2006年修订的《中华人民共和国义务教育法》规定："国务院和县级以上地方人民政府应当合理配置教育资源，促进义务教育均衡发展，改善薄弱学校的办学条件，并采取措施，保障农村地区、民族地区实施义务教育，保障家庭经济困难的和残疾的适龄儿童、少年接受义务教育。""县级以上地方人民政府根据需要设置相应的实施特殊教育的学校(班)，对视力残疾、听力语言残疾和智力残疾的适龄儿童、少年实施义务教育。特殊教育学校(班)应当具备适应残疾儿童、少年学习、康复、生活特点的场所和设施。普通学校应当接收具有接受普通教育能力的残疾适龄儿童、少年随班就读，并为其学习、康复提供帮助。"

1990年，国家颁布了《中华人民共和国残疾人保障法》，其中有专门的一章规定了残疾人教育问题，再次强调了"国家保障残疾人受教育的权利""国家、社会、学校和家

庭对残疾儿童、少年实施义务教育。"此外，国家的很多专项法律中有关于特殊教育的条款，也就是说，与教育有关的专项法律也对特殊教育的相关问题做了规定。《中华人民共和国残疾人保障法》在 2008 年进行了修订，它是保障残疾人权益、发展残疾人事业的一部重要法律；自实施以来，它在保障残疾人权益、促进残疾人事业发展上发挥了重要作用。我国残疾人事业起步较晚，基础相对薄弱，要全面发展残疾人事业，促进残疾人状况的改善，需要在加强残疾人社会保障体系和服务体系建设的同时，不断完善相关法律法规，为残疾人事业发展提供法律保障。全国人民代表大会内务司法委员会于 2012 年对《中华人民共和国残疾人保障法》开展立法后评估，发现其优点体现在三个方面。

一是在保障残疾人康复权、教育权、劳动权、社会保障权和享有无障碍环境等方面的制度设计上立法意图明确，符合宪法原则和我国经济社会发展的实际，基本实现了与联合国《残疾人权利国际公约》相衔接。各项制度内容比较全面，结构比较合理，大多数条款比较严谨，表现为设定的残疾人权益比较完整，政府及有关部门和社会组织的职责比较明确，保障措施比较具体，比较具有可操作性，特别是对各类保障措施和各级政府及有关部门保障责任的设定，体现了其总则中"为了维护残疾人的合法权益，发展残疾人事业，保障残疾人平等地充分参与社会生活，共享社会物质文化成果"的立法宗旨和基本原则。

二是法律实施保障逐步加强。2008 年《中华人民共和国残疾人保障法》修订后，已有 19 个省（自治区、直辖市）修改了本地的相关实施办法，或制定了本地的残疾人保障法规。部分地方政府还在残疾人就业、社会保障和无障碍环境建设等方面制定了规范性文件，将《中华人民共和国残疾人保障法》及相关法律的规定进一步细化。以《中华人民共和国宪法》为核心，以《中华人民共和国残疾人保障法》为基础，以行政法规、地方性法规为配套，以国务院部门规章和地方政府规章为补充的保障残疾人权益法律规范体系基本形成。

三是法律实施的绩效不断凸显。残疾人平等参与社会生活、共享改革发展成果的状况得到改善；康复服务体系建设初见成效；残疾人教育稳步发展，残疾人受教育水平逐步提高；残疾人就业状况得到改善；残疾人社会保障体系初步形成，社会保障状况得到改善；城市无障碍化基本格局初步形成，无障碍环境有所改善。

其不足则表现在两个方面。

一是立法缺陷。个别条款之间不尽一致，如关于各级政府对接受义务教育的残疾学生、贫困残疾人家庭的学生提供扶助的规定，不同条款规定的受助对象范围不一致，其中一条仅将残疾儿童、少年纳入政府帮助对象范围，将贫困残疾人家庭的儿童、少年排除在外。个别条款内容不够全面，如残疾人社会保障制度中对农村残疾人的社会保障问题规定过少，且存在一些欠妥当的地方。个别条款不够具体，如对残疾人权益保障工作的实施和监测，法律虽有规定，但过于笼统，相关部门的定位也不够具体，权责划分不够明确。

二是实施过程中存在一些问题。第一，配套法规、规章不够健全。《中华人民共和国残疾人保障法》实施以来，虽然已制定了与之相配套的《残疾人教育条例》《残疾人就业条例》《无障碍环境建设条例》，但在残疾人康复等重要制度方面还没有配套法规，造成在法律实施过程中，有些制度实施得较好，而有些制度还未被落实到位。第二，法律实施的资金投入机制有待完善，如对不同来源的资金投入缺乏相互间协调的机制；资金投入多采用项目制，稳定性不够，缺乏长效机制；对不同地区的资金投入缺乏通盘统筹机制，致使经济欠发达地区对残疾人事业的资金投入无法保障。第三，普法宣传有待进一步加强。有调查显示，受访残疾人中有 35.5％不知道有《中华人民共和国残疾人保障法》，有 23.9％知道有该法但不了解其内容，有 36.2％了解部分内容，只有 4.4％知道该法并了解主要内容；受访居民对该法的知晓程度较高，达 85.1％，但只有 9.6％表示了解其主要内容。第四，法律制度有待全面落实。由于配套制度措施不够完善和资金投入不足，此次评估的残疾人康复、教育、就业、社会保障等制度实施绩效与法律规定的目标还存在一定差距。[1]

1994 年，国务院发布《残疾人教育条例》，这是我国第一部有关残疾人教育的国家专项行政法规。2017 年，修订后的《残疾人教育条例》公布并施行。《残疾人教育条例》根据残疾人教育发展的形势变化和实际需求，对残疾人教育事业的发展目标和理念进行了调整，规定发展残疾人教育事业应当"保障义务教育，着重发展职业教育，积极开展学前教育，逐步发展高级中等以上教育""残疾人教育应当提高教育质量，积极推进融合教育""优先采取普通教育方式"。

根据《残疾人教育条例》的规定，为了方便残疾人入学，提高残疾人教育普及程度，应采取三方面措施：一是政府根据残疾人教育发展的需要，选择部分普通学校，建立特殊教育资源教室或设置特殊教育学校，招收残疾儿童、少年接受义务教育。二是残疾儿童、少年按照其接受教育能力，进入普通学校或特殊教育学校接受义务教育，不能到学校就读的，通过送教上门或远程教育等方式实施义务教育。三是扩大职业教育、学前教育招生规模，为残疾人接受非义务教育提供更多机会。

为了强化对教育教学的规范，提升残疾人教育质量，应注重三方面工作。一是在义务教育阶段，招收残疾学生的普通学校应当将残疾学生合理编入班级，安排专门从事残疾人教育的教师或经验丰富的教师承担教育教学工作；教育行政部门支持特殊教育学校建立特殊教育资源中心，在一定区域内提供特殊教育指导和支持服务。二是在

---

[1]　全国人民代表大会：《全国人民代表大会内务司法委员会关于〈中华人民共和国残疾人保障法〉立法后评估的报告》，http://www.npc.gov.cn/wxzl/gongbao/2012-11/12/content_1745510.html，2019-04-28。

职业教育阶段，残疾人职业教育以提高就业能力为主，培养技术技能人才，并加强对残疾学生的就业指导。三是在高中以上教育阶段，教育行政部门及其他有关部门、学校充分利用现代信息技术，以远程教育等方式为残疾人接受成人高等教育、高等教育自学考试等提供便利和帮助。

为了提高残疾人教育教师专业水平，加强教师队伍建设，一是要明确任职要求，专门从事残疾人教育工作的特殊教育教师，不是从特殊教育专业毕业的，在按照《中华人民共和国教师法》的规定取得教师资格后，还应当接受省级教育行政部门组织的特殊教育专业培训并考核合格。二是要合理配置教师，教育行政部门应当会同有关部门在核定的编制总额内，为特殊教育学校配备承担教学、康复等工作的特殊教育教师，在指定招收残疾学生的普通学校设置特殊教育教师等专职岗位。三是要提高待遇，特殊教育教师和其他从事特殊教育的相关专业人员根据国家有关规定享受特殊岗位补助津贴及其他待遇，对于普通学校的教师，凡承担残疾学生随班就读教学、管理工作的，应当将其承担的残疾学生教学、管理工作纳入绩效考核范围，并作为核定工资待遇和职务评聘的重要依据。

为了加强对残疾人教育的保障和支持，一是要保障经费投入，将残疾人教育所需经费纳入本级政府预算，残疾人就业保障金可以按规定用于特殊教育学校开展职业教育。二是要加强特殊教育学校建设，政府按照国家有关规定为特殊教育学校配备必要的残疾人教育教学、康复评估和康复训练等仪器设备。三是要减免费用，学校按照国家有关规定对经济困难的残疾学生减免学费和其他费用，并优先给予补助。

(三)国家教育行政部门等有关特殊教育的规章

教育部等国家行政部门为落实国家有关特殊教育的法律法规出台了一系列具有法规性质的文件，如解释性质的细则、实施意见等。这一层级的特殊教育政策数量较多，近十年来，专项特殊教育政策主要为《特殊教育提升计划(2014—2016年)》和《第二期特殊教育提升计划(2017—2020年)》。

《特殊教育提升计划(2014—2016年)》由教育部、国家发展改革委、民政部、财政部、人力资源社会保障部、卫生计生委、中国残联共同发布。其总体目标为："全面推进全纳教育，使每一个残疾孩子都能接受合适的教育。经过三年努力，初步建立布局合理、学段衔接、普职融通、医教结合的特殊教育体系，办学条件和教育质量进一步提升。建立财政为主、社会支持、全面覆盖、通畅便利的特殊教育服务保障机制，基本形成政府主导、部门协同、各方参与的特殊教育工作格局。到2016年，全国基本普及残疾儿童少年义务教育，视力、听力、智力残疾儿童少年义务教育入学率达到90%以上，其他残疾人受教育机会明显增加。"重点任务包括：①提高普及水平，针对实名登记的未入学残疾儿童少年残疾状况和教育需求，采用多种形式，逐一安排其接受义务教育，积极发展残疾儿童学前教育，大力发展以职业教育为主的残疾人高中阶段教育，加快发展残疾人高等教育，逐步提高非义务教育阶段残疾人接受教育的比例；②加强条件保障，提高特殊教育学校生均预算内公用经费标准，建立健全覆盖全体残疾学生的资助体系，改善特殊教育办学条件，加强残疾学生学习和生活无障碍设施建设；③提升教育教学质量。研究制定盲、聋和培智三类特殊教育学校课程标准，健全适合残疾学生学习特点的教材体系，扩大特殊教育教师培养规模，加大特殊教育教师培训力度，提高特殊教育教师的专业化水平，逐步建立特殊教育质量监测评价体系。[①]

《第二期特殊教育提升计划（2017—2020 年）》由教育部、国家发展改革委、民政部、财政部、人力资源社会保障部、卫生计生委、中国残联共同发布。《第二期特殊教育提升计划（2017—2020 年）》的总体目标为："到 2020 年，各级各类特殊教育普及水平全面提高，残疾儿童少年义务教育入学率达到 95% 以上，非义务教育阶段特殊教育规模显著扩大。特殊教育学校、普通学校随班就读和送教上门的运行保障能力全面增强。教育质量全面提升，建立一支数量充足、结构合理、素质优良、富有爱心的特教教师队伍，特殊教育学校国家课程教材体系基本建成，普通学校随班就读质量整体提高。"重点任务包括：①完善特殊教育体系，全面普及残疾儿童少年义务教育，提高巩固水平，解决实名登记的未入学适龄残疾儿童少年就学问题，加大力度发展残疾儿童学前教育，加快发展以职业教育为主的残疾人高中阶段教育，稳步发展残疾人高等教育；②增强特殊教育保障能力，统筹财政教育支出，倾斜支持特殊教育，加强无障碍设施建设，全面改善特殊教育办学条件，全面加强随班就读支持保障体系建设，健全特殊教育教师编制动态调整机制和待遇保障机制，提高残疾学生资助水平，实行家庭经济困难的残疾学生从义务教育到高中阶段教育的 12 年免费教育；③提高特殊教育质量，促进医教结合，建立多部门合作机制，加强专业人员的配备与合作，提高残疾学生评估鉴定、入学安置、教育教学、康复训练的有效性，加强特殊教育教师培养培训，提高专业化水平，增强特殊教育教科研能力，加强特殊教育学校教材和教学资源建设，推进课程教学改革。[②] 由此可见，《第二期特殊教育提升计划（2017—2020 年）》是在《特殊教育提升计划（2014—2016 年）》基础上的阶段性发展，更注重特殊教育从公平发展转向质量的内涵式发展，有助于特殊教育现代化的实现。

(四)地方关于特殊教育的政策法规

地方人民代表大会、地方人民政府及其教育行政部门根据国家在特殊教育方面的

---

① 中华人民共和国国务院办公厅：《国务院办公厅关于转发教育部等部门特殊教育提升计划（2014—2016 年）的通知》，http://www.gov.cn/xxgk/pub/govpublic/mrlm/201401/t20140118_66612.html，2019-04-28。

② 中华人民共和国教育部：《教育部等七部门关于印发〈第二期特殊教育提升计划（2017—2020 年）〉的通知》，http://www.moe.gov.cn/srcsite/A06/s333/201707/t20170720_309687.html，2019-04-08。

法律法规，基于地方实际情况，制定了很多具体实施办法、规定、条例、细则等。这些规定更具体，更有可操作性，在基层特殊教育学校中更易实施。[①]

二、我国特殊教育立法存在的不足

特殊教育立法是推动特殊教育发展的重要因素。[②] 中国特殊教育立法经历了从无到有的过程，以社会主义人道主义精神和社会主义物质文明、精神文明发展为基础。特殊教育法治化是必然的发展趋势。中国特殊教育立法以满足当前及今后一定时期内特殊教育发展需求为着眼点，具有特定的时代特征，同时也不可避免地存在一些问题与不足。

(一)立法规范性、强制性欠缺

首先，我国特殊教育立法的规范性问题体现在界定特殊教育对象的不一致上。《中华人民共和国宪法》将特殊教育的对象界定为"盲、聋、哑和其他有残疾的公民"。《中华人民共和国残疾人保障法》将特殊教育的对象界定为"视力残疾、听力残疾、言语残疾、肢体残疾、智力残疾、精神残疾、多重残疾和其他残疾的人"。《中华人民共和国义务教育法》将特殊教育的对象界定为"视力残疾、听力语言残疾和智力残疾的适龄儿童、少年"。从这三部法律对特殊教育对象的界定可以看出，特殊教育对象的界定存在不一致的现象。其次，规范性问题体现在特殊教育法律规定与具体实践的不一致上。例如，目前我国已初步形成以普通学校随班就读和特教班为主体、以特殊教育学校为骨干的特殊教育新格局，但是，随班就读只能解决残疾儿童入学问题，无法保障特殊教育及相关服务的质量，甚至有的地区并没有普及随班就读政策。国家对随班就读的指导方针、教育对象、师资培养、物质保证、设施设备、经费来源、随班就读学生的数量等诸多方面没有做出明确的规定。再如，《残疾人教育条例》第四十二条对残疾人教育教师的条件做出了具体规定，而目前我国残疾人教育教师仍大多仅持有和普通学校教师相同的教师资格证。许多特殊教育法律法规没有实施细则，没有对具体内容做出详细规定，实施起来随意性与不确定性大。在法律遣词上，我国特殊教育法律采用"应该""应当"的情况较多，且法律条文为原则性话语，强制性特征缺乏。

(二)立法观念陈旧，特殊教育法律体系不健全

一方面，我国特殊教育法律法规修订次数少，立法观念与现实实践存在一定程度

---

① 朴永馨：《新中国特殊教育的十大变化》，载《教育学术月刊》，2009(6)。
② 于靖：《中国特殊教育立法问题探讨》，载《社会科学战线》，2010(11)。

上的脱节。我国于 1990 年颁布了《中华人民共和国残疾人保障法》，2008 年通过了修订，2018 年通过了修正。现行的《中华人民共和国残疾人保障法》强调教育平等，涉及教育机会、教育过程、教育结果三方面内容，具体规定："县级以上人民政府应当根据残疾人的数量、分布状况和残疾类别等因素，合理设置残疾人教育机构，并鼓励社会力量办学、捐资助学。"我国于 1994 年颁布了《残疾人教育条例》，2011 年、2017 年通过了修订。现行的《残疾人教育条例》在残疾人教育阶段及层次方面健全了残疾人教育体系，贯穿各学段，在保障义务教育的基础上向学前教育、职业教育、高等教育及终身教育延伸，实现对残疾人受教育全方位、全过程的支持。虽然法律法规修订的时间间隔较大，但也只调整了部分内容，并未改变立法观念。例如，法律法规强调特殊教育要向两头延伸，但具体操作仍更重视特殊儿童的义务教育，忽视学前特殊教育与高等特殊教育，这很大程度上是因为陈旧立法观念的影响。

另一方面，我国缺乏一部法律效力更高、权威性更强的《特殊教育法》。我国教育法律可分为：调整教育部门内部及教育部门和其他部门关系的教育基本法，教育单项法，教育行政法规，地方性法规、自治条例，行政规章，等等。目前，《残疾人教育条例》是我国特殊教育领域法律层级最高的政策文件，属于行政法规，法律效力仍有欠缺。[1] 其他关于特殊教育的制度规定大多以"办法""通知""意见"的形式下发，属于行政规章，立法层次较低，缺乏足够的法律效力，不易受到重视。另外，中国有关特殊教育发展的条款散见于相关法律法规中，如《中华人民共和国义务教育法》《中华人民共和国残疾人保障法》《中华人民共和国教育法》，但缺乏统一指导思想，不成体系。[2]

相较于西方发达国家，我国的特殊教育立法起步晚较，健全性不足，仍然存在空白领域，少数民族地区的特殊教育发展还很薄弱。[3] 初步形成的特殊教育法律体系，纵向上包括《中华人民共和国宪法》《中华人民共和国教育法》《中华人民共和国残疾人保障法》《残疾人教育条例》；横向上包括《中华人民共和国义务教育法》《中华人民共和国职业教育法》《中华人民共和国高等教育法》；同时，众多地方性法律法规也是目前我国特殊教育法律体系的重要组成部分。[4] 但存在中央与地方政策衔接落实不到位、法律法规之间交叉重复的问题。另外，未来社会是信息和知识经济占主导地位的社会，终身教育是时代发展的趋势，终身特殊教育法律体系的构建有待进一步发展。简言之，特殊教育法律法规质量、有效性有待提高，特殊教育法律体系的健全性和时代性有待完善。

---

① 吴春艳：《论国际视野下的特殊教育政策法规发展策略》，载《绥化学院学报》，2013(8)。
② 李继刚：《美国特殊教育立法及对我国的启示》，载《南京特教学院学报》，2008(1)。
③ 刘贤伟：《"全纳教育"呼唤中国完善特殊教育政策和教育立法》，载《中国特殊教育》，2007(1)。
④ 张雯雯、兰继军：《近十年我国特殊教育立法现状与对策研究综述》，载《现代特殊教育》，2015(18)。

(三)法律条文的可操作性不强，司法制度薄弱

一方面，现行特殊教育法律的规定过于宏观，倡导性、宣示性的语言过多，条款的原则性、笼统性明显，而具体性相对欠缺，可操作性不强。法律条文使用大量政策性语言和不确定性概念，例如，《特殊教育提升计划（2014—2016 年）》指出"积极发展非义务教育阶段特殊教育"，具体内容停留在较为宏观的层面，缺乏落实方案与实施细则。由于要求、规定较为笼统模糊，法律条文有程序上的瑕疵。大量特殊教育法律法规规定了权责主体的权利与义务，却没有对如何行使权利和履行义务进行详尽的解释，包括行使权利的规则、步骤、条件等程序性问题。现有特殊教育法律法规没有对残疾人的鉴定和评价标准、特殊教育教师职业标准、经费投入主体和比例、班级设置等实际问题做出明确的规定，标准未量化，这使得执行法律过程受阻，政策落实不到位，不利于残疾人特殊教育具体工作的落实，法律法规不能适应教育工作的实际需要。[①] 另外，由于权责主体不明确，部门或机构间的合作面临挑战。[②] 简言之，许多条款内容只提供发展方向，具体实施路径不明。另一方面，与法律执行相比，特殊教育司法制度较为薄弱，具体表现为缺乏独立的教育仲裁制度，约束、监督和问责机制不完善，法制监督力度不够，缺乏有力的举报程序、申诉程序、具体实施处罚的程序。

三、完善我国特殊教育立法的具体措施

我国特殊教育经历了从不完善到逐步完善的发展过程，特殊教育立法在推动特殊教育发展的同时也暴露出一些问题与不足。我国特殊教育立法工作的不足启示特殊教育立法工作需要有所突破，从而更好地满足特殊儿童少年的教育需求。鉴于我国特殊教育立法的优势与不足，今后的立法工作可以从借鉴经验、完善体系、严格执法、家长参与、立法研究等方面进行补充完善。

(一)借鉴其他国家或地区的特殊教育立法经验

西方发达国家较早开展特殊教育立法工作，其特殊教育法律法规较为成熟，较符合特殊教育的发展特点，并努力迎合特殊教育的发展趋势。今后我国特殊教育立法工作可以系统借鉴国外特殊教育立法的经验，在鉴别、引进、吸收、同化先进法律规范的基础上，使之成为我国法律体系的有机组成部分，实现为我所用的目的。借鉴内容较为广泛，涵盖法律、国际法与惯例。

---

① 庞文、于婷婷：《我国特殊教育法律体系的现状与发展》，载《教育发展研究》，2012(4)。
② 张雯雯、兰继军：《近十年我国特殊教育立法现状与对策研究综述》，载《现代特殊教育》，2015(18)。

美国的特殊教育法律体系包括联邦和州法律、各种法规和指导性文件以及诉讼判决。美国的特殊教育法缘起于宪法、法律、法规和判例法，在每一个法律层次上都有相对应的特殊教育法律。所有的特殊教育法律纵横交错、互为补充，立法体系较为完备。例如，在特殊儿童评估方面，美国采用档案袋评估、功能性评估、课程本位评估的方式，以避免标准化测验在实施过程中产生的偏差。[1] 挪威则建立了国家与地方两级支持保障体系。[2] 韩国颁布了《特殊教育振兴法》，细化了特殊教育对象，延长了无偿教育年限，重视残疾人终身教育，维护学生与家长的权利。另外，一些国家的特殊教育立法重视强制性、前瞻性、稳定性、灵活性及家长参与；在立法时考虑一定时期特殊教育发展的客观需求和社会发展水平，考量法律的具体性与可操作性，并后续出台一系列层次完整的法规、政令进行配套实施。[3] 需要注意的是，在借鉴国外优秀立法经验时，需注意将我国的教育法律体系与其他国家的法律及国际法进行比较，结合我国国情进行理性选择和本土化改造。[4]

(二)完善多层次的特殊教育法律体系

我国仍处在社会主义初级阶段，国家立法任务繁重，需要不断完善更新法律法规。特殊教育法律体系的完善涉及许多方面的内容，需要付出很长时间的努力。首先，需要出台具有更高法律效力的《特殊教育法》，加快专项立法进程，着力建设一个纵横交错的特殊教育法律网络，建立与国家教育法律体系相配套的特殊教育法律体系，保障特殊教育立法有效地与其他法律法规对接；依据依法治国的总体思路和具体部署，逐步建立现代特殊教育制度，依法保障残疾人平等接受高质量教育的权利，在促进特殊教育发展的同时实现国家治理体系、治理能力现代化的发展目标。其次，补充完善现有法律法规，填补法律空白。《特殊教育法》的制定与颁布需要经历一个过程，在这期间，积极落实相应的政策法规，补充完善现有特殊教育法律法规意义重大。[5] 一是完善对特殊教育对象的规定。扩大法律保障范围，将病弱儿童等多种处境不利儿童及超常儿童的鉴定、安置和教育纳入特殊教育法律法规调整范畴，将学习障碍、注意缺陷与多动障碍等特殊儿童群体也纳入特殊教育对象的范围。二是完善对学前特殊教育的规定。当前特殊教育工作的重心放在义务教育阶段，我国义务教育尚未延伸到学前教育，这使得学前特殊教育的发展没有受到足够重视，学前特殊教育的发展较为落后。因此，应尽快颁布有关学前特殊教育的单行法，力求学前特殊教育立法成为特殊教育立法中

---

[1]　胡晓毅：《美国特殊教育立法中非歧视性评估原则及其对我国的启示》，载《中国特殊教育》，2005(2)。

[2]　郭家俊：《挪威的特殊教育支持系统》，载《现代特殊教育》，2010(4)。

[3]　张娅茜：《国外特殊教育立法的经验与启示》，载《学校党建与思想教育》，2009(3)。

[4]　秦惠民、谷昆鹏：《对完善我国教育法律体系的思考》，载《北京师范大学学报(社会科学版)》，2016(2)。

[5]　韩兴华：《关于我国特殊教育立法的思考》，载《教育探索》，2014(7)。

的一个子系统。① 同时，要重视教育的衔接问题，在法律层面建立一套完整的特殊教育体系，最终建立终身特殊教育体系，覆盖学龄前、学龄期、学龄后。三是对于救济制度与评估制度的相关问题，国家可在相关文件中对特殊儿童及特殊群体进行规定，开展符合少数民族特殊儿童特点的鉴定和评估工作。再次，建立特殊教育法律常规修订制度。立法包括立、改、废三方面的内容，教育法律的修订和废止与立法同等重要。许多国家已建立了教育法律的常规修订制度，定期根据需求对教育法律进行修订，可能是制定新法，也可能是对已有法律的某些条款进行增补、修订或废止，从而保持法律的先进性和适用性。我国可借鉴此种方式，建立常规修法制度，废止与时代发展不符的条款，修改不适宜的条款，保证特殊教育法律与时俱进。

(三)加强特殊教育立法的可操作性，严格执法

首先，加快特殊教育立法步伐，构建完善的特殊教育法律法规体系，注重程序性条款与实施细则的制定，对条文不甚明晰的内容做出详尽、无歧义的解释，提高特殊教育法律法规的可操作性。② 例如，将鉴定与评估纳入法律体系，并给予一定的法律地位；解决特殊教育教师资格认定问题，规范特殊教育教师队伍建设；启动与学前教育、康复训练等法律相配套的课程与项目。③ 同时，立法应厘清各层级政府部门的权责，强化法律责任，对特殊教育的具体实施部门、监督机关等实际问题做出明确规定，对不能履行职责的部门或个人的处罚或处分机关、处罚方式及救济手段等进行详细的说明。④ 在实践过程中加大执法力度，完善监督机制，建立高素质行政执法队伍，依法对各级各类学校落实法规的情况进行监督检查。其次，加强立法过程中主体间的协作，共同探讨特殊教育立法与实践问题，增强法律的可操作性，采纳相关人员的意见和建议，以群体智慧推进特殊教育立法工作的开展，推进特殊教育立法民主进程。具体而言，发挥残联的作用，以残联为中介为特殊人群争取权益；推行法律法规时，民政部门、残联、教育部门等部门、组织应互相配合，社会机构与政府部门共同参与。⑤再次，特殊教育立法要处理好中央与地方的关系，保证统一性与灵活性。我国国情特殊，地域辽阔，人口众多，中央下达的文件需要地方政府根据实际情况进行落实。特殊教育立法也需要妥善处理上下位法之间、同位法之间的关系，保证教育法律规范的统整性。最后，加大特殊教育立法的宣传力度，普及特殊教育法治化思想，宣传特殊教育立法

① 张玲艳：《特殊儿童早期教育中的立法制度建设初探》，载《法制与社会》，2016(30)。

② 黄晓琳、李烨：《自闭症儿童的保护现状及我国特殊教育立法问题探究——以南京市为例》，载《法制博览》，2017(9)。

③ 汪斯斯、闫燕、雷江华：《美国学前特殊教育政策法规的发展及启示》，载《现代特殊教育》，2010(10)。

④ 蒋欢：《我国残疾人特殊教育立法的完善——基于美国IDEA法案的启示》，载《中国市场》，2012(13)。

⑤ 戴士权：《美国特殊教育领域中个别化教育计划的立法演进及对我国的启示》，载《外国中小学教育》，2018(5)。

的新理念，创造良好的社会环境，促进特殊教育大众化、普及化。在信息技术高速发展的今天，特殊教育立法也要利用网络推进特殊教育普法宣传，通过法律建立资源信息库，为有需要的人提供有价值的信息。[①]

(四)在立法过程中重视残疾儿童家长参与

从宏观层面来看，特殊教育关系到国家与社会；从微观层面来看，特殊教育关系到家庭、学校与社区。特殊儿童家长是特殊儿童的法定监护人，在特殊教育立法中只有保障家长参与教育的权利，才能真正意义上使特殊儿童的受教育权不受侵犯。西方一些国家的特殊教育立法十分重视家长参与，从更高的法律层次上保障家长的权利。例如，美国特殊教育立法已形成家长与特殊教育法律间的良性互动。[②] 在我国今后的特殊教育立法及相关政策中，应考虑家长参与权利保障的问题，具体包括知情权、决策权、拒绝权、申诉权、监督权等。[③] 在法律法规中应明确规定家长在子女接受特殊教育过程中享有的权利，保护家长对完善特殊教育的积极性。相关立法、行政机构可通过制定行政法规或规章的方式尽快明确家长的权利及权利的实现途径，健全父母监督、救济机制，保障家长在其特殊教育权利受到损害时能求助有道。另外，特殊教育立法应关注特殊教育信息传播，在信息资源方面给予家长足够的支持。

(五)开展专项特殊教育立法研究

首先，汇集中央与地方的经验，对指导思想、立法规范、立法体制、立法内容、法律实施、监督保证等方面开展多方位、多层次、多渠道的研究。其次，重点研究当前特殊教育中的薄弱项。一是欠发达地区的特殊教育问题。我国各地区的发展存在不平衡，有些地区的残疾儿童入学问题难以解决，立法要关注欠发达地区的特殊教育发展问题。二是少数民族特殊教育问题。我国少数民族特殊教育基础薄弱，立法也需加强对少数民族特殊学生群体的研究。三是家长支持问题。应重视对残疾儿童家长的调研，了解家长需要的法律支持，为下一步保障家长权利法案的出台奠定基础。再次，特殊教育立法应研究普通教育立法的特点与优势，进行借鉴与参考。例如，尽量将特殊教育涉及的各方面内容和制度全部纳入法律文本，做到有章可循。应着力研究特殊教育改革，深化特殊教育办学体制改革研究。

---

① 苏雪云：《加拿大特殊教育立法与实践》，载《中国特殊教育》，2004(12)。
② 李继刚：《特殊儿童家长与美国特殊教育立法的关系及其启示》，载《外国教育研究》，2009(11)。
③ 张宇、葛新斌、邱举标：《我国特殊儿童家长教育参与权的立法保障探析》，载《现代特殊教育》，2017(18)。

第四节
关于制定《特殊教育法》的若干建议

一、《特殊教育法》的必要性和重要性

(一)《特殊教育法》的必要性

国际社会特殊教育立法发展的时代趋势要求我国出台《特殊教育法》。美国于 1975 年颁布了 94-142 公法，后几经修改，不断完善；英国于 1978 年发布了《沃诺克报告》，成为其 1981 年与 1993 年进行教育立法的基础。它们影响了国际特殊教育立法，众多国家和地区开始出台针对特殊教育的法律法规。例如，意大利于 1977 年颁布《517 法案》，为残疾人提供支持与服务。但我国仍缺乏一部特殊教育专项法律。[1]

建设有中国特色的特殊教育法律体系需要一部具有更高法律效力的《特殊教育法》。我国建立了四级立法体制，包括全国人大及常委会立法，国务院行政法规，省（自治区、直辖市）级人大及常委会的地方法规，国务院各部委和省（自治区、直辖市）级人民政府的规章。中国特色社会主义特殊教育法律体系框架虽然已基本形成，但在特殊教育领域，《残疾人教育条例》这一行政法规是目前特殊教育立法中法律层次最高的一部。从构建完整的特殊教育法律体系的角度来看，还需要一部处于更高法律层次的《特殊教育法》来填补目前我国特殊教育立法层次上的不足，形成以《教育法》为母法，以《特殊教育法》为主体的法律体系。

我国特殊教育实践呼唤《特殊教育法》。教育立法需要兼顾现实性与前瞻性，但当前我国特殊教育立法存在滞后于特殊教育实践、缺乏前瞻性、与社会发展不适应的问题。[2] 具体特殊教育实践使特殊教育立法的一些不足显现出来：局限于残疾人教育，特殊教育对象的界定不准确，地方在财政投入等方面的责任未完全落实，法律条文可操作性欠缺，法律权威与刚性欠缺，等等。[3] 特殊教育立法与特殊教育实践发展不同步，甚至出现矛盾，进而影响特殊教育建设，迫切需要统筹规划的《特殊教育法》对此进行规范。

我国初步具备制定《特殊教育法》的条件。许多国家有较为成熟的特殊教育法律值

---

① 邓猛、周洪宇：《关于制定〈特殊教育法〉的倡议》，载《中国特殊教育》，2005(7)。
② 侯健：《改革开放四十年教育立法的经验和问题》，载《国家教育行政学院学报》，2018(12)。
③ 赵德成：《台湾地区特殊教育法律的特点及启示》，载《中国特殊教育》，2013(2)。

得我们借鉴。2006 年，联合国大会通过《残疾人权利国际公约》，中国是签字国之一，赞成保障残疾人权利，维护残疾人尊严。[①] 我国经济快速发展，经济基础较好；国家努力建设社会主义和谐社会，社会形成了"平等、参与、共享"的新残疾人观，大众对残疾人受教育的认识有所提升；特殊教育实践深入发展，并进行了一定的经验总结。[②]

面对这样的国际与国内形势，制定完善的特殊教育法律法规，确立我国的《特殊教育法》十分必要。

(二)《特殊教育法》的重要性

现代特殊教育思想引领中国特殊教育发展。中华人民共和国特殊教育立法经历了几十年的发展，有了一定的历史积淀，又在时代发展过程中不断吸收国际先进理念。未来的《特殊教育法》必定是与中国特殊教育实际相结合、符合中国国情、体现中国特色的特殊教育法律，在与时俱进的过程中影响整个社会的特殊教育理念与特殊教育实践，在树立特殊教育观念的进程中引领特殊教育发展。

第一，《特殊教育法》可规范地方特殊教育实践。现有的特殊教育法律法规较多采用鼓励性、号召性语句，实际可操作性不强，导致地方的自主探索走了过多的弯路，只能通过试误的方式填补特殊教育立法的空白，耗费大量时间成本。《特殊教育法》借鉴历史经验、考虑现实情况，更具科学性、合理性、政治性，在一定程度上能消除中央与地方特殊教育立法之间的矛盾，规范地方特殊教育的发展，保证地方在特殊教育实践中既能根据当地实际情况发挥主观能动性，又能与国家的步调保持一致。

第二，《特殊教育法》可推进特殊教育改革。《特殊教育法》法律效力更高，更系统、全面，更有权威性和代表性，影响力比以往的特殊教育法律法规更大，适合推进改革这项系统性工程。日本于 2003 年发布《今后特别支援教育的理想状态(最终报告)》，推动日本特殊教育全面转向特别支援教育。[③] 同样，中国特殊教育也能在最高层次的《特殊教育法》的引领下开启发展的新篇章，促进特殊教育的自我完善与自我发展，推动特殊教育改革新时代的到来。

第三，《特殊教育法》可提高立法质量，促进特殊教育法律体系的建构与完善。制定与颁布《特殊教育法》有助于形成一个以《教育法》为母法，以《特殊教育法》为主体的特殊教育法律体系。在这一法律体系中，既有从《教育法》《特殊教育法》《残疾人教育条例》到地方法规的纵向法律结构，又有与《义务教育法》《教师法》等相联系的横向法律结构。这样一来，特殊教育法律在网络严密、层次完善、自成体系的同时，与其他相关法律法规有效衔接，立法质量高。[④]

---

① 汪海萍：《论加强特殊教育立法的必要性与可行性》，载《中国特殊教育》，2007(7)。
② 张雯雯、兰继军：《近十年我国特殊教育立法现状与对策研究综述》，载《现代特殊教育》，2015(18)。
③ 王康：《日本的特殊教育及其对中国的启示》，硕士学位论文，延边大学，2011。
④ 侯俊：《美国特殊教育立法成就对我国的启示》，载《黑龙江教育学院学报》，2009(12)。

二、《特殊教育法》的内容构想

（一）制定原则构想

一是教育公平原则：依据《宪法》和《教育法》的精神，保障残疾人平等的受教育权利。

二是适性教育原则：保证每一个儿童的特殊教育需要得到满足。

三是社会公正原则：实现社会公平正义，建设和谐社会。[①]

四是特别扶助原则：在同样的条件下，对特殊儿童给予更多的支持与帮助。

五是无障碍原则：《国际功能、残疾和健康分类》强调支持的理念，认为是环境导致了障碍的发生，为此需要为特殊儿童提供一个最少受限制环境，保证其接受适宜的教育。[②]

六是不歧视原则：平等对待每一位特殊儿童。

七是多方参与和合作原则：全面支持特殊教育。[③]

（二）具体条款构想

《特殊教育法》出台的最大意义在于完善特殊教育立法的不足，填补当前特殊教育立法的空白，开启特殊教育立法发展的新时期。可从以上三个方面入手构想《特殊教育法》的条款内容，具体如下。

严格界定特殊教育对象，确定特殊教育类别。可借鉴国际上特殊教育需要儿童的概念确定我国的特殊教育对象，与普通教育相区别，明确特殊教育类别，各类别实施有针对性的特殊教育，保障其所涉及的群体能够接受适宜的教育与服务。

规定各级地方政府、社会组织、教育管理机构及其他政府部门、学校应承担的责任。特殊教育立法是一个逐步深化的过程，需要各相关部门的协作与配合。[④]

规定残疾鉴定小组的设置、人员构成、资格准入和鉴定程序。目前我国缺少关于残疾评估与鉴定的专项法律法规，早期筛查与评估工作随意性大，需要弥补短板，依法开展评估与鉴定工作。评估和鉴定应考虑儿童的背景，为少数民族地区儿童选择适宜的材料，配备专业的评估人员，测评工具应科学客观。

明确特殊教育师资培养制度、特殊教育教师学历要求、特殊教育教师资格认定、特殊教育教师实习与上岗、特殊教育教师职前与职后培训。目前我国没有统一的特殊

---

① 韩兴华：《关于我国特殊教育立法的思考》，载《教育探索》，2014(7)。
② 庞文：《我国特殊教育法律研究综述及立法建议》，载《宁波大学学报(教育科学版)》，2011(4)。
③ 庞文、于婷婷：《我国特殊教育法律体系的现状与发展》，载《教育发展研究》，2012(4)。
④ 刘岩华：《试论我国残疾人教育立法的完善与发展》，载《中国特殊教育》，1998(4)。

教育教师资格证，特殊教育教师仅持有普通教育教师资格证；特殊教育教师的培养目标不明确。这些在《特殊教育法》中需要得到说明。

对特殊教育财政投入、教学资源保证、教学设备供应做出规定。连贯的经费投入是特殊教育发展的经济基础。除了加大特殊教育事业投入力度，政府还可以积极动员社会力量办学，吸纳非政府资金，促进特殊教育多渠道、多层次、多形式地发展。

对特殊儿童的教育安置形式、入学条件、学制、教材、教学内容与方法、课程设置、教学评价、升学、转衔等问题进行详细的规定。针对儿童的特殊教育需要，确定合理的安置形式，原则上对特殊儿童入学坚持"零拒绝"原则。特殊教育虽不像普通教育一样重视学业成绩与综合素质的发展，但同样需要科学客观的评价标准。教育部门要在教材、师资培养、培训等方面给予支持。

对各地建设资源教室的条件、标准、服务对象与内容，以及对资源教室教师的数量与资格进行严格规定。

对特殊儿童入校后的生活，即学校与就业指导、康复、福利等部门的衔接进行规定，明确各组织的法定义务与职责。

对特殊教育的各学段，特别是对学前特殊教育与高等特殊教育问题做出详细规定。对高等学校招收特殊学生的入学条件、教学要求与评估、教学资源、管理、无障碍环境创设等问题进行规定。加快全面高水平地普及九年义务教育，让每一个特殊儿童都能接受合适的教育。加快向两头延伸的进程，普及特殊儿童学前教育和以职业教育为主的高中阶段教育。加快发展残疾人高等教育，提高残疾人接受高等教育的水平。

对少数民族特殊教育问题做出详细规定。

重视家长参与，保障特殊儿童家长的权利。

制定优惠政策，吸纳心理学、教育学、医学等专业人员参与特殊教育。[1]

就个别化教育计划的制订与实施做出规定。具体包括重视家长参与，全面了解儿童信息；建立特殊教育评估体系，进行全面规范；制定有效的地方法规，推进个别化教育计划的真正实施。

进行特殊教育体系化建设，包括诊断、个别化教育计划、家庭服务计划、无障碍环境、社会服务。建立全面覆盖的特殊教育服务保障机制，包括建立健全特殊教育福利体系，构建有效衔接的康复服务体系，整合协同创新的多边支持体系等。[2] 关注康复，对残疾人进行救济，保障其申诉的权利，使其求助有门。

对地方特殊教育实施情况进行说明。已有法律法规大多只从一般性情况做出规定。具体到地方，配套法规较为薄弱，自主发挥的空间较大。

---

① 韦小满：《美国特殊教育立法中有关评估的法律和法规概述》，载《中国特殊教育》，2005(10)。

② 朱颂梅：《特殊教育提升背景下残疾人人力资本开发体系研究》，载《教育理论与实践（中小学教育教学版）》，2016(2)。

本章小结

特殊教育立法有广义与狭义之分。广义的特殊教育立法指国家权力(立法)机关和国家行政机关为调整特殊教育领域中不同主体的关系而制定和发布教育法律、法令、条例、办法等规范性文件的活动。狭义的特殊教育立法指国家最高权力(立法)机关专门制定特殊教育法律的活动。特殊教育政策对特殊教育实践有极其重要的影响。我国特殊教育政策的发展可以分为四个阶段:散现于教育政策之中(中华人民共和国成立以前)、初步建立特殊教育政策体系(中华人民共和国成立至改革开放前夕);特殊教育政策体系完善(改革开放至党的十八大);特殊教育政策内涵式发展(党的十八大至今)。我国特殊教育法律法规可以分为四个层级:国家根本大法——国家专项法律法规——国家教育行政部门等的规章——地方的政策法规。《特殊教育法》的制定需要遵循7项原则。

思考题

· 简答题
①请简述我国特殊教育政策的发展阶段。
②请简述我国特殊教育法律法规的层级体系。
· 论述题
试论述我国《特殊教育法》制定的主要原则。

本章阅读书目

[1]顾明远. 中国教育大百科全书[M]. 上海:上海教育出版社,2012.
[2]朴永馨. 特殊教育辞典(第三版)[M]. 北京:华夏出版社,2014.
[3]雷江华,方俊明. 特殊教育学[M]. 北京:北京大学出版社,2016.
[4]王培峰. 特殊教育政策:正义及其局限[M]. 南京:南京大学出版社,2015.

第四章

特殊教育培养目标

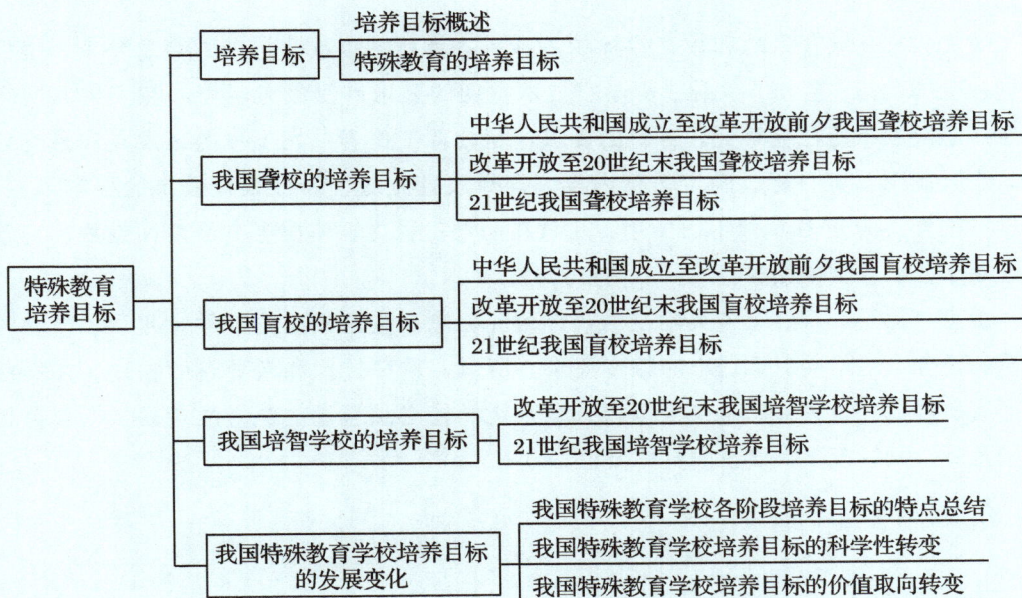

特殊教育培养目标
- 培养目标
  - 培养目标概述
  - 特殊教育的培养目标
- 我国聋校的培养目标
  - 中华人民共和国成立至改革开放前夕我国聋校培养目标
  - 改革开放至20世纪末我国聋校培养目标
  - 21世纪我国聋校培养目标
- 我国盲校的培养目标
  - 中华人民共和国成立至改革开放前夕我国盲校培养目标
  - 改革开放至20世纪末我国盲校培养目标
  - 21世纪我国盲校培养目标
- 我国培智学校的培养目标
  - 改革开放至20世纪末我国培智学校培养目标
  - 21世纪我国培智学校培养目标
- 我国特殊教育学校培养目标的发展变化
  - 我国特殊教育学校各阶段培养目标的特点总结
  - 我国特殊教育学校培养目标的科学性转变
  - 我国特殊教育学校培养目标的价值取向转变

中华人民共和国成立至今,我国特殊教育的培养目标经历了数次改革。每一次培养目标的调整与改变,都标志着我国特殊教育的价值取向在从社会本位向以人为本转变的过程中向前迈出了一步。本章主要介绍我国特殊教育的总体培养目标,并在划分的中华人民共和国成立至改革开放前夕、改革开放至 20 世纪末及 21 世纪三个时间阶段中,详细梳理我国聋校、盲校和培智学校培养目标的具体内容,最后通过对横跨 70 多年的特殊教育培养目标的特点进行总结,明确我国特殊教育培养目标的科学性转变和价值取向转变。

第一节
培养目标

一、培养目标概述

培养目标是教育目的和教育目标的总称。教育目的以社会培养人为总要求,根据不同社会的政治、经济、文化、科学、技术发展的要求和受教育者身心特点的状况来确定。它反映一定社会对受教育者的要求,是教育工作者一切工作的出发点和最终目的,也是制定教育目标、确定教育内容、选择教育方法、评价教育效果的根本依据。我国的教育目的是培养青年、少年、儿童在品德、智力、体质等方面全面发展。它普遍适用于各级各类学校教育,具有高度的概括性。

教育目标是针对各级各类学校的具体培养要求。它是根据国家教育和学校自己的性质和任务,对培养对象提出的特定要求。所以,教育目标和教育目的相比,在概括性上有所降低。教育目的是整个国家各级各类学校必须遵循的统一质量要求,教育目标则是针对某级或某类学校的具体要求。[①]

---

① 朴永馨:《特殊教育课程与教学》,63~64 页,大连,辽宁师范大学出版社,2002。

二、特殊教育的培养目标

对特殊教育培养目标的认定首先是和特殊儿童的教育权利联系在一起的。在真正意义上的特殊教育产生之前，特殊儿童几乎没有受教育的权利。对特殊儿童不够深入的认识及社会固有的偏见剥夺了特殊儿童接受教育的机会。在西方，一些国家即使已有正式的特殊教育学校，在之后很长一段时间里对特殊儿童教育目的的认识也依然处于模糊、不确定的状态，特殊儿童仅被提供一个隔离保护兼具教育功能的场所，对特殊儿童的教育并没有被提升到权利的高度。到了 20 世纪中叶，随着一系列国际公约、宣言的出现，特殊儿童的教育权利问题得到了重视和明确，这为特殊儿童教育目的的确立提供了准则。1948 年，联合国大会通过了《世界人权宣言》，提出了"人人都有受教育的权利"，不分种族、肤色、性别、语言、宗教、政治或其他见解、国籍或社会出身、财产、出生或其他身份等任何区别。《世界人权宣言》为特殊儿童受教育权利的获得提供了最基本的保障。1989 年，联合国大会第 41/25 号决议通过的《儿童权利公约》提出要为残疾儿童提供必要的援助，这些援助的目的应是确保残疾儿童能有效地获得和接受教育、培训、保健服务、康复服务、就业准备和娱乐机会，其方式应有助于该儿童尽可能充分地参与社会，实现个人发展，包括其文化和精神方面的发展。2006 年，联合国大会通过了《残疾人权利国际公约》，在第二十四条"教育"中，对残疾人的教育权利做出了明确的规定：充分开发人的潜力，培养自尊自重精神，加强对人权、基本自由和人的多样性的尊重；最充分地发展残疾人的个性、才华和创造力以及智能和体能；使所有残疾人能切实参与一个自由的社会。这些世界性的宣言、公约使公众对特殊儿童的教育权利及教育目的形成了统领性的认识，明确了其发展的方向。[①]

我国特殊教育培养目标是根据我国教育的总目的来确定的。我国教育的总目的是使人的身心得到全面发展。20 世纪 50 年代，我国规定了培养"有社会主义觉悟的有文化的劳动者"的教育目的；1982 年颁布的《中华人民共和国宪法》规定："国家培养青年、少年、儿童在品德、智力、体质等方面全面发展。"1994 年颁布的《残疾人教育条例》规定："应当贯彻国家的教育方针，并根据残疾人的身心特性和需要，全面提高其素质，为残疾人平等地参与社会主义生活创造条件。"[②]1998 年 12 月，教育部颁布了《特殊教育学校暂行规程》，对特殊教育学校的培养目标进行了总规定："培养学生初步具有爱祖国、爱人民、爱劳动、爱科学、爱社会主义的情感，具有良好的品德，养成文明、礼貌、遵纪守法的行为习惯；掌握基础的文化科学知识和基本技能，初步具有运用所

①　盛永进：《特殊儿童教育导论》，34～35 页，南京，南京师范大学出版社，2015。
②　朴永馨：《特殊教育辞典（第三版）》，46 页，北京，华夏出版社，2014。

学知识分析问题、解决问题的能力；掌握锻炼身体的基本方法，具有较好的个人卫生习惯，身体素质和健康水平得到提高；具有健康的审美情趣；掌握一定的日常生活、劳动、生产的知识和技能；初步掌握补偿自身缺陷的基本方法，身心缺陷得到一定程度的康复；初步树立自尊、自信、自强、自立的精神和维护自身合法权益的意识，形成适应社会的基本能力。"[1]

同时，根据特殊教育对象的年龄、知识技能水平和当时的社会发展水平，针对各类特殊教育需要者（如聋童、盲童和智力障碍儿童）的具体培养目标也因其需要性质的不同而各有特色。一般来讲，具体培养目标分别在德育、智育、体育几方面根据教育机构的性质和受教育者的年龄特征等提出要求，同时包括满足特殊教育需要的一些任务，如补偿盲童的视觉缺陷、聋童的听觉缺陷等。我国教育部在颁布各级各类特殊教育学校的教学计划或课程计划时均规定了相应的培养目标和要求。[2]

第二节
我国聋校的培养目标

一、中华人民共和国成立至改革开放前夕我国聋校培养目标

1957 年，《教育部关于〈聋哑学校口语教学班级教学计划（草案）〉的通知》发布，该文件规定我国聋哑学校的培养目标是："对聋哑儿童实施普通教育和职业劳动教育，使他们成为社会主义国家的积极的自觉的建设者和保卫者。聋哑学生在受过十年学校教育以后，他们所掌握的文化科学知识和技能，基本上和普通小学毕业生所掌握的相等，并掌握一定的职业劳动技能，毕业后能顺利地参加到劳动生产战线上去。"

该文件针对各科教学的具体内容，规定了相应的具体培养目标。

语文的具体培养目标有：教聋哑儿童学会通畅地运用书面语言和口头语言以表达自己的思想，掌握自觉的、正确的阅读技能，巩固地掌握必要的语文（语音、词汇、语法和文字）知识，发展聋哑儿童的思维能力；教给聋哑儿童关于自然、地理、历史的初步知识；通过语言教学、文字教学和科学知识的教学，树立聋哑儿童的社会主义的政治方向，培养他们的唯物主义世界观的基础和共产主义道德品质；培养聋哑儿童审美

① 盛永进：《特殊儿童教育导论》，34～35 页，南京，南京师范大学出版社，2015。
② 朴永馨：《特殊教育辞典（第三版）》，46 页，北京，华夏出版社，2014。

情感和能力。

算数的具体培养目标有：培养聋哑儿童自觉地、巩固地掌握算术实际知识和几何初步知识，运用算术和几何初步知识的技能和技巧；通过算术教学促进聋哑儿童语言（口头语言和书面语言）的发展和逻辑思维的形成，逐步教会聋哑学生掌握算术词汇（术语）并能运用这些词汇到实际生活中去；培养聋哑儿童注意力、记忆力、想象力的发展和意志的锻炼。

律动的具体培养目标有：发展聋哑儿童的动作机能，以促进他们身心的发展；锻炼聋哑儿童的感觉、触觉、振动觉和残余听觉，使他们能感知韵律，欣赏和爱好音乐和舞蹈；培养聋哑儿童活泼、勇敢、团结、友爱和遵守纪律的精神；律动教学还在于促进聋哑儿童的心理过程——记忆力、观察力、思考力的发展。

该文件还明确了聋校历史、地理、自然、体育、图画、手工劳动、职业劳动的具体培养目标。①

1962年，教育部颁发了《全日制聋哑学校教学计划（草案）》，规定了全日制十年制聋哑学校的培养目标是：具有爱祖国、爱人民、爱劳动、爱科学、爱护公共财物等品德，拥护共产党的领导，拥护社会主义，并且逐步培养他们的共产主义道德品质和工人阶级观点、群众观点、劳动观点、辩证唯物主义观点；达到相当于普通小学的文化基础知识水平，掌握一定的看话、说话的技能，并且具有一定的生产知识和技能；使学生的身心得到正常的发展，具有健康的体质，养成良好的生活习惯。②

这个教学计划由教育部编制，但由于种种原因未能正式颁发。不过，它仍是当时聋哑学校教学的纲领性文件，后来的许多文献、会议都提到了它。

二、改革开放至20世纪末我国聋校培养目标

1984年，《教育部初等教育司关于征求对聋哑学校教学计划意见的通知》发布，计划中规定我国全日制八年制聋哑学校的培养目标是：根据党的教育方针，针对聋哑学生生理、心理特点，采取各种有效措施，补偿聋哑学生的听觉缺陷，形成和发展他们的语言，使聋哑学生德、智、体全面发展，成为热爱祖国、热爱社会主义、热爱生活，有良好的道德品质，有初等文化程度和一定劳动技能，身心正常发展，适应社会生活的劳动者，并为他们继续接受各种形式的教育和自学打下基础。

1993年10月，国家教委印发《全日制聋校课程计划（试行）》，提出我国聋校的培养

---

① 中华人民共和国教育部办公厅：《教育文献法令汇编：1957》，34~44页，内部发行，1958。
② 顾定倩、朴永馨、刘艳虹：《中国特殊教育史资料选（下卷）》，1616~1621页，北京，北京师范大学出版社，2010。

目标为：按照国家对义务教育的要求，对听力、言语残疾学生实施全面发展的基础教育，补偿生理和心理缺陷，使他们在德、智、体诸方面生动、活泼、主动地得到发展，具有良好的思想道德品质、基本的文化知识、健康的体质和一定的生活能力、社会交往能力，掌握初步的劳动技能，为他们适应社会生活，成为社会主义的建设者和接班人奠定基础。[①]

三、21 世纪我国聋校培养目标

(一)《聋校义务教育课程设置实验方案》中的培养目标

1. 培养目标内容

21 世纪课程改革启动后，教育部及时启动了特殊教育的课程改革，2002 年开始对 1993 年颁布的《全日制聋校课程计划（试行）》进行修订，并更名为《聋校义务教育课程设置实验方案》，于 2007 年 2 月由教育部正式印发。该方案将聋校义务教育的培养目标确定为：全面贯彻党的教育方针，体现时代要求，使聋生热爱祖国，热爱人民，热爱中国共产党；具有社会主义民主法制意识，遵守国家法律和社会公德；具有社会责任感，逐步形成正确的世界观、人生观、价值观，努力为人民服务；具有创新精神、实践能力、科学和人文素养以及环境意识；具有适应终身学习的基础知识、基本技能和方法；具有生活自理能力、社会适应能力和就业能力；具有健壮的体魄、良好的心理素质，养成健康的审美情趣和生活方式，培养自尊、自信、自强、自立的精神，成为有理想、有道德、有文化、有纪律的一代新人。

2. 培养目标解读

这一方案中的培养目标具有四个特点。第一，着眼于学生个体的全面发展。培养目标的各项内容是一个有机整体，旨在促进学生个性的全面、和谐发展。每个学生的个性既是其独特性、自主性的存在，又是在关系中的存在。培养目标从 3 大关系来理解学生的个性发展：学生与社会的关系，学生与自然的关系，学生与自我的关系。这 3 大关系相辅相成，构成了学生个性发展的整体观，使聋童教育新课程体系具有了新的起点。第二，强调终身教育的基础性。基础性是聋童教育培养目标的根本特征，新课程方案站在学生终身教育的角度，强调聋童教育的基础，要求学生具有适应终身学习的基础知识、基本技能和方法，为可持续发展打下坚实的基础。新课程不仅强调学习的基础——学会学习，更强调做人的基础——学会做人，尤其强调形成正确的世界观、人生观、价值观，这和过去从学科角度强调"双基"形成鲜明对比。第三，突出素质教

---

① 顾定倩：《聋校课程与教学》，34～36 页，北京，北京师范大学出版社，2011。

育的重点——创新。在教学实践中，必须注意培养学生独立思考、敢于批评、敢于超越的精神，使之积极进取，实事求是，具有坚忍顽强的品质、理论联系实际的意识以及乐于动手、勤于实践的习惯。第四，体现对学生的人文关怀。关怀每一位学生的发展是课程改革的核心理念。新课程追求的是符合聋生自身特点和社会发展需求的和谐发展，它代表国家表达了对聋童的期望。以上特点赋予聋校新课程的培养目标鲜明的时代特点，每一条都具有时代内涵。只有站在时代的高度，才能领悟新课程培养目标的精神实质。①

(二)《聋校义务教育课程标准(2016 年版)》中的各科培养目标

在已有聋校课程方案的基础上，我国于 2016 年发布实施《聋校义务教育课程标准(2016 年版)》。该课程标准包括 14 门聋校课程的学习标准，对每一门课程都规定了通过学习该门课程应该达到的培养目标。各门课程的培养目标概括如下。

品德与生活：培养学生热爱祖国、热爱人民、热爱中国共产党的情感，培养学生良好的国家意识、公民素养、创新精神和实践能力；培养具有良好品德与行为习惯、乐于探究、热爱生活、热爱祖国的学生；培养学生形成乐观向上的生活态度，获得基本的健康意识和生活能力，发展认识能力、动手能力和创造能力。

品德与社会：培养学生热爱祖国、热爱人民、热爱中国共产党的情感；培养学生良好的国家意识、公民素养、创新精神和实践能力；培养学生正视自我、接纳自我的意识，使学生形成良好品德；培养学生形成基本的道德品质和学科素养；培养学生成为自尊、自信、自立、自强，具有良好行为习惯和健康个性的公民；培养学生自主学习和独立思考的意识和能力。

思想品德：培养学生热爱祖国、热爱人民、热爱中国共产党的情感；培养学生良好的国家意识与公民素养、创新精神和实践能力；逐步树立正确的世界观、人生观、价值观，促进学生身心健康发展，提升社会适应能力，养成良好的思想品德和行为习惯及正确思想观念；培养学生形成健康的自我意识、健全的人格品质，过积极健康的生活；培养学生成为有责任心、有道德、有纪律，具有良好个性品质的公民；培养学生自主学习和独立思考的能力。

历史：逐步树立学生正确的世界观、人生观和价值观，热爱中国共产党，坚定社会主义信念，提高综合素质，培养良好个性和健全人格；使学生形成正确的历史意识，形成正确的价值取向和积极向上的人生态度；培养和提高学生的历史素养，使之掌握中外历史的基本知识，初步掌握学习历史的基本方法和基本技能；形成自强不息的精

①　程益基：《解读〈聋校义务教育课程设置实验方案〉：以生为本，构建聋教育课程新体系》，载《现代特殊教育》，2007(4)。

神，逐步确立为中国特色社会主义事业、人类的和平与发展做贡献的人生理想。

地理：培养学生应对人口、资源、环境与发展问题的初步认识，并且初步形成尊重自然、与自然和谐相处、因地制宜的意识以及人地协调和可持续发展的观念，为培养具有地理素养的公民打下基础；使学生能够了解相关地理概念，丰富其地理语言，发展其地理语言表达能力；增强学生爱祖国、爱家乡的情感；培养学生的探究意识，培养创新意识和实践能力。

生物学：提高学生的生物科学素养；帮助学生学习生物学知识，养成科学理性思维的习惯，形成积极的科学态度，发展终身学习的能力，更好地融入社会；逐步培养学生收集和处理科学信息的能力、获取新知识的能力、分析和解决问题的能力及交流与合作的能力等，突出创新精神和实践能力的培养；促进学生形成热爱大自然、爱护生物的情感，理解人与自然和谐发展的重要意义，自觉提高环境保护意识；培养学生自我认知、自我接受、自我悦纳的能力。

物理：培养学生的物理科学素养；培养学生的学习兴趣、探究能力、创新意识，以及实事求是的科学态度和坚持真理、勇于创新的科学精神；使学生掌握物理学的基础知识与基本技能，并能将之运用于实践，为以后的学习、生活和工作打下基础；培养其创新精神和实践能力，逐步树立科学的世界观；提高其分析问题与解决问题的能力，形成自学能力，树立正确的世界观。

化学：使学生初步形成运用化学知识和方法分析、解决简单问题的能力，启迪学生的科学思维，培养学生的实践能力，使其了解科学的本质，提高学生的科学素养；培养学生的科学探究能力；培养学生终身学习的意识和能力；培养学生的合作精神和对自然与社会的责任感；培养学生的民族自尊心、自信心和自豪感，逐步树立崇尚科学、反对迷信的观念，初步形成主动参与社会决策的意识，逐步树立可持续发展观念；使学生初步养成勤于思考、敢于质疑、严谨求实、乐于实践、善于合作、勇于创新等科学品质。

语文：培养学生的语言文字理解和运用能力，提升学生的综合素养，使学生形成正确的世界观、人生观、价值观，形成良好个性和健全人格，提高其思想文化修养；培养学生自尊、自信、自强、自立的精神；引领学生树立中国特色社会主义共同理想，培养良好的思想道德风尚，培养德、智、体、美全面发展的社会主义建设者和接班人；使学生能阅读日常的书籍、报纸、杂志、网页等，初步欣赏文学作品，并能与他人进行基本正常的语言交往活动；培养学生的创新精神和实践能力。

数学：培养学生的数学素养；培养学生的抽象概括能力和逻辑推理能力；培养学生良好的数学学习习惯，培养他们的耐心、理智的数学思维及解决问题的能力和毅力；培养学生的问题意识、应用意识和创新意识，帮助学生积累活动经验，提高学生解决现实问题的能力；使学生具有初步的创新意识和科学态度，形成乐于思考、勇于提问、言必有据等良好品质。

沟通与交往：发展学生语言；培养学生的沟通与交往的能力，培育其健全的人格，使其适应社会需求；培养学生对不同沟通方式的理解和尊重；培养学生形成自信自尊、勇于沟通、主动交往的积极心态，初步养成现代社会所需要的沟通与交往素养，逐步形成正确的世界观、人生观和价值观；培养学生对民族文化的认同感和自豪感，尊重文化差异，初步理解不同文化内涵；发展学生的语言能力。

体育与健康：培养学生坚强的意志品质、合作精神和交往能力，促进学生在身体、心理和社会适应能力等方面健康、和谐地发展；培养学生终身体育的意识和能力；培养学生刻苦锻炼的精神；培养学生自主学习、合作学习和探究学习的能力，促进学生掌握体育与健康学习的方法，基本学会体育与健康学习；使学生形成健康的生活方式和积极进取、乐观开朗的人生态度；培养学生自尊、自信、坦然面对挫折、自强、自立、果敢、顽强的意志品质和团队合作精神；培养学生良好的体育道德意识和行为，培养与提高学生自我认识、自我教育、自我发展的能力。

律动：培养学生对韵律的初步感受能力、欣赏能力和表现能力；提高学生的审美素养，使其形成基本通感，开发其艺术潜能；补偿其身心缺陷，陶冶情操，启迪智慧，使其形成活泼、团结、友爱和遵守纪律的品质；培养学生对美的感受和体验，形成艺术审美能力，促进全面发展；促进学生与他人沟通、交往、合作能力的发展和正确世界观、人生观、价值观的形成；培养学生自尊、自信、自立、自强的精神；培养学生的民族自豪感，尊重世界文化艺术的多样性。

美术：培养学生发现美、欣赏美、表现美、创造美的思维和能力，发展想象能力、实践能力和创造能力，培养人文精神，培养健康的心理和人格；培养学生基本的美术素养；培养学生的综合实践能力和探究发现能力；培养学生的文化自信和认同感，增强民族自豪感，形成尊重世界多元文化的态度。

《聋校义务教育课程标准（2016 年版）》依据《聋校义务教育课程设置实验方案》的总体规定，充分借鉴、吸收国内外聋校课程改革经验，秉持《基础教育课程改革纲要（试行）》的基本理念和基本精神，坚持以人为本的素质教育取向，着眼于全面提高学生的综合素质，提升他们的生存和发展能力；在课程标准中，注意将义务教育阶段素质教育的共性要求与学生身心发展的特点及发展规律结合起来，注意将我国聋童教育的实际与体现时代发展的要求结合起来，注意将发挥学生的学习主动性、自觉性与尊重学生个体差异、因材施教结合起来，整体建构与现代社会发展和学生发展需要相适应的聋校课程，从而为每个学生的全面、可持续、终身发展奠定基础。

该课程标准中各科的培养目标都充分贯彻立德树人的任务要求，强调培养学生的社会责任感、爱国主义精神和正确的人生观、价值观；同时，以学生发展为本，注重对聋生潜能的开发，以及对沟通能力、语言和思维能力的培养；另外，强调各科课程与社会生活的联系，注重培养聋生的社会适应能力、生活能力和职业能力，以帮助他们学会生活、适应生活和融入社会。[①]

第三节
我国盲校的培养目标

一、中华人民共和国成立至改革开放前夕我国盲校培养目标

1949年以前，我国的盲校并没有一个统一的课程指导文件。中华人民共和国成立后的一段时期内，我国的盲校教学计划仍不健全。1962年，教育部制定了《全日制盲童学校教学计划（草案）》，是我国第一部较为完整的盲童教育课程方案。[②] 在该教学计划中，我国盲校的总体目标是：必须在党的领导下，贯彻教育为无产阶级的政治服务、教育与生产劳动相结合的方针，通过学校的教育与训练，力求弥补盲童的视觉缺陷，使他们在德育、智育、体育几方面都得到发展，成为有社会主义觉悟的有文化的劳动者。

具体的培养目标包括三个方面：①具有爱祖国、爱人民、爱劳动、爱科学、爱护公共财物等品德，拥护共产党的领导，拥护社会主义，并且逐步培养学生的革命乐观主义精神、共产主义道德品质和工人阶级阶级观点、群众观点、劳动观点、辩证唯物主义观点；②熟练掌握拼写汉语的盲字，达到相当于普通小学的文化基础水平，初步学会一些简单的生产技能，具有一定的独立生活能力；③使学生的身心得到正常的发展，具有健康的体质，养成良好的生活习惯，力求做到姿态端正、动作协调。[③]

这一盲童学校教学计划由教育部制订，虽由于种种原因未能正式颁发，但实质上为当时盲童学校教学的纲领性文件，后来许多文献、会议都提到了它。

---

① 程益基：《精准把握课标实质　深化特校课程改革——聋校义务教育课程标准的特点与实施》，载《现代特殊教育》，2017(1)。

② 钱志亮：《盲校课程与教学》，58～59页，北京，北京师范大学出版社，2013。

③ 顾定倩、朴永馨、刘艳虹：《中国特殊教育史资料选(下卷)》，1611～1616，北京，北京师范大学出版社，2010。

二、改革开放至 20 世纪末我国盲校培养目标

(一)《全日制盲校小学教学计划(初稿)》中的培养目标

1987 年 1 月,国家教委印发《全日制盲校小学教学计划(初稿)》,这是我国盲校课程研究逐渐科学化的一个成果,是国家教委参照九年义务教育全日制小学教学计划的基本要求,结合盲校的具体情况制定的,是全日制盲校小学教学的指导性文件。[①] 该文件不仅针对全日制盲校小学教育提出了培养目标,还分别针对小学各门课程提出具体要求。

全日制盲校小学的培养目标是:针对盲童生理缺陷,通过教育教学活动,采取各种补偿措施,使学生德、智、体、美、劳诸方面全面发展,为把他们培养成为有理想、有道德、有文化、有纪律的社会主义公民打下初步基础。具体目标包括:使学生具有爱祖国、爱人民、爱劳动、爱科学、爱社会主义等思想品德,有良好的行为习惯和初步分辨是非的能力,并培养乐观开朗、热爱生活、奋发向上的精神;使学生具有阅读、表达、计算的基本能力,学到一些自然常识和社会常识,养成良好的学习习惯,培养观察、思考和动手能力,发展学生智力;使学生具有健康的身体,动作协调,姿势正确,培养空间定向能力,懂得初步的体育卫生知识,养成锻炼身体和讲究卫生的良好习惯;通过各项教育教学活动,培养学生爱美的情趣和审美的能力;使学生具有初步的劳动观点和自我服务的能力。

该教学计划的培养目标阐述具体明确,依据盲童身心发展的实际,注意对盲童能力的要求适当降低,表述上注意措辞。但是,在总的培养目标的提法上,一些要求有些脱离盲童生活的实际,不易理解和把握。[②]

(二)《全日制盲校课程计划(试行)》中的培养目标

随着我国社会的不断发展和特殊教育实践的深入,尤其是在学习和借鉴国外盲校教育的各种经验后,对课程的改进被提上了议事日程;加上 1987 年残疾人抽样调查完成,1990 年《中华人民共和国残疾人保障法》通过,以及《关于发展特殊教育的若干意见》等一系列法规文件颁发,盲校教育课程计划的修订成为必然要求。1993 年,国家教委颁布了《全日制盲校课程计划(试行)》。该文件中的培养目标包括:盲校小学和初中要按照国家对义务教育的要求,对视力残疾儿童、少年实施全面的基础教育,补偿视觉缺陷,使他们在德、智、体诸方面生动、活泼、主动地得到发展,具有良好的思想

---

①② 钱志亮:《盲校课程与教学》,58~59 页,北京,北京师范大学出版社,2013。

道德品质、基本的文化知识、健康的体质和一定的生活能力、社会交往能力及初步的劳动技能；为学生适应社会生活、继续获取知识、成为社会主义的建设者和接班人奠定基础。[①]

三、21世纪我国盲校培养目标

(一)《盲校义务教育课程设置实验方案》中的培养目标

1. 培养目标内容

21世纪课程改革启动后，教育部及时启动了特殊教育课程改革。2002年，由北京师范大学牵头，开始对1993年颁布的《全日制盲校课程计划（试行）》进行修订，并更名为《盲校义务教育课程设置实验方案》，于2007年由教育部正式颁布。方案中将盲校义务教育的培养目标确定为：全面贯彻党的教育方针，促进视力残疾学生全面发展，尊重个性发展，开发各种潜能，补偿视觉缺陷，克服残疾带来的种种困难，适应现代生活需要；使学生具有爱国主义、集体主义精神和民族精神，热爱社会主义，继承和发扬中华民族的优秀传统和革命传统；具有社会主义民主法制意识，遵守国家法律和社会公德，依法维权；逐步形成正确的世界观、人生观、价值观；正确地认识和对待残疾，具有乐观进取、自尊、自信、自强、自立、立志成才的精神、顽强的意志以及平等参与的公民意识；具有社会责任感，努力为人民服务；具有初步的创新精神、实践能力、科学和人文素养以及环境意识；具有适应终身学习的基础知识、基本技能和方法；身体健康、具有良好的心理素质，养成健康的审美情趣和生活方式，学会交流与合作，初步具有独立生活能力、社会适应能力和人生规划意识，成为有理想、有道德、有文化、有纪律的一代新人。

2. 培养目标解读

在该方案确定的培养目标中，"全面贯彻党的教育方针"是党和国家对各级各类教育的总体要求；"促进视力残疾学生全面发展"是马克思主义教育思想的精髓，继承和坚持了中国特殊教育的特色；"尊重个性发展"表现了20世纪90年代以来世界教育培养目标的主旋律；"开发各种潜能"立足于残疾学生能做什么，以积极的观点看待残疾；"补偿视觉缺陷"立足于教育康复，总结了几十年来我国特殊教育的成功经验；"克服残疾带来的种种困难"立足于心理康复和"四自"精神培养；"适应现代生活需要"则体现教育的终极目标。[②]

纵观我国历次盲校培养目标的演变，可发现培养目标始终坚持全面发展、补偿视觉缺陷的基本指导思想。该方案不仅很好地继承了这个基本指导思想，还提出了开发

[①] 钱志亮：《盲校课程与教学》，60页，北京，北京师范大学出版社，2013。

[②] 钟经华、韩萍：《以视力残疾学生发展为本的培养目标》，载《现代特殊教育》，2007(5)。

各种潜能，体现了积极的残疾观，也是科学发展观对盲校教育教学工作提出的新要求。该方案的培养目标集各国之长，借鉴了西欧国家、美国、日本等的特殊教育思想并使之本土化，是具有中国特色的盲校培养目标。

普通教育目标和特殊教育目标相结合是该方案培养目标的鲜明特色之一。它把义务教育要求达到的普遍性培养目标与残疾儿童教育应承担的特殊性培养目标结合起来。视力残疾儿童教育是我国整个教育体系中的一个重要组成部分。面向整个教育体系规定的培养目标是盲校培养目标的首要内容；之后才是根据视力残疾儿童的身心发展特点制定的盲校特有的培养目标。

普通教育目标包含七个层面，分别为政治、法律与道德、价值观、责任感、能力与素质、知识与技能、身体与心理。特殊教育目标在该方案中作为一个层次被列出，要求盲校帮助学生形成正确的残疾观，培养学生的立志成才精神，培养"四自"精神，培养学生平等的公民意识和依法维权的能力。

该方案中的盲校培养目标体现了我国总的教育目的和国家有关法律法规对盲校培养目标的要求。视力残疾儿童教育作为整个国民教育的组成部分，其培养目标要符合我国总的教育目的，这是确定培养目标必须遵循的基本原则。国家的相关法律法规体现了国家对视力残疾群体的教育要求，保证他们享有平等的劳动、生活和受教育的权利，这是我国盲校培养目标的重要依据。

该培养目标体现了马克思主义教育学说，把视力残疾儿童的全面发展作为我国盲校培养目标的重要内容，在借鉴"社会本位论"和"儿童本位论"的基础上，用马克思主义的辩证唯物主义和历史唯物主义观点把社会需要和个人发展两个方面统一起来，把个体的发展放在一定的社会历史范围内去考察，从社会需要和个人发展两个方面确定培养目标。实际上，社会需要与个人发展是能够互相包容的，社会有使其成员更好发展的义务和需要，个人也有促进社会和谐发展的义务和需要。视力残疾群体要适应社会，社会也要以积极的姿态适应视力残疾群体。个人的全面发展离不开社会需要。

该培养目标体现了在儿童共性的基础上重视视力残疾儿童的特殊性。视力残疾儿童首先是正在发展成长中的儿童，他们同样具有儿童的社会性，他们与普通儿童有着一样的基本发展规律和生理基础。视力残疾儿童的发展方向与普通儿童是一致的，最终的发展结果与普通儿童也是一致的，只是在不同阶段的发展速度可能不尽相同。视力残疾对每个儿童的影响是不一样的，有些影响是由视力损伤直接造成的，而有些影响是由人们对视力残疾抱有消极态度，缺乏对视力残疾的理解，限制或剥夺视力残疾儿童的机会间接造成的。间接影响与视力损失的关系是非必然的。因此，对待不同类别的影响，教育的对策和目标也应当是不同的。

总而言之，该方案中的培养目标充分体现了以视力残疾学生发展为本的教育观，汲取了以人为本、以学生为本的当代世界教育先进思想。

(二)《盲校义务教育课程标准(2016年版)》中的各科培养目标

在《盲校义务教育课程设置实验方案》的基础上,我国于2016年发布实施《盲校义务教育课程标准(2016年版)》,该课程标准共包含18门盲校课程的学习标准,对每一门课程都规定了通过学习该门课程应该达到的培养目标。各门课程的培养目标概括如下。

品德与生活:形成良好的品德和行为习惯,培养学生成为爱学习、爱劳动、爱祖国的人,为学会生活、学会做人打下基础;培养学生在体验自身生活和参与社会生活的过程中,学会热爱生活、创造生活;在服务自我、他人和集体的行动中,学会关心、学习做人;在与自然及周围环境的互动中,主动探究,发展创新意识和实践能力。

品德与社会:培养学生形成社会责任感、创新精神和实践能力等良好的公民素质;丰富学生的社会认识和内心世界,健全学生的人格,使他们能够以积极的生活态度参与社会,成为身残志坚、有爱心、有责任心、有良好的行为习惯和个性品质的人;培养学生的良好品德,促进学生的社会性发展,培养热爱祖国、热爱人民、热爱中国共产党的思想感情,增强法治意识;为学生认识社会、参与社会、适应社会,成为具有爱心、责任心、良好的行为习惯和个性品质的公民奠定基础;培养学生成为珍爱生命、热爱生活、知恩感恩、回馈社会的人。

思想品德:使学生形成乐观向上的生活态度,逐步树立正确的世界观、人生观、价值观;培养学生的创新精神和实践能力;使学生逐步形成基本的是非、善恶和美丑观念,过积极健康、自立自强的生活,做负责任的公民;为学生成为有理想、有道德、有文化、有纪律的社会主义合格公民奠定基础。

历史:使学生认同中华民族的优秀传统文化,增强爱国主义情感,热爱中国共产党,坚定社会主义信念,拓展国际视野,逐步树立正确的世界观、人生观和价值观;使学生通过历史学习,传承中华优秀传统文化,继承革命传统,树立国家主权意识和法治意识,增强对祖国和人类的责任感,逐步确立为中国特色社会主义事业、人类的和平与发展做贡献的人生理想。

地理:培养学生成为活跃的、有责任感的公民;使学生逐步形成人地协调与可持续发展的观念,培养具有地理素养的公民;培养学生全面、客观地分析问题和解决问题的能力;使学生拥有热爱学校和保护环境责任感;使学生具有浓厚的地理学习兴趣,对地理事物、地理现象具有好奇心;使学生形成初步的人地协调、因地制宜等地理观点;使学生关心家乡的环境与发展,关心我国的基本地理国情;使学生形成有关环境、资源的保护意识和法制意识,以及关心和爱护地理环境的行为习惯。

生物学:培养学生成为更有责任感、科学精神、创新意识、环境意识和生命意识的人,使其拥有更强的探究能力、学习能力、实践能力和解决问题能力以及一定的生物科学素养;培养学生爱家乡、爱祖国的情感,增强振兴祖国和改变祖国面貌的使命感与责任感；培养学生积极、健康的生活态度；使学生形成生物进化的观点，树立辩证唯物主义自然观；培养学生的科学概念；培养学生不断探索、勇于创新的科学精神，实事求是的科学态度，以及终身学习的能力。

物理：提高全体学生的科学素养；培养学生的社会责任感和正确的世界观；帮助学生学习、掌握物理学的基础知识与基本技能；培养其创新精神和实践能力；培养学生的科学素养，使其能独立思考，敢于质疑，尊重事实，勇于创新；使其具有安全意识，培养实事求是、尊重自然规律的科学态度和保护环境、可持续发展的意识；培养学生的自我保护意识，提高自我保护能力；培养学生的探究能力、分析和解决问题的能力、思维能力；培养学生坚持真理、勇于创新、实事求是的科学精神，促进学生的全面发展。

化学：帮助学生认识物质世界的变化规律，形成化学的基本观念，获得基本知识和技能；培养学生的实践能力；提高学生的科学素养、对科学的兴趣及科学探究的能力；使学生逐步树立科学发展观，领悟科学探究的方法，增强对自然和社会的责任感；培养学生终身学习的意识和能力；使学生具备适应现代生活及未来社会所必需的化学基础知识、技能、方法和态度，具备适应未来生存和发展所必需的科学素养；提高学生的科学素养；培养学生的创新精神和实践能力；培养学生的民族自尊心、自信心和自豪感；使学生树立珍惜资源、爱护环境、合理使用化学物质的可持续发展观念和崇尚科学、反对迷信的观念；培养学生的感觉统合能力，使其具备一定的科学素养；培养学生发现问题的意识和能力；培养学生综合运用多学科知识分析和解决问题的能力。

语文：培养学生的语言文字运用能力，提升学生的综合素养；使学生形成正确的世界观、人生观、价值观，形成良好个性和健全人格，增强国家意识和民族文化认同感；培养学生正确、客观地认识和看待自身残疾的能力，使学生初步学会运用祖国语言文字进行交流沟通，吸收古今中外优秀文化，提高思想文化修养，促进自身精神成长；使盲生和低视力学生都获得基本的语文素养；培育学生热爱祖国语文的思想感情，使其具有适应实际生活需要的识字写字能力、阅读能力、写作能力、口语交际能力；使学生形成良好的个性和健全的人格，具备社会适应能力；引领学生树立中国特色社会主义共同理想，培养良好的思想道德风尚，培养学生的语文实践能力，培养良好的语感和整体把握的能力；培养学生主动探究、团结合作、勇于创新的精神；培养德、智、体、美全面发展的社会主义建设者和接班人；培养学生热爱祖国、热爱人民、热爱中国共产党的思想感情，培养法治意识；培养学生的创新精神、合作精神和诚信友善的品质，发展个性，使其逐步形成健康的审美情趣和正确的世界观、人生观和价值观；培养学生自主学习的意识和习惯。

数学：使学生掌握现代生活和学习所需的数学知识与技能；培养学生的数学素养；培养学生的抽象思维和推理能力；培养学生的创新意识和实践能力；培养学生良好的数学学习习惯，形成严谨求实的科学态度；培养学生发现问题和提出问题的能力、分析问题和解决问题的能力，帮助学生形成认真勤奋、独立思考、合作交流、反思质疑等良好的学习习惯；帮助学生积累数学活动经验，培养学生的应用意识和创新意识，培养学生的符号意识；培养学生的人文精神，使学生进行自主探索与合作交流。

英语：培养学生了解世界的能力；促进其心智发展，形成正确的人生观、价值观和良好的人文素养，培养乐观、自信的人生态度；培养学生的综合语言运用能力和思维能力，形成积极的情感态度和跨文化意识；培养学生的基本英语素养，发展学生的思维能力，提高学生的综合人文素养、与他人沟通和交流的能力，发展其思维能力、创新能力和跨文化交际能力；培养学生吃苦耐劳和自强不息的精神，树立正视困难、战胜困难的信心和勇气；使学生逐渐形成祖国意识和国际视野，形成和谐、健康向上的品格，提高学生的品德、情感、意志和审美的综合素质，塑造学生自尊、自信、自强的健全人格；培养学生自主学习的能力和良好的学习习惯；小学阶段应以培养听、说能力为主，兼顾读、写能力的培养；初中阶段应全面培养学生听、说、读、写的基本能力；促进学生形成正确的世界观、人生观和价值观，树立民族自尊心、自信心。

体育与健康：提高社会适应能力，促进视力残疾学生身心健康、体魄强健，使学生掌握体育与健康的基础知识、基本技能和方法，发展学生的体能；培养学生坚强的意志品质、合作精神和交往能力，培养学生的终身体育意识；提高其社会适应能力、体育与健康实践能力；使学生发展体能，矫正盲态，掌握运动技能，逐步形成健康和安全的意识及良好的生活方式，促进学生身心协调、全面地发展；培养学生刻苦锻炼的精神，养成体育锻炼的习惯；发展学生良好的心理品质、合作与交往能力；提高学生自觉维护健康的意识，基本形成健康的生活方式和积极进取、乐观开朗的人生态度；使学生具有良好的体育道德，培养应对问题、自我锻炼、交往合作等能力；培养与提高学生自我认识、自我教育、自我发展的能力。

信息技术：培养和提升学生的信息素养，让学生融入信息社会，形成积极乐观的生活态度；培养学生对信息技术的兴趣和意识，使学生初步具有获取信息、加工信息、管理信息、呈现与交流信息的能力；培养学生良好的信息素养，为适应信息社会的学习、工作和生活打下必要的基础；培养学生主动思考、自主探究的创新意识；培养自强不息的公民精神；培养自主学习的能力，积极倡导合作的学习方式，从而锻炼学生团队交流与合作的能力；培养学生面对不断发展变化的信息技术的适应能力。

美工：使学生认同和践行社会主义核心价值观，弘扬优秀的中华文化；培养学生的感知能力、想象能力和创造能力，提高其审美品位和审美能力，从而提高美术素养；发展学生的感官能力、形象思维能力、表达和交流能力、想象能力、实践能力和创造能力；培养学生的人文精神，培养学生的个性发展和创新精神；发展学生的综合实践能力，培养动手能力；使学生树立正确的人生观，让他们拥有积极乐观的心态，养成主动学习的习惯，形成关心集体、爱护环境和尊重生命等良好的品质。

音乐：培养盲生良好的审美情趣，培养创造能力，加强人文素养，提高心理健康水平，提高其适应社会的能力，促进其审美能力及创造性思维的发展；培养和提高学生感受美、表现美的能力，陶冶情操，发展个性，启迪智慧，丰富和发展形象思维，激发创新意识和创造力，充分利用学生的敏锐听觉和触觉的优势，调动多种感官功能的互补与综合，促进感性与理性的平衡发展，全面提升学生的素质；培养学生正确的世界观、人生观、价值观，自信、乐观、积极的生活态度和高尚的品格，以及向往与追求美好未来的情感；增强学生对事物内在联系和发展规律的认识、判断及行动的综合能力；培养学生良好的合作意识和团队精神；使学生树立平等的多元文化价值观，理解音乐文化的多样性，共享人类文明的一切优秀成果；培养学生的爱国主义情感，增强学生的集体主义精神。

综合康复：通过有效的措施，减轻视力残疾造成的功能障碍，使学生实现最大程度的自立，充分参与和融入社会生活；开发潜能、补偿缺陷，提高学生的生活自理能力，促进其身心健康发展，为他们更好地适应学校和社会奠定基础，使他们自尊、自信、自强、自立。

定向行走：帮助学生理解时间、空间等概念，掌握定向行走的基本知识和基本技能，具有在各种环境中定向行走的信心和勇气，实现安全、有效地出行；为学生学习其他课程、全面发展、充分参与和享受社会生活奠定基础；培养学生自尊、自信、自强、自立的精神，促进他们感知觉的发展，形成正确的方位、空间、距离等概念，学会规划行走路线，使他们能安全、有效、独立、自然地行走；促进学生全面发展，培养基本的社交能力，扩大生活范围，提高独立生活能力。

社会适应：使学生形成积极的社会情感，提高基本的社会适应能力，主动参与社会生活；培养学生调整自己的行为方式的能力，恰当应对适应社会过程中的问题，形成乐观向上、积极适应的态度，促进学生社会性的发展。

《盲校义务教育课程标准(2016年版)》紧扣2007年《盲校义务教育课程设置实验方案》的培养目标，汲取以人为本、以学生为本的现代教育先进思想，坚持以视力残疾学生发展为本，着眼于促进学生的全面发展；立足于残疾学生能做什么，开发其各种潜能；强调康复代偿、补偿视觉缺陷；从心理康复和"四自"精神培养的角度，努力帮助学生克服残疾带来的种种困难，以促进视力残疾儿童适应现代生活。

《盲校义务教育课程标准(2016年版)》的研制从特殊教育的总目标出发，在《盲校义务教育课程设置实验方案》核心思想的指导下，参照普通学校义务教育课程标准，结合盲校教育对象及其教学的特点，并遵循普遍性与特殊性相结合的原则。盲校义务教育是国家义务教育的组成部分，既体现了义务教育的普遍性和基础性，又具有盲校教育的特殊性。《盲校义务教育课程标准(2016年版)》的研制在贯彻国家基础教育课程改革精神、把握视力残疾学生教育与普通教育共性的同时，以普通学校义务教育课程标准为依据，从学生身心发展的特点出发，注重潜能开发和缺陷补偿，在每门课程的培养目标上都做出了适当的调整，以促进学生的全面发展，使学生达到和国家义务教育要求相一致的总目标，为他们更好地融入社会、实现全纳教育的目标打下基础。[1]

第四节
我国培智学校的培养目标

一、改革开放至 20 世纪末我国培智学校培养目标

1987 年，《国家教委关于印发〈全日制弱智学校（班）教学计划〉（征求意见稿）的通知》发布，提出我国全日制弱智学校（班）的培养目标是："认真贯彻德、智、体、美全面发展的方针，从弱智儿童身体和智力特点的实际情况出发，对他们进行相应的教育、教学和训练，有效地补偿其智力和适应行为的缺陷。为使他们成为有理想、有道德、有文化、有纪律的社会主义公民，适应社会生活、自食其力的劳动者打下基础。要培养学生爱祖国、爱人民、爱劳动、爱科学和爱社会主义的国民公德，懂得遵纪守法，讲究文明礼貌；使学生具有阅读、表达和计算的初步能力；发展学生的身心机能，矫正动作缺陷，增强身体素质；培养学生爱美的情趣和良好的生活习惯，具有生活自理能力，并学会一些简单的劳动技能。"

1994 年，《国家教委关于印发〈中度智力残疾学生教育训练纲要〉（试行）的通知》发布，规定培智学校的教育目的是："应当通过适合其身心发展特点的教育与训练，使他们在德、智、体诸方面得到全面发展，最大限度地补偿其缺陷，使其掌握生活中实用的知识，形成基本的实用能力和必要的良好习惯，为他们将来进入社会参加力所能及的劳动，成为社会平等的公民打下基础。全面发展的任务，是指应使每个中度智力残疾学生在基本道德品质和行为规范、初步文化知识、身心健康等方面都有适合其特点与水平的发展与进步。补偿缺陷的任务，是根据每个中度智力残疾学生的运动、感知、言语、思维、个性等方面的主要缺陷，采取各种教育训练措施，使其各方面的潜在能力发展到尽可能高的水平，达到康复的最佳效果。准备进入社会的任务，是指培养中度智力残疾学生生活自理能力，与人友好相处和参与社会生活的能力，学会简单的劳动技能，养成劳动习惯，为其成为自尊、自信、自强、自立的劳动者打下基础。"

---

① 钱志亮：《盲校义务教育课程标准的特点》，载《现代特殊教育》，2017(1)。

二、21 世纪我国培智学校培养目标

(一)《培智学校义务教育课程设置实验方案》中的培养目标

1. 培养目标内容

21 世纪课程改革启动后，教育部及时启动了特殊教育的课程改革，2002 年开始对原有培智学校课程计划进行修订，并于 2007 年印发《培智学校义务教育课程设置实验方案》。该方案将培智学校义务教育培养目标确定为：“全面贯彻党的教育方针，体现社会文明进步要求，使智力残疾学生具有初步的爱国主义、集体主义精神；具有初步的社会公德意识和法制观念；具有乐观向上的生活态度；具有基本的文化科学知识和适应生活、社会以及自我服务的技能；养成健康的行为习惯和生活方式，成为适应社会发展的公民。”

2. 培养目标解读

《培智学校义务教育课程设置实验方案》的培养目标使一般性和选择性相结合，生活适应和潜能开发相结合，教育和康复相结合，是对以往培智学校教学计划中的实用性和应用性等原则的继承和发展，也是对我国改革开放以来培智教育理论和实践经验的提炼和总结。

一般性与选择性相结合的原则强调智力残疾儿童首先是儿童，具有儿童的普遍性，而这种普遍性存在于智力残疾儿童的特殊性中。这是对共性与个性统一这一原则的继承和发展，也是国际社会普遍认同的一个原则。该方案通过对培养目标及一般性和选择性的课程设置来满足智力障碍儿童的共同需求和特殊需求。

生活适应和潜能开发相结合的原则强调了以生活为核心的理念，这是对我国培智教育实践经验的提炼与总结，也是对以往培智学校教学计划的实用性和应用性等原则的继承和发展。

教育和康复相结合的原则是对我国培智教育与相关学科相结合的发展趋势的总结和预测。今天的特殊教育不再是单一学科的“孤军奋战”，随着康复学和辅助技术等相关学科的发展，特殊教育可以得到来自康复学、心理学和社会学等多学科的支持，这也是对以往文件中提及的补偿性原则的继承和发展。[1]

(二)《培智学校义务教育课程标准(2016 年版)》中各科培养目标

在《培智学校义务教育课程设置实验方案》的基础上，我国于 2016 年发布实施《培

---

[1]　许家成：《“走进新课程”专题系列之三：解读〈培智学校义务教育课程设置实验方案〉——以生活为核心，满足智障儿童发展的特殊需要》，载《现代特殊教育》，2007(6)。

智学校义务教育课程标准(2016年版)》，该课程标准共研制了10门培智学校课程的学习标准，对每一门课程都规定了通过学习该门课程应该达到的培养目标。各门课程的培养目标概括如下。

生活语文：培养学生学习应用语言文字、发展思维、改善功能、学习文化知识和形成生活技能的能力，使学生初步学会运用祖国语言文字进行沟通交流，具有基本的适应生活的听、说、读、写能力，提高文化素养，初步形成正确的世界观、人生观和价值观；培养与提高学生适应生活的语文素养；培育学生热爱祖国语言文字的情感和良好的公民素质，让学生学会生活、适应社会，提高其生活品质。

生活数学：使学生能够真正理解和掌握基本的数学知识与技能，获得基本的数学活动经验；培养学生初步的思维能力，促进其在情感、态度与价值观等方面的发展；培养学生良好的学习习惯，使其具有一定的科学意识。

生活适应：培养学生的生活自理、从事简单家务劳动、自我保护和适应社会的能力；帮助学生形成健康的生活方式；形成热爱祖国、热爱人民、热爱中国共产党的情感和态度，使学生认同和践行社会主义核心价值观，使之尽可能地成为合格、独立的社会公民；培养学生生活适应能力，提高学生的生活质量；培养学生良好的品德。

劳动技能：以培养学生简单的劳动技能为主，对学生进行职前劳动的知识和技能教育，通过劳动技能的训练，培养学生的劳动意识，使其形成热爱劳动的情感，掌握一定的劳动知识与技能，养成良好的劳动习惯；培养学生良好的道德品质和健康的心态，使其获得劳动技能的综合运用能力，发展认知能力和沟通交往能力，形成自信乐观的生活态度，获得独立或半独立的生活能力与社会适应能力。

唱游与律动：培养学生坚强、乐观的人生态度；增强学生与他人沟通、交往、合作的能力；促进学生形成正确的价值观；使学生获得基本的音乐知识与技能，提高学生动作的灵活性、协调性，集中注意力，培养良好的行为习惯，促进学生身心和谐发展，增强学生的民族自尊心和爱国主义情感。

绘画与手工：促进学生的手眼协调，培养他们的观察、绘画与手工制作能力，发展审美情趣，提高审美能力，提升社会适应能力，最终促进学生适应生活、融入社会；使学生能表达自己的感受和认识，并养成欣赏美、感受美的习惯，形成积极健康的心态。

运动与保健：使学生掌握运动与保健的基础知识、基本技能和方法，发展学生的体能；培养学生的终身体育意识和社会适应能力，基本形成体育锻炼的意识和习惯；培养学生自主学习、合作学习和探究学习的能力，促进学生掌握运动与保健学习的方法，并学会运动与保健；使学生形成良好的心理品质以及合作与交往的能力，基本形成健康的生活方式和积极进取、乐观开朗的人生态度。

信息技术：培养学生的信息技术能力，帮助学生了解和掌握常用的信息技术工具，在体验的基础上提高其信息技术应用能力，帮助学生树立信息技术安全意识；将信息技术的使用与社会道德规范、安全意识紧密结合，培养学生健康的生活方式；培养学生解决实际问题的能力，使其逐步树立保护个人信息的安全意识，增强使用信息技术的责任感。

康复训练：帮助学生掌握日常生活及学习所必备的实用基本技能，包括动作、感知觉、沟通与交往、情绪与行为等方面；培养学生的主动参与意识，提升其动作、感知觉、沟通与交往、情绪与行为等方面的基本技能。

艺术休闲：培养学生的休闲能力，陶冶生活情趣，提升生活品位，提高学生的生活质量；使学生形成休闲的基本认知和能力，形成基本的自我决定能力，形成正确的休闲价值取向。

课程标准包含的是一个整体的育人体系，培智学校的每一位学生都是义务教育的权利主体，享有受教育权。《培智学校义务教育课程标准（2016年版）》的培养目标坚持党的教育方针，落实立德树人的根本要求，全面、具体地落实社会主义核心价值观，让学生在受教育过程中懂得爱党、爱国、爱社会主义，具有和平意识、环保意识，这可为学生成为合格社会公民奠定坚实基础。[1]

第五节
我国特殊教育学校培养目标的发展变化

一、我国特殊教育学校各阶段培养目标的特点总结

回顾过去几十年里我国三类特殊教育学校培养目标的发展变化，可以初步总结出不同阶段培养目标的特点。

中华人民共和国成立至改革开放前夕的特殊教育学校培养目标具有以下三个特点：一是缺乏特殊性，几乎照搬普通学校的培养目标，基本没有考虑到特殊教育应有的特点；二是非独立性，特殊教育在当时被看作普通教育的附属品，在培养目标中更多地表现出一种服从和依附关系；三是具有较为明显的社会和国家倾向，特殊教育和普通教育一样，其根本目的没有落在受教育者的发展上。

改革开放至20世纪末，特殊教育学校的培养目标出现了新的特点。一是表现出了

---

[1] 许家成：《培智学校义务教育课程标准的基本特点》，载《现代特殊教育》，2017(1)。

更多的特殊性，比如，提出了根据不同特殊儿童的心理特点进行补偿的目标。二是逐渐增加了社会适应性目标，如生活能力、社会交往能力等。三是四有新人等说法体现了改革开放的特色。但此阶段的特殊教育培养目标依然强调教育的外部价值和工具价值，没有凸显特殊教育本身的内在意义和价值。

到了 21 世纪，特殊教育的课程标准则更详细地制定了个人层面的培养目标，增加了对审美情趣、生活方式、独立生活能力、社会适应能力和人生规划意识的要求。以往社会主义接班人、劳动者的表述变成了四有新人；培养内容也不断扩大，从实施普通教育和职业劳动教育到德、智、体、美全面发展，再到补偿教育、审美教育，说明我国特殊教育培养目标逐渐从社会性向人本性转变。[1]

二、我国特殊教育学校培养目标的科学性转变

仔细审视我国不同时期颁布的特殊教育学校的教学计划、课程计划、课程方案和课程标准，可以看出我国对特殊教育学校的培养目标认识的科学性转变。

第一，作为社会主义教育的一部分，特殊教育学校的培养目标必须体现国家教育方针对教育对象的根本要求。但是，有一段时间，我国对特殊学生的要求出现了不符合实际的拔高现象。例如，1957 年，《教育部关于办好盲童学校、聋哑学校的几点指示》规定："培养盲童和聋哑儿童具有一定的文化科学知识，掌握一定的职业劳动技能，并具有共产主义的道德品质，使他们成为积极的自觉的社会主义的建设者和保卫者。"让只具有小学文化水平的残疾学生达到成为"积极的自觉的社会主义的建设者和保卫者"的水平是很困难的，将其作为具有基础教育性质的盲校和聋哑学校的培养目标有些脱离实际。改革开放后，我国颁布的特殊教育学校课程计划、课程方案对培养目标做出了一定的调整，使之符合特殊教育学校自身的定位。例如，20 世纪 90 年代制订的特殊教育学校义务教育课程计划规定盲校、聋校、培智学校是促进残疾学生全面发展的基础教育，为学生成为社会主义事业的建设者和接班人奠定基础。这便明确了特殊教育学校的教育是基础性教育，其最基本的任务是为残疾学生终身发展、成为有用之才打基础。对照之前的特殊教育学校培养目标，这种培养目标更符合特殊教育的实际。

第二，与整个教育一样，在相当长的一段时期内，特殊教育学校的培养目标更多强调教育的社会功能，在制定和阐述教育目标时并非站在受教育者的角度。这种价值取向随着以人为本治国理念的确立发生了变化。例如，教育部 2007 年颁布的《聋校义务教育课程设置实验方案》开宗明义，指出课程设置的指导思想："要落实科学发展观，坚持以人为本，体现义务教育的基本性质，遵循聋生身心发展的特点和规律，适应社

---

① 苏晗：《关于我国特殊教育目的价值取向的分析思考》，载《绥化学院学报》，2016(10)。

会、经济和科学技术发展的要求，为聋生的持续、全面发展奠定基础。"这一指导思想体现了以学生为本的教育目的，表明教育是为了人、发展人；如果没有人的和谐发展，则谈不上社会的和谐发展。

第三，将补偿残疾学生缺陷与发展潜能辩证统一于培养目标，这使得特殊教育学校的教育目的和教育工作更加科学、完整。中华人民共和国成立初期颁布的教学或课程计划对补偿缺陷表述得明确具体，但对发展潜能的强调不够，这会对教师依据残疾学生实际具体确定教学重点、合理使用教学资源、合理分配教学时间造成一定影响。教师可能片面地理解补偿缺陷，不区分残疾学生的差异情况，按照统一的标准"补短"，导致培养目标上出现偏差，使残疾学生的个人发展无法实现最佳化。改革开放后的特殊教育学校课程设置方案和课程标准明确地把发展潜能作为培养目标之一，并在一定程度上进行突出强调，这体现了在以学生为本的根本理念的基础上特殊教育工作者完整、全面地理解和把握特殊教育培养目标的要求。[①]

三、我国特殊教育学校培养目标的价值取向转变

我国特殊教育培养目标的发展演变历程反映了我国特殊教育的培养目标从社会本位的价值取向转变为以人为本的价值取向。

和普通教育一样，特殊教育也是一种有目的、有意识地培养人的活动。关于特殊教育培养目标的讨论，大致可以归纳为两大派别，即社会本位论和个人本位论。

(一)社会本位的特殊教育价值取向

不可否认的是，许多残疾人很难达到和普通学生一样的发展水平。社会本位论者主要考虑残疾人教育对社会有什么价值这一问题，从古至今，从国内到国外，出现过两种观点：第一种观点认为残疾人教育本身的价值有限，投入过多会浪费社会资源；第二种观点认为残疾人可以通过受教育做出更多的社会贡献。第一种观点在我国特殊教育发展过程中有一定体现，例如，1902年，清政府颁布了《钦定蒙学堂章程》《钦定小学堂章程》《钦定中学堂章程》，对特殊儿童的就学条件做了规定。《钦定蒙学堂章程》规定："凡生徒之不可教诲者，大都过时失教，习与性成……然间有气禀顽劣及身体孱弱过甚者，均可由教习辞退。"[②]1904年《奏定初等小学堂章程》颁布，规定："学龄儿童，如有疯癫痼疾，或五官不具不能就学者……准免其就学。"[③]以上规定将残疾儿童排除在教育对象之外，反映了当时社会对残疾人教育的不重视。中华人民共和国成立初期，

---

① 顾定倩：《残疾儿童义务教育教学体系的五大转变》，载《现代特殊教育》，2009(10)。

②③ 朴永馨：《特殊教育学》，69页，福州，福建教育出版社，2014。

社会对残疾人认识的不足仍然存在，这种认识上的不足也使残疾人受教育的权利受到剥夺。在古代欧洲也存在认为盲、聋、肢残、智力障碍者是"魔鬼缠身"的偏见。由此可见，残疾人如果不能被正确看待，其教育需求就可能得不到满足，甚至其基本的生存权利都难以得到保障。

第二种观点被归纳为残疾人人力资本论。有许多学者试图以人力资本理论为依据来论证残疾人受教育有巨大的社会价值。他们通过社会成本和社会效益计算，力图证明残疾人教育有巨大的经济效益。有学者认为，教育是提升残疾人人力资本的重要途径，接受高等教育的残疾人是社会人力资本的重要组成部分，这些残疾人所创造的经济和社会价值要远远超出社会对他们的投资。他们认为，社会应该投资于残疾人的教育，就业之后的残疾人会创造出更多的社会和个人财富，回报过去的教育投资。残疾人人力资本理论证明了教育的必要性，为残疾人接受教育提供了经济学依据，增加了社会各界对特殊教育的关注与投资力度。但是，如果单纯从人力资本理论出发看待残疾人教育，难免产生片面化、功利化的问题，忽视一大批因重度残疾而无法就业、不能创造社会经济价值的残疾人，如重度智力障碍者、综合残疾且无法就业的残疾人等。能否因为他们不能产生社会价值而不予以教育呢？当某个或某类残疾人的教育投入大于其产生的经济效益，能否说他们"不值得教"？另外，这种观点仍然把人看作工具，以人力资本理论为基础建立起来的残疾人教育目的观强调残疾人的效益性，使残疾人变得对社会"有用"成了教育的出发点。总体而言，社会本位的特殊教育目的观聚焦于对功利的追逐和对残疾人弥补自身缺陷的渴求，而忽视了残疾人对生活过程意义的把握和体悟。

（二）个人本位的特殊教育价值取向

个人本位的特殊教育价值取向主要体现为以社会主义人道主义为基础的特殊教育价值取向和以公平思想为核心的特殊教育价值取向。社会主义人道主义是我国特殊教育理论之基本，各种有关残疾人事业规划的文件和政策也经常提到社会主义人道主义精神。社会主义人道主义主张跨越肤色、地域、性别等差异，心怀对生命的怜悯，互相帮助，互相尊重。我国近代的特殊教育源于一些对特殊儿童的怜悯、救济之心，当时的人们举办各种特殊教育学校，使残疾儿童得到收养、照顾和简单的教育。中华人民共和国成立后，特殊教育学校大多是以庇护、救济为目的发展起来的。福利和救济式的特殊教育照顾到了大多数入学困难的特殊儿童，但是，这样的特殊教育也削弱了特殊教育学校的办学质量和办学效益，使教学工作流于形式。因此，要转变将特殊教育单纯看作福利事业或慈善事业的特殊教育目的观，把重点转移到教育教学的质量上来。

公平思想在教育上则表现为教育公平。文艺复兴和启蒙运动给欧洲带来了"天赋人权""平等""博爱"的思想，而我国自古就有"众生平等"的思想。在春秋时期，孔子就提出了"有教无类"的教育主张。20 世纪 40 年代，联合国通过的《世界人权宣言》声明："人人都有受教育的权利。"如今，人人都有平等受教育权的观念已经深入人心，这种观念前所未有地改变了处境不利者（尤其是残疾人）的教育。从教育公平的理念出发，人们开始关注少数民族儿童、女童、贫困儿童等群体的教育公平问题，特殊教育更是得到了长足发展。特殊教育界以公平思想为核心，提出了融合教育、随班就读、全纳教育等教育主张。如今，残疾儿童与普通儿童在同一个课堂平等地学习已成为国际特殊教育发展的趋势。这些个人本位的特殊教育目的观将特殊人群的需要放到了首位，最大限度地创造适合每一类人的教育环境；认为特殊教育事业的目的是使有特殊需要的儿童获得平等的教育权利，而并非着眼于教育为社会带来的回报。

总体而言，我国特殊教育培养目标的发展演变历程反映了我国特殊教育的价值取向从社会本位逐渐向个人本位发展的过程。未来的特殊教育培养目标价值取向可能逐渐融合，同时关照国家、学校、家庭、受教育者等不同主体，包含两种本位的价值取向。[1]

本章小结

特殊教育培养目标是教育目的和教育目标的概括，既包括一般性、普遍性的教育目的，又包括各级各类特殊教育学校具体的教育目标。我国先后于 1957 年、1962 年、1984 年、1993 年、2007 年和 2016 年的教学计划、课程计划、课程方案或课程标准中明确了我国聋校的培养目标；先后于 1962 年、1987 年、1993 年、2007 年和 2016 年的教学计划、课程计划、课程方案或课程标准中明确了我国盲校的培养目标；先后于 1987 年、1994 年、2007 年和 2016 年的教学计划、训练纲要、课程方案或课程标准中明确了我国培智学校的培养目标。从中华人民共和国成立前到改革开放再到 21 世纪，我国各级各类特殊教育学校培养目标的发展演变反映了我国特殊教育培养目标的价值取向从社会本位向个人本位的发展过程。

思考题

- **单项选择题**

我国最早明确培养目标的特殊教育学校类型是（   ）。

A. 聋校   B. 盲校   C. 培智学校   D. 三类学校

---

[1] 苏晗：《关于我国特殊教育目的价值取向的分析思考》，载《绥化学院学报》，2016(10)。

· **简答题**

①简述我国聋校培养目标的变化过程。

②简述我国盲校培养目标的变化过程。

③简述我国培智学校培养目标的变化过程。

· **论述题**

请论述我国特殊教育培养目标从中华人民共和国成立至今的演变规律和特点。

本章阅读书目

[1]顾定倩. 聋校课程与教学[M]. 北京：北京师范大学出版社，2011.

[2]朴永馨. 特殊教育课程与教学[M]. 大连：辽宁师范大学出版社，2002.

[3]钱志亮. 盲校课程与教学[M]. 北京：北京师范大学出版社，2013.

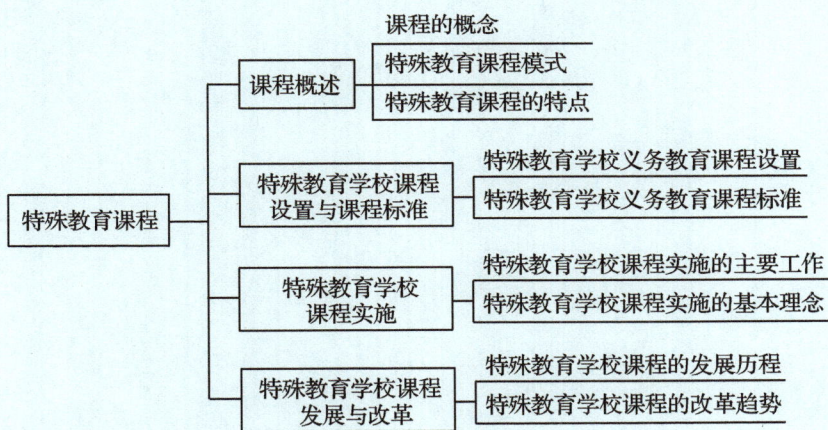

特殊教育课程是为满足特殊学生的学习需求而设置的学习内容及相应进程与安排的总和。课程建设是特殊教育学校工作的重要内容，是对特殊儿童施加教育影响、促进其发展的最主要途径，是衡量特殊教育学校办学质量的核心指标之一。本章主要围绕特殊教育课程的概念、模式和特点，特殊教育学校课程设置与课程标准，特殊教育学校课程实施，特殊教育学校课程改革与发展四个部分展开。学习本章，重点是在理解特殊教育课程特点的基础上，系统掌握三类特殊教育学校义务教育课程设置实验方案和课程标准的结构与特点，这是指导我国当前特殊教育学校课程建设的纲领。学习本章的难点是理解特殊教育学校课程实施的内容与理念，建议对特殊教育学校的课程实施情况进行实地调研，结合实例进行理解。学完本章，应该能做到：理解特殊教育课程的内涵、模式和特点，掌握三类特殊教育学校义务教育课程设置实验方案和课程标准的结构与特点，理解我国特殊教育学校课程实施的主要工作内容及基本理念，了解我国特殊教育学校课程改革的发展脉络和改革趋势。

第一节
课程概述

一、课程的概念

（一）课程

课程是教育领域中最复杂、最有争议的概念之一。狭义的课程往往被看成学科、课程标准、教材及教科书的同义词。广义的课程则包括显性课程和隐性课程，指学生在学校获得的全部经验，涵盖有目的、有计划的学科设置、教学活动、教学进程、课外活动及学校环境和氛围的影响。[1] 在现代课程观下，比较一致的观点为：课程是学生学习内容及相应进程与安排的总和。[2]

课程是一个复杂的体系，涉及课程目标、课程设置、课程标准、课程内容、课程

---

[1] 施良方：《课程理论——课程的基础、原理与问题》，5～7 页，北京，教育科学出版社，1996。

[2] 盛永进：《特殊教育学基础》，200 页，北京，教育科学出版社，2011。

实施、课程评价等多个要素。课程与教学联系紧密，课程重点探讨的是教什么，教学重点探讨的是如何教，两者密不可分。课程的具体实施必须依托教学来体现。[①]

(二)特殊教育课程

特殊教育课程是为满足特殊学生的学习需求而设置的学习内容及相应进程与安排的总和。[②]课程设计与实施是特殊教育工作中最重要的内容之一。广义的特殊教育课程指为不同学段(学前教育、义务教育、高中教育、成人教育)和不同教育安置形式(特殊教育学校、普通学校特殊教育班、普通学校随班就读、特殊教育机构等)的特殊学生设置的课程。狭义的特殊教育课程则专指盲校、聋校、培智学校三类特殊教育学校义务教育阶段的课程。特殊教育学校是我国特殊教育的骨干力量，也是我国特殊教育课程改革与发展的核心阵地。因此，本章所采用的特殊教育课程概念，如无特殊说明，则指 3 类特殊教育学校义务教育阶段的课程。

二、特殊教育课程模式

特殊教育课程模式是特殊教育课程观的表现形式，是特殊教育观在课程领域的具体体现，反映了人们对于特殊教育课程的功能与目的、内容与结构、过程与方法的基本看法和态度。特殊教育课程模式是基于哲学、教育学、心理学等相关理论观点而形成的，全面影响特殊教育课程的研制、实施和评价。比较典型的特殊教育课程模式主要有以下四种。

(一)发展性课程

发展性课程基于儿童心理发展的理论，认为特殊儿童与普通儿童的身心发展领域及发展的规律基本相同。[③] 因此，发展性课程主张按照儿童发展的主要领域来构建特殊教育课程的内容体系，主要包括感知觉、运动、思维、语言、生活自理、社会等方面。发展性课程一般先通过对特殊儿童的发展水平进行评估来确定教育的起点，再根据各领域的发展顺序，遵循最近发展区的理念，设计循序渐进的课程目标和具体课程内容，逐步推进特殊儿童身心的全面发展。

发展性课程在课程的设置、目标的确定和内容的选择方面能较为充分地考虑儿童的身心发展顺序，基于评估的课程设计能照顾到特殊儿童发展的个体差异。发展性课程为教师设计序列化的课程内容和开展课程评价提供了较为清晰的思路。但是，该课

---

①②　盛永进：《特殊教育学基础》，200 页，北京，教育科学出版社，2011。

③　盛永进：《特殊儿童教育导论》，57 页，南京，南京师范大学出版社，2015。

程模式的局限在于难以兼顾各学科知识的结构体系；对于学生间身心发展差异较大的班级来说，基于发展性课程组织集体教学是很困难的。发展性课程主要适用于低年龄段的智力障碍学生，适用于个别化教育训练。

(二)学科性课程

学科性课程又被称为分科课程，基于科学知识的系统性假设，认为学科知识具有严密的逻辑顺序及系统性。[1] 因此，学科性课程主张各门课程保持自身的逻辑结构体系和独立性，从各个学科中选择适当的内容组成该学科的课程内容，再根据各年级学生的普遍发展水平，将学科课程内容划分到适当的年级学科课程内容中，从而形成结构严密的学科课程体系，并通过教师的系统讲授来实施。

学科性课程能充分保证学科内部知识结构的完整性，便于教师组织教学和实施评价，也有助于提升学生知识结构的系统性。学科性课程的局限为：课程内容往往脱离学生的生活实际，影响学生学习的主动性和积极性；学生的智力障碍程度越严重，学科性课程的体系越难以与他们的认知发展水平相匹配。[2] 学科性课程主要适用于盲校、聋校的语文、数学、科学、体育、艺术等科目，尤其是中高年级的课程，也适用于中高年级的轻度智力障碍学生。

(三)功能性课程

功能性课程以实用性为基本原则，以增强学生参与社会生活的能力为目标，根据学生实际生活中重要且必备的活动与技能来确定课程的目标和内容。功能性课程主张使用真实的材料、在自然情景中教学，并重视活动的结果。[3] 功能性课程体系的建立首先将人类生活划分为家庭生活、学校生活、社区生活、职业生活、休闲生活等多个领域，然后分析每个领域内儿童可能参与的环境及相应的活动内容，最后用工作分析法得出完成该活动的必备技能，将此作为选择课程目标、确定课程内容的依据。[4]

功能性课程的实用性、目的性较强，真实的教学情境和教学材料使学生能较好地学以致用，提升生活自理能力和参与社会生活的能力。该课程的局限性在于无法兼顾学科知识的逻辑性和系统性，可能忽视学生的潜在发展能力，不利于学生的深入学习。功能性课程比较适合低年龄段和中度、重度智力障碍学生。

(四)生态课程

生态课程是遵循社会生态学的理论假设，在对发展性课程和功能性课程进行反思

---

① 盛永进：《特殊儿童教育导论》，57 页，南京，南京师范大学出版社，2015。
② 刘春玲、马红英：《智力障碍儿童的发展与教育》，152 页，北京，北京大学出版社，2011。
③④ 纽文英：《启智教育课程与教学设计》，56 页，台北，心理出版社，2003。

的基础上形成的课程模式。生态课程将学生置于常态的社会生活环境中，依其能力水平及生活现状，以适应未来生活环境为导向，通过对儿童能力与环境要求、现实环境与理想环境的分析评估，制定具体的教育目标，提供适合其教育需求的个别化教育课程。[①] 该课程模式具有关注需求、双向互动、情境性和个别化四个特点。[②] 相比于功能性课程，生态课程不仅重视关于儿童参与社会生活所需知识与技能的教育，而且强调对每一位儿童所处的真实环境及其环境适应能力的生态评估，兼顾环境能够为学生发展提供的支持或可能的限制，并以此为基础设定差异化的课程目标和内容。

生态课程体现了个别化教育理念，强调家校的共同参与，在儿童熟悉的生活场景中进行，便于知识的理解和运用。在生态评估的基础上，该课程教给学生的不仅是生活技能，而且是一套完整的、有针对性的生活环境应对策略，有助于提升学生的生活质量。生态课程的局限性是难以兼顾学科知识体系；另外，由于课程实施环境的具体性、特定性，生态课程容易忽略学生将所学知识技能在其他环境中进行迁移的能力。该课程模式适用于各类特殊学生的个别化教育。

三、特殊教育课程的特点

为满足特殊儿童的教育需求，特殊教育课程具有基础性、补偿性、实践性、生活化和灵活性五个主要特点。

(一)基础性

特殊教育的学制结构和教育对象的学习需求决定了特殊教育课程的基础性。我国的特殊教育学制体系主要由学前教育、义务教育、高级中等教育和高等教育构成。全国 2000 多所特殊教育学校以义务教育学校为主。特殊儿童的随班就读工作目前也主要在小学和初中阶段开展，其余学段的特殊学生数量相对较少。以 2019 年为例，根据教育部的统计，全国接收特殊教育的在校生总数约为 79.46 万人，其中，学前教育阶段的幼儿约为 0.50 万人，小学阶段的学生约为 55.61 万人，初中阶段的学生约为 22.26 万人，高中阶段的学生约为 1.09 万人。[③] 由此可见，我国的特殊教育以基础教育尤其是义务教育为主。与普通教育一样，义务教育阶段的特殊教育同样应该坚持普遍性和基础性的特点。根据教育对象的年龄特点和学习需求，特殊教育课程内容应该包括每一名社会成员赖以生存和发展的基础知识、基本技能、情感态度、价值观念。

---

① 张文京：《环境生态课程编制》，载《中国特殊教育》，2000(3)。

② 李绯、王雁：《特殊教育生态课程：内涵、依据及其建构》，载《现代特殊教育(高教版)》，2016(3)。

③ 中华人民共和国教育部：《特殊教育基本情况》，http://www.moe.gov.cn/s78/A03/moe_560/jytjsj_2019/qg/202006/t20200611_464884.html，2020-07-01。

(二)补偿性

特殊教育对象的身心发展特点决定了特殊教育课程的补偿性。特殊教育的对象主要是有不同类型、不同程度身心发展障碍的儿童。他们的身心发展障碍对正常的学习和生活造成了不同程度的影响。为了尽可能地减少这种不利影响，促进他们的全面发展，特殊教育不仅要开发潜能，还要补偿缺陷。补偿性是特殊教育课程的显著特点。在三类特殊教育学校的课程设置方案中，都有专业的康复训练、生活适应类补偿性课程。比如，盲校的定向行走，聋校的沟通与交往，培智学校的康复训练，等等。除此之外，补偿性的特点还融合在三类特殊教育学校的其他课程中，通过渗透的方式在各门课程的实施中兼顾对障碍学生的缺陷补偿教育。比如，聋校的语文课程根据聋生的特点，强化发音教学，注重发展人际沟通和社会融入能力等。

(三)实践性

特殊教育课程的实践性包含两层意思：第一，实践操作是实现特殊教育课程目标的重要途径；第二，特殊教育课程要培养学生的实践能力。特殊教育课程的实践性是由特殊教育对象的学习特点和学习需求决定的。就学习特点而言，特殊儿童大多有不同类型的身心发展障碍，他们的学习渠道和学习能力受到一定的限制。为促进他们理解知识、掌握技能，特殊教育的课程实施应注重实践性，通过情境教学，调动学生多感官参与，鼓励动手操作。就学习需求而言，特殊儿童与普通儿童一样，在学习知识的同时，需要掌握技能并养成情感、态度、价值观。因此，特殊教育课程应以实践性为基本特征，注重学生的实践能力、问题解决能力的发展。特殊教育课程的实践性一方面渗透于各门课程的目标、内容和实施过程，另一方面表现为专门开设综合实践活动等课程。

(四)生活化

特殊教育课程的生活化特点是由特殊教育的培养目标和培养途径决定的。首先，特殊教育课程的生活化表现在"为了生活"的课程。如第四章所述，三类特殊教育学校课程设置实验方案的培养目标都提到了要培养学生的生活能力和社会适应能力。为此，各门课程的内容都与生活紧密联系，传授与生活相关的知识，培养学生解决生活实际问题的能力。尤其是培智学校的课程，以生活语文、生活数学、生活适应为核心课程，以增强学生的适应能力和自我服务能力为重点，充分彰显生活化的课程特色。其次，特殊教育课程的生活化还表现为"在生活中"的课程。如前所述，功能性课程模式、生态课程模式均强调基于现实生活环境开展课程设计，重视在真实的生活情境中教学。各门特殊教育课程标准的实施建议也普遍突出生活化的课程实施形式。

（五）灵活性

特殊教育对象的差异性决定了特殊教育课程的灵活性。不仅不同障碍类型的特殊教育对象之间存在认知方式、发展特点、学习需求的差异，同一障碍类型的不同特殊教育对象之间也存在障碍程度、发展水平的差异。尤其是培智学校，其教育对象包括智力障碍、脑性瘫痪、孤独症、多重障碍等多种类型的特殊儿童，无法用完全相同的课程满足学生多样化的学习需求。因此，在面向全体学生的基础上，为了兼顾学生之间的个体差异，特殊教育课程具有一定的灵活性。首先，三类特殊教育学校都根据各类特殊教育对象的典型特点，对普通教育课程体系进行一定的调整，从而形成各有特色的盲校、聋校、培智学校课程体系。其次，各个特殊教育学校在部分课程的具体实施形式上具有一定的灵活自主权。比如，学校可以自主决定某些选择性课程是否开设及开设的具体形式。最后，教师在具体的班级课程实施过程中，也可以根据本班学生的个体差异，较为灵活地设计差异化的课程目标、课程内容和课程评价方式。

第二节
特殊教育学校课程设置与课程标准

根据基础教育课程改革和特殊教育事业发展的需要，教育部于 2002 年启动了特殊教育学校课程改革工作，成立了特殊教育学校新课程方案工作领导小组及盲、聋、培智教育专家组和研制组。2007 年，教育部基于对《全日制盲校课程计划（试行）》《全日制聋校课程计划（试行）》《全日制弱智学校（班）教学计划（征求意见稿）》的修订，颁布了《盲校义务教育课程设置实验方案》《聋校义务教育课程设置实验方案》《培智学校义务教育课程设置实验方案》。这些课程方案成为各盲校、聋校、培智学校进行课程改革的重要指南。以新的课程设置实验方案为依据，教育部组织力量开始研制盲校、聋校、培智学校的课程标准，并据新课程标准编写新的教材。

2016 年，教育部正式发布《盲校义务教育课程标准（2016 年版）》《聋校义务教育课程标准（2016 年版）》《培智学校义务教育课程标准（2016 年版）》，于 2017 年秋季开始执行。这是我国第一次专门为残疾学生制定一整套系统的课程标准，是对我国多年来特殊教育发展和教育教学改革经验的集中总结，是对当前及今后一个时期我国特殊教育教学改革的顶层设计，对进一步提升特殊教育质量、办好特殊教育、促进教育公平具有特殊的重要意义。

一、特殊教育学校义务教育课程设置

《盲校义务教育课程设置实验方案》《聋校义务教育课程设置实验方案》《培智学校义务教育课程设置实验方案》的内容体系统一，均包括培养目标、课程设置的原则、课程设置、课程设置的有关说明四个部分。由于第四章已经介绍了培养目标，下面重点对各类特殊教育学校义务教育课程设置的原则和课程设置进行介绍。

(一)课程设置的原则

《盲校义务教育课程设置实验方案》规定，视力残疾儿童义务教育课程除应遵循普通义务教育课程设置的原则外，还应遵循：普遍性与特殊性相结合的原则；继承、借鉴与发展相结合的原则；面向全体与照顾差异相结合的原则；综合课程与分科课程相结合的原则。

《聋校义务教育课程设置实验方案》规定，聋校的课程设置要结合基础教育课程改革精神，充分体现聋人教育的特点。应遵循以下原则：均衡性与特殊性相结合的原则；综合课程与分科课程相结合的原则；统一性与选择性相结合的原则。

《培智学校义务教育课程设置实验方案》规定的课程设置原则有：一般性与选择性相结合；分科课程与综合课程相结合；生活适应与潜能开发相结合；教育与康复相结合；传承借鉴与发展创新相结合；规定性与自主性相结合。

由此可见，由于特殊教育对象的障碍类型不同，三类特殊教育学校的课程设置原则亦有所不同。但是，三类特殊教育学校的课程设置遵循一些共同的原则。首先，分科课程与综合课程相结合。各特殊教育学校在课程组织形式方面，根据课程目标及实际需要，既可以分科课程的形式开展，加强学科知识的系统性；也可以综合课程的形式开展，增强学生综合运用知识解决实际问题的能力。其次，普遍性与特殊性相结合。特殊教育学校的课程设置既要遵循儿童身心发展的普遍规律，面向全体，注重学生的潜能开发和全面发展，设置一般性、统一性课程；又要考虑学生的障碍类型和个体差异，设置特殊性、补偿性课程，如各特殊教育学校的康复类课程。再次，规定性与自主性相结合。各类特殊教育学校的课程体系均由必修课程和选修课程构成。在三类特殊教育学校课程设置实验方案的指导下，各省（自治区、直辖市）教育厅（教委）可结合本地区的实际情况，进行适当调整。最后，与普通学校的课程发展相同，特殊教育学校的课程同样强调传承借鉴与发展创新相结合。

(二)三类特殊教育学校的课程设置

1. 盲校课程设置

《盲校义务教育课程设置实验方案》整体设置了九年一贯制的视力残疾儿童义务教育课程，包括国家安排课程和地方、学校安排课程两部分，以国家安排课程为主，以地方、学校安排课程为辅；既开设普通学校的一般性课程，也设置必要的特殊课程。低、中年级以综合课程为主，高年级设置分科与综合相结合的课程。课程内容涉及人文与社会、语言与文学、体育与健康、数学、科学、艺术、技术、康复、综合实践活动9个学习领域。盲校义务教育课程设置如表5-1所示。

表 5-1 盲校义务教育课程设置

课程		周课时/节									课时比例/%
		一年级	二年级	三年级	四年级	五年级	六年级	七年级	八年级	九年级	
品德与生活		2	2	0	0	0	0	0	0	0	6.3
品德与社会		0	0	2	2	2	2	0	0	0	
思想品德		0	0	0	0	0	0	2	2	2	
历史与社会*	历史	0	0	0	0	0	0	2	2	2	3.5
	地理	0	0	0	0	0	0	2	2	0	
科学*	科学	0	0	2	2	2	2	0	0	0	7.8
	生物	0	0	0	0	0	0	2	2	0	
	物理	0	0	0	0	0	0	0	3	3	
	化学	0	0	0	0	0	0	0	0	4	
语文		7	7	6	6	6	5	5	5	5	18.3
数学		5	5	5	5	5	5	6	6	6	16.9
外语		0	0	2	2	2	4	4	4	4	7.8
体育与健康		2	2	2	2	2	2	2	2	2	6.3
艺术*	美工	2	2	2	2	2	2	1	1	1	10.6
	音乐	2	2	2	2	2	2	1	1	1	
康复	综合康复	3	2	1	0	0	0	0	0	0	7.4
	定向行走	1	1	1	2	2	2	0	0	0	
	社会适应	0	0	0	1	1	1	1	0	0	
信息技术应用		1	1	1	1	1	1	1	1	1	15.1
综合实践活动		1	2	2	3	3	3	2	1	1	
学校课程		2	2	2	2	2	2	2	1	1	

续表

课程	周课时/节									课时比例/%
	一年级	二年级	三年级	四年级	五年级	六年级	七年级	八年级	九年级	
周总课数	28	28	30	32	32	33	33	34	34	—
学年总时	980	980	1050	1120	1120	1155	1155	1190	1122	—

注：标 * 的课程为积极倡导学校选择的综合课程，条件不足的学校也可选择分科课程；— 表示无相应数据。

《盲校义务教育课程设置实验方案》还对课程的实施和评价进行了规定性说明。盲校学制为九年一贯制，盲校每班班额以 8～12 人为宜。每学年上课时间为 35 周，学校机动时间为 2 周，由学校视具体情况自行安排。复习考试时间为 2 周。低年级每天安排 6 节课，中高年级每天安排 7 节课，每节课原则上为 45 分钟。盲校对盲生和低视力学生应当实行分类教学。各门课程均应结合本学科的特点，注重调动盲生多重感官参与学习。

2. 聋校课程设置

《聋校义务教育课程设置实验方案》注重结合基础教育课程改革精神，充分体现聋人教育的特点，以人为本，以德育为核心，加强实践能力培养，以学生的全面发展和综合素质的提高为宗旨，进一步改革教学内容、教育方式，全面提高聋校教育教学的质量。该方案对聋校义务教育阶段一至九年级的课程门类、各年级周课时数、学年总课时数和各门课程的课时进行了规定，并允许每门课的课时比例有一定的弹性幅度，具体如表 5-2 所示。

表 5-2　聋校义务教育课程设置

课程		周课时/节									课时比例
		一年级	二年级	三年级	四年级	五年级	六年级	七年级	八年级	九年级	
品德与生活		2	2	2	0	0	0	0	0	0	6.6%～6.7%
品德与社会		0	0	0	2	2	2	0	0	0	
思想品德		0	0	0	0	0	0	2	2	2	
历史与社会	历史	0	0	0	0	0	0	2	2	2	3.7%～3.8%
	地理	0	0	0	0	0	0	2	2	0	
科学	科学	0	0	0	2	2	2	0	0	0	5.5%
	生物	0	0	0	0	0	0	2	0	0	
	物理	0	0	0	0	0	0	0	2	2	
	化学	0	0	0	0	0	0	0	0	3	
语文		8	8	8	7	7	7	7	7	7	24.3%～24.8%

续表

课程		周课时/节									课时比例
		一年级	二年级	三年级	四年级	五年级	六年级	七年级	八年级	九年级	
数学		5	5	5	5	5	5	5	5	5	16.6%～16.7%
沟通与交往		3	3	3	3	3	3	0	0	0	6.6%～6.8%
外语		0	0	0	0	0	0	2	2	2	2.2
体育与健康		3	3	3	3	3	3	2	2	2	8.8%～9%
艺术	律动	2	2	2	0	0	0	0	0	0	8.8%～9%
	美工	2	2	2	2	2	2	2	2	2	
劳动	生活指导	1	1	1	0	0	0	0	0	0	4.9%～7%
	劳动技术	0	0	0	1	1	2	0	0	0	
	职业技术	0	0	0	0	0	0	2～4	2～4	2～4	
综合实践活动		0	0	0	2	2	2	2	2	2	4.4%～4.5%
学校课程		2	2	2	2	2	2	1	1	1	5.5%～5.6%
周总课时数		28	28	28	29	29	30	31～33	31～33	32～34	0
学年总课时数		980	980	980	1015	1015	1050	1085～1155	1085～1155	1088～1156	—

注："历史与社会"是综合课程，也可以选择分科课程，可选择历史、地理；"科学"是综合课程，也可以选择分科课程，可选择生物、物理、化学；"外语"为选修课程；— 表示无相应数据。

聋校每学年上课时间为 35 周，每周按 5 天安排教学，每节课一般 40 分钟。《聋校义务教育课程设置实验方案》还对国家规定的部分必修课、学校自主安排的选修课提出了课程实施的相关建议。

3. 培智学校课程设置

九年一贯制的培智学校课程体系由一般性课程和选择性课程两部分组成。一般性课程体现对学生素质的最基本要求，着眼于学生适应生活、适应社会的基本需求，其课时约占总课时的 70%～80%；选择性课程着眼于学生的个别化发展需要，注重学生的潜能开发、缺陷补偿（身心康复），强调为学生提供高质量的相关服务，体现学生发展差异的弹性要求，其课时约占总课时的 20%～30%。两类课程的比例可根据实际情况进行适当调整。培智学校课程计划与课时所占比例分别如表 5-3、表 5-4 所示。

表 5-3 培智学校课程计划

年级	一般性课程/节							选择性课程/节				
	生活语文	生活数学	生活适应	劳动技能	唱游与律动	绘画与手工	运动与保健	信息技术	康复训练	第二语言	艺术休闲	校本课程
低年级	3~4	2	3~4	1	3~4	3~4	3~4	6~9				
中年级	3~4	2~3	2~3	2	3~4	3~4	3~4	6~9				
高年级	4~5	4~5	1	3~4	2	2	2~3	6~10				

表 5-4 培智学校课时所占比例

年级	一般性课程/%							选择性课程/%				
	生活语文	生活数学	生活适应	劳动技能	唱游与律动	绘画与手工	运动与保健	信息技术	康复训练	第二语言	艺术休闲	校本课程
低年级	10~12	6~7	11~13	3~4	10~12	10~12	10~12	20~30				
中年级	10~12	8~9	7~8	5~6	10~12	10~12	10~12	20~30				
高年级	13~15	13~15	3~4	8~9	6~7	6~7	11~13	20~30				

《培智学校义务教育课程设置实验方案》规定，培智学校每学年上课时间为 35 周，社会实践活动时间为两周，机动安排时间为两周（用于远足、参观、运动会、艺术节等），由学校视具体情况自行安排。一至六年级每周总课时量不超过 30 节，七至九年级每周总课时量不超过 32 节。每节课上课时间一般为 35 分钟，可根据学生的年龄、智力残疾程度和课程的性质进行适当调整。培智学校应全面推进个别化教育，为每个智力残疾学生制订和实施个别化教育计划；应将课堂教学与个别教育训练相结合，满足不同学生的发展需求。

二、特殊教育学校义务教育课程标准

(一)特殊教育学校义务教育课程标准简介

《盲校义务教育课程标准(2016 年版)》《聋校义务教育课程标准(2016 年版)》《培智学校义务教育课程标准(2016 年版)》共涉及 42 门学科，其中盲校 18 门、聋校 14 门、培智学校 10 门。课程标准规定了特殊教育学校义务教育课程的性质、目标和主要内容，明确了不同阶段残疾学生在知识与技能、过程与方法、情感态度与价值观等方面的基本要求，提出了教学、评价和实施建议。

特殊教育学校义务教育课程标准的研制注重国家教育目的、课程本位及残疾儿童特点三个层面的系统化衔接。坚持把握三项基本原则：其一，全面贯彻党的教育方针，落实立德树人根本要求，有机融入社会主义核心价值观，着力促进残疾学生全面发展；其二，一般性和特殊性相结合，妥善处理好特殊教育课程标准与普通学校课程标准的关系，既与普通学校课程标准相衔接，又充分体现特殊教育的特点和独立性；其三，遵循残疾学生的身心特点和学习发展规律，充分考虑不同类型残疾学生的多重需要，突出残疾学生的潜能开发和功能补偿，着力促进残疾学生更好地融入社会。

1.《盲校义务教育课程标准（2016年版）》简介

基于《盲校义务教育课程设置实验方案》涉及的课程，落实全面发展的方针，与普通学校所有学科相对应的盲校课程标准被研制出来。由于当时普通学校的科学课程标准还没有正式出台，对盲校科学课程标准的研制暂缓进行。另外，考虑到综合实践活动的课程性质与特点，对该门课程改为研制课程指南。最终发布的《盲校义务教育课程标准（2016年版）》共涉及18门课程，分别是：品德与生活、品德与社会、思想品德、历史、地理、生物学、物理、化学、语文、数学、英语、体育与健康、信息技术、美工、音乐、综合康复、定向行走、社会适应。

2.《聋校义务教育课程标准（2016年版）》简介

《聋校义务教育课程标准（2016年版）》依据《聋校义务教育课程设置实验方案》的总体规定，在充分借鉴、吸收国内外聋校课程改革经验的基础上，秉持《基础教育课程改革纲要（试行）》确定的基本理念和基本精神，坚持以人为本的素质教育价值取向，以期全面提高聋生的综合素质，提升他们的生存和发展能力。该课程标准注重将义务教育阶段素质教育的共性要求与遵循聋生身心发展的特点及发展规律结合起来，将我国聋人教育的实际与体现时代发展的要求结合起来，将发挥学生学习主动性、自觉性与尊重学生个体差异、因材施教结合起来，整体建构与现代社会发展及聋生发展需要相适应的聋校课程，为每个聋生的全面、可持续、终生发展奠定基础。

在《聋校义务教育课程设置实验方案》中，外语为选修课程，由各校根据不同地区和聋生的实际选择开设，且劳动类课程与综合实践活动属于聋校自主研发的课程，故对这些课程并未研制国家统一的课程标准。《聋校义务教育课程标准（2016年版）》共14门课程，分别是：品德与生活、品德与社会、思想品德、历史、地理、生物学、物理、化学、语文、数学、沟通与交往、体育与健康、律动、美术。

3.《培智学校义务教育课程标准（2016年版）》简介

基于《培智学校义务教育课程设置实验方案》研制的《培智学校义务教育课程标准（2016年版）》，面向在培智学校（班）就读的所有义务教育阶段的学生，包括智力障碍、孤独症、脑性瘫痪、多重障碍学生，力求适应每名学生的个别化教育需求。培智学校课程标准从人的发展性、社会性和实践性三个基本属性出发，以生活为核心，以社会适应为目标，将培智教育的总目标分解成智能发展、社会适应和生活实践三个领域，通过各门课程标准的分段目标和内容形式得以体现。除对第二语言和校本课程这两门由学校自主开设的选修课程未制定课程标准外，《培智学校义务教育课程标准（2016 年版）》共涵盖 10 门课程，分别是：生活语文、生活数学、生活适应、劳动技能、唱游与律动、绘画与手工、运动与保健、信息技术、康复训练和艺术休闲。

(二)特殊教育学校义务教育课程标准的构成

作为指导课程实施的纲领性文件，三类特殊教育学校义务教育课程标准主要由前言、课程目标、课程内容、实施建议、附录等构成。

1. 前言

课程标准的前言包括该门课程的课程性质、课程基本理念和课程设计思路。其中，课程性质较为详细地阐述课程的定位和基本特征。比如，盲校品德与生活课程是一门以盲校一至二年级学生的生活为基础，以培养具有良好品德与行为习惯、热爱生活、热爱祖国、乐观向上、敢于探究的学生为目标的活动型综合课程。该课程具有生活性、活动性、综合性、开放性四个基本特征。课程基本理念则诠释该课程的价值取向。比如，盲校地理课程的基本理念是：学习对生活有用的地理知识，学习对终身发展有用的地理；构建开放的地理课程；发挥地理课程的补偿功能。课程设计思路则展现在设计过程中如何建立起课程标准各部分之间的联系，形成完整的课程标准体系。比如，盲校化学课程标准中的课程设计思路如图 5-1 所示。

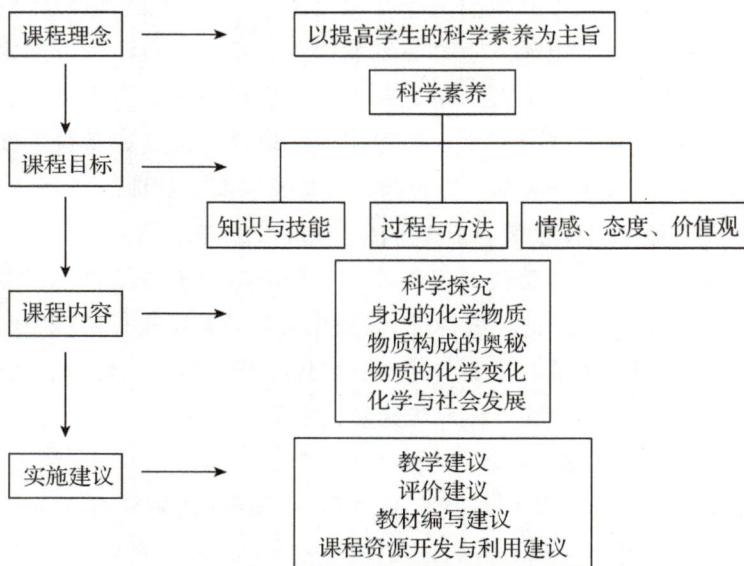

图 5-1 盲校化学课程设计思路

2. 课程目标

课程目标体现课程标准的指令性，明确规定学生通过课程的学习应该获得什么样的能力和素养，从而保障课程实施的方向性。在三类特殊教育学校义务教育课程标准的课程目标表述中，绝大多数课程直接沿用了由知识与技能，过程与方法，情感、态度、价值观构成的三维课程目标体系，如盲校的历史、地理、物理、化学、语文、信息技术、美工、音乐等课程。也有部分课程目标将三维课程目标与本学科自身特点相结合，对三维目标体系进行了整合与微调。比如，盲校品德与生活课程的目标划分为情感与态度、行为与习惯、知识与技能、过程与方法四个方面，盲校数学课程的目标分为知识技能、数学思考、问题解决、情感态度四个方面。还有部分课程标准结合课程自身特点，将课程目标与课程内容版块结合起来进行表述。比如，盲校体育与健康课程的目标与内容分为运动参与、运动技能、身体健康、心理健康与社会适应四个方面。定向行走课程的目标和内容分为参与意识、基本概念、基础训练、定向技能、行走技能、综合应用六个方面。培智学校义务教育课程标准的所有课程都体现了课程目标与课程内容的紧密联系，课程内容体系即课程目标的具体化。

3. 课程内容

课程内容是课程目标的具体化，反映了一门学科知识体系的内在逻辑性，构成了课程标准的主体。三类特殊教育学校义务教育课程标准的课程内容编排具有三个特点。

一是层级化。

各课程标准都建立了结构完整的分级内容体系，可为教师进行各科课程设计提供科学的指引。例如，盲校综合康复的课程内容由认识初步、视觉康复、感知觉补偿、物理治疗、作业治疗、心理健康六个模块组成；其中，感知觉补偿这一模块包括听觉技能、触觉技能、嗅觉技能三个部分，听觉技能这个部分又包括学会利用听觉进行辨别、学会利用听觉进行记忆、学会利用听觉进行理解三个方面；由此构建了综合康复课程的课程内容体系。

在特殊教育学校义务教育课程标准中，培智学校课程标准最充分地体现了层级化的课程内容编排特点。培智学校义务教育课程标准由总目标、3 个领域、18 个次领域，102 个项目和 673 个教学目标构成。首先将"把学生培养成为自立自强、适应生活、服务社会的公民"这一总目标分解为智能发展、社会适应和生活实践 3 个领域，然后每个领域各自细分为 6 个次领域，这 18 个次领域再具体化为 102 个项目，并进一步制定673 个教学目标，再将这 673 个教学目标分配到 7 门一般性课程和信息技术、康复训练、艺术休闲 3 门选择性课程中，形成了培智学校各课程标准中的课程目标和课程内容。

二是阶段性。

考虑到学生的身心发展特点和课程的知识逻辑性，部分课程开设年限较长，还分学段进行课程内容的分解。盲校、聋校的品德类课程根据学段分为品德与生活（一至三年级）、品德与社会（四至六年级）和思想品德（七至九年级）三门不同的课程。这类课程根据人的身心发展规律和特点，以生活为基础，使学生逐渐形成品德行为，促进学生思想品德的发展。三个学段紧密相连，知识范畴边界清晰，课程内容具体、明确。

盲校课程标准中，语文、美工、音乐包括四个学段：第一学段为一至二年级；第二学段为三至四年级；第三学段为五至六年级；第四学段为七至九年级。体育与健康则分为四个阶段水平。数学、信息技术分为三个学段：第一学段为一至三年级；第二学段为四至六年级；第三学段为七至九年级。

聋校课程标准中，美术分为四个学段：第一学段为一至二年级；第二学段为三至四年级；第三学段为五至六年级；第四学段为七至九年级。体育与健康也分为四个阶段水平。语文、数学分为三个学段：第一学段为一至三年级；第二学段为四至六年级；第三学段为七至九年级。沟通与交往分为两个学段：第一学段为一至三年级；第二学段为四至六年级。在一至三年级开设的律动课程还具体规定了各个不同年级的课程内容。

培智学校课程标准中，生活语文、生活数学、生活适应、劳动技能、唱游与律动、绘画与手工这六门一般性课程的课程内容均按照学段进行了具体分解，分为低（一至三年级）、中（四至六年级）、高（七至九年级）三个学段。另一门一般性课程——运动与保健——根据学生的运动能力，将贯穿九个年级的课程内容划分为三个水平，并在运动参与、运动技能、身体健康、心理健康四个方面分别设置相应的学习目标。水平一为一至三年级或低运动能力；水平二为四至六年级或中等运动能力；水平三为七至九年级或高运动能力。虽然信息技术、艺术休闲、康复训练这三门选择性课程并未进行学段的划分，但信息技术和艺术休闲这两门课程根据学生身心发展特点及能力水平，结合课程内容的难易程度，将课程具体设置为两个水平。一级水平为最贴近学生生活需求和便于学生掌握的基本内容，二级水平为拓展内容。课程标准对处于不同水平的学生分别应该学会什么、达到什么发展水平提出合理期望。级别内容不严格地与年级一一对应，以便教师根据学生的能力基础按需设置教学目标、选择教学内容。

三是适宜性。

特殊教育学校课程标准在依据普通学校义务教育课程标准的基础上，充分考虑各类特殊儿童的特点，注重课程内容的适宜性。比如，盲校课程标准中的课程内容兼顾盲和低视力两种障碍程度学生的学习特点和差异化教育需求，在部分课程内容的设计中进行了分类设计。以语文课程第四学段的"识字与写字"板块为例，对盲生的要求是：熟练掌握盲文摸读和书写的技能；平均每分钟摸读音节数达到 140 个以上，平均每分钟书写盲文达到 60 方以上。对低视力学生的要求是：能够熟练使用字典、词典独立识字，累计认识常用汉字 3500 个左右；书写规范、整洁，进一步提高书写的速度；对书法作品有浓厚兴趣；有良好的书写习惯。又如，聋校的品德与生活课程中，在"我的个人生活"板块，针对聋童的听障特点，在"健康、安全地生活"部分规定"学会使用和爱护助听设备，具有乐听、护耳的意识与能力"。再如，根据培智学校学生的特点，培智学校课程标准自成体系，以生活为核心、以社会适应为目标进行了一系列课程内容的安排，并不强求紧扣知识本身的严密性和逻辑性，因而其设计体例与普通学校课程标准有很大的不同。相较于普通学校及盲校、聋校的语文课程，培智学校的生活语文课程降低了内容的难度，突出生活化、基础性，强调初步的听、说、读、写能力和社会交往能力。

4. 实施建议

特殊教育学校义务教育课程标准的实施建议主要包括教学建议、评价建议、教材编写建议、课程资源开发与利用建议四个方面，对于教师怎么教、学生怎么学及如何开展合适的评价等问题进行了指导性规定。

在教学建议中，各课程标准结合教育对象的学习特点，从课程目标和具体内容的确定、教学方法的选择、教学重点的把握、课堂氛围的营造、学科特点的体现等多个视角提出了较为全面的建议。

在评价建议方面，各课程标准主要从评价的功能、评价的内容、评价的方法、评价的主体等方面提出建议，主张利用弹性化教学手段和多元化评价标准来促进残疾学生的课程学习能力。

课程标准是教材编写的依据。各课程标准从如何科学地编写教材及增强教材的体系性、过程性、可读性等方面对教材编写提出建议。

对课程资源开发与利用的建议主要涉及如何开发和利用各类文本资源、信息技术资源、社会教育资源、日常生活资源等来提高课程实施的质量。此外，部分课程标准还在附录中呈现了课程设计的实例、相关课程内容的建议等。

5. 附录

有的课程标准除包含前面几部分外，还增加了附录，为课程的实施提供参考性资料。比如，聋校生物学课程标准的附录呈现了 12 个教学与评价的实例及学习目标说明。培智学校生活语文课程标准的附录给出了生活语文五级水平识字表、古诗诵读推荐篇目。这些都是特殊教育教师实施课程过程中的重要课程资源。

(三)特殊教育学校义务教育课程标准的特点

1. 盲校义务教育课程标准的特点[①]

第一，落实全面发展的方针，研制了与普通学校各学科相对应的盲校课程标准。为贯彻落实促进学生全面发展的教育方针，站在保障视力残疾学生受教育权的高度，盲校课程标准涉及普通学校的所有课程；普通学校开设的科目有课程标准的，其相应

---

① 钱志亮：《盲校义务教育课程标准的特点》，载《现代特殊教育》，2017(1)。

的盲校科目也有课程标准。

第二，强调可持续发展，课程标准的学科难度与普通学校一致。考虑到不少地方盲校学生参加当地的初中毕业统一考试，多数视力残疾学生初中毕业后要继续读高中，盲校高中教育日益普及，视力残疾高等教育机会越来越多等因素，除个别学科的个别知识点外，盲校课程标准的学科难度与普通学校基本一致。

第三，体现特殊性，开设补偿缺陷和开发潜能的特殊课程。相较于普通学校，盲校课程标准还包含综合康复、社会适应、定向行走、信息技术这四门特殊课程的标准，旨在通过这些课程补偿视力残疾学生的缺陷，开发视力残疾学生的潜能，促进其更好更快地学习普通课程，适应社会生活。

第四，尊重视力残疾学生的双重性，每门普通课程都渗透特殊任务。由于视力残疾学生既具有与普通学生身心发展相同的特征，也具有视力残疾的特殊性，在盲校与普通学校都开设的科目的课程标准都渗透了正确看待残疾，客观了解自己，补偿缺陷，开发潜能，培养自尊、自信、自强、自立精神等特殊内容。

第五，关注差异，分类指导，分层要求，面向所有视力残疾学生。盲校学生有的是低视力、用汉字学习，有的是全盲、用盲文学习；有的有视觉经验，有的先天失明；有的伴有多重残疾，有的天资优秀；有的初中毕业后可能直接就业，有的要读高中乃至大学。这些差异在课程标准的评价中体现为分类指导、分层要求，力求每个视力残疾学生的潜能都能够得到最充分的开发。

2. 聋校义务教育课程标准的特点[①]

第一，强调德育为先。各科课程标准都充分贯彻立德树人的任务要求，明确将贯彻落实社会主义核心价值观、坚持中国特色社会主义和党的领导、加强优秀中华传统文化教育和民主法制教育等要求写入各科课程标准，强调各科教学要有机渗透思想品德教育，加强对聋生社会责任感、爱国主义情感和人生观、价值观的教育，激励每一位聋生正确认识自己，自强自立，创造生命的精彩。

第二，强调课程要适合聋生的身心特点及发展规律，突出能力的培养。以聋生发展为本是指导聋校各科课程标准研制的核心理念和最高宗旨。首先，各科课程注重潜能开发和缺陷补偿。其次，注重聋生沟通能力、语言与思维能力的培养，这是聋校课程改革的重点和主攻方向。除单独开设沟通与交往课程外，聋校课程标准强调各科教学都要突出语言与思维能力的培养，加强沟通训练。最后，强调各科课程与社会生活的联系，注重通过课程中的生活化内容和综合实践训练，培养聋生的社会适应能力、生活能力和职业能力，以帮助他们学会生活、适应社会和融入社会。

---

① 程益基：《精准把握课标实质　深化特校课程改革——聋校义务教育课程标准的特点与实施》，载《现代特殊教育》，2017(1)。

第三，强调教学沟通方式的多元化。各种沟通方式只有相对优势，而无绝对优势，每一种沟通方式的选用及其优势的发挥都需要多种条件进行配合，适合的就是最好的。因此，聋校课程标准主张根据聋生的不同特殊需要，采用多元化的教学沟通方式。比如，沟通与交往的课程标准要求教师根据学生的特点和需求选择适合的沟通方法，加强训练学生在口语、手语和书面语之间的转换能力，提高书面语的理解和表达水平。

第四，强调个别化教学。聋校课程标准的研制明确提出了积极推进个别化教学的课程理念，要求各门课程要给学校和教师的自主选择和使用留出空间，教材的编写要有一定的弹性。课程的实施要在充分发挥学生学习的主动性和自觉性的同时，坚持因材施教的原则，尊重学生的个体差异，从学生的基础与发展需要出发，制订个别化教学计划，确定合适的教学目标、教学内容、教学组织形式和教学评价方式。鼓励教师在教学实践中创造性地使用教材，增强教学的针对性与有效性，等等。

3. 培智学校义务教育课程标准的特点[①]

第一，整体性。培智学校课程标准是一个整体的育人目标体系。在核心素养教育理念下，培智学校课程标准体现了对学生的智能发展、社会适应和生活实践等方面的全面发展要求。培智学校课程标准的整体性体现在发展性、功能性、环境生态性和支持性四种属性上。发展性是指以儿童的发展为起点，无论学生的起点为何、个性特征为何，课程标准都要与其实际发展水平相联结，降低课程门槛，实现"零拒绝"，让课程适应学生。功能性体现在以生活为核心。培智课程有三大生活课程，即生活语文、生活数学和生活适应，这是培智学校课程的重心。环境生态性是功能性在具体环境中的体现，它体现为环境性和生态性两个方面。环境性体现为课程标准要基于学生生活的真实环境，在现实生活中加以应用。生态性既体现为学生生涯成长需要多元化的发展空间，又体现为对不同发展阶段的学生有不同的社会要求。支持性体现在信息技术、康复训练和艺术休闲等选择性课程中。信息技术的迅猛发展为包括残障人士在内的所有人提供了前所未有的支持，对人的能力的要求降低。康复训练作为一种专业支持，对提升学生的身体功能、改善活动与参与状态可产生积极的作用。艺术休闲通过喜闻乐见的各种活动，为培养学生的自我决定能力提供机会、创造条件，对提升学生的生活质量产生重要作用。

第二，有效性。培智学校课程标准的有效性体现为将课程目标通过个别化教育落实到每个具有显著个别差异的学生身上，实现有质量的教育。培智学校学生的实际情况凸显了个别化教育的重要性。个别化教育的关键是拟订并实施个别化教育计划。通过个别化教育计划的拟订，明确每个学生的发展愿望、教育需求和教学重点，为有效教育提供依据。在我国现有的培智学校班级教学条件下实施个别化教育，需要对个别化教

①　许家成：《培智学校义务教育课程标准的基本特点》，载《现代特殊教育》，2017(1)。

育计划中的目标进行统整并形成学期教学计划，再将教学目标分配到学校、家庭和社区等不同环境中，从而形成立体教学系统，使学生可以在班级教学中接受差异性教学，在家庭和社区的真实环境中得到适度、自然的支持，学校、家庭、社区形成合力，增强教育的有效性。

第三，灵活性。培智学校课程标准将国家要求与地方特色结合起来，符合我国培智学校分布广、差异大的实情，适应学生显著的个体差异性。培智学校课程标准的灵活性可以通过以下三种方式来实现。一是个别化教学。个别化教学的特点就是满足具有显著个性差异学生的教育需求，充分体现教学的灵活性。个别化教学主要有个别化主题教学和个别化核心课程教学两种形式。二是一般性课程和选择性课程相结合。在设计一般性课程的教学活动时，关注学生的共性，选择适合的教材，再根据学生的特殊性在选择性课程中确定恰当目标，如脑性瘫痪学生可以选择运动康复的目标，孤独症学生可以选择沟通训练目标，等等。三是校本课程。培智学校课程方案设置了校本课程，给予学校和教师较大的自主性。学校和教师可以结合学生的需要，根据当地的社会文化条件、自然环境自主开发具有本地特色的校本课程，满足学生适应当地社会日常生活的特殊需求。

为做好三类特殊教育学校义务教育课程标准的落实工作，教育部专门印发通知做出具体部署。

一是认真组织开展课程标准培训，要求各地将课程标准培训纳入教师培训计划，组织开展专题培训，全面覆盖特殊教育学校校长、教师、教研人员，并扩大到普通学校特殊教育资源教师。

二是全面推进特殊教育教学和评价改革，积极引导广大教师依据课程标准组织教学，及时更新教学观念和教学方式，合理把握教学容量和难度要求；关注过程、着眼发展、尊重差异、多元评价，充分发挥评价在改进特殊教育教学、促进残疾学生发展中的积极作用。

三是加强特殊教育课程资源建设，加大资源开发力度，丰富特殊教育课程资源，整合特殊教育中心、特殊教育学校、教科研机构和各种课程资源平台的有益资源，充分用好信息化手段，大力推动特殊教育课程资源共建共享。

第三节
特殊教育学校课程实施

课程实施的概念可以从宏观和微观两个层面来理解。从宏观上看，课程实施属于课程改革的一个环节，是把新的课程方案付诸实践的过程，它是达到预期课程目标的基本途径。[①] 在我国特殊教育课程改革的背景下，主要是指特殊教育学校如何践行国家课程标准。从微观上看，特殊教育学校课程实施主要指教师对于某一门特殊教育课程的具体教学实践过程。

一、特殊教育学校课程实施的主要工作

2016 年教育部颁布了三类特殊教育学校义务教育课程标准后，各特殊教育学校在课程标准的引领下开展校级课程改革，提升育人质量，这也成为特殊教育领域的重要工作。以下重点从宏观层面探讨特殊教育学校课程实施的主要工作，即教育部颁布的课程标准在各特殊教育学校层面的校本化实施。

(一)校本课程体系的建设

特殊教育学校义务教育课程设置实验方案和课程标准相继出台，使特殊教育学校的校本课程体系建设有章可循，保证了特殊教育学校课程建设的科学性和方向性。国家有关课程的纲领性文件只有通过学校有效的课程实施，才能最终促进学生知识和能力的发展。校本课程体系的建设是特殊教育学校课程改革的首要工作。特殊教育学校校本课程体系建设主要包括三方面内容。

1. 明确课程门类

为了实现三类特殊教育学校的人才培养目标，课程设置实验方案规定了三类特殊教育学校应当设置的课程门类。其中，必修课程(或称一般性课程)是该类型所有特殊教育学校都必修开设的。除此之外还有选择性课程，如培智学校的信息技术、康复训练、艺术休闲、第二语言、校本课程等，学校可以根据当地的区域环境、学校特点、学生的潜能开发需要来设计，供学生选择。学校需要根据学生的特点和学校自身的特色，自主决定这类课程的设置情况。有的培智学校孤独症儿童数量较多，因此在康复

[①]　施良方：《课程理论——课程的基础、原理与问题》，128 页，北京，教育科学出版社，1996。

训练课程方面主要开设言语治疗、行为干预等课程；有的培智学校脑性瘫痪儿童数量较多，因此在康复训练课程方面重点开设感统训练、作业治疗等课程；有的学校与当地企业合作，如将油纸伞制作作为职业技术课程；还有一些少数民族地区的特殊教育学校将本民族手工艺作为校本课程；等等。国家规定的必修课程与学校自主设置的选择性课程共同构成了各特殊教育学校的显性课程。

2. 明确课程内容的组织形式

特殊教育学校不仅有一定程度的课程门类设置自主权，而且能自主决定课程内容的组织形式。根据课程内容组织形式的不同，可将课程分为综合课程和分科课程。如前所述，三类特殊教育学校义务教育课程设置实验方案都坚持分科课程与综合课程相结合的原则。比如，聋校的科学课程既可以采用综合的科学课的形式，也可以分别开设生物、物理、化学三门分科课程。在践行特殊教育课程设置实验方案的过程中，培智学校的课程开设形式也是一大特色。有的培智学校完全按照"7＋5"的课程形式开设课程；有的学校则将生活语文、生活数学、生活适应三门课程合并为综合课程开设，其余课程以分科课程的形式开设；也有学校以生活适应为核心课程，其余课程以辅助课程的形式开设；等等。

3. 形成校本课程设置方案

在确定了课程门类和课程形式后，各学校还需要参考国家课程文件精神，根据本校学生特点、师资力量和可利用的课程资源，进一步明确每一门课程的开设学段、课时数和开设对象，从而建构起校本课程体系。课程设置实验方案的规定性与学校课程设置的自主性相结合，使我国特殊教育学校校本课程体系既科学合理、结构完整，又百花齐放、特色鲜明。

(二)课程目标与内容的分解

从培养目标与课程目标的关系可知，每一门课程的目标都应该助力于该类特殊教育学校培养目标的实现，并与学校的办学理念和特色相一致。特殊教育学校课程标准规定了各门课程的目标和内容，并通过学段的划分和课程领域的划分，罗列出每一个学段及每一个课程领域的目标及内容框架。但课程目标的实现依赖于具体的课程实施活动，要真正体现课程标准对课程具体实施过程的引领作用，就需要将课程标准中的课程目标和内容进行分解。

首先是对课程目标与内容的梳理。在学校实施课程的过程中，对于那些改变了原本的分科或综合课程形式的课程，以及尚未被纳入国家课程标准、学校自主开发的校本课程，需要进行课程目标与内容的重组与梳理，使之既符合国家课程标准的要求，又符合学校的课程架构。比如，将课程标准中的几门课程统整为一门综合课程后，需要对这门新的综合课程的目标进行梳理。对于新开发的校本课程，也需要梳理出课程目标和内容框架，作为课程具体实施的纲领。

其次是对课程目标与内容的逐级分解。特殊教育学校课程标准中的课程目标与内容一般是以学段进行划分的，每个学段为两年或三年。而教师在开展课程实施活动时，需要确定每一次活动的目标和内容。对课程目标与内容的逐级分解大致遵循学段——年级——学期——学月——教学周——教学活动的顺序。特殊教育学校教师根据这一工作思路，在集体课程和个别化教育课程中逐层制定课程的长期目标、中期目标、短期目标和活动目标。

值得一提的是，考虑到特殊教育对象的个体差异性，课程目标与内容的分解必须体现弹性原则，即并非严格按照课程标准中的学段目标和内容来实施课程，而是同时考虑学生已有的知识基础和学习能力，这也正是部分课程标准将学生发展水平作为目标和内容的划分依据的原因。例如，培智学校生活数学课程标准中，第二学段（四至六年级）知识技能领域的课程内容之一是"能计算 100 以内的加法和减法"。如果某校四至六年级培智班的学生的智力障碍程度比较重，不具备学习这一课程内容的能力，那就可以参考第一学段（一至三年级）的课程内容——"能计算 10 以内的加法和减法"。反之，如果该学段的在读学生的智力障碍程度比较轻，学习能力比较强，在掌握了相应学段规定的课程内容后，也可以参照并选择课程标准中第三学段（七至九年级）的相关课程内容进行学习。

（三）课程资源的开发与利用

三类特殊教育学校义务教育课程标准出台后，教育部组织编写的三类特殊教育学校各科教材也陆续出版。教材是课程实施的主要媒介。按学期编制的教材实际上也是各门课程标准中课程目标和课程内容的具体化呈现，为课程实施提供更明确的指引。国家统一教材的出版和使用缓解了多年来特殊教育学校教材编写和使用各自为政、差异显著、教材体系和质量参差不齐的问题。但仅有教材是不够的，特殊教育课程的实施离不开各类课程资源的广泛支持。课程资源是课程设计、实施和评价等整个课程过程中可资利用的一切人力、物力及自然资源的总和。[①] 课程资源的有效开发和利用可以充实课程内容，丰富课程形式，保障课程的有效实施。各特殊教育学校课程标准都结合课程自身的特点对课程资源的开发和利用提出了相应的建议。例如，培智学校艺术休闲课程标准建议学校和教师充分利用当地环境，因地制宜，多渠道、多方式地开发和利用学校课程资源、家庭课程资源和社会课程资源。因此，课程资源的开发与利用是各特殊教育学校课程实施中的重要工作，也是影响课程实施质量、彰显课程实施特色的重要因素。

---

① 徐继存、段兆兵、陈琼：《论课程资源及其开发与利用》，载《学科教育》，2002(2)。

(四)课堂教学组织形式的选择

确定每一门课程的课堂教学组织形式也是特殊教育学校进行课程改革、优化课程实施方案的重要一环。相较于普通教育学校，特殊教育学校课程的课堂教学组织形式更为多元，需要根据课程目标和学生的特点进行科学、适宜的选择。

首先，从课堂教学中学生数量的角度，可以分为集体课程(面向全班学生)、小组课程(面向某一小组)和个别课程(面向某一学生)。一般而言，特殊教育学校的学科类课程大多采用集体课程的组织形式，小组课程的组织形式多用于操作活动类课程，而一对一的个别课程组织形式则多用于障碍程度较重的学生的康复训练课程。

其次，从课堂教学中教师数量的角度，可以分为独立教学(一名教师)和协同教学(两名及以上教师)。一名教师独立教学的组织形式可以在一定程度上节约师资成本，减少经费投入。两名及以上教师的协同教学通过教师间的相互支持、合作与沟通交流，能减轻教师的课堂教学压力，优化课堂教学的流程，提升课程实施的成效。协同教学主要用于学生个体差异较大、障碍程度较重的班级，以及实践性操作活动较多的课程。

最后，从课堂教学中学生构成的角度，可以分为固定班级教学和走班教学两种形式。固定班级教学是不改变原本的班级学生人员结构，教师尽可能在课堂教学中兼顾不同发展程度学生的差异化学习需求的组织形式。走班教学指部分课程改变原有的班级学生人员结构，将发展程度相近或兴趣特长相同的学生安排到同一个班级进行课堂教学，增强课程实施的适宜性。一些特殊教育学校的校本课程及康复训练课程采用走班教学的形式。

二、特殊教育学校课程实施的基本理念

课程实施是一项复杂的系统工程，其效果受到多方面因素的影响。在制定科学、合理的国家课程标准的基础上，特殊教育学校课程的有效实施需要做到以学生为中心，以教师为主力，以学校为主导，家庭、社会共同参与。

(一)以学生为中心

坚持以学生为中心的理念是以人为本思想在课程实施中的核心体现。以学生为中心的课程实施的主要特征有：课程实施的目的是满足学生的教育需求，促进学生的发展；课程实施的方案设计基于学生的发展特点，适合学生的学习能力；课程实施的过程是学生主动参与的知识建构过程。

具体而言，特殊教育学校的课程实施坚持以学生为中心的理念，应重视以下几个方面。

首先，特殊教育学校课程体系建设应秉持学生中心观。特殊教育学校的国家课程标准为学校的课程实施留有自主权，尤其是部分选择性课程。比如，对于聋校的外语课程，学校可自主决定是否开设、如何开设，从而形成学校自己的课程体系。特殊教育学校及教师在行使课程自主权时，应以学生的发展需要为出发点，考虑学生已有的学习基础、学习能力和学习需求，尽可能地开发学生的内在潜能。

其次，特殊教育学校课程的实施应体现尊重与平等。在确立课程目标和评价方式、选择课程内容、设计并开展教学活动等环节，都应尊重每一位学生的受教育权和发展权，给予他们平等的参与机会；尊重学生的人格，建立平等的师生关系，体现人文关怀，尤其不能因为学生的障碍特点而歧视学生，或剥夺学生表达观点、展现自我的权利。

再次，特殊教育学校课程的实施应重视学生的全面发展。使人的身心得到全面发展是我国教育的总目的。特殊教育学校课程实施的全面发展观体现为构建综合性的学校课程体系，贯彻落实多维课程目标，构建体系化的课程内容，选择多样化的课程情境，开展全面性的课程评价。特殊教育学校课程的实施必须秉持全面发展理念，摒弃"重知识、轻能力""重文化、轻品德"的观念。

最后，特殊教育学校课程的实施应充分发挥学生的主观能动性。特殊学生与普通学生一样，是具有主观能动性的个体。但部分特殊儿童的高敏感性和不自信、教师"满堂灌"的课程安排、过于强势的师生关系、教师的低期望和消极评价等态度和行为极易削弱特殊学生参与课堂的积极性。因此，在课程实施过程中，教师应该创造机会，增强师生互动和同伴互动，激发特殊学生参与课程学习的主观能动性。

(二)以教师为主力

教师是特殊教育学校课程实施的主力军。特殊教育学校课程实施的各个环节都主要由教师具体落实。教师对于课程实施的知识观念、专业能力和情感态度等都直接影响特殊教育学校课程实施的效果。

为了发挥教师在课程实施中的主力作用，首先，教师要树立科学的课程观，具有参与课程实施的积极性和主动性。教师应充分认识到特殊教育学校课程实施的重要意义，明确自身在课程实施中的主要作用，积极投身于课程实施的各项工作。其次，教师应拥有一定程度的课程实施自主权。教师是联系国家课程标准、学校课程体系与学生学习的中介。教师是在课程学习方面与学生、家长互动最多的人，他们了解学生的特点和学习需求。同时，他们也熟悉国家课程标准和特殊教育学校的课程发展具体思路，并通过自己的工作将国家的课程标准转化为学生的课程学习活动。因此，教师在特殊教育学校课程实施方面应该有足够的话语权和自主权。最后，教师应不断提高自身的课程实施能力。课程实施的参与意识和权利是与课程实施能力紧密相连的。为了提升课程实施的效果，教师可以利用各种培训机会，广泛学习，深入研讨，结合本校、本班的实际情况反复实践，不断反思，从而持续提高课程实施的能力。

(三)以学校为主导

在国家课程标准的引领下，特殊教育学校是课程实施的主导者。在践行国家课程标准的过程中，特殊教育学校承担着构建本校的课程体系、打造自身的课程特色、决定学校课程的实施形式、组建学校的课程实施团队、保障学校课程实施的质量等任务。

首先，特殊教育学校应构建适宜的学校课程体系。各学校必须充分理解国家课程标准的精神和内涵，明确国家课程标准的规定性要求和学校的自主权利，结合学校的生源、师资情况及本地区、本校可利用的资源，因地制宜地构建具有本校特色的学校课程体系，将国家课程标准转化为学校课程实施方案。

其次，特殊教育学校应组建结构合理的课程实施团队。课程实施需要富有开拓创新意识、先进教育教学理念的学校领导进行组织引领，也需要特殊教育专业素养扎实、特殊教育课程实施经验丰富、具有团队协调能力和开拓创新意识的骨干教师负责课程实施中的组织和研发工作，还需要一支数量充足、专业知识与技能过硬的教师队伍从事校内各班课程的具体实施工作。

最后，特殊教育学校应为课程实施保驾护航。一方面，通过各种途径组织教师培训和学习，全面提升教师的课程实施能力；另一方面，为课程实施提供必要的时间、经费、设备、资源保障。

(四)家庭、社会共同参与

尽管课程的实施主要在特殊教育学校中进行，但并不能忽视特殊学生的家庭及社会对特殊教育学校课程实施的支持与协作。

首先，家校合作是特殊教育学校课程实施的基本要求。家长有权参与课程目标的确定、课程内容的选择、课程进程的安排、课程活动和评估的开展等各个方面。在课程实施过程中，家庭应通过和学校积极的沟通交流，在教育观念上与学校达成共识，合作进行课程设计，并从家庭的角度配合课程的具体实施。与此同时，家长通过反馈学生在家庭生活中表现出来的课程实施效果，向学校提供课程实施的相关建议，进一步提升课程的质量。

其次，社会支持是特殊教育学校课程实施的重要保障。根据实践性、生活化的课程特点，特殊教育学校的课程实施需要走出校园、融入社会。社会的支持是特殊教育学校课程顺利实施的重要条件。社会支持具体表现在两个方面：其一，倡导融合的理念，通过政府的引导和社会的舆论宣传，在全社会逐步树立尊重特殊儿童的生存权和发展权的意识，形成接纳、帮助特殊儿童的风气；其二，积极配合特殊教育学校的课程实施，尤其是在不影响或较少影响自身正常工作和生活秩序的情况下，社会各界应为特殊学生的学习和训练创造条件，提供尽可能多的支持和配合。

第四节
特殊教育学校课程发展与改革

一、特殊教育学校课程的发展历程

威廉·穆瑞于 1874 年在北京创办的瞽叟通文馆（北京市盲人学校的前身）通常被认为是我国第一所特殊教育学校。[①] 瞽叟通文馆的建立拉开了我国特殊教育学校课程发展的帷幕。纵观这 100 多年的发展历史，特殊教育学校的课程发展大致可以分为以下 4 个阶段。

(一)特殊教育学校课程的初步尝试期

从 19 世纪末到中华人民共和国成立前，我国各地建立了一些聋校和盲校。但当时的特殊教育学校主要由外国传教士创办，或者由我国的爱心慈善人士创办，缺乏政府的领导和管理。各特殊教育学校的课程随意性较大，比较典型的形式是沿用普通学校的教材或初步尝试自编教材。

在课程设置方面，据资料记载，20 世纪 30 年代，盲校和聋校的课程门类较为多样，当时的 9 所聋校所设科目共计 24 种，12 所盲校所设科目共计 26 种。多数特殊教育学校开设的科目有：国语、常识、算术、手工、体育等。多数聋校开设了发音、看口、手势、日记和说话等语言沟通方面的课程及美术课程，有聋校尝试开设英语课程；多数盲校开设了音乐课程。尽管当时的盲校已经使用盲文，但各校的盲文不统一，因此盲人之间无法用书面语交流。特殊教育学校的课程设置中，差异较大的是劳动技能课程，各学校大多根据自身特色因地制宜地开设劳动课。此外，传教士开办的特殊教育学校还会开设宗教类课程。[②]

(二)特殊教育学校课程的逐步探索期

这一时期是从中华人民共和国成立到改革开放前夕。中华人民共和国成立后，国

---

① 朱宗顺：《特殊教育史》，114 页，北京，北京大学出版社，2011。
② 朴永馨：《特殊教育课程与教学》，42～43 页，大连，辽宁师范大学出版社，2002。

家加强了对特殊教育学校的管理。教育部于 1953 年增设了盲聋哑教育处，其工作任务之一就是制订教学计划、教学大纲，组织盲校和聋校教材的编辑、审定、出版、供应工作。我国特殊教育学校的课程管理从此走上了规范化道路。[1] 在 20 世纪五六十年代，我国特殊教育学校课程发展工作主要包括三个方面。第一，对盲校和聋校的课程设置进行了规定。1953 年，《教育部关于盲哑学校方针、课程、学制、编制等问题给西安市文教局的复函》提出："除盲校没有图画、聋哑学校没有音乐外，应包括普通小学的全部科目。师资、设备条件许可时，更可以增加其他技术课程和聋哑生的发音课程（包括看口、发音练习、会话等）。"该文件还规定："与普通小学相同的科目，暂时采用普通小学的教材；为普通小学所没有的科目，则需要教师自己另编或选择教材。"另外，盲校和聋哑学校都可设立预备班，使学生在入小学之前学习盲字或接受语言训练。第二，推行了统一的盲字，提高了盲生的学习效率。第三，制订了特殊教育学校教学计划。教育部先后颁布了中华人民共和国第一个盲校教学计划、聋校手语教学班教学计划和聋校口语教学计划。这三个教学计划影响深远，沿用至 20 世纪 80 年代。此外，这一时期的教材主要有三种：教育部专门编写；借用普通小学教材；学校组织教师自己选编。[2]

这一时期的特殊教育学校课程发展具有开创性，特殊教育学校第一次拥有适用于全国的独立的课程计划。但由于当时的特殊教育学校仅有盲校和聋校两类，且以小学教育为主，教材主要借用普通小学的教材，对特殊儿童的需求关注不足，再加上"文化大革命"对特殊教育学校发展的影响，特殊教育一度停滞不前。因此，这一时期仅是国家主导下的特殊教育学校课程的初步探索时期，还未真正建立起富有特色的特殊教育学校课程体系。

(三)特殊教育学校课程的体系形成期

改革开放至 20 世纪末，教育事业加速发展，培智学校(班)在我国逐渐增多，并成为特殊教育学校课程建设的重要阵地。特殊教育学校的课程建设在这一时期取得了较大的进展，经过研制、修订，形成了结构相对完整的三类特殊教育学校课程体系。20世纪 80 年代，国家教委出台了《全日制八年制聋哑学校教学计划（征求意见稿）》(1984年)、《全日制盲校小学教学计划（初稿）》(1987 年)、《全日制弱智学校(班)教学计划（征求意见稿）》(1987 年)，编写了相关教材。20 世纪 90 年代，我国与时俱进地对全日制盲校、聋校、培智学校的教学计划进行修订，重新制定了《全日制盲校课程计划（试行）》(1993 年)、《全日制聋校课程计划（试行）》(1993 年)、《中度智力残疾学生教育训

---

①② 朴永馨：《特殊教育课程与教学》，44～50 页，大连，辽宁师范大学出版社，2002。

练纲要（试行）》（1994年），并组织编制了相关教材。①

20世纪80年代和90年代课程计划的编制与修订，其名称上的变化体现了现代课程理论对课程方案的引领。在教育年限上涵盖了整个九年义务教育阶段。在课程设置上，强化了"定向行走"等康复类课程的设置。在课程内容上，考虑了学校教育对象的变化。比如，随着随班就读的开展，部分轻度智力障碍儿童就近到普通学校学习，培智学校的教育对象逐渐以中度智力障碍学生为主；为此，教育部专门出台了与之相适应的《中度智力残疾学生教育训练纲要（试行）》。这一时期特殊教育学校课程体系的建立为后续的课程体系完善奠定了扎实的基础。

（四）特殊教育学校课程的体系完善期

2001年，教育部印发《基础教育课程改革纲要（试行）》，拉开了我国新一轮基础教育课程改革的序幕。这次课程改革以素质教育为基本取向，目的是应对经济全球化、信息化时代的挑战。义务教育阶段的特殊教育是基础教育的重要组成部分，也开启了自身课程改革的新征程。

在继承我国特殊教育学校课程发展经验，并借鉴国外特殊教育先进理念和实践经验的基础上，教育部于2007年发布了《盲校义务教育课程设置实验方案》《聋校义务教育课程设置实验方案》《培智学校义务教育课程设置实验方案》。为了进一步完善特殊教育学校的课程体系，教育部于2016年发布了《盲校义务教育课程标准（2016年版）》《聋校义务教育课程标准（2016年版）》《培智学校义务教育课程标准（2016年版）》。在此基础上，教育部组织力量编写与这一套课程标准对应的教科书，当时的计划是于2020年完成全套教材的编写。

至此，我国的特殊教育学校课程改革赶在时代的前沿。但是，课程改革本身并不是一蹴而就的。特殊教育学校的课程改革是一个动态发展过程，随着课程理念的发展和实践经验的提炼，特殊教育学校课程需要与时俱进地持续优化与完善。

二、特殊教育学校课程的改革趋势

（一）全面实施课程分级管理机制

在课程管理方面，我国特殊教育学校课程经历了多年的探索，单一的国家课程模式或学校过大的课程决策权都无法保证特殊教育课程的科学性与适切性。我国21世纪的课程改革以国家、地方、学校三级课程管理机制为特色，得到了广泛的认可。三级

---

① 盛永进：《特殊教育学基础》，222～223页，北京，教育科学出版社，2011。

课程管理指国家制定课程发展的总体规划，确定国家课程的门类和课时，制定国家课程标准，宏观指导课程实施；省级教育行政部门根据国家对课程的总体设置，规划符合不同地区需要的课程实施方案，包括地方课程的开发与选用；学校在执行国家课程和地方课程的同时，开发或选用适合本校特点的课程。

在课程分级管理机制下，国家通过制定特殊教育课程设置实验方案、课程标准以及推行统编教材，在特殊教育课程的发展中起到引领作用，保障特殊教育学校的办学质量和课程改革方向，改善我国特殊教育发展地区差异大、课程结构不科学、课程质量参差不齐的现实问题；同时，在课程实施方面留给地方和学校充分的自主权，使之能够因地制宜地践行国家课程标准，并在保证课程建设方向和科学性的基础上打造独具特色的校本课程体系。因此，全面落实课程分级管理机制，在国家对课程的宏观指导下充分发挥地方和学校在特殊教育学校课程管理中的主观能动性，创造性地开展校本课程体系建设，是未来一段时间特殊教育课程发展的重点。

(二)稳步推进个别化教育计划

从课程目标及实施过程来看，课程应尽可能满足每一位学生的学习需求，促进每一位学生的全面发展。但特殊学生的个体差异显著，整齐划一的课程目标、内容及实施方式很难满足学生多样化、差异化的学习需求。为了给每一位学生提供适合的教育支持，个别化教育理念得到了特殊教育界的广泛认同并付诸实践。1975年，美国通过的94-142公法规定：必须为所有6～21岁的特殊儿童制订适合其需要的个别化教育计划，且须定期评估与修正。

我国2017年修订的《残疾人教育条例》第二十四条提道："制定符合残疾学生身心特性和需要的个别化教育计划，实施个别教学。"特殊教育学校纷纷探索并尝试为学生制订个别化教育计划。但是，受到师资力量、班额大小、评估机制等多种因素的影响，个别化教育计划的制订和实施质量参差不齐，甚至存在个别化教育计划形同虚设，与课程实施分离，部分学生的学习需求被忽视并在特殊教育学校"随班就座"的情况。

因此，特殊教育学校的课程改革必须起到连接国家课程发展的规定性要求与特殊学生个性化学习需求的桥梁作用，既要落实国家课程标准，也要紧抓个别化教育计划。国家课程标准的出台使我国特殊教育学校课程发展走向科学化、结构化，同时，只有稳步推进个别化教育计划的科学制订及其在课程中的具体落实，使个别化教育计划从形式走向实质，才能进一步提升课程质量，实现我国特殊教育学校课程的精细化发展。

(三)系统践行"普特融通"的课程理念

普通教育学校与特殊教育学校的课程应相互借鉴、融会贯通。这既符合国际上融合教育课程的发展趋势，也是当前我国特殊教育学校课程发展的现实需求。

首先，从课程设计的发展趋势来看，"普特融通"的课程理念符合国际融合教育实践中学习的通用设计模式。该模式强调课程对所有学生的通达性，以适应所有学生的学习特征与学习需要。①其次，从课程改革方向来看，特殊教育是我国教育体系的组成部分，特殊教育学校的课程改革理应遵循我国基础教育课程改革的指导思想和基本要求。再次，从学生发展来看，根据最少受限制环境的理念，在双向流动的教育安置形式下，特殊教育学校的学生也可能到普通学校学习，参加普通学校的升学考试。为了支持学生的长远发展，我国三类特殊教育学校的课程设置及课程标准的模块应尽可能地与普通学校一致。在具体实施过程中，根据学生的具体学习需求，课程的目标、内容、方法、评价等方面应进行弹性调整。据此，聋校、盲校的绝大部分课程与普通学校一致，培智学校的课程也重点参考普通幼儿园和小学的课程。最后，从普通教育的发展趋势来看，随着普通学校随班就读学生数量的逐年增加，普通学校的课程实施也需要借鉴特殊教育学校的课程理念和教学策略。总之，随着课程改革的深入进行，普通学校与特殊教育学校的课程融合程度会逐渐提高。

（四）大力加强康复类课程建设

康复类课程是三类特殊教育学校的特殊性课程，这类课程贯彻教育与康复训练相结合的理念，对各类特殊儿童进行缺陷补偿教育。盲校、聋校教育对象的障碍类型较为单一，其康复类课程的类型也相对较少。这两类学校康复类课程建设的重点是完善康复类课程体系以及提升课程实施质量。培智学校教育对象的类型较为多样，尤其是随着医疗技术的进步和融合教育的发展，培智学校教育对象的类型结构也不断发生变化。比如，单纯智力障碍学生的比例逐渐缩小，孤独症与多重障碍学生的比例逐渐扩大。《培智学校义务教育课程设置实验方案》将康复训练作为选择性课程。为满足在校学生接受康复训练的需求，培智学校康复训练课程设置的形式也较为多元。在未来一段时间里，培智学校康复训练课程建设的重点，一是构建校本康复训练课程体系，二是组建一支结构合理、专业扎实的康复训练课程师资队伍。

（五）积极构建多元化课程评价体系

多元化课程评价体系主要体现在评价功能多元、评价主体多元、评价内容多元、评价类型多元、评价方式多元。

一是评价功能多元。首先，特殊教育学校的课程评价最核心的目的是促进学生的发展，因此要体现课程评价的教育功能，以评促学。其次，课程评价能为教师提供反馈信息，促使教师不断进行教学反思，提高自身的教学能力，实现以评促教。最后，

---

① 赵勇帅、邓猛：《西方融合教育课程设计与实施及对我国的启示》，载《中国特殊教育》，2015(3)。

评价有助于课程的持续调整，改进课程管理和课程实施策略，实现以评促课。[1]

二是评价主体多元。要提升特殊教育学校课程质量，办让人民满意的特殊教育，在评价的主体上就必须改变以往单纯由教师或学校进行评价的方式，实现课程评价主体多元。多元化的课程评价主体应包括学生本人、同伴、教师、学校领导、家长、社区成员等利益相关者。

三是评价内容多元。多元化的课程评价不仅包括传统的对学生课程学习效果的评价，还包括对教师的课程设计与实施情况的评价，以及对学校为课程提供的支持保障情况的评价。

四是评价类型多元。按照评价开展的时机，可以将课程评价分为课程实施前的诊断性评价，课程实施过程中的形成性评价，以及课程实施之后的终结性评价。

五是评价方式多元。多元化的课程评价方式必须突破传统的纸笔测验的局限，结合特殊学生的学习特点及课程目标、课程内容。特殊教育学校可以灵活地采用口头表述、技能操作、电脑测试等多种方式。

本章小结

要全面理解特殊教育学校的课程，首先要领会特殊教育课程的概念、模式及特点。三类特殊教育学校义务教育课程设置实验方案和课程标准的出台，推动了我国特殊教育学校新一轮课程改革。在国家课程标准的引领下，特殊教育学校的课程实施主要围绕校本课程体系的建设、课程目标与内容的分解、课程资源的开发与利用、课堂教学组织形式的选择等方面展开，并坚持以学生为中心，以教师为主力，以学校为主导，家庭、社会共同参与的基本理念。特殊教育学校课程改革先后经历了初步尝试期、逐步探索期、体系形成期和体系完善期四个阶段。全面实施课程分级管理机制、稳步推进个别化教育计划、系统践行"普特融通"的课程理念、大力加强康复类课程建设、积极建构多元化课程评价体系是未来一段时间我国特殊教育学校课程改革的主要趋势。

思考题

·单项选择题

①基于科学知识的系统性假设，认为学科知识有严密的逻辑顺序及系统性，主张各门课程保持自身的逻辑结构体系和独立性的是（　　）。

---

① 朴永馨：《特殊教育课程与教学》，378页，大连，辽宁师范大学出版社，2002。

A. 发展性课程　　B. 功能性课程　　C. 学科性课程　　D. 生态课程

②以下不属于《聋校义务教育课程设置实验方案》规定的课程设置原则的是（　　）。

A. 均衡性与特殊性相结合　　　　B. 综合课程与分科课程相结合

C. 学科性课程　　　　　　　　　D. 统一性与选择性相结合

③下列培智学校的课程中，教育部并未编制统一的课程标准的是（　　）。

A. 运动与保健　　B. 校本课程　　C. 信息技术　　D. 康复训练

· 简答题

①简述特殊教育课程的基本特点。

②简述特殊教育学校义务教育课程标准的主要结构。

③简述特殊教育学校课程实施的主要工作内容。

④简述特殊教育学校课程发展的历程。

· 论述题

①论述特殊教育学校课程实施的基本理念及具体表现。

②论述特殊教育学校的课程改革趋势。

本章阅读书目

[1]顾定倩. 聋校课程与教学[M]. 北京：北京师范大学出版社，2011.

[2]朴永馨. 特殊教育课程与教学[M]. 大连：辽宁师范大学出版社，2002.

[3]钱志亮. 盲校课程与教学[M]. 北京：北京师范大学出版社，2013.

特殊教育教学概述 —— 特殊教育教学的概念
特殊教育教学的原则
特殊教育教学的任务

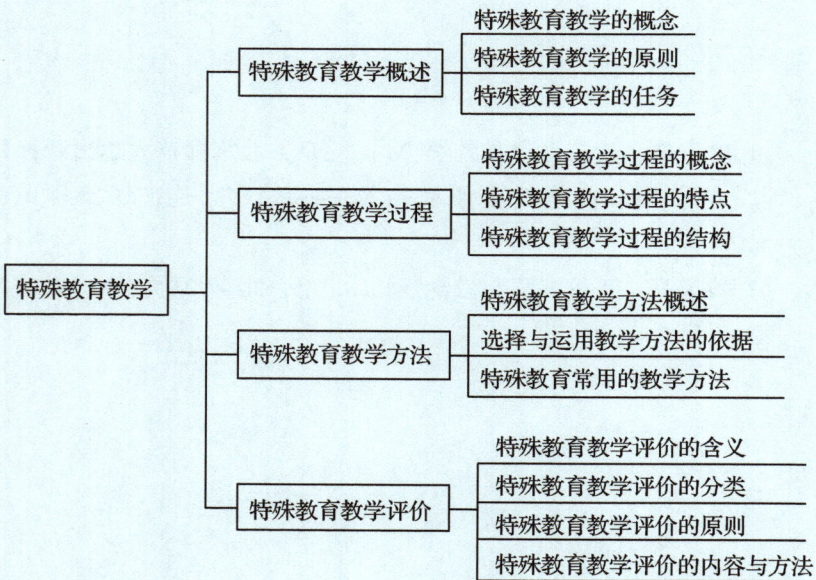

特殊教育教学过程 —— 特殊教育教学过程的概念
特殊教育教学过程的特点
特殊教育教学过程的结构

特殊教育教学

特殊教育教学方法 —— 特殊教育教学方法概述
选择与运用教学方法的依据
特殊教育常用的教学方法

特殊教育教学评价 —— 特殊教育教学评价的含义
特殊教育教学评价的分类
特殊教育教学评价的原则
特殊教育教学评价的内容与方法

本章导读

与普通儿童相比,特殊儿童的心理、生理有一定局限,这给特殊教育教学带来了困难。教学是有规律可循的,合格的特殊教育教师会在教学中探寻和掌握这些规律,遵循特殊教育教学的原则,掌握特殊教育教学的方法,在实际教学中运用这些规律指导自身特殊教育教学的实践,以期提高特殊教育教学水平和质量。本章介绍特殊教育教学的概念、原则和任务,特殊教育教学过程,特殊教育教学方法,以及特殊教育教学评价。通过对这些内容的学习应该能建构出特殊教育教学相关理论的基本框架。

第一节
特殊教育教学概述

一、特殊教育教学的概念

教学工作是学校工作的核心,教学质量直接影响人才培养的质量、学生素质的发展。广义的教学指与一般生活经验相区别的活动,很多时候与教育同义。狭义的教学指以教师的教和学生的学为主要形式,通过传授知识技能,培养思想品德,对学生的身心进行多方面影响的活动。[1]

特殊教育教学是由特殊教育教师在一定的教育环境下给予特殊儿童专业指导,逐渐使其改变自己的行为方式,并增长知识、发展技能、提高适应能力的过程;是教师的教与特殊儿童的学相统一的活动。它不仅像普通教学那样,在德、智、体、美、劳诸方面对儿童进行教育,而且特别强调进行补偿缺陷和发展优势的教学,特殊教育教学必须考虑"教什么"及"如何教"的问题,例如,教盲童学习盲文和定向行走,对聋童进行听力、语言训练,对智力障碍儿童进行感知觉和动作能力的教育训练等,更加注重整体性和统一性的教学。特殊教育教学不是简单的教与学的组合,而是教与学的统一;两者处于同一个系统且相互依存,并不是独立存在的,如教与学、讲与听、问与答、授与受、演示与观察、示范与练习等都是密不可分的。当然,在这个过程中,教师是教育者,学生是受教育者,两者的地位和作用是不同的。离开了学生的学,教师

---

[1] 柳海民:《教育学原理》,199 页,北京,高等教育出版社,2011。

的教就没有依据与价值。

二、特殊教育教学的原则

教学原则是依据一定的教育教学目的，遵循教学过程的规律而制定的指导教学工作的基本要求。它是指导教学活动的一般原理，既指导教师的教，也指导学生的学，是有效进行教学必须遵循的基本要求，应贯彻于教学过程的各个方面。[①] 教学原则在教学活动中的正确和灵活运用，对提高教学质量和教学效率有重要的保障性作用。特殊教育的教学原则指根据特殊教育的目的、任务、教学过程规律和学生认识活动的特点而确定的特殊教育教学活动必须遵循的基本要求。它是对特殊教育教师有效的教学经验的总结，反映特殊教育教学的客观规律，贯穿于特殊教育教学工作，指导特殊教育教师选择教材、备课和教学。

特殊儿童的教学活动与正常儿童的教学活动并无本质上的差别，因而有许多共同遵循的教学原则。例如，启发性原则、循序渐进原则、因材施教原则、科学性与教育性相结合原则等，它们是所有教师在教学中都必须遵守的基本原则。同时，特殊儿童存在身心发展的障碍，这些障碍必然影响其学习的过程和效果，不同障碍之间的差异较大，因此，针对特殊儿童的教育教学还必须遵循一些其他原则。

(一)直观性原则

直观性原则意为在教学活动中，通过学生直接观察所学事物，或者通过教师形象的语言描述，引导学生对所学事物及学习过程形成清晰的表象，使学生获得感性知识并丰富直接经验，使他们能够正确理解书本知识，同时发展认识能力。[②] 教师应尽量利用学生的多种感官和已有经验，通过各种形式的感知，丰富学生的直接经验和感性认识，使学生获得生动的表象，从而比较全面、深刻地掌握知识。乌申斯基曾对这个原则有过论述："一般来说，儿童是依靠形式、颜色、声音和感觉来进行思维的。"[③]特别需要注意的是，应正确选择直观教具和现代化教学手段，将直观实物与讲解相结合，同时重视直观语言。直观性原则下的教学手段种类繁多，较多采用的有三类。

1. 实物直观

实物直观是通过实物进行的，教师直接将对象呈现在学生面前，包括实物、标本、实验、参观等。学生在学习生活中遇到比较陌生的内容时，实物直观能够最有效和充分地帮助其提高理解能力，掌握必需的感性经验。

---

①② 柳海民：《教育学原理》，219～220页，北京，高等教育出版社，2011。

③ 转引自曹孚：《外国教育史》，255页，北京，人民教育出版社，1979。

2. 模象直观

模象直观是运用各种手段模拟实物，包括图片、图表、模型、幻灯片、录像、录音、电影、电视等。实物直观虽然具有真实有效的特点，但往往因受到实际条件的限制而无法使用，模象直观则能有效地弥补实物直观的缺陷。特别是由于现代技术在教育领域的应用，模象直观的范围更加广泛。

3. 语言直观

语言直观是教师运用自己的语言，借助学生已有的知识经验进行比喻描述，引起学生的感性认识，以达到直观的效果。与前两种相比，语言直观可以最大限度地摆脱时间、空间、物质条件的限制，是最为便利和经济的。语言直观的运用效果主要取决于教师本人的素质和修养。

直观性教学原则符合学习者的认知规律，因此该原则对所有学习者都有很高的应用价值。知识的学习大部分是间接性的，在学校教育中，许多内容是无法在日常生活中被直接感受到和观察到的。在学习这一类内容时，学习者必须依赖大脑中已有的表象和概念进行合理的推理和想象。如果学习者头脑中缺乏表象，逻辑思维能力较差，那么他很可能不理解所学内容。特殊儿童中，听力障碍儿童的思维方式更倾向于直观形象思维，所以借助客观事物来学习、把握抽象概念的直观教学既符合他们直观性的认识和思维特点，又可以使枯燥的内容变得富有趣味，从而事半功倍。例如，学习"香蕉"一词时，教师可以直接出示实物，然后问学生这是什么，它的颜色、形状、味道、用途是怎样的，等等。又如，特殊儿童因为有认知障碍，社会经验不足，思维能力低下，所以在学习中常常出现表象缺乏、逻辑思维受限、推理困难等问题，而直观性教学原则能够帮助学生理解学习内容，对特殊儿童的应用价值非常高。但值得注意的是，教师在教学中运用该原则时应该充分考虑教学内容、教学目标、教学任务和学生已有的知识结构，还要根据特殊儿童的不同类型，慎重选用直观教具。

(二)启发性原则

教学的启发性原则是根据教学过程中教师教的主导作用和学生学的主体性相统一的规律提出来的。教学活动要通过教师的启发诱导，使学生处于积极的状态，充分发挥学生的主动性。因此，在教学中，教师要把学生置于主体地位，激发学生的学习兴趣和求知欲，启发学生的积极思维，引导他们独立思考，主动探索，生动活泼地学习，自觉地掌握科学知识和技能，发展自己的能力。同时，教师要善于建立民主、平等的师生关系和生生关系，创造民主和谐的教学氛围。要调动特殊儿童学习的主动性，首要的就是激发和培养他们的学习兴趣和求知欲，使学生爱学、想学、用功学。激发他们的学习兴趣和求知欲的方法多种多样，如引起悬念、创设问题情境、了解学习结果和主动讲授等。引导学生认真钻研、勤于思考，鼓励他们提出疑问和不同意见，运用已有的知识进行比较、分析、归纳、演绎、判断、推理等，使他们在理解知识的同时，掌握科学的学习方法，提高分析和解决问题的能力。

（三）巩固性原则

巩固性原则是指教师在教学中要引导学生在理解的基础上牢固地掌握知识和基本技能，并将之长久地保持在记忆中，在需要的时候能够准确无误地呈现出来。[①] 贯彻巩固性原则的基本要求是：在理解的基础上进行知识巩固，重视组织复习的作用，及时检查学生的学习质量。该原则是针对一些特殊儿童识记慢、遗忘快、不善运用有效记忆策略的特点提出的一项教学原则。记忆障碍和不良记忆策略导致特殊儿童的学习效率低下，教师要减缓学生对所学内容的遗忘，就必须加强巩固练习。

（四）循序渐进原则

教学要按照学科基础知识的逻辑顺序和学生认知发展的顺序进行，使学生系统地掌握基础知识和基本技能，促进学生智力和认知能力的发展。学生的认识活动是一个由简单到复杂、由低级到高级的发展过程。循序渐进原则反映了科学知识本身的特点和学生智力发展的规律。坚持循序渐进原则，就应当按照学科知识的系统性进行教学，注意各学科之间的联系；按照学生认识活动的顺序进行教学，由浅入深、由简到繁。对于特殊学生而言，教师要按照他们的认知特点和学习能力，为他们设计适宜的教学量。例如，教师在教学时，有必要将所讲授的内容设置为便于学生理解和操作的若干教学任务和教学环节，带领他们在具体活动中学习和巩固知识、技能。另外，要根据每个学生的接受能力安排教学分量。特别是教学中的难点、重点，教师一定要坚持低起点、小步子的原则，并根据学生的能力水平设计教学的难度和坡度，促进学生的学习。

（五）因材施教原则

特殊儿童个体之间存在知识基础、学习能力、智力水平及思维方式的差异，因此，教师的教学要处理好统一要求与因材施教的关系。教学既要面向全体学生，提出统一的学习要求，促进学生在德、智、体诸方面全面发展；又要针对学生的个别差异，采取多种不同的教学措施，使学生的才能和个性得到健康发展。为贯彻这一原则，教师首先要深入了解学生的发展特点和能力水平，然后坚持集体教学和个别指导相结合的方式进行教学。在具体实践中，不同特殊儿童个体之间的差异大，每名特殊儿童都有独特的教育需求，教师应为每个特殊儿童设计他们所能完成的基本学习量，然后采取

---

① 顾明远：《教育大辞典（增订合编本）》，452 页，上海，上海教育出版社，1998。

相应的办法促进其发展；核心是教师在设计教学活动时，要充分考虑不同特殊儿童的不同学习能力、学习基础和学习需要。因此，因材施教原则对于特殊儿童而言，包括教学内容、要求、手段和方法上的设计。

(六)理论联系实际原则

理论联系实际原则是指教学过程中把书本知识与生活实际结合起来，让学生从理论与实际的联系中理解知识，引导学生运用所学的知识去分析和解决问题。教学过程要联系社会生活的实际，联系学生自身发展的实际。只有让学生把知识的讲授与生动的实践结合起来，把学习知识与运用知识结合起来，才能解决好教学过程中间接经验与直接经验、理性认识与感性认识、动脑与动手的关系。一方面，教师要切实加强基础知识的教学；另一方面，教学要联系实际，教师要引导学生把知识运用于实际，进而发展学生的技能、技巧，培养学生的能力。

(七)科学性与教育性相结合原则

这一原则又称科学性与思想性相结合原则，是指既要把现代先进科学的基础知识和基本技能传授给学生，又要结合知识和技能内含的德育因素对学生进行思想政治教育和道德品质教育。具体而言，针对特殊儿童的教学科学性原则主要包括三个方面：第一，教学的设计者所选取的内容必须是科学的，即教师所讲授的知识和技能是符合科学精神的；第二，教学内容的组织形式、呈现方式、教学序列及教授方法是科学的，即教学方法既符合学科教学的规律，又符合特殊儿童的学习特点；第三，教学评价内容和评价方式也是科学的。

(八)量力性原则

量力性原则又被称为可接受性原则，是指教学活动要适合学生的发展水平。这一原则是为了防止教学难度低于或高于学生的实际认识掌握程度而提出的。这一原则的基本观点是：教学工作要适合儿童的年龄与心理特点，要根据学生的接受能力来开展。对于特殊儿童来说，这项原则尤为重要。教学内容必须符合他们的生理和心理发展水平，不可超过他们的理解能力。教学进度也要适应特殊儿童的接受能力，不可使他们负担过重。一方面，教学受特殊儿童的身心发展规律的制约；另一方面，教学在促进特殊儿童身心发展方面起着主导作用。

三、特殊教育教学的任务

不管是普通学校的教学还是特殊教育学校的教学，其基本任务都是促进学生的全面发展，是学校教育目的的具体体现，指明各教育阶段、各学科应实现的目的、要求。教学任务既是特殊教育教学活动的出发点，也是确定教学内容、选择教学方法和教学手段的依据。教学任务是有层次的，具体有以下三个方面。

(一)引导学生掌握科学文化基础知识和基本技能

特殊儿童首先是儿童，对其教学的首要任务就是引导其掌握科学文化基础知识和基本技能，只有认真地完成好这个首要任务，使学生掌握一定的科学文化基础知识和基本技能，教学的其他任务才有可能实现。基础知识是教学大纲规定的学生必须掌握的关于自然、社会和人类思维的基本知识，具体体现为各门学科教材中的基本事实、概念、定理、法则及体系。此外，学生还必须掌握一定的基本技能。所谓的技能，即运用一定的知识，通过练习而获得的能够在实践中顺利完成某种任务的比较稳定、系统的动作方式。它由智慧技能、动作技能和认知策略三部分构成。智慧技能是通过练习而形成的完成一定的智力活动的能力；动作技能是通过练习而形成的完成一定的肌肉运动的能力，它以明显的行动表现出来；认知策略是学生调节自己内部认知活动的技能。

(二)发展学生的智力、创造才能和体力

现代教学要自觉发展学生的智力、创造才能和体力。智力具体指个体在认识过程中表现出来的认知能力系统，它包括观察力、记忆力、想象力和思维力，是个体顺利完成各种活动所必需的基本能力，集中表现为反映客观事物的深刻性、正确性、完全性以及应用知识解决实际问题的速度和质量。创造才能是个体首创新颖的有社会价值的产品或对问题做出独特解答的能力。在现代社会，科技飞速发展，对创新精神和创造能力的培养尤为重要。另外，教学不仅要适应学生的发展水平和需要，切合实际地减轻学生过重的学业负担，还要促使学生掌握锻炼身体的知识和技能，养成锻炼身体和讲究卫生的习惯，达到增强体质、促进发展的目的。因此，教学还要十分重视发展学生的体力。体力主要指身体的正常成长发育与身体各个器官的活动能力。发展体力不只是体育课的任务，各科教学都应该考虑这一任务的完成。

(三)培养学生的社会主义品德和审美情趣，奠定学生的科学世界观基础

培养学生的良好思想品德既是我国社会主义教育目的的要求，也是学生自身发展的需要，还是教学规律的体现。教师在进行教学时，会以一定的思想政治观点和道德品质影响学生，教书与育人始终是结合在一起的。教学活动中大量的审美因素既是进行审美教学的主要手段，也是教育活动的有机组成部分。培养学生健康的审美观念，提高其感知美、欣赏美和创造美的能力，既能陶冶学生的道德情操，又能使学生形成

高雅的审美情趣，从而促进学生身心健康发展。学生在班级的集体活动中依据一定的规范和要求调整自己的思想和行为，这为学生形成科学的世界观提供了坚实的基础。

上述几方面是相互联系、相互促进的，其中传授基础知识和基本技能是基础，发展智力是核心，发展体力是保证，思想品德教育是方向。尽管这些任务的完成程度会因人而异，但它们始终是教育发展的方向并贯穿教学的全过程。

第二节
特殊教育教学过程

一、特殊教育教学过程的概念

教学过程由教师、学生、教学内容、教学手段等要素构成，是教师根据教学目的、学生身心特点而有计划地引导学生掌握科学文化知识、认识客观世界的过程，也是学生身心全面发展的过程。就本质而言，教学过程就是认识的过程。从发展演变来看，教学过程理论的发展经历了四个阶段：一是认识发展说，即教学的过程是教师有目的、有计划地组织引导学生掌握科学文化知识和基本技能，发展认识能力的过程；二是双边活动说，即教师的教与学生的学是相互结合的双边过程；三是多重本质说，即不管是教师的教还是学生的学，过程都是有多层次、多角度的；四是交往本质说，即教学是教师与学生互为主体，保证、生成和发展的过程。此外，关于教学过程还有特殊认识说、发展说、层次类型说、传递说等。

二、特殊教育教学过程的特点

教学过程是一个特殊的认识过程，是学生在教师的引导、帮助下认识和发展的过程，是一个包含多种因素的复杂的运动系统。按照对教学过程的理解，可将其特点概括为以下五个方面。

(一)直接经验和间接经验的结合

学生认识世界的两种途径，一是学生通过亲自参与活动与探索来获取直接经验；二是学生将他人已有的知识成果作为中介来获取间接经验，即通过学习人类在生产生活中积累并整理出来的成果来获取间接经验。这就要求教师的教学也应该将直接经验和间接经验结合起来，正确处理教授系统的科学文化知识与丰富学生感性知识的关系，其中也包括教与学的关系、理论与实践的关系。这一特点主要体现为以下三点。

第一，学生以学习间接经验为主。从个体认识的角度看，个体认识世界始于直接经验，随着年龄的增加，其交往范围不断扩大，经验不断积累，知识越来越多，能力越来越强；但个体的活动范围是有限的、狭小的，仅依靠直接经验认识客观世界是不现实的，尤其是特殊儿童，其活动范围更加受限。人类在漫长的历史长河中积累了大量知识和经验，创造的文明成果及对客观世界的认识和改造都已经达到很高的水平。特殊儿童想要适应已高度发展的社会，就必须掌握人类积累的最基本的科学文化知识，必须以学习间接经验为主。否则，个人不可能在短时间内达到人类认识世界的基础水平，这必定会影响社会的发展。以间接经验为主组织学生学习是学校为学生设计的一条捷径，教师将人类世世代代积累的文化知识加以选择，使之简约且有体系，并将之编排成课程，引导学生循序渐进地学习，且注意避免人类在历史发展中犯过的错误，使学生用最短的时间、最高的效率掌握已有的文明成果，从而促进社会的发展。

第二，学生的学习以直接经验为基础。知识中有概念、原理、定律等，属于抽象的理性知识，这些知识对特殊儿童来说是不易理解和掌握的，特殊儿童要把这些抽象知识转化为自己理解的知识，就要依靠个人以往的经验积累，或者以现时获得的感性经验为基础。

第三，防止偏向于系统知识的传授或直接经验的积累。在处理传统知识传授和直接经验积累的关系时，教师要防止两种倾向。一种倾向是在传统教育观的影响下，重视知识内容的理论性、完整性，教师讲、学生听，忽略学生的感性认识，忽略学生的独立操作和主动探索，忽略直接经验的积累，这最终导致灌输式课堂。对于特殊儿童来说，他们的注意保持时间相对更短，信息抽象概括能力较弱，这种教学将会让特殊儿童失去学习的兴趣，进而降低教学的质量。另一种倾向是在实用主义教育观的影响下，重视学生个人经验的积累，注重从做中学，强调学生通过主动探索来获得和发现新知识，而忽视知识的体系和学科性，使学生难以系统地掌握科学文化知识。实际上，特殊儿童并非都有能力靠主动探究获得知识。这两种倾向都违背了教学的规律性，人为地将直接经验和间接经验割裂开，影响教学质量的提高。

(二)掌握知识和发展智力的关系

智力的发展依赖于知识的掌握，知识的掌握也依赖于智力的发展。在教学过程中，系统的知识是学生发展智力的必要条件，智力发展离不开知识和经验，掌握知识的过程也是运用智力的过程。人类知识积累和整理的结果本身就蕴含认识的方法，学生只有掌握这些认识的方法，并自觉地运用于实际的学习生活，才能逐步发展自己的智力。同时，学生对知识的掌握依赖于自身智力的发展。智力是人们获取知识的必要条件，如智力障碍儿童的接受能力较低，相应地，学习效率也较低，在学习中有较多的困难。科技的迅猛发展带来的现代化教学对学生的智力提出了更大的挑战，他们更需要发展自身的创造力，只有这样才能掌握现代知识、适应社会。

教学必须引导学生自觉地掌握知识，并运用知识发展他们的智力。知识不等于智力，学生知识的多少不等于智力发展水平的高低。如果学生为了学习知识仅进行机械记忆和知识搬运，则会缺乏思考能力，缺乏对实际问题的处理能力。因此，不是任何教学都会促进智力的发展，智力的发展与学生获得知识的方法和运用知识的创造性态度密切相关。教学应启发学生了解掌握知识的过程，学会获取知识的方法，学会独立思考，学会逻辑推导与论证，能自如地、创造性地用知识解决实际问题，从而实现提高智力水平的目的。

（三）掌握知识和培养思想品德的关系

学生思想水平的提高以知识为基础。人们思想观念的形成离不开认识的发展，需要以一定的经验和知识为基础。在教学中，教师向学生传授知识，引导他们接触自然和社会，进而认识人生、社会、宇宙及其发展；既增长他们的知识、智慧和才能，又帮助他们认识社会发展的规律，掌握时代的潮流，分辨是非，评价善恶，树立正确的人生观、价值观。

教学只有培养学生积极的求知态度才能提高其思想水平。学生掌握了某种知识并不意味着其思想水平就获得了提高。有时学生领悟或掌握了某种道德规范，但并不一定能用它来指导自己的行为，如此便很难将掌握的知识转化为自己的观点。

反过来，思想水平的提高可以推动知识的学习。学生掌握科学文化知识的过程是能动的过程，他们的思想状况、学习目的与态度对学习都有很重要的作用，如果将学习的目的与个人的幸福、社会的发展、文化的昌盛、祖国的建设等联系起来，就能给学生正确的学习方向和巨大动力。所以，教学是有教育性的，要防止单纯传授知识而忽视思想教育。

（四）智力活动和非智力活动的关系

非智力活动依赖于智力活动，也可推动智力活动。智力活动主要是学生为认知事物、掌握知识而进行的观察、思维、记忆和想象等心理因素活动。非智力活动主要指学生在认知事物、掌握知识的过程中兴趣、情感、意志和性格等心理因素的活动。这两者在学生认识客观世界时相互作用、相互渗透。在教学过程中先发生的心理活动是智力活动，它是获得知识、认识事物的前提条件，但智力活动也需要非智力活动的推动与调节。

教学应按照需要调节学生的非智力活动，从而有效促进学生的智力活动，帮助其完成教学任务。特殊儿童在认识过程中的注意是很容易转移的，情感是很容易变化的，兴趣是比较低的。因此，在特殊教育教学中，智力因素和非智力因素的关系是复杂的、多变的。对非智力活动做出调节，一方面，可以通过改变教学本身，使教学内容更有知识性、趣味性、启发性、民主性，更适合学生的年龄特点，更具有吸引力，从而激发学生的兴趣、求知欲、毅力、信心和抱负，使他们养成良好的非智力因素品质；另一方面，可以提高学生的自我教育能力，逐步培养他们的自我教育能力，逐步培养他们的求知欲、毅力、信心、抱负，使他们能自觉地按照教学要求调整自己的非智力因素活动。

(五)教师主导作用和学生主动性的关系

发挥教师的主导作用是学生有效学习的必要条件。教学要充分发挥教师的主导作用。教师受过专门的训练，精通所教的知识，了解学生的身心水平，懂得如何组织教学；学生只有借助教师的教导和帮助才能有效地获取知识，提高自身的身心发展水平。教师的主导作用主要在于启发、引导学生积极学习，按照教学任务和教学过程的规律性对学生进行启发、诱导、讲解、训练和指点，从而使学生积极且高效地掌握知识，提高自己的才能和修养。反过来，学生的调节能力如何、学习效果如何是衡量教师主导作用发挥的指标。

调动学生的学习主动性是教师有效教学的主要因素。学生不仅是教学的对象，而且是教学的主体。教师的教固然重要，但对学生来说是外因，外因必须通过内因才能起作用。一般来说，学生的主动性越强，积极性越强，求知欲、自信心、刻苦性、探索性和创造性越强，教学效果就越好。主动性的发挥情况会影响学生个人的学习效果和身心发展水平。

三、特殊教育教学过程的结构

(一)激发学习动机

学习动机是推动学生努力学习的内部动力。教学应从激发学生的内在动机开始，使学生做好学习的心理准备。学生学习是否积极，关键在于其是否有对知识的需求。因此，有经验的教师在教学开始时善于向学生提出问题来引发学生的学习动机。一般来说，学生只有在面临问题、困境，需要寻找答案或取得突破时，才能产生积极学习的动力。

激发学生学习动机的方法有很多，可以直接向学生提出思考问题，可以讲述有趣的故事，可以演示或直接给予新知识的直观材料，也可以指出新知识的重要价值，等等。具体方法可以根据实际情况来选择。

激发学习动机的目的在于引导学生积极学习和运用知识，所以这个阶段不宜用时过多，一旦学生的兴趣被激发出来，就立即引导他们进入学习过程，并在学习过程中不断强化他们的学习动机。

(二)领会知识

领会知识是指学生在教师的引导下感知和理解教材。这是教学的中心环节，包括感知教材和理解教材两个阶段。

1. 感知教材

感知教材就是学生对所学教材的内容产生感性认识。教材是经过精心挑选的书本知识，具有间接性、抽象性。要使学生准确地理解教材内容，就必须有感性认识和理性认识同时参与。学生对教材的感知主要建立在已有的生活经验和有关的感性认识的基础上。学生对教材感知得越全面、越充分，就越容易形成表象和概念，对教材的理解也就越透彻。

在特殊教育教学中，感知教材有三种途径：第一，教师针对教学内容，组织学生参观、实习、实验或调查，以此获得感性印象，形成表象；第二，教师充分利用各种直观教具，有目的地进行直观演示；第三，教师利用口语对所教内容进行生动形象的描绘。

2. 理解教材

理解教材即教师引导学生在感知教材的基础上，通过分析、判断、推理，揭示事物发展变化的规律。理解教材的主要目的是引导学生对教材内容进行思维加工，由表象上升到概念，由感性认识上升到理性认识。

在实际教学中，理解教材一般有两种方式：第一，引导学生对事物和现象进行分析与综合、抽象与概括、比较与对照、归纳与演绎，使学生逐步从具体形象思维向抽象逻辑思维过渡；第二，在上述思维活动的基础上，帮助学生确定概念的内涵和外延，让学生学会从间接经验中找到事物的本质属性，引导学生从已知拓展到未知。

(三)巩固知识

巩固知识即在理解教材的基础上，通过各种形式的复习，对学习过的教学内容进行再记忆，并在头脑中形成稳固的联系。巩固知识往往渗透于教学的全过程，不一定是一个独立的环节，但作为理解教材后的一个必要阶段，是值得教师始终注意的重要活动。在实际教学中，为了使学生熟记基本知识、防止遗忘，教师需要做一些专门的巩固工作，即进行各种形式的复习。只有经过必要的复习，知识才能被牢牢地嵌在大脑中，以备随时提取。特殊教育教学的对象具有特殊性，他们的记忆速度、容量、保持时间都有较大差异，需要教师不断运用多种方法对所学知识进行巩固。复习的主要目的是与遗忘做斗争、保持记忆。因此，特殊教育教师要特别注意了解学生记忆的特点和规律，结合这些特点和规律指导学生使用科学的方法进行记忆，主要包括以下几点：不断强化记忆的目的，明确记忆任务，激发学生对记忆的兴趣，从而增强记忆的自觉性；指导有能力的学生掌握记忆的方法，如在理解的基础上进行意识记忆，也可以学习记忆术，把机械记忆与意义记忆结合起来；引导学生善于在阅读过程中思考，把知识内化后再进行记忆；指导学生把集中记忆和分散记忆结合起来，学会正确地分配复习时间；指导学生采用多种方式回忆所学知识，如联想、推论等。

(四)运用知识

运用知识即运用所掌握的理论知识来解决实际问题，是教学过程中教师引导学生把知识转化为能力的阶段。运用知识可分为两类，一是在教学过程中的运用；二是在社会生活中的运用。在教学过程中的运用又可分为两个阶段：一是最初运用阶段，这一阶段主要培养学生运用知识的准确性；二是熟练运用阶段，这一阶段主要培养学生运用知识的速度和效率。

在教学过程中运用知识主要是通过教学性实践来获得的。例如，进行课堂及课外作业练习，进行课堂及课外教学实践操作。在这些活动中，教师参与指导，让学生先进行模仿，再学会改进和创新，逐步解决较为复杂的问题。

在社会生活中运用知识主要是通过组织学生参加一些社会实践活动来实现的。例如，参加社会小调查，进行创作活动。这类活动比较复杂，组织工作量大，也包含对学生融合适应问题的处理；这类活动要求学生不仅能综合运用所学的各种知识，还能克服心理上的不适应。在这个过程中，教师应引导学生独立思考、创造性地解决问题，并给予其足够的社会支持。

(五)检查知识

检查知识即教师通过课堂提问、检查课内外作业、进行各种测验等来检查学生对知识、技能的掌握以及记忆能力的发展情况，从而调节和改进教师的教与学生的学。检查知识的目的是调整和改进教学的内容、方法和进度，使师生协调一致地进行教与学，从而提高教学质量。检查知识有两种方法：一种是随堂检查，如课堂提问、课堂内作业检查及随堂小测验；另一种是单一检查，即在某个课题或某个章节结束后进行专门检查。

以上的五个阶段是根据学生认知过程的特点划分的，展现了教学过程中学生认识活动的一般顺序，对特殊教育教学有普遍意义，但要注意防止在运用过程中出现简单化和形式主义倾向。

第三节
特殊教育教学方法

一、特殊教育教学方法概述

教学方法指师生为完成一定教学任务在共同活动中所采用的教学方式、途径和手段。选用的依据是：教学目的、任务的要求；课程性质和教材特点；学生特点；教学时间、设备、条件；教师个人条件。[①] 虽然特殊儿童是一个特殊的受教育群体，但他们与普通儿童具有相同的学习顺序、学习特点和学习方式。鉴于此，一些普通教育机构的通用教学法同样适用于特殊儿童。但是，由于特殊儿童存在某一或某些方面的障碍，他们在认识事物、感受和理解外界刺激、思维与表达方面有别于普通儿童，这就要求教师在教学过程中要依据特殊儿童的身心特征、学习特点和学习方式，选择或创造更有效的教学方法。选择和运用有效的教学方法对提高特殊儿童的学习兴趣、促进其对所学习内容的理解与记忆、实现教学目标具有非常重要的意义。

针对特殊儿童的教学常用教学方法有任务分析法、讲授法、谈话法、讨论法、演示法、参观法、练习法、情景教学法、伙伴帮助法、个别指导法、游戏教学法和康复教学法、模仿法等。

二、选择与运用教学方法的依据

一般来讲，教师对教学方法的选择应把握四项原则。

(一)符合教学规律和教学原则

符合教学规律和教学原则是选择教学方法最根本的原则。一切方法的选择都是为了更好地为教学服务。只有与教学规律和教学原则相适应，教学方法才能成为推动教学发展的动力。

---

① 顾明远：《教育大辞典(增订合编本)》，713 页，上海，上海教育出版社，1998。

(二)符合教学目的和任务

尽管教学方法的功能具有多面性，但在教学实践中，教师要根据不同的教学目的和任务选择更加合适的教学方法。这就需要教师在教学设计阶段认真思考教学目的与任务，选择恰当的教学方法。

(三)适合教学的内容

不同学科内容、不同性质的教材有不同的教学特点与要求，因而要采用不同的教学方法进行教学；即使在同一学科中，不同的教学内容也有不同的学习目的，因而也要采取与之相适应的教学方法。

(四)符合学生的特点

学生的特点既包括学生身心发展的特点，也包括学生教养、教育和发展上的准备程度、班集体的特点等。由于以上因素的不同，教学和教育的方法要随之改变，应该根据学生的体力、生活经验、技能和知识水平及抽象思维能力等情况选择教学方法。

三、特殊教育常用的教学方法

(一)任务分析法

任务分析法也叫工作分析法，它是对特定的复杂学习行为和技能进行分析评定的一种方法，旨在使学生逐步、有效地掌握该行为或技能。任务分析法是以课程为基础的两种主要教学方法之一，被认为是最具有实际价值的学习障碍诊断方法之一，在学习障碍教育领域中受到越来越多的重视。[1] 任务分析法在特殊教育教学中的使用价值非常高，该方法几乎可以覆盖所有技能类教学内容。由于特殊儿童的观察力、理解力和记忆力相对较差，在学习比较复杂的操作性技能时，因不能对操作步骤进行有效观察、分析和记忆而遇到操作上的困难。为帮助特殊儿童观察清楚并掌握正确的操作步骤、规范的操作程序，教师需要对相对复杂的技能进行动作技能分解，即将复杂的技能分解成若干个容易观察、容易模仿的细小操作步骤，通过帮助学生一步步地进行操作实践，使他们掌握技能完成的要点，最后将每一个细小步骤联结成一个完整的操作技能。任务分析法符合特殊儿童教学中的循序渐进原则。

---

[1] 林崇德、辛涛、邹泓：《学校心理学》，208 页，北京，人民教育出版社，2000。

(二)讲授法

讲授法是教师运用口头语言进行教学的方法，其主要特点是教师通过语言并适当辅以其他教学手段向学生传递知识信息，促进学生的理解，启发学生的思维，发展学生的能力。讲授法是教学中最基本的教学方法，也是特殊教育教学中运用得最广泛的教学方法，它既适用于传授新知识，又适用于巩固旧知识。讲授法中教师以传授知识为主，学生以接受知识为主。优点是充分发挥以教师为主导的作用，学生能在短时间内获得大量的知识信息，条理清楚、层级分明。缺点是学生相对被动，容易产生学习上的惰性。

(三)谈话法

谈话法又称问答法，是最传统的教学方法之一。它是教师按一定的教学要求向学生提出问题，要求学生回答，并通过问答的形式引导学生获取和巩固知识的方法。谈话法又分为复习谈话和启发谈话两种基本形式。谈话法既可以用于班级教学和小组讨论，也可以用于个别化教育训练。谈话法有较大的灵活性，它既适用于讲授新课，又适用于复习、巩固旧知识，因此谈话法常用于班级或小组讨论的教学。生生或师生对具体问题的谈话、讨论不但可以扩大特殊儿童的视野，发展他们的思维，而且能够增强其自主学习的意识，并在这个过程中学会合作、学会尊重、学会交际技巧，还能够学会对社会、对他人负责。该方法体现了特殊儿童参与社会的均等权利和机会。但是，使用该方法时有几点需要教师注意：首先，谈话法对参与者有一定的要求，即参与谈话的人不仅要有较好的社会认知能力、听力理解能力、筛选和概括信息能力，还要有一定的组织思想、选词造句等清晰表达的能力，因此对认知发展和语言发展相对落后的中重度特殊儿童不太适用，但对轻度特殊儿童可以使用；其次，采用此方法前教师要有充分的准备，努力通过提问、讨论等方法帮助学生把握所学内容的重点和难点；最后，谈话必须建立在学生已经掌握相关知识的基础上，并据此加强引导、活跃思维、启发思考。

(四)讨论法

讨论法是为实现一定的教学任务，指导学生就教学中的某一问题相互启发、相互学习的教育方法。其优点在于能更好地发挥学生的主动性、积极性，有利于培养学生的独立思考能力、口头表达能力，促进学生灵活地运用知识。可以培养学生的合作精神，激发学生的学习兴趣，提高学生学习的独立性。[1] 在特殊教育教学中，讨论法这一

---

① 顾明远：《教育大辞典（增订合编本）》，1526 页，上海，上海教育出版社，1998。

教学方法很关键。首先，讨论法蕴含对人的尊重，激励学习者积极发言思考，发展人的主体性，体现更多的思想开放性。其次，讨论法注重对人的思想的启发，教师通过提出问题激发学生的思考，把潜藏在学生意识深处的才能挖掘出来，把每一位学生视为新思想和新知识的创造者，让每一位学生都有机会展示自我、表达自我、开发自我，让每一位学生把握自己的思想，主动发展自我。最后，讨论法鼓励学生发展探究精神，在讨论法的框架内，任何理论、任何思想体系都是开放的，都可以被纳入讨论的范围并可能受到质疑，教师花费更多的时间和精力鼓励学生进行创造性活动。

（五）演示法

演示法又称示范教学法，是人类教育中最基本的教学方法之一。所谓演示法，就是教师通过展示实物、直观教具或示范性操作，使学生通过观察获得知识技能或巩固知识技能的教学方法。使用该教学方法时，师生之间可以同时进行视觉和口头上的交流，学生的语言障碍得到克服，师生之间可建立融洽的关系。采用演示法，教师可以通过演示实物、模型、图片、多媒体，使学生直接感知所学事物的形态，并进而准确理解和把握所学事物的具体特征；教师也可以通过演示动作、表情，使学生准确理解动作、表情的具体含义。总之，演示法不但能够形成或丰富特殊儿童的表象，还能扩大其社会认知和情感认知，促进其有效学习。因此，对特殊儿童而言，演示法具有非常重要的意义。该教学方法符合特殊儿童教学中的直观性原则。

（六）参观法

参观法是根据教学内容和教学目标，组织学生到特定地点进行现场观察学习，并通过现场观察使学生获得感性认识的教学法。特殊儿童平时可能不注意对社会、人和事物进行观察，因此其头脑中的表象贫乏。另外，特殊儿童具有借助现场环境理解话语和事物的思维特点，所以如果教学脱离具体环境去讲解某一事物或事件，特殊儿童则难以理解。为使特殊儿童能够充分理解教学内容，有时教师需要组织他们亲临现场，去观察和感受具体的人、物或环境。参观法不但能够使特殊儿童借助环境和实物理解所学内容，丰富其表象，还有助于特殊儿童在参观过程中学会观察的方法，学会提炼、分析和归纳等思考方法，最终形成解决生活问题的能力。目前特殊教育学校的综合实践课程大多采用此方法。参观法符合特殊儿童教学中的直观性原则。

（七）练习法

练习法又称巩固练习法，即指在教师指导下，通过对特定内容进行一定量的练习使学习者巩固所学知识，并将知识转化为技能。该方法也是普通学校最常用的教学方法之一。特殊儿童与普通儿童相比具有识记慢、遗忘快的特点，他们在学完一项内容后可能很快就遗忘，这使其学习很难获得进展。为使特殊儿童掌握所学知识，并将知识转化为技能，教师必须根据每一位特殊儿童的学习特点、记忆水平和所学习的内容设计一定形式、一定量的专门练习，并将练习程序化；通过不断的、程序化的练习，使特殊儿童理解和掌握特定学习内容，最终达成教学目标。练习法符合特殊儿童教学中的循序渐进、因材施教和巩固性等多项原则。

(八)情境教学法

情境教学法是教师依据教学内容，在课堂上设置教育情境并将学生置于该情境中，通过组织学生完成情境中的具体任务来帮助学生掌握知识和技能的教学方法。该方法与参观法有异曲同工之处，也是将学生安置于特定的情境中进行学习。情境教学法相较于参观法既可节省教学资源，又可灵活地运用，因此成为学校最常用的教学方法之一。针对特殊儿童的情境教学法有两种基本形式。一是在现实场景中学习，即在学校内设置专门的生活场景，教师借助该场景进行教学。例如，学校根据特殊儿童的生活教育需要，在校内设置一些专用教室，模拟家庭、超市、邮局等特定生活场所。教师根据需要让特殊儿童进入特定场景，通过让特殊儿童在模拟场景中执行特定的学习任务，使之获得知识、掌握技能。二是教师利用教学内容设计一些临时性教学情境，通过组织特殊儿童在该情境中扮演角色，使之体会学习的内容，如分角色朗读、分角色轮唱等。这种教学方法能加强特殊儿童对语言的理解与学习能力，对其理解生活规范用语具有很好的作用，同时还能活跃教育活动的气氛。情境教学法符合特殊儿童教学中的直观性、启发性、理论联系实际等原则。

(九)伙伴帮助法

所谓伙伴帮助法，就是依靠集体内伙伴的相互帮助以达到教学目的的方法。无论是在随班就读中还是在培智学校的课堂教学中，伙伴帮助法都普遍适用。随班就读的特殊儿童与普通儿童存在明显的差异，教师很难在同一教学时间内很好地兼顾特殊儿童与普通儿童的学习特点和需要。此时，如果教师能够发挥伙伴互助的作用，即安排既有爱心又有一定能力的伙伴帮助特殊儿童，就能大大减轻自身的教学负担，提高整个班级的教学效率。另外，在培智学校课堂中，教师也可以利用特殊儿童的差异，大胆使用伙伴互助的形式开展教学活动。如果教师在教学中能够合理使用伙伴教学资源，将不同能力水平的儿童组成学习互助小组，发挥伙伴学习的优势，则不但使伙伴双方实现情感上的互通，而且使帮助他人和被帮助的儿童获得学习上的共同进步。该教学法符合特殊儿童教学中的因材施教原则。

(十)个别指导法

个别指导法是教师在教学活动中照顾学生的个别差异，提出不同的要求，给予不同的指导，使每个学生都得到最佳发展的教学方法。该方法无论是在普通学校还是在培智学校，都得到了广泛的使用。例如，随班就读的特殊儿童很难适应普通学校的教学，教师通常会为这些学生制订个别化教育计划来指导他们，以此开展教育教学工作。

(十一)游戏教学法

游戏教学法是利用游戏向特殊儿童传授知识、培训其技能、矫正其缺陷的一种教学方法。游戏教学法对激发特殊儿童的学习兴趣、维持特殊儿童的注意力、促进特殊儿童的思维发展有一定作用。这种方法在特殊儿童教学中的使用较为广泛，特别是在学习某些知识性较强的内容时，儿童不易理解和记忆学习内容，而游戏教学法既可以避免儿童感到枯燥，又能最大限度地调动他们的学习积极性。游戏教学法符合因材施教、巩固性、直观性、启发性等多项特殊儿童教学原则。但值得注意的是，该方法并不适用于知识类的新授课，大多在复习课中使用。另外，游戏只是一种教学手段，切忌把游戏当作教学目标，而忽略了通过游戏活动学生应该掌握的知识或技能。

(十二)康复教学法

康复教学法即在教学过程中，教师有意识地设计一些有助于特殊儿童功能康复的教学活动。例如，一些特殊儿童有精细动作障碍，这导致他们出现构音、手部功能上的缺陷，影响他们的发音和书写。语文教师则可以结合"听话与说话"教学开展唇舌等口腔功能训练，以矫正儿童的构音缺陷；可以结合"写字"教学训练儿童手指、手腕的协调和控制能力，增强儿童书写时握笔、运笔的协调性。

(十三)模仿法

模仿法是让学生模仿教师的语言或动作，调整学生的行为直至行为协调，从而促进学生智力发展的方法。很多特殊儿童在独立思维和创造力上有比较大的障碍，但他们的模仿能力比较强，因此模仿法在特殊儿童的教育教学中具有很大的应用价值。教师可以充分利用特殊儿童的模仿能力，通过"教师示范—儿童模仿—教师指导—教师再示范—儿童再模仿—教师再指导"的方法开展教学。通过教师不断地示范、讲解和特殊儿童不断地模仿操作，特殊儿童逐渐掌握行为要领，最终形成技能。模仿法不但适用于体育、音乐、舞蹈、美术、手工、劳动技能、插花、养殖、烹饪等技能类课程的教学，也适用于语文(矫正发音、书写、造句、模仿的作文等)、数学(按照范例计算)、外语、常识等学科的教学，模仿法符合特殊儿童教学中的直观性、循序渐进等原则。

第四节
特殊教育教学评价

一、特殊教育教学评价的含义

教学评价是以教学目标作为评价的依据，通过可测量、可操作的方法，观察教育对象外显的行为变化及内隐的情感、态度、价值观等方面的变化，对教学的过程和结果的价值做出判断，并为被评价者的自我完善提供依据的过程。教学作为一种教师的教与学生的学统一的双边活动，教学评价也应对教师的教和学生的学做出相应的评价。通常教学评价包括四个步骤。第一步，建立评价目标：一是直接与学业成就有关的评价目标，包括知识和技能目标、情意目标；二是间接与学业成就有关的评价目标，包括学生的智能、性向等，学生的环境，学生身体的评价目标。第二步，选择评价样本：收集评价信息的方法主要有观察、问卷调查、访谈、作业检查、考试、家访和轶事记录等。第三步，收集评价信息：这一步应明确观察法和调查法的特点及其在收集评价信息中的重要作用、文献信息的来源、调查的一般步骤和要求、测验的用途、测验的质量分析。第四步，报告评价结果：评价结果报告要具备评价目标、时间、人员、方法、结果和建议等内容。

不同历史时期因政治、经济、文化发展的不同而对特殊教育的教学评价有不同的价值取向。传统的教学评价是以知识、能力为本位的评价，在以知识为本位的评价中，评价的重点不是教学的主体，即特殊儿童本身，而是客体的知识；知识是衡量特殊教育教学的标尺，并且这种衡量带有强烈的主观色彩，导致教师和特殊儿童间形成对立关系。从能力本位来说，特殊教育教学评价更趋向于准确的、定量的技术化评价，为了追求准确性，评价可能会尽可能地限制评价者对特殊儿童的定性评价，注重教学评价对能力的鉴定功能。而在现代素质教育教学评价思想的影响下，教学评价的目的指向促进特殊儿童的发展，教学评价站在终身教育的高度关注特殊儿童的发展，评价的内容更加多元，评价的手段注重定性和定量的结合，特别突出评价主体的多元化、评价手段的科学化及评价理念的人文性。

二、特殊教育教学评价的分类

(一)根据在教学过程中的作用分类

诊断性评价：也称教学性评价、准备性评价，一般是在某项教学活动开始之前对学生的知识、技能及情感等状况进行的预测；通过这种预测可以了解学生的知识基础和准备状况，以判断他们是否具备实现当前教学目标所需要的条件，为实现因材施教提供依据。

形成性评价：指在教学过程中为了解学生的学习情况、及时发现教学中的问题而进行的评价；形成性评价常采用非正式考试或单元测验的形式来进行，测验的编制必须考虑单元教学中的所有重要目标；通过形成性评价，教师可以随时了解学生在学习上的进展，获得教学过程中的连续反馈，为教师随时调整教学计划、改进教学方法提供参考。

总结性评价：又称终结性评价、事后评价，一般是在教学活动告一段落后，为了了解教学活动的最终效果而进行的评价；在学期末或学年末进行的各科考试、考核都属于这种评价，其目的是检验学生的学业是否最终达到各科教学目标的要求。

(二)根据评价运用的标准分类

相对性评价：运用常模参照性测验对学生的学习成绩进行评价的一种方法；主要依据学生个人的成绩在该班学生的成绩序列中或在常模中所处的位置来评价和决定其成绩优劣，而不考虑其是否达到教学目标的要求，故相对性评价也被称为常模参照性评价。

绝对性评价：一种在评价对象群体之外预定一个客观的或理想的标准，并运用这个固定的标准去评价每个对象的教学评价；绝对性评价的结果成偏态分布。

个体差异评价：以评价对象自身某一时期的发展水平为标准判断其发展状况的评价方法；从被评价对象的实际出发，判断其发展状况。

(三)根据评价方法分类

定性评价：不采用数学的方法，而是根据评价者对评价对象平时的表现、现实和状态或对文献资料的观察和分析，直接对评价对象做出定性的价值判断，如评出等级、写出评语等；利用专家的知识、经验和判断，通过记名表决进行评审和比较；强调观察、分析、归纳与描述；就于教育评价这一领域的应用而言，定性评价更加关注学生在"质"的方面的发展，关注教育结果与教育目标之间的一致性，强调对学生的优缺点进行系统的调查，并对个体的独特性做出"质"的分析与解释，是一种具有实质性内容的评价机制；定性评价可以关注更广泛的教育目标及学习结果，强调关注现场和专业判断，对学生的种种表现做出具有教育学、心理学意义的解释与推论；如果说定量评价因关注"量"而走向抽象且侧重定量描述，那么定性评价则因关注"质"而走向具体且侧重定性描述，因而定性评价更具有现代人本主义思想和发展性评价的理念；但是，定性评价的评价结果有时模糊笼统，弹性较大，难以得到精确把握。

定量评价：采用数学的方法，收集和处理数据资料，对评价对象做出定量的价值判断，如运用教育测量与统计的方法、模糊数学的方法等，对评价对象的特性用数值进行描述和判断；强调数量计算，以教育测量为基础，具有客观化、标准化、精确化、量化、简便化等鲜明的特征；它在一定程度上满足了以选拔、甄别为主要目的的教育评价需求；但定量评价往往只关注可测量的品质与行为，处处事事都要求量化，强调共性、稳定性和统一性，过分依赖纸笔测验的形式，而有些内容勉强量化后只流于形式，并不能对评价结果做出恰如其分的反映；它可能忽略那些难以量化的重要品质与行为，忽视个性发展与多元标准，把丰富的个性心理发展和行为表现简单化为抽象的分数表征与数量计算。

三、特殊教育教学评价的原则

特殊教育评价原则涉及教师的教学积极性和学生的学习兴趣，是对评价活动各层面做出的总体要求，具有相对的稳定性。因此，科学合理的特殊教育教学评价除了要遵循传统教学评价的客观性、全面性、科学性、指导性和可行性原则，还应遵循以下原则。

(一)过程性评价原则

现代教育技术条件下的课堂教学是运用多媒体课件等现代化教学手段实施课堂教学方案的动态过程，融合个性和共性是多媒体课堂教学的基本要求。教学评价应注重课堂教学过程，既强调教师的教学态度、教学内容和教学方法，也强调学生的学习态度、学习深度和学习效果；强调教与学的细节，而非只强调结果。特殊儿童和普通儿童一样，需要教师在经过深思熟虑而不是简单直白的语言环境中展示文字和概念结构（如含义、细微差别、比喻的使用等）。学生应能积极融入理解文字的过程，沉浸于对文字的思考过程，并能在多种环境中重复使用这些文字。过程性评价将教师的主导地位和学生的主体地位作为主要评价对象，有利于教师教学过程的反思和学生知识习得过程的自我呈现，能够将认知过程显性化，从而提升课堂教学效果。

(二)教育性和技术性结合原则

教育性即学习内容和学习过程符合学生的认知规律和道德养成；技术性既包括教学策略的选择和教学方法的创新，又包括计算机软件和媒体的整合规律。教学评价强调，教学策略应该依据学生的特殊需要提供多样化的选择，课堂教学活动应适当结合多媒体，以轻松且富有创意的形式组织；由于多媒体图、文、声、像并茂，对学生有很大的吸引力，教师可以充分利用此特点吸引学生的注意力，采用高质量的现代教育技术，让学生完全沉浸于教育技术课堂。教育性和技术性结合的原则能够促进教师个人的教学技能发展，提高教育技术水平，同时能够提高学生在课堂上的注意水平。

(三)学生参与原则

素质教育强调在教育过程中坚持以人为本、以生为本、以育人为本的教育思想。教学评价关注教师是否改变传统课堂教学中以教师传授为主、学生只被动接受的"错位"现象；是否注重培养学生的独立性和自主性，引导学生质疑、调查、探究，启发学生进行研究性学习；教师是否充分尊重特殊学生的人格，使学生体会到自己人格的价值，创设能引导学生主动参与的课堂教育环境，激发全班学生的学习积极性，帮助学生在原有基础上获得自信、成功和发展。学生的参与度决定了学生知识学习的深入程度，积极参与的学生能够在课堂上充分发现自我、展现自我，不断提升自我认知水平；教师在不断积累辅助学生成长的教学经验的同时改进教学，提高教学质量。

(四)按需施教、分类指导原则

特殊学生具有差异性，包括生理的差异、心理发展的差异和认知水平的差异。教学评价关注教师在施教过程中是否根据学生的实际需求，通过分类指导来设计教学，包括教学材料的选择、教学目标的制定和教学策略的谋划等；在指导内容上，是否因人、因需、因水平而异。强调按需施教、分类指导并不是降低教学标准，而是提出更高的水准和要求。教师要充分挖掘每个学生潜在的个性优势，强化、突出、张扬每个学生的个性特点，激发学生的创新能力。特殊学生的个性发展直接影响其生涯发展，因此，特殊学生的个性发展在教学评价中尤其值得重视。

(五)教育与康复相结合原则

教育评价不仅要注重学生的个性发展，还要注重学生的缺陷补偿。比如，7 岁以前是听力障碍儿童的最佳言语获得期，这一点已经得到了普遍认可，但我国仍然有很多大龄听障儿童未曾得到教育和康复。已经有研究表明，听障儿童经过有针对性的康复训练，其语言能力可以得到提高。1982 年，伊丽莎白·伦奇乌尔福克和琼·伦奇提出了儿童语言学习系统"四范畴"理论。该理论提出：儿童语言能力的获得是语言规则范畴、语言内容认知范畴、语言操作范畴和交际环境范畴四个方面综合作用的结果。同时，调查同样证实语言环境对于听障儿童语言的掌握和发展来说是很关键的。教育过程也是帮助听力障碍儿童获得康复的过程。为了避免听力障碍儿童的语言模式化、思维定势化，教师应创设适合听力障碍儿童发展语言能力的环境，增加说词组句技巧、扩展句和有意义的句式等语言变化训练，注重语言多样化和早期阅读能力的培养，提供语言康复的后期支持。

四、特殊教育教学评价的内容与方法

针对特殊儿童的教学评价与针对普通学校儿童的不同，这种评价不以甄别、选拔为目的，而是以了解特殊儿童的教育需求、促进特殊儿童的能力发展、促进教师专业化、促进课程建设等为目标的教学评价。针对特殊儿童的教学评价并没有固定的方法，采用怎样的评价方法应该由教学对象、教学内容、评价目的和评价资源等评价要素决定。

(一)认知评价与学业成就评价

认知评价是对特殊儿童的注意、记忆、判断和推理等认知能力的评价。这些能力直接影响教学的有效性。认知评价的具体评价内容包括：注意——对儿童注意的速度与广度、持续时间、注意选择、注意转移等相关能力的评价；记忆——对儿童听觉记忆、视觉记忆、短时记忆、长时记忆等相关能力的评价；判断和推理——对儿童接受信息、思考、推理、判断等能力的评价。

学业成就评价即评价儿童学习的结果，通过测验和评价测量出来的儿童个体所取得的学习成果就是他们所取得的成就。学业成就评价主要是对语文、数学等学科性课程学习成果的评价。通常情况下，对学业成就的评价不评价儿童的学习性向，因为学习性向不是学习的结果，而且与特定的学习内容无关，所以不必在特定的学习完成后进行评价。而对学业成就只有在相应的学习完成之后才能加以评价。

针对轻度特殊儿童的教学评价通常以学业成就评价为主要内容。其学业成就评价的内容以各学科课程标准(教学大纲)所要求的具体知识和技能为主。由于轻度特殊儿童的教育安置形式不同，针对轻度特殊儿童的学业成就评价的内容也有所差异。例如，我国随班就读的轻度特殊儿童的学业成就评价包括语文、数学、科学、外语、品德与生活(品德与社会)、历史与社会、体育与健康、艺术等各门课程；而培智学校的轻度特殊儿童接受的则是对语文、数学、常识等七门课程学习结果的评价，具体评价内容则是根据7门课程教学大纲中的教学目标、内容和要求，对学科某学习阶段的基础知识或技能进行学习结果的评价。面向中度智力障碍儿童的学业成就评价，则依据教育部于 2007 年颁布的《培智学校义务教育课程设置实验方案》中"课程评价"的要求进行，评价内容包括生活语文、生活数学等一般性课程的评价。因为这些课程内容体现了国家对智力障碍儿童素质的最基本要求，所以它们是学校教学的主要内容，也是教学成就评价的主要内容。而信息技术、康复训练、艺术休闲等选择性课程，因它们是为个别儿童实施潜能开发或缺陷补偿而开展的教学活动，故只需要对参与这学习训练的儿童进行评价。特殊儿童学科教学评价具体包括的内容要以各学科课程标准(教学大纲)和教材为依据，因为课程标准(教学大纲)不仅详细规定了特殊儿童在不同学习阶段的学习任务，还规定了特殊儿童通过这些内容的学习应该达到的学业水平，而教材则是特殊儿童熟悉的学习材料。

以我国台湾地区特殊儿童语文、数学学科教学评价的内容为例，其中，实用语文包括听、说、读、写四个部分，具体内容列举如下。听：倾听能力、专注能力和口语理解能力。说：发音、手势、动作、表情运用；说的技巧，如音调、速度等；字、词的内容丰富程度；社交性语言的使用等。读：识字能力；字、词、句子、短文的理解能力；读的速度。写：握笔能力；写字的姿势；画，笔顺；字、词、短句的书写能力，文章的写作能力；简易计算机操作能力等。

学业成就评价主要用于评价特殊儿童的知识水平。由于特殊儿童的学习特点和反馈学习成果的特殊性，针对特殊儿童的学业评价方法与针对普通儿童的不完全一样。评价不应局限于纸笔测试，而应尽量灵活一些，既可以采用纸笔测试法、口试法等，也可以采用日常观察法，观察被评价儿童在日常生活中知识的掌握和运用情况；既可以采用集体测试的方法，也可采用个别评估的方法。例如，我国香港特别行政区针对特殊儿童的学业成就评价提出了八种具体的评价方法，包括作业、专题设计、课堂小测验、学习表现的观察、口试(讨论)、学习纪录检查、功课样本匣(功课档案袋)、评估课业；同时要求教师在评估方法上根据标准参照设计，要顾及全面性和客观性等原则。内地针对特殊儿童的语文学业成就评价则通常采用观察、口头回答、表演、演讲、纸笔测验、作业、合作完成任务及实际操作等方法。

(二)技能评价与社会适应评价

技能评价是对特殊儿童在社会行为中表现出的技能运用的评价，技能评价应与社会适应评价结合起来。对该部分内容的评价可采用日常观察、实际操作、家长评价、教师评价、成长记录等方法进行。例如，为评价儿童沟通技巧的发展水平，教师可采用观察评价的方法，观察、记录儿童在学校的沟通动机、沟通行为和沟通效果，并通过对观察结果的分析，评价学生沟通技巧的发展水平。

社会适应评价包括三个方面：一是对社会的基本认识，包括对各级组织、法律法规、社区功能等的认识；二是环境适应，包括对家庭环境、学校环境、社区环境和职业环境的适应；三是文化适应，包括民族认同、文化认同等。

(三)课堂教学评价

课堂教学评价就是评判一堂课的好与不好、是否有效、达到效果的好坏。从根本上看，教育是否成功取决于课堂教学是否成功。在课堂教学评价中，有评价的客体和评价的主体，课堂教学作为被评价的对象就是评价的客体，评价的主体则是参与评价的人员。有效性是实践活动在满足人们的相应需要、实现人们的相应目的的过程中表现出来的积极属性，是一种价值属性。课堂教学作为一种人类客观存在的实践活动，其有效性指的是课堂教学实践活动在完成教学计划、实现教学目标、满足学生发展需要过程中所具有的积极属性。

由于我国特殊教育起步较晚，特殊教育受普通学校教育的影响较大，特殊教育学校的教师在教学目标的设计和操作上较多是模拟普通学校教师的设计操作，过分强调知识性目标。教学目标这一评价指标的具体评价内容大多以知识性目标的达成为重要部分。另外，教学目标不切实际也是当今特殊教育学校课堂教学评价标准的一个不足之处。教学目标的达成仅注重结果，很少考虑学生在学习过程中的情绪体验。特殊儿童具有特殊性，但教学目标设定中的特殊性在评价标准中没有得到很好的体现。特殊教育学校的儿童有身心发展障碍，一些知识性目标对他们来说显得不切实际，教学目标偏难，教学效果就不理想。评价标准大都以教师为中心，以对教师的教学行为的评价为主，忽略了学生作为主体的重要性。似乎教师教得有效就说明整个课堂教学有效，学生到底学到了多少、学习的内容对学生有多大帮助，评价则很少涉及。这就误判了课堂教学评价的客体，对课堂教学的评价变成了对教师的单一评价。基于此，对于特殊教育学校课堂教学的评价，可以从以下几方面进行。

第一，课堂教学要素。课堂教学评价标准的内容较多是按照课堂教学要素制定的。课堂教学评价从课堂教学要素着手进行课堂分析，通常把课堂教学分为教学目标、教学方法、教学效果、教学内容、教师素质等，然后对各个课堂要素进行更详细的分解。

第二，具体的教与学行为。依据课堂教学中的具体行为，可把课堂教学分为教师教的行为和学生学的行为。现在的课堂教学评价标准在内容上已经表现出不只关注教师的教，还关注学生的学，尤其是学生的学习态度、参与程度、自主学习等。教师教的有效性标志有：教学目的的明确性，教学结构的严密性，教材组织的正确性，教学方法的多样性，教学语言的艺术性。学生学的有效性标志有：注意力集中，积极思考，踊跃探讨，掌握概念，动手做笔记。

第三，教师个人的角度。对教师的评价主要是对教师素质的评价。教师的素质对课堂教学的有效性起到至关重要的作用，从教师个人的角度对课堂教学的有效性进行评价，主要是对教师的教学基本功进行评价。教师的教学思想、教态等都会影响课堂教学的成效。一是教师的学术业务水平，如教师对教材内容的熟悉程度，对重点、难点把握的准确程度，组织课堂讨论的能力，选用编写教材、练习题及试题的水平，等等。二是教师的教学方法，如突出重点、分散难点的讲授方法是否恰当，是否结合学生实际，是否达到教学大纲的要求，能否妥善组织各个教学环节，是否有效运用承前启后及启发式教学方式，表达与板书是否清楚、有条理，等等。三是教师的教学态度，如教师是否认真备课，是否执行教学计划，能否不断改进教学、更新教学内容，能否既教书又育人，等等。

第四，学生的课堂参与。学生的主动参与是教学的重要特征，也是教学质量的重要评价指标。学生的主动参与表现在四个方面。一是学生参与的状态，如学生兴趣浓厚，喜欢动口、动手，主动提问，参与解决问题，综合运用相关知识解决比较复杂的问题，等等。二是学生参与的形式，如学习方式为主动参与、自主学习、合作学习、探究学习、个人学习和小组学习交叉进行，并在交流中讨论和解决问题。三是学生参与的时间和广度。学生的主动参与包括独立阅读课文，独立思考，分析、回答问题，合作交流，以及完成课堂练习，等等。学生主动学习的时间至少为课堂时间的1/2。四是学生参与的效果。效果的反馈主要表现在目标的达成度上，如学生对知识和能力的掌握程度，情感、态度、价值观的实现程度，等等。

总体而言，教学评价的目的是促进学生、教师和学校的发展。针对特殊儿童的教学评价与普通学校的教学评价在基本理念和要求上大致相同，但在评价目的、内容和方式上有些许不同。针对特殊儿童的教学评价必须根据特殊儿童的教育需要、学习能力和学习阶段设计不同的评价内容和方法。要达到科学实施教学评价的目的，就应该在计划课程时依据课程标准设计好评价内容、评价指标和评价方法。特殊教育学校的教学评价要从科学性和可行性两大重要原则出发，理清思路，制定符合特殊教育需求的课堂评价指标和方法。特殊教育学校的课堂教学评价不应该局限在教师的教上，还应该从学生的学的角度出发，把学生自身学习能力的发展作为制定评价标准的依据，教学过程的设计应以阶段性、及时性和指导性为原则。

本章小结

特殊教育教学是学校教育活动的核心组成部分，是实现培养目标的主要途径，也是将教育内容转化为学生品德、知识、技能、情感和个性的最基本实践条件。特殊教育教学是教师根据特殊教育的教学原则，运用特殊教育教学方法，引导学生掌握科学文化基础知识和基本技能，发展学生的智力、创造才能和体力，培养学生的社会主义品德和审美情趣，奠定学生的科学世界观基础，从而帮助学生激发学习动机、领会知识、巩固知识、运用知识和检查知识的过程。其主要教学方式有任务分析法、讲授法、谈话法、讨论法等。

思考题

·单项选择题

①制订个别化教育计划时，要贯彻（　　）原则，不能单纯地考虑减少教育内容、降低难度、放慢速度，消极地拘泥于儿童现有的障碍。

A. 科学性　　　　B. 发展性　　　　C. 可行性　　　　D. 全面性

②（　　）是指教学要把书本知识与实际知识结合起来，让学生从理论与实际的联系中理解知识，引导学生运用所学知识分析和解决问题。

A. 理论联系实际原则　　　　　B. 科学性与教育性相结合原则

C. 因材施教原则　　　　　　　D. 循序渐进原则

·简答题

①如何理解特殊教育教学的概念？

②教学过程的本质是什么？你认为教学过程的基本阶段应该是怎样的？请说明理由。

·实践题

①听一节特殊教育学校的课，并做一份详尽的教学观察笔记。

②认真观看优秀教师的课堂录像，通过以下几个问题分析其教学活动：在哪些方面体现了什么教学原则？在哪些方面运用了什么教学方法？这是一堂好课吗？

本章阅读书目

[1]朴永馨. 特殊教育学[M]. 福州：福建教育出版社，1995.

[2]盛永进. 特殊教育学基础[M]. 北京：教育科学出版社，2011.

[3]于素红. 特殊教育教学设计[M]. 上海：华东师范大学出版社，2016.

[4]张文京. 融合教育与教学[M]. 桂林：广西师范大学出版社，2013.

第七章

特殊教育管理

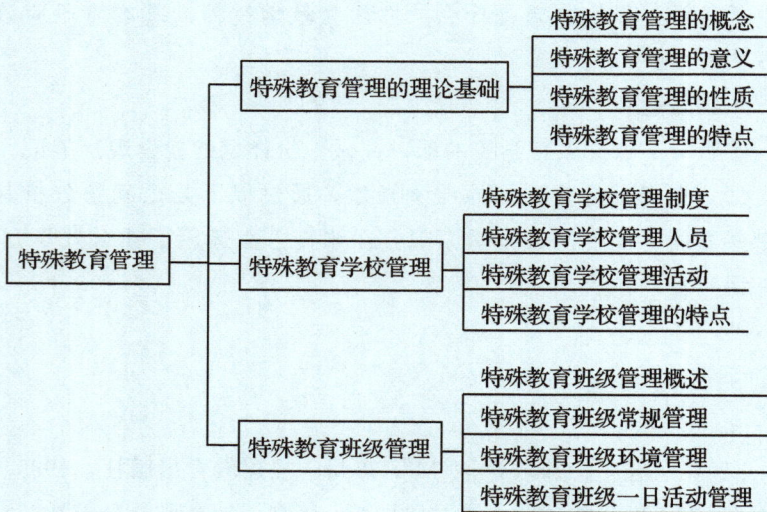

特殊教育管理
- 特殊教育管理的理论基础
  - 特殊教育管理的概念
  - 特殊教育管理的意义
  - 特殊教育管理的性质
  - 特殊教育管理的特点
- 特殊教育学校管理
  - 特殊教育学校管理制度
  - 特殊教育学校管理人员
  - 特殊教育学校管理活动
  - 特殊教育学校管理的特点
- 特殊教育班级管理
  - 特殊教育班级管理概述
  - 特殊教育班级常规管理
  - 特殊教育班级环境管理
  - 特殊教育班级一日活动管理

　　特殊教育作为一项多种组织机构参与、多部门分工、多种教育价值观并存且规模庞大的社会活动,其运行和发展需要良好的管理。本章主要介绍特殊教育管理的概念、意义、性质和特点,以及特殊教育管理实践中学校管理和班级管理的管理内容与方法。不论是教师还是学校管理者,都可以通过对教育管理知识的了解来获得更为宏观的视角,提升客观和全局化地看待问题、解决问题的能力,提升团队合作能力以及工作计划与工作反思能力。本章的学习目标包括:了解管理的含义及特殊教育管理的概念;掌握特殊教育管理的性质和特点;了解特殊教育学校管理制度的制定依据;熟悉特殊教育学校管理的基本制度和一般制度;熟悉特殊教育学校管理活动;掌握特殊教育学校班级常规管理的内容;掌握特殊教育学校班级环境管理的内容;掌握特殊教育学校班级一日活动管理的内容。

第一节
特殊教育管理的理论基础

　　随着人类社会分工日趋复杂,生产力水平不断提高,生产关系日渐复杂,任何社会事业的发展都越来越离不开管理。大到国家发展,小到个人生活,管理已经渗透现代化社会的方方面面。纵观人类的发展历史,每一个文明繁荣的时代背后都有一套强大的管理体系,而每一个国家的衰亡也都和管理的落后密不可分。若把目光放在最贴近生活的实例上则不难发现,那些进行自我管理的个体和毫无自律性的个体在生活秩序、潜能发展及生活幸福感上都存在较大的差异。可以说,每一个体、组织和事业的良好运行及发展都离不开管理的作用。

　　特殊教育管理是影响特殊教育事业发展的重要因素。特殊教育事业作为国家教育事业的一个分支,深刻影响国家特殊教育需要群体的权利和福祉。同时,特殊教育作为一项多种组织机构参与、多部门分工、多种教育价值观并存且规模庞大的社会活动,其运行和发展需要良好的管理体系和管理模式。作为特殊教育与管理的交叉领域,特殊教育管理具有两个维度的性质与特点,并且这两个维度互相影响、相辅相成。下面从特殊教育管理的基础概念和理论的角度来阐述特殊教育管理的性质与特点。

一、特殊教育管理的概念

由于特殊教育与教育之间存在包含关系，这里对特殊教育管理概念的阐述从特殊教育、管理、特殊教育管理三个层面展开。

(一)特殊教育

根据我国《特殊教育辞典》的定义，特殊教育是"使用一般的或经过特别设计的课程、教材、教法和教学组织形式及教学设备，对有特殊需要的儿童进行的旨在达到一般和特殊培养目标的教育"[①]。从广义上说，特殊教育的对象包括所有有特殊教育需要的儿童，既包括身心障碍者，也包括天赋超常者；从狭义上说，特殊教育的对象主要是身心障碍者，如肢体残疾儿童、感官障碍儿童、智力障碍儿童、注意力缺陷与多动障碍儿童、学习障碍儿童、孤独症谱系障碍儿童等。

特殊教育是与普通教育平行的教育系统，是我国教育事业的一部分。特殊教育与普通教育本质上都是通过特定的接受过相关教育与培训的教师影响学生的过程，只是由于学生的特点及需求不同，特殊教育有更为个别化的、不同于普通教育的设计和目标。但在本质上，特殊教育与普通教育一样，其教育质量取决于人（教师）与人（特殊儿童）的互动质量。

特殊教育质量的保障涉及特殊教育理论与实践的诸多要素，比如，特殊教育观念的进步，师资的培养，国家政策法规的保障，与普通教育的合作，课程与教学的改革，等等。这些要素均需要多部门、多人员的合作才可以得到质量上的保障。

特殊教育质量的保障需要特殊教育观念的进步。纵观特殊教育的发展历史可以发现，特殊教育观念经历了从以隔离养护为主的生理—医学角度向以融合支持为主的环境—生态角度的转变。这一教育观念的转变体现了社会对残障这一现象认知上的进步，也体现了社会对残障群体权利的正视。对进步的特殊教育观念的推广不仅需要特殊教育研究者与教师的努力，也需要国家政策的推动、普特教育壁垒的打通及媒体对特殊群体教育权利的关注；否则，进步的特殊教育观念只能停留在理论研究层面，无法真正在特殊教育实践中产生改变。

特殊教育质量的保障需要培养具备专业能力和态度且尊重个体的师资。作为与儿童进行直接互动的个体，教师是特殊教育实践的关键要素，一个教师的专业素养、人格特点及教育观念会对特殊儿童的发展产生直接影响。目前，我国特殊教育发展的一个很大的困境就是特殊教育师资不足。要培养良好的师资，就需要更多高等师范院校

---

① 朴永馨：《特殊教育辞典（第三版）》，43页，北京，华夏出版社，2014。

开办特殊教育专业，并且在普通师范教育的课程中开设特殊教育和融合教育的普及性必修课程。同时，普通教育学校及幼儿园也需要对教师进行职后特殊教育专业培训，使普通教育教师能够具备一定的特殊教育和融合教育知识，了解多种类型的有特殊教育需求的教育对象以及更进步的教育观念和教育方法，帮助教师解决多元化教育环境中可能出现的典型问题。

特殊教育质量需要国家政策法规的保障。目前，我国非常重视对特殊教育发展的推动。不论是政策法规、媒体舆论，还是普通教育对特殊儿童的接纳，都有良好的发展势头；但也存在虽然硬件资源充足，而师资、课程及专业支持等软件资源不能与之配套的问题，并且专门的特殊教育法律尚未出台，还留有很大的发展空间。

特殊教育质量的保障还需要课程和教学的不断改革。特殊儿童的发展是多方面的，通过课程和教学的设计满足特殊儿童的发展需求、保障教学的质量是特殊教育发展的重要部分。课程和教学的改革需要特殊教育教师、特殊教育研究人员不断评估课程和教学效果，探索可能提升的方面及可以使用的资源，使特殊教育课程和教学打破固有的限制，实现尽可能理想的教育效果。

由以上可知，特殊教育的概念所包含的各个关键要素都需要管理的介入才可以得到质量上的保障，并且各个要素之间的关系也需要管理的协调，从而实现共同发展。

（二）管理

管理活动起源于人类之间的合作。在古代社会中，不论是人与人之间的分工协作，还是部族内部的风俗约定，都需要有人进行组织、协调和决策，只有这样才能使人们目标一致地完成任务，维护团体的利益。马克思在《资本论》中曾写道："一切规模较大的直接社会劳动或共同劳动，都或多或少地需要指挥，以协调个人的活动，并执行生产总体运动——不同于这一总体的独立器官的运动——所产生的各种一般职能。一个单独的提琴手是自己指挥自己，一个乐队就需要一个乐队指挥。"[①]由此可见，管理是人类社会生活中非常普遍的现象，也是人类社会发展的必要条件，可以说，人类一刻也离不开管理。

尽管管理实践伴随人类活动而产生，但至今人们仍没有形成对"管理"这个概念的统一认识。在泰勒看来，管理就是确切地知道你要别人去干什么，并使他用最好的方法去干；西蒙认为管理即制定决策；法约尔认为管理等同于计划、组织、指挥、协调和控制。[②] 管理被视为一门学科而得到研究是从美国管理学家德鲁克开始的，其论著

---

① 马克思：《资本论》第 1 卷，402 页，北京，人民出版社，2004。
② 陈孝彬：《教育管理学》，24 页，北京，北京师范大学出版社，1999。

《管理的实践》(1954年出版)被认为是现代管理学诞生的标志。[1]

虽然不同流派对管理的定义不同，但管理有其自身的基本特点。杨文士在其《管理学原理》一书中提出管理的四个基本特征，具体如下。

第一，管理是一种社会现象和文化现象。是否存在这种现象，取决于是否存在两个条件，即是否有两个人以上的集体活动和一致认可的目标。

第二，管理的主体是管理者。管理者的第一个责任是管理一个组织，第二个责任是管理管理者，第三个责任是管理工作和工人。

第三，管理的任务是设计和维持一种环境，使在这一环境中工作的人们能够用尽可能少的支出实现既定的目标。管理的职能有五个，即计划工作、组织工作、人员配备、领导工作、控制工作。一个组织的管理通常被划分成三个层次，即上层管理、中层管理、基层管理。

第四，管理的核心是处理好人际关系。[2]

根据管理的特征，我们可以这样概括管理的定义：管理是通过若干管理者对两个人以上的集体活动进行计划、组织、配备人员、领导和控制工作来维持一个高效且低成本的环境，以达到一个一致认可的目标的社会和文化现象。

(三)特殊教育管理

目前国内对教育管理的研究集中在普通教育领域，其所研究的对象主要是普通教育领域中的管理现象。虽然该领域已经有了大量的成果，但普通教育管理的经验和成果并不能直接为特殊教育所用。首先，特殊教育的对象主要是各类特殊儿童，不同障碍类型、不同障碍程度的儿童个体之间差异很大，教育教学方法间也存在很大的不同，因此，特殊教育领域经常根据学生的障碍类型进行分门别类的教育与研究，教学形式也多为个别化教学或小组教学。这就使特殊教育的班级管理和教学管理不同于普通教育。其次，特殊教育机构既包括公立特殊教育学校，也包括儿童福利院、残障儿童康复中心、学前特殊儿童教育机构等，这使得特殊教育机构的管理部门比普通教育更为复杂。最后，国家关于特殊教育的政策和要求与普通教育不同，这使得宏观层面的特殊教育管理不同于普通教育管理。总之，特殊教育管理有其自身的内涵和特点。

特殊教育管理从内涵上可以分为特殊教育管理理论与特殊教育管理实践，分别对应特殊教育管理学与特殊教育管理(活动)这两个概念。

特殊教育管理学是特殊教育学与管理学的交叉学科，是研究特殊教育中的管理现象、揭示特殊教育管理规律的科学。由于管理活动的普遍性，管理学的研究领域非常

---

① 陈悦：《管理学学科演进的科学计量研究》，博士学位论文，大连理工大学，2006。

② 杨文士：《管理学原理》，2页，北京，中国财政经济出版社，1997。

广泛，分化出门类众多的分支学科。虽然特殊教育管理主要属于特殊教育的研究范畴，但其研究对象是管理活动，特殊教育管理过程与其他组织的管理过程之间有一定的共性。管理学中的计划理论、决策理论、组织理论、领导理论、激励理论、沟通理论、控制理论等都为特殊教育管理学的诞生提供了理论基础，并且管理学理论的更新显著影响特殊教育管理学的发展。[①] 此外，特殊教育管理学不能违背教育的基本规律，并且需要尊重特殊教育学的发展规律及特殊教育对象的特点。

特殊教育管理（活动）指的是特殊教育管理的实践活动。特殊教育管理实践已经有几百年的历史，从层次上可以分为宏观和微观两种。宏观特殊教育管理活动指国家管理特殊教育的活动，也就是特殊教育行政活动，它包括国家制定特殊教育方针政策，在政策条文化、定型化的基础上制定特殊教育法规，在法规的基础上构建一个国家的特殊教育管理体制，开展特殊教育业务、财务、人事、督导等一系列宏观有序的管理活动。微观特殊教育管理活动主要指学校内部的管理活动，涉及教学工作的管理、思想政治工作的管理、科研工作的管理、体育卫生工作的管理、后勤工作的管理等。

特殊教育管理需要理论与实践相结合，特殊教育管理学从学科角度对特殊教育管理活动进行研究，形成经验和成果，引领特殊教育管理工作；特殊教育管理活动的实践则可以为特殊教育管理理论提供研究问题，进一步完善特殊教育管理学的理论体系，为特殊教育的发展提供动力。

二、特殊教育管理的意义

特殊教育自产生至今日，一直存在于多个系统的碰撞之下。在特殊教育快速发展的背后，不仅有人类文明的进步、人文思潮和民主思想的影响、医生与教师的探索和尝试，而且有特殊教育学校、政府及残疾人专业组织有计划、有组织的管理与保障。特殊教育的发展需要统筹国家政策、师资培养、教学改革、特殊教育及康复机构、普通教育系统等多个要素的组织和实践，并且要协调各个要素之间的关系，因此，特殊教育管理的发展和完善对于促进特殊教育的发展具有重要的意义。

（一）有助于促进特殊教育质量公平

目前，我国特殊教育体系已初步形成，但现实中仍然存在从政策落实、普特融合到残障儿童鉴定评估、课程与教学改革等多个层面的困境，这些困境影响我国大量残障儿童接受平等的、高质量的特殊教育，且影响特殊教育质量公平的提升。

从实践发展到学术研究，我国学者在特殊教育质量公平提升路径方面已达成一些

_____

① 蒋云尔：《特殊教育管理学》，6页，南京，南京大学出版社，2007。

共识：首先，在特殊教育观方面，随着全人教育、全纳教育等教育理念的引入，以人为本、全面发展已成为提升特殊教育质量公平的指导思想；其次，在教育形式上，随班就读、医教结合等逐渐成为深化特殊教育课程改革、丰富特殊教育的教学策略和教学模式；再次，在教育质量保障方面，制度化、体系化、服务化已成为特殊教育质量公平的发展要求；最后，教育技术和师资队伍建设研究等辅助提升路径也逐步融入特殊教育质量公平提升目标。显而易见，特殊教育质量公平的提升需要科学教育观的引导，需要资源的融合，亦需要支持体系的完善。① 促进特殊教育的供给侧结构优化，完善特殊教育支持保障体系，需要持续营造特殊教育质量公平的良好融合氛围。目前质量公平提升的困境是多个层次上非有效融合的结果，因此，促进特殊教育质量公平需要对其宏观环境和提升路径进行整体性理论建构。

（二）有助于突破特殊教育发展的现实困境

2014 年和 2017 年，我国先后推出《特殊教育提升计划（2014—2016 年）》和《第二期特殊教育提升计划（2017—2020 年）》，极大地推动了全国各地特殊教育和融合教育的发展。全国各地纷纷出台了关于特殊教育提升计划的实施方案，并取得了一定的成效。目前，特殊教育虽然已经形成了自己的理论和实践体系，但在体系内外仍然存在不少发展困境。

以广州市为例，对广州市特殊教育政策执行情况的研究发现，广州市在执行特殊教育政策时出现了特殊教育普及率低，特殊儿童享受不到政策规定的权利，学前儿童特殊教育相对落后，特殊教育学校分布不均、覆盖范围小且教学设施匮乏，师资力量和科研力量薄弱，各相关部门和专业人员之间缺乏有效合作，特殊教育政策执行的社会支持力度低等问题。② 此外，经济及社会文化等外部环境因素也会影响政策的有效执行。董艳艳等人的研究显示，我国特殊教育经费支出结构失衡，经费使用效率低，残疾人就业面狭窄，特殊教育师资匮乏，特殊教育课程改革尚未完成。③ 童琳和王利玲分别研究了四川民办学前教育机构和南京孤独症康复机构的发展现状，发现民办特殊教育机构在战略、专业、人力资源和对外关系方面均存在现实的发展困境。④⑤ 王春燕对特殊教育教师继续教育现状进行了研究，发现特殊教育教师在社会、学校和个人方面都遇到了继续发展的阻碍。⑥ 此外，特殊教育师范教育在人才培养、制度建设和机构发

① 卜凡帅、赵微：《整体性融合：我国特殊教育质量公平的提升困境与突围路径》，载《当代教师教育》，2017(4)。
② 黄淑芳：《广州市特殊儿童教育政策执行中的问题及对策研究》，硕士学位论文，华南理工大学，2016。
③ 董艳艳、于生丹：《我国特殊教育发展成效、困境及对策研究》，载《现代特殊教育》，2015(18)。
④ 童琳：《四川省民办学前特殊教育的困境与发展路径探析》，载《四川文理学院学报》，2018(4)。
⑤ 王利玲：《F 孤独症康复机构发展困境与能力建设探究》，硕士学位论文，南京师范大学，2016。
⑥ 王春燕：《特教教师继续教育的困境及其破解》，硕士学位论文，曲阜师范大学，2009。

展方面也遇到了种种困难。

这些困境反映了我国特殊教育管理不完善的情况，不论是政策层面的落实、监督及特殊教育机构的发展，还是师资培养及课程与教学的改革，都存在管理主体不明确、管理目标不一致及组织方式效率低下的问题。特殊教育管理的落后会导致特殊教育事业发展出现种种问题；若这些问题对利益相关人员造成困扰，且相关人员不能顺利地找到准确的责任方和支持来源，则会进一步导致问题解决效率低下。可以说，特殊教育管理制度和体系的不完备会阻碍特殊教育现实困难的解决，我国特殊教育如果要突破现实发展的困境，就需要加强对特殊教育管理体系的研究和完善。

（三）有助于特殊教育学科发展

对于特殊教育领域来说，教育理念、学科发展、课程教学、师资培养、政策发展等都是非常受重视且热门的研究对象，并且取得了丰富的研究成果。但是，当前特殊教育在各领域的发展仍然面临一些难以改善的问题和无法突破的瓶颈。虽然特殊教育实践和研究领域中的各个问题有各自独立的研究体系——如残疾人观有人类学、社会学等研究体系，课程改革有教育学、课程论等研究体系，教学计划与教学组织领域有教学论学科体系——并且对各子领域的研究常常是独立进行的，但各个子领域的理论和实践所遇到的困境常常是相通的。例如，宏观层面上国家政策法规的颁布与落实受到社会文化和残疾人观的影响，而微观层面上教师与学生的互动也受到个体所认同的文化与残疾人观的影响。再如，特殊教育师资培养、课程和教学改革中存在的困难与普通教育系统和特殊教育系统的融合之间存在紧密的联系。特殊教育发展的困境常常源于各个子领域或子体系之间的壁垒无法被打破，而特殊教育管理学可以将各个子领域的研究和实践综合起来，进行整体性、跨系统、跨学科的研究，这是特殊教育其他子领域研究所没有的优势。因此，特殊教育管理可以丰富特殊教育领域的研究成果，有助于特殊教育突破现实的发展困境。

（四）有助于管理学科发展

因为特殊教育的教育对象有特殊性，所以其服务提供者不仅包括教师，还包括医生、心理学家、治疗师等人员，管理方面也是多部门共同管理。此外，由于特殊教育是由国家层面管理的大规模活动，其发展还受到国家政策、社会文化、经济发展等多种因素的影响，具有极其复杂的系统。虽然管理学分支众多、成果可观，但特殊教育管理因其研究对象的独特性和复杂性而具有自身的研究价值，是管理学研究领域不可或缺的重要组成部分。

三、特殊教育管理的性质

从词语构成上看，特殊教育管理的核心词是"管理"，特殊教育只是对管理活动的一种限定。因此，特殊教育管理本质上是一种管理活动，具备管理活动的一般性质。

（一）特殊教育管理具有文化性

管理是观念形态的文化，管理行为受价值观的支配，从这个层面上说，管理具有文化性。特殊教育管理同样具有文化特性，受到所在国家或地区的政治、经济、历史传统、信仰和意识形态的影响。我国和西方国家在历史、经济基础和文化诸方面存在差异，因此不能生搬硬套西方国家的管理理论和方法。陈孝彬在其《教育管理学》一书中对我国文化和西方国家文化中的管理进行了比较，具体如表7-1所示。[①]

表7-1　我国与西方国家文化中的管理

项目	西方国家文化中的管理	我国文化中的管理
管理的目的	一切为了经济利益	把政治利益放在首位
管理的方式	采用自由竞争的方式，追求卓越	采用民主协商的方式，追求和谐
价值观念	强调个人主义是内源性动力	强调集体主义精神的威力
管理的方法	提倡采用科学的、实证的管理方法	采取伦理的、说服的和示范的管理方法
理性/情感	重视理性因素在管理中的作用	重视情感因素在管理中的作用
管理过程	管理过程追求标准化、规范化	管理过程重视策略的发挥

特殊教育的发展在我国与西方国家也有各自的路径。西方国家经过了文艺复兴、启蒙运动及民权运动，残疾人的个人权利逐渐得到重视，残疾人逐渐回归主流社会生活，可以说这是西方特殊教育管理的历史根源和文化基础。我国传统文化也蕴含优秀的管理哲学，古代儒家的"仁民爱物"、道家的"无为而治"、法家的"严法律民"代表了不同的管理行为准则。[②]西方国家的管理方式固然很有效率，但若用于我国则需要重视伦理、人情和社会的和谐。

朴永馨指出，任何国外的特殊教育理论都不能为解决中国残疾儿童的教育问题准备好现成的方案，我国特殊教育的发展模式必须建立在我国特有的国情和文化传统上，对西方的文化传统、教育哲学等应该采取"拿来主义"的态度。[③]我国特殊教育的发展不能一味地照搬西方经验，而要建立在我国特有的国情与文化传统基础上，并体现社会主义

---

①② 陈孝彬：《教育管理学》，2、27页，北京师范大学出版社，1999。

③ 朴永馨：《努力发展有中国特色的特殊教育学科》，载《现代特殊教育研究》，2017(12)。

的政治与教育理念。①

(二)特殊教育管理是一种社会实践活动

管理是管理者依据一定的原理和方法，在特定的环境下引导他人行动，使有限的资源得到合理的配置，以实现预定目标的行为。

第一，特殊教育管理是一种理性行为。管理者的行为是在一定理论或观念的驱动下进行的。他们可能以某种哲学思想为指导，也可能以政府的法律法规为依据，或者以某种价值观念为出发点。② 我国特殊教育的管理以习近平新时代中国特色社会主义思想为指导，坚持党的领导，贯彻党的教育方针，坚持马克思主义的指导地位，坚持中国特色社会主义教育发展道路，坚持社会主义办学方向。2017 年，教育部等 7 部门颁布的《第二期特殊教育提升计划(2017—2020 年)》提出了我国特殊教育管理的总体要求，其基本原则包括：坚持统筹推进，普特结合；坚持尊重差异，多元发展；坚持普惠加特惠，特教特办；坚持政府主导，各方参与。

第二，特殊教育管理是通过管理措施实现预定目标的行为。可以说，没有目标就没有管理，因为任何一个组织都有自己的任务，管理者要想完成任务，就必须把任务转化为目标，否则任务就不能完成。特殊教育管理目标的大小根据管理主体的不同有所区别。对于国家而言，特殊教育管理的目标是宏观的、整体的；而对于一个特殊教育机构来说，其特殊教育管理目标是微观的、具体的。例如，《第二期特殊教育提升计划(2017—2020 年)》提出了特殊教育的总体目标："到 2020 年，各级各类特殊教育普及水平全面提高，残疾儿童少年义务教育入学率达到 95％以上，非义务教育阶段特殊教育规模显著扩大。特殊教育学校、普通学校随班就读和送教上门的运行保障能力全面增强。教育质量全面提升，建立一支数量充足、结构合理、素质优良、富有爱心的特教教师队伍，特殊教育学校国家课程教材体系基本建成，普通学校随班就读质量整体提高。"而北京某特殊教育机构的管理目标为："培养心智障碍儿童独立自主的意识和能力，支持其成为有尊严、有生活品质的社会公民。"

第三，特殊教育管理是对有限资源的开发和组合。资源泛指社会财富的源泉，既包括自然资源，也包括社会资源。在诸多资源中，人力、物力、财力、时间、空间、信息等资源对管理者来说尤为重要。特殊教育资源是特殊教育发展的经济条件，包括特殊教育机构、特殊教育经费、特殊教育政策法规、特殊教育教师、特殊教育行政人员、特殊教育社区资源等。特殊教育资源大部分具有限制性和消耗性，因此特殊教育管理者需要对这些有限资源的特点和潜能进行研究，通过不断地开发和组合，使资源

---

① 邓猛、刘慧丽：《全纳教育理论的社会文化特性与本土化建构》，载《中国特殊教育》，2013(1)。
② 陈孝彬：《教育管理学》，28～29 页，北京，北京师范大学出版社，1999。

在消耗中得到增值，扩大其社会效益和经济效益；如果对资源组合不当，则可能导致管理混乱和内耗严重。

第四，特殊教育管理是在特定环境下进行的。从系统的观点来看，任何组织都是一个系统，而这个系统又存在于一个更大的系统中。这个更大的系统就是环境，它对组织的存在与发展具有激励和约束的双重作用。环境可分为一般环境和特殊环境。一般环境主要指自然环境和社会环境；特殊环境主要指组织内部环境，或称工作环境，其中包括物质环境、精神环境和信息环境。[①] 管理环境的变化要求管理的内容、手段、方式、方法等随之调整，以利用机会、趋利避害，更好地实施管理。[②] 特殊教育管理一方面需要适应环境，另一方面需要创造环境。比如，对于难以改变的一般环境，管理者要不断分析环境，采取措施以适应环境；对于可以改变的一般环境（如社会对残障群体的认识和关注），管理者要敢于挑战，对环境加以创造。而对于工作环境，如工作条件、设备、组织文化氛围等，管理者可以根据自己的价值观念和思想进行设计和建设，并根据团队的特点进行调整。

第五，特殊教育管理是管理者与被管理者相互影响的行为。管理是由管理者和被管理者两类人组成的。管理者利用自己的权力、地位和信誉对被管理者的思想和行为施加影响，使被管理者按照自己的意图去行动。管理者影响力的大小一般取决于三个因素：一是管理者所拥有的职位权力，二是管理者自身的知识、经验和能力，三是管理者的思想品德。被管理者在接受管理者的影响时并不是被动的、消极的，而是通过自己的价值观念、思维方式和道德标准进行分析与评价，最后决定自己的态度和行动。

(三)特殊教育管理的关键在于提高特殊教育的效率和质量

特殊教育管理的核心目标是高效地为特殊教育需要儿童提供高质量的特殊教育，使其能够补偿缺陷、发展潜能，平等地参与社会生活，获得生命的幸福感。可以说，特殊教育管理的一切任务、组织、环境和资源都是指向达成这个目标的。而保障特殊教育管理效率和质量的关键在于培养出有良好专业素养、职业道德和创造能力的教师队伍。

教育管理者的主要任务是全心全意地依靠教职工，充分开发他们的智力和体力，为他们智慧和才能的发挥创造机会和条件，消除影响教职工积极性、创造性的各种障碍和矛盾。由于特殊教育对象自身的复杂性和独特性，特殊教育的实施比普通教育更需要教师具备复合型知识结构，并且具备更加健康的心理状态；在实践中教师还需要具备一定的研究能力和创造性，以解决教学中的种种问题。根据这一要求，特殊教育

---

① 陈孝彬：《教育管理学》，31～32 页，北京，北京师范大学出版社，1999。
② 吴琼、戴武堂：《管理学》，57 页，武汉，武汉大学出版社，2016。

师资培养体系需要吸引更多高智力水平和高综合素养的人员。但是，当前我国特殊教育面临师资学历水平较低、职后教育和继续教育效果不佳及资源匮乏的问题。特殊教育管理应该厘清当前师资培养的困境，把解决师资短缺、提升师资专业素养放在重要的位置，努力解决这些问题。在对教师进行管理的过程中，管理者也需要注意教师这一主体的特点，给予他们尊重、信任、支持和关心，并且帮助他们不断完善自我。

四、特殊教育管理的特点

我国特殊教育涉及的群体很庞大，截至 2019 年，全国残疾人人口基础数据库持证残疾人为 3681.7 万人，全国共有特殊教育普通高中班(部)103 个，在校生 8676 人，残疾人中等职业学校(班)145 个，在校生 17319 人；全国有约 1.2 万名残疾人被普通高等院校录取，2053 名残疾人进入高等特殊教育学院学习。目前，国内大多数民办残疾儿童康复机构也对儿童实施教育，根据中国残联的数据，截至 2019 年年底，已有残疾人康复机构 9775 个，全国 0～6 岁儿童中接受基本康复服务的儿童共计 18.1 万人。[①] 另外，特殊教育工作的开展不仅涉及教育部门，还涉及民政部门、残疾人联合会及劳动保障部门。面对对象特殊、体量庞大、管理人员类别多样的现实状况，特殊教育管理领域的研究和实践与普通教育管理或其他社会活动管理相比虽然未必更加困难，但显然具有特殊性和复杂性。

(一)特殊教育管理的特殊性

特殊教育管理的特殊性首先表现在其活动目标在于育人，其次表现在特殊教育所育之人是具有特殊教育需要的个体。

特殊教育管理事业的业务围绕人的教育这一核心进行，这是教育组织管理和其他社会组织管理的主要区别之一。特殊教育管理在育人方面主要通过三个途径进行：一是构建良好的育人环境为教师和学生服务；二是学校一切规章制度、工作条例、各种活动都具有教育意义，有利于学生的身心健康；三是每个特殊教育的管理者也是教育者，他们在完成具体管理工作的过程中，时时刻刻以自己的思想品德和模范行为去教育或影响别人。

特殊教育所育之人是有特殊教育需要的个体，这使特殊教育管理从育人环境、规章制度、工作条例到各种活动都区别于普通教育。育人环境一般包括学校的物质环境、文化环境和信息环境。对于普通教育来说，物质环境的设计主要涉及教室、食堂、操

---

① 《2019 年中国残疾人事业发展统计公报》，http://www.cdpf.org.cn/zcwj/zsjzx/tjgb/20200402_674393.shtml,2019-04-21。

场、实验室、图书馆、卫生间等；文化环境主要体现为学风和学生精神面貌的引导；信息环境则包括广播、讲座、竞赛等信息资源。对于特殊教育来说，不论是物质环境、文化环境还是信息环境，都与普通教育有所不同。

首先，学校的物质环境要适合特殊儿童的年龄特点和特殊需求，比如，建筑和装修要进行无障碍设计，保障视觉障碍、肢体残疾、脑性瘫痪等各类特殊儿童可以方便地出入和使用各类教室和生活空间。其次，文化环境要突出自尊、自爱、平等、独立等价值观念的引导。最后，信息环境的建设也非常重要，应该做到丰富且有所侧重。丰富指的是要多方面地寻找对特殊儿童发展有价值、有帮助的资源，并将这些资源通过信息环境的建设传递给校园里的师生。特殊教育系统因为长期与普通教育系统相隔离，环境往往比较封闭。同时，长期以来，人们对特殊儿童的期待较低，对其教育往往局限于生活自理技能的培养，而忽视对特殊儿童潜能发展、参与社会活动及娱乐和游戏能力的培养。因此，在信息环境的建设中，管理者应当突破固有思维的限制，寻找或创造适合学校学生的有用、有趣的社会资源，并面向学校的师生及学生家长进行传播。在选择这些社会资源时，管理者还需要有所侧重，一方面，可以着重进行融合教育及残障群体中优秀个案的展示；另一方面，管理者所选择的活动、信息应当符合学生的能力和兴趣，可以选择适当的竞技活动，使特殊儿童有机会参与同龄儿童之间的竞争，获得成就感和认可。

学校的规章制度和工作条例是学校教育安全、有序、有效进行的重要保障。一般来说，一个学校的规章制度包括教职工管理制度、学生管理制度、财务管理制度、后勤管理制度等。特殊教育学校的管理一方面遵循中央和地方政府对中小学管理进行基础性指导的法律法规，如国家的教育法律、国家教育行政法规和其他行政法规、地方性教育法规、地方政府及其教育或其他行政部门的规范性文件等；另一方面遵循面向特殊教育学校管理的专项法规，如1998年12月教育部颁布的《特殊教育学校暂行规程》。该文件分为9章，共68条，在残疾儿童少年义务教育阶段的入学及学籍管理，教育教学工作，校长、教师和其他人员，机构与日常管理，卫生保健及安全工作，校园、校舍、设备及经费，学校、社会与家庭等方面做了详细的规定。

此外，特殊教育学校的管理还包括学校自身的内部管理制度。学校的各种活动指的是学生在校期间参与的学习活动、校园活动、社区活动等，学校活动是学校管理者、教师等对学生施加影响的重要载体，通过各种活动的举办将学生培养目标和教育教学目标落到实处。特殊教育学校的活动具有生活性、社会性、针对性的特点。生活性指特殊教育活动十分注重生活自理能力的练习，较多地进行日常生活、社区生活等活动安排。社会性指特殊教育活动兼顾儿童社会性的发展，为特殊儿童提供更多的融合性社会活动，使之有更多的机会接触真实的社会环境。针对性指特殊教育活动十分重视儿童之间的个体差异及个体各领域发展之间的不均衡，往往针对个体进行各项评估，并在此基础上制订和实施个别化教育计划。

（二）特殊教育管理的复杂性

特殊教育是与普通教育平行的教育系统，是我国教育事业的一部分。特殊教育与普通教育本质上都是通过特定的接受过相关教育与培训的教师影响学生的过程，但与普通教育不同的是，特殊教育处于一个更加复杂和多样化的系统中，这种复杂性一方面与特殊教育的固有特性有关，另一方面与当前特殊教育松散的管理格局有关。

在教育系统，除普通学校的特教班和随班就读外，还有特殊教育学校学前班，幼儿园的特教班，特殊教育学校，特殊中等职业学校、职业高中和培训中心，高等特殊教育学校和研究中心等各级各类特殊教育机构。在民政系统，有社区康复和寄托机构、儿童福利院、特殊教育学校等特殊教育机构。在残联系统，有职业培训中心、聋儿康复中心等特殊儿童养护机构，残联还自主建立了学前和高等特殊教育机构。在卫生系统，有聋儿康复、肢体康复、言语障碍矫正站、门诊部等。此外，还有社会力量举办的特殊教育机构，包括民办的特殊教育学校和学前教育机构、与国外基金会或友好团体合办的函授盲校等。

这种多部门参与办学的情况一方面体现了特殊教育医、助、教三者合一的特点，另一方面使特殊教育资源难以整合优化。举例来说，我国儿童福利院接纳了大量的孤残儿童，由于重度残疾儿童的比例较大，大部分儿童是在福利院内接受教育的。但是，儿童福利机构的特殊教育情况并不乐观，存在虽然硬件设施完备，但特殊教育人才队伍建设、课程与教学模式专业化严重不足的问题。[1] 出现这个问题的主要原因是儿童福利机构的特殊教育教师没有被纳入教育部门的评聘和继续教育体系，缺乏编制保障。[2]儿童福利机构特殊教育人才的缺乏和流失，一方面使儿童福利机构的特殊教育工作难以开展，无法真正保障儿童福利机构内孤残儿童的教育权利；另一方面使特殊教育的研究和发展失去了一块重要的阵地。

目前，在国家对特殊教育和融合教育投入加大、政策利好的情况下，体制不顺、管理不善已经成为制约特殊教育发展的主要原因之一。适应特殊教育发展需要，改变分散、低效、无序的传统管理模式，确立统一、高效、规范、有序、灵活、开放的良性运作体制，是进一步发展我国特殊教育事业的当务之急。

---

[1]　李媛媛：《儿童福利机构特殊教育工作相关研究进展》，载《社会福利（理论版）》，2016(9)。
[2]　张华：《浙江省儿童福利机构特殊教育工作现状分析》，载《社会福利（理论版）》，2013(11)。

第二节
特殊教育学校管理

一、特殊教育学校管理制度

从广义上说，学校管理制度是一个国家针对各级各类学校及其他教育机构的教育教学及配套相关活动的管理所颁发的法律、法规、规章及政策等规范性文件的总称，它是协调和控制政府、社会组织及个人设计教育活动行为的统一准则。教育部于1998年12月颁布的《特殊教育学校暂行规程》，是目前我国特殊教育学校管理制度建设的重要依据。从狭义上说，学校管理制度是学校及其他教育机构对教育教学及相关配套活动所制定的各种规章、规定、条例、实施细则等的总称，它是调节与控制学校内部各种关系以及部门和个人的行为的规范。根据不同标准，学校管理制度有以下两种分类。

(一)国家对学校的管理制度和学校内部管理制度

学校管理制度大体上可以分为国家对学校的管理制度和学校内部管理制度两大类。

在我国，由立法机关颁布的教育法律和由政府及其教育行政部门颁布的教育法规、规章构成了国家对学校教育教学及相关配套活动的基本管理制度，特殊教育学校的管理制度需要以这些法律法规为基础。具体的法律包括《中华人民共和国教育法》《中华人民共和国义务教育法》《中华人民共和国教师法》《中华人民共和国未成年人保护法》等；教育行政法规和规章包括《中华人民共和国义务教育法实施细则》《残疾人教育条例》《教师资格条例》《学校体育工作条例》《学校卫生工作条例》《社会力量办学条例》《全国中小学校长任职条件和岗位要求(试行)》《中华人民共和国民办教育促进法实施条例》等；此外，还包括地方性教育法规或其他相关的规范性文件，如《江苏省实施〈中华人民共和国义务教育法〉办法》等。

这些法律、法规和规章针对的是大多数学校的普遍性问题，具有普遍的约束力和强制性，对所有的教育管理活动具有普遍的指导性。所有学校及其他教育机构都必须遵循这些法律法规的要求来设计自身的管理制度，进行教育管理，任何违反教育法律规定的行为都要承担相应的法律责任。

学校内部管理制度是学校对自身的教育教学及相关配套活动所制定的各种条例、规定、章程、实施细则的总称。它是学校校长、学校党组织和教职工根据国家的教育方针、政策和法律法规，在学校管理实践的基础上，对已有的经验进行筛选、整理和总结，并结合学校管理的目标和具体环节制定的。

特殊教育学校管理制度一般包括各部门的管理制度、特殊教育学校学生管理制度、特殊教育学校班级管理制度、特殊教育学校教学管理制度、特殊教育学校安全管理制度、特殊教育学校功能房管理制度、特殊教育学校党务工作制度等。此外，根据《特殊教育学校暂行规程》的规定，特殊教育学校还应接受教育行政部门或上级主管部门的检查、监督和指导，要如实报告工作、反映情况；每学年末，学校要向教育行政主管部门报告工作，对重大问题则应随时报告。

(二)基本管理制度和一般管理制度

学校的基本管理制度是指那些对学校各部门、各环节都起指导和决定作用的制度。我国现行的特殊教育基本管理制度主要是依据国家教育行政法规和教育行政规章的各种规定与要求确立的，作为社会主义教育事业的组成部分和实施机构，特殊教育必须贯彻执行国家的教育方针政策。特殊教育学校基本管理制度主要包括校长负责制、教职工聘任制、教师职务评审与晋升制度等。

《特殊教育学校暂行规程》第七条规定："特殊教育学校实行校长负责制，校长全面负责学校的教学和其他行政工作。"所谓校长负责制，即校长对政府主管部门承担学校管理的全面责任，对学校的教育教学及其他各项工作实行统一领导、全面负责。校长是学校的法人代表，对外代表学校。校长负责制赋予校长的管理权主要包括决策指挥权、干部任免权、用人权、奖惩权、财权。

教职工聘任制的实行包括指导与规范大部分学校的教职工岗位聘任制度及在部分学校先行试点的教职工聘用合同制度。其目的在于深化人事制度改革，建立有效的学校人事管理制度和调控机构，保障用人单位和教职工的合法权益，盘活基础教育的人力资源。

现行的学校教职工岗位聘任制一般规定由校长负责本校教职工的岗位聘任工作，遵循双方地位平等、任人唯贤、竞争择优、动态聘任、合理流动的原则。受聘教师应具有教师资格、教师职务，或者是经教育行政部门认定符合任教条件的人员，并能履行《中华人民共和国教师法》规定的义务。20世纪90年代后期以来，教职工岗位聘任制的实施处于不断完善中，较突出的方面有：依据有关法律、法规和政策，明确教师的权利和义务；规定不称职人员(分若干种不同情况)的辞退办法；在学校和教育行政部门建立教师聘任争议调解制度和组织；规范聘任工作程序，力求合法、合理；拓宽人员流动、安置渠道，妥善安排未聘人员。

《特殊教育学校暂行规程》规定："特殊教育学校教师应具备国家规定的相应教师资格和任职条件，具有社会主义的人道主义精神，关心残疾学生，掌握特殊教育的专业知识和技能，遵守职业道德，完成教育教学工作，享受和履行法律规定的权利和义务。""特殊教育学校要根据国家有关规定实行教师聘任、职务制度，对教师和其他人员实行科学管理。""特殊教育学校要加强教师的思想政治、职业道德教育，重视教师和其他人员的业务培训和继续教育，制定进修计划，积极为教师和其他人员进修创造条件。教师和其他人员进修应根据学校工作需要，以在职、自学、所教学科和所从事工作为主。""特殊教育学校应建立健全考核奖惩制度和业务考核档案，从德、能、勤、绩等方面全面、科学考核教师和其他人员工作，注意工作表现和实绩，并根据考核结果奖优罚劣。"

教师职务评审与晋升制度是国家对教师岗位设置、各级岗位任职条件及取得该岗位职务的程序等方面的规定的总称。教师职务是根据教育教学等实际工作需要设置，有明确职责、任职条件和任期，并要求承担者具备专门的业务知识和相应的学术（技术）水平的专业技术岗位。它与工资待遇挂钩，并有数额限制，不同于一次获得便终身拥有的学位、头衔等学术称号。

学校的一般管理制度指根据学校具体工作实际，确定学校与校内各部门、组织机构及其管理者、教职工的工作范围和职责，师生员工学习、工作、生活的常规和行为规范等的规章、规定、条例、公约、守则等文件。一般管理制度较多反映本地区特别是本校的实际办学条件、办学思路、管理目标和办学特色，并在规章制度所设定的具体要求和规定上更多地体现学校自身管理的个性与特点。特殊教育学校一般管理制度包括学校及其职能部门的工作制度、教职工岗位责任制度、校长岗位职责、副校长岗位职责、教导主任岗位职责、教研组组长岗位职责、师生员工行为规范等。

二、特殊教育学校管理人员

一般来说，管理人员分为上层、中层和下层三个层次，各个层次有明显的分工。上层组织处于权力指挥链条的顶端，其主要职能是从组织整体出发，负责组织目标、方针的制定，对组织实行统一指挥和综合管理。中层组织是承上启下、纵横衔接的枢纽，主要任务是围绕实现组织整体目标制定本部门的具体实施方案，组织执行、检查与评价工作，并向上层组织直接负责并报告工作。下层组织是组织目标的具体执行机构，它的任务是按照规定的计划和程序实施方案，负责监督管理、发现问题，并及时在现场采取纠正措施。

特殊教育学校的上层管理者包括校长、党委书记和副校长，中层管理者包括教导主任、教研组组长、工会主席等，下层管理者有班主任、任课教师、人事秘书、医务人员、电教管理员、图书馆馆长、图书资料管理员、工勤人员等。管理层次自上而下地实施指挥和监督的权力，不同层次之间是命令与服从、监督与请示的关系，不同层次的主管人员都必须执行上一层次的决策，并向上一层次请示汇报。

《特殊教育学校暂行规程》规定："特殊教育学校校长是学校的行政负责人，校长应符合国家规定的任职条件和岗位要求，履行国家规定的职责。校长由学校举办者或举办者的上级主管部门任命或聘任；副校长及教导（总务）主任等人员由校长提名，按有关规定权限和程序任命或聘任。社会力量举办的特殊教育学校校长应报教育行政部门核准后，由校董会或学校举办者聘任。校长要加强教育及其有关法律法规、教育理论的学习，要熟悉特殊教育业务，不断加强自身修养，提高管理水平，依法对学校实施管理。"

"特殊教育学校教师应具备国家规定的相应教师资格和任职条件，具有社会主义的人道主义精神，关心残疾学生，掌握特殊教育的专业知识和技能，遵守职业道德，完成教育教学工作，享受和履行法律规定的权利和义务。"

"特殊教育学校其他人员应具备相应的思想政治、业务素质，其具体任职条件、职责由教育行政部门或学校按照国家的有关规定制定。"

三、特殊教育学校管理活动

（一）思想政治学习

要办好特殊教育，就必须在党的领导下，以党的先进思想为指导。党的十八大以来，以习近平同志为核心的党中央高度重视教育工作和思想政治工作，全面加强党对教育工作的领导，要求各级党委、各级教育主管部门、学校党组织紧抓思想政治工作。加强教师思想政治教育和职业道德教育已成为国家重视、社会关注、人民群众关心的教育热点。思想政治课作为思想政治教育和职业道德教育的重要载体，承载着帮助教师树立正确的世界观、人生观、价值观和形成良好师德的重任。因此，教师的思想政治素养提升在特殊教育学校管理中有非常重要的地位。

特殊教育学校的思想政治学习活动包括定期的党务会议、专项小组学习、讲座、思想政治知识竞赛等多种形式。定期的党务会议指例行的党会，主要是对日常的思想政治学习和思想政治工作落实情况进行检查和交流，监督教师对新思想的学习情况。专项小组学习指教师分小组在特定的时间段内对党和国家的最新思想所进行的专题学习和讨论。讲座包括政府及其教育行政部门组织的对国家优秀教师案例的宣讲等，通过生动真实的教师故事，传达党的教育思想和期望，使教师的思想得到提升。思想政治知识竞赛是通过笔试或口试的方式考察教师对党和国家的教育思想的掌握情况，以此来督促教师的思想政治学习。

良好的思想政治素质有助于人的全面发展，有助于教师其他素质的提高和完善，能够激发人们的社会主义主人翁精神，能够激发献身精神，引导教师前进的方向，鼓舞教师为人民的教育事业开拓进取、建功立业。特殊教育工作因其工作内容专业性较强、教育对象个别差异大而常常面对很多挑战，给教师带来很大的工作压力。对党和国家思想政治方针的学习可以帮助教师树立牢固的社会主义信仰，应对工作的挑战和压力，以良好的精神面貌教书育人。

(二)工作会议

工作会议指学校或各部门定期召开或临时召开的例行会议，主要目的是明确一个阶段的工作目标和任务，讨论工作中的问题，对接各自的工作，为之后的工作做好计划和准备。工作会议可以促进管理人员与教师之间的交流和理解，促进学校管理高效有序地进行。

(三)日常管理

特殊教育学校的日常管理主要包括对学生的管理、对机构环境和设备的管理和对周边资源的管理。

1. 对学生的管理

特殊教育学校应建立学生日常管理制度并保证落实。学生日常管理工作应与社区、家庭密切配合。

特殊教育学校应根据国家有关法律法规和政策建立健全各项规章制度，建立完整的学生、教育教学和其他方面的档案。

寄宿制特殊教育学校实行 24 小时监护制度，要设专职或兼职人员负责学生的生活指导和管理工作，并经常与班主任教师保持联系。

特殊教育学校对义务教育阶段学生免收学费，对家庭生活困难的学生减免杂费。特殊教育学校收费应严格按照省级人民政府规定的收费项目和县级以上人民政府制定的标准及办法执行。

各级政府应设立助学金，用于帮助经济困难学生就学。

2. 对机构环境和设备的管理

特殊教育学校可根据规模，内设分管教务、总务等工作的机构(或岗位)和人员，协助校长做好有关工作。招收两类以上残疾学生的特殊教育学校可设置相应的管理岗位，其具体职责由学校确定。

特殊教育学校应按有利于管理、有利于教育教学、有利于安全的原则设置教学区和生活区。

特殊教育学校应认真执行国家有关学校卫生工作的法规、政策，建立健全学校卫生工作制度。特殊教育学校的校园、校舍、设备、教具、学具和图书资料等应有利于学生的身心健康。学校要做好预防传染病、常见病的工作。特殊教育学校应配备专职或兼职校医，在校长的领导下，负责学校卫生保健工作和教学、生活卫生监督工作。学校应建立学生健康档案，每年至少对学生进行一次身体检查；注重保护学生的残存功能。特殊教育学校要加强饮食管理。食堂的场地、设备、用具、膳食要符合国家规定的卫生标准，要注意学生饮食的营养合理搭配；要制定预防肠道传染病和食物中毒的措施，建立食堂工作人员定期体检制度。

特殊教育学校要特别重视学生的安全防护工作，建立健全安全工作制度，学校校舍、设施、设备、教具、学具等都应符合安全要求。学校组织的各项校内外活动应采取安全防护措施，确保师生的安全。学校要根据学生特点，开展安全教育和训练，培养学生的安全意识和在危险情况下自护自救的能力。

特殊教育学校的办学条件及经费由学校举办者负责提供，校园、校舍建设应执行国家颁布的《特殊教育学校建设标准》。学校应具备符合规定标准的教学仪器设备、专用检测设备、康复设备、文体器材、图书资料等；要创造条件，配置现代化教育教学和康复设备。特殊教育学校要重视校园环境建设，搞好校园的绿化和美化，搞好校园文化建设，形成良好的育人环境。特殊教育学校应遵照有关规定管理和使用校舍、场地等，未经主管部门批准，不得改变其用途；要及时对校舍设施进行维修和维护，保持坚固、实用、清洁、美观，发现危房立即停止使用，并报主管部门。

特殊教育学校应加强对仪器、设备、器材和图书资料等的管理，分别按有关规定建立健全管理制度，保持完好率，提高使用率。

特殊教育学校应科学管理、合理使用学校经费，提高使用效益。要建立经费管理制度，并接受上级财务和审计部门的监督。特殊教育学校的校办产业和勤工俭学收入上缴学校的部分应用于改善办学条件，提高教职工福利待遇，改善学生学习和生活条件。学校可按有关规定接受社会捐助。

3. 对周边资源的管理

特殊教育学校应同街道(社区)、村民委员会及附近的普通学校、机关、团体、部队、企事业单位联系，争取社会各界支持学校工作，优化育人环境。

特殊教育学校要在当地教育行政部门的领导下，指导普通学校特殊教育班和残疾儿童、少年随班就读工作，培训普通学校特殊教育师资，组织教育教学研究活动，提出本地特殊教育改革与发展的建议。

特殊教育学校应通过多种形式与学生家长建立联系制度，使家长了解学校工作，征求家长对学校工作的意见，帮助家长创设良好的家庭育人环境。

特殊教育学校应特别加强与当地残疾人组织和企事业单位的联系，了解社会对残疾人就业的需求，征求毕业生接收单位对学校教育工作的意见、建议，促进学校教育教学工作的改革。

特殊教育学校应为当地校外残疾人工作者，残疾儿童、少年及其家长等提供教育、康复方面的咨询和服务。

（四）教研活动

教研活动是以促进学生全面发展和教师专业进步为目的，以学校课程实施过程和教育教学过程中教师所面对的各种具体教育教学问题为研究对象，以教师为研究主体，以专业研究人员为合作伙伴的以校为本的实践性研究活动。

《特殊教育学校暂行规程》第三十二条规定："特殊教育学校要积极开展教育教学研究，运用科学的教育理论指导教育教学工作，积极推广科研成果及成功的教育教学经验。"

教研活动的形式多种多样，包括听课、说课、讨论、培训等，可以是有组织、有计划的，也可以是随机的、日常的。但不论形式如何，教研活动的主要目的都是切实提高全体教师的专业素质，增强教师的课堂实践能力。

一般来说，有组织、有计划的教研活动会提前准备和选题，选题范围主要是教师在平时的实际工作中感到迫切要解决的问题。在确定教研主题后，教师就主题提前准备，并协商确定教研的时间和场地。在教研活动中，通常会有一个主持人，教师在主持人的组织下积极发言，积极发表自己对工作的认识和对问题的看法，共同为解决问题寻找策略和方法。

在教学工作中还有很多教研活动是随机的、日常的，通常发生在个别教师之间，在课间或就餐的时候，涉及学生的特点、最近的工作感受、自己对工作的思考及对别人工作的建议等。这种教研活动虽然形式比较随意，但也有重要的价值。一方面，由于环境比较宽松，没有那么强的严肃性，教师在这个过程中的交流往往更加放松和真实，对问题的看法和讨论更有创造性。另一方面，这种教研带有舆论的性质，如果不加以重视和引导，就容易造成教学中负面的情绪和感情被放大和传播。因此，对于这种日常的教学研讨，管理者需要以尊重和平等的态度加以关注和引导，慎重对待教师面对的问题，并积极地帮助教师解决问题。

（五）教育督导与考核

1. 教育督导

教育督导即根据国家的有关教育方针、政策、法规和制度对教育行政部门和各级各类学校进行监督、检查、评估、指导和帮助，目的是加强国家对教育事业发展的全面管理，保障教育方针和政策的贯彻执行，提高教育质量，促进教育事业健康发展。教育督导是教育行政管理中的重要一环，它与教育决策和教育执行共同构成教育行政管理的基本内容。

2012 年颁布的《教育督导条例》把教育督导分为综合督导和专项督导。在基层督导工作中，有时会对辖区内的教育机构（学校、幼儿园）开展随机性的督查活动，这被称为随访督导。综合督导与专项督导是按照督导的原则和标准，使用科学方法，对教育行政工作和学校工作通过观察、调查和考核做出分析和评价，指出成绩和缺点，并提出积极的修改意见，使教育工作质量不断提高的活动。

《特殊教育学校暂行规程》第八条规定："按照'分级管理、分工负责'的原则，特殊教育学校在当地人民政府领导下实施教育工作。特殊教育学校应接受教育行政部门或上级主管部门的检查、监督和指导，要如实报告工作，反映情况。学年末，学校要向主管教育行政部门报告工作，重大问题应随时报告。"

2. 考核

考核是根据国家及学校针对学校教师及学校工作人员的政治素质和岗位职责完成情况进行的阶段性评量、等级认定的管理活动。

特殊教育学校考核包括对教师的考核和对管理人员及其他行政人员的考核。

《特殊教育学校暂行规程》第三十一条规定："特殊教育学校要在课程计划和教学大纲的指导下，通过多种形式评价教育教学质量，尤其要重视教学过程的评价。学校不得仅以学生的学业考试成绩评价教育教学质量和教师工作。"第四十条规定："特殊教育学校应建立健全考核奖惩制度和业务考核档案，从德、能、勤、绩等方面全面、科学考核教师和其他人员工作，注意工作表现和实绩，并根据考核结果奖优罚劣。"

四、特殊教育学校管理的特点

(一)特殊教育学校管理有统一的目标

特殊教育学校各个部门、各个层次的管理职能、权限与任务不同，在完成学校的各项工作时会不可避免地发生矛盾和摩擦，如果学校缺少统一的管理目标，这些矛盾和摩擦就可能会成为阻碍学校工作正常运行的主要因素。因此，各个部门的规章制度和工作安排必须围绕学校统一的管理目标。

特殊教育学校管理的目标根据教育教学规律及实际工作情况有阶段性的变化和重点，但最根本的目标始终是一致的，即为特殊教育需要儿童提供高质量的教育教学，着眼于学生的学习和成长，并有利于师生员工的工作。在各部门的工作出现冲突时，应该首先考虑是否有利于教师和学生的学习与工作，其次考虑是否和学校整体的工作目标相一致。

(二) 特殊教育学校管理具有规范性

特殊教育学校管理的规范性主要有以下几个方面的体现。

一是特殊教育学校各部门的规章制度符合国家制定的相关法律法规的要求，与国家对教育事业的方针保持一致。

二是特殊教育学校各部门的规章制度不相互冲突，能够体现一定的逻辑性，在学校管理方面互相补充、互相辅助。

三是特殊教育学校的规章制度在文本和语言上是清晰、规范、没有歧义的。

四是特殊教育学校的规章制度在执行上遵循既定程序，在裁量时对各个部门或师生员工个人使用同一个尺度衡量，并在裁决中保持前后的一致性。

(三) 特殊教育学校管理具有强制性

管理制度是维护学校正常教育教学秩序和其他各项工作顺利开展的基本保证。与道德和舆论不同，学校管理制度对师生员工的行为具有强制性的控制作用。

制度设定的各种准则与规范是根据国家的教育法律、法规和政策，按照教育教学规律和学校的工作实际，运用科学的原则和方法，按照一定的程序确立的，它可以同时运用教育、行政、经济等手段强行保证实施。

(四) 特殊教育学校管理具有制度上的稳定性

特殊教育管理在制度上具有稳定性，这种稳定性体现为制度在时间上具有一定的持久性，制度的根基具有稳固性，制度的变更和完善具有渐进性。

特殊教育学校管理制度一旦建立，一般在短时间内不会轻易变更。管理制度作为组织协调师生员工的力量、实现学校预期目标的手段，它对师生员工的心理具有明显的调适作用。随着规章制度的推行，规章制度逐渐演化为人们的行为习惯，而朝令夕改势必会给师生员工的思想造成混乱，甚至导致学校的各项工作陷入无序状态。因此，特殊教育学校管理制度在时间上具有一定的持久性。

特殊教育学校管理制度根基的稳固性体现在制度的建立和执行一直以国家对教育事业的指导和规定为准则和方向，坚持党的领导，坚持为社会主义事业发展教书育人，一切学校制度的建立都不能违背国家在教育方面的法律、法规和政策。

特殊教育学校管理制度应保持稳定并不意味着制度在确立之后不能被更改。随着社会的发展和进步、学校管理目标和管理人员的更迭及时代的变迁，学校管理的各种制度也不断地调整和完善。但是，特殊教育学校管理的完善一定是渐进的。特殊教育学校管理制度的制定和实施是依据相关法规政策、特殊教育的规律及本地区和本校的特点，按照严格的程序进行的，具有一定的科学性，与教育实践规律也有一定的契合性。学校管理制度的这个特点决定了该制度的变更和完善是渐进的，不会发生突然且大幅度的更改。

第三节
特殊教育班级管理

班级管理是一种有目的、有计划、有步骤的社会活动，这一活动的根本目的是实现教育目标，使学生得到充分、全面的发展。班级管理是一个动态的过程，它是教师根据一定的目的和要求，采用一定的措施，带领全班学生，对班级中的各种资源进行计划、组织、协调、控制，以实现教育目标的组织活动过程。一般情况下，特殊教育班级的人数较普通教育班级少，但学生个别差异较大，需要的关注和支持较多。良好的班级管理可以促进高效、高质量的特殊教育教学开展。

一、特殊教育班级管理概述

(一)班级的构成

班级通常由学校在新生入学时进行编制。异质性编班，又称自然编班，是常见的编班方法，世界通行。还有一种编班方法是同质性编班，即将学习水平相近的学生编在一起，在特殊教育中也体现为将同一障碍类型的学生编在一起。

班级的人员构成主要为教师和学生。教师队伍可以由一位教师(班主任)及多位教师(任课教师)组成，也可由主教教师与助教教师组成。班级学生少则十几位，多则几十位。我国对特殊教育班级班额的规定为每班 15 人以下。

(二)班级团体的特征

1. 班级团体是以教育教学为目的的特定群体

班级团体主要由教师和学生构成。在班级团体中，教师是引导者、组织者；学生是参与者，是团体中的一员，与教师互动、合作；师生双方是教与学的关系。对于特殊儿童来说，其受教育的普及程度较普通儿童低，能进入学校班级的特殊儿童往往处于不同的安置环境。不论处于何种安置环境，特殊儿童所在的班级团体都是以教育教学为目的的。特殊儿童自身的特点决定了他们对环境的支持更加依赖，因此，对特殊儿童而言，班级、教师、同学对其影响及意义较普通儿童更加重要。

2. 班级团体具有规定性和规范性

班级团体的教育教学内容受国家教育方针、国家课程标准、学校教育观念的制约，教师是将这些观念、内容进行传播的角色。在教育教学中，教师的素养、人格会对学生产生直接的影响。对班级的建成、运作，教师需要按一定的规定和法则进行管理、约束，班级管理既有规定性、被决定性，又有规范性。只有这样，班级的教育教学才能正常运转。

3. 班级团体既是团体利益与个体需求的整合体，又是团体利益与个体需求的矛盾体

班级团体由多个学生个体组成，班级团体的利益应建立在学生个体的需要与发展的基础上。从此意义来看，班级团体与个体之间是整合统一的，个体的发展融合于团体的发展，个体的诸多活动也借助团体活动完成。但是，班级团体的整体利益也可能无法全面照顾到每个个体的所有需求，个体在团体中也可能出现不适应的情况，个人利益与集体利益便产生冲突、形成矛盾。此外，班级中的矛盾还可能是学生个体与个体之间的矛盾、学生与教师之间的矛盾。因此，班级团体既是整合体，又是矛盾体。

4. 在班级团体中教师与学生共度一天的重要时光

班级团体是学校的基本建制。教师、学生在班级中度过一天的学习生活，学生在班级中的时间往往是一天的三分之一，而且是一天中最重要的时段。

(三)班级管理的意义

1. 为学生创建适合学习的物理和心理空间

特殊儿童对物理环境的需求，除普通儿童也需要的无污染、安静、安全、清洁外，还包括因特殊儿童的障碍而有差异的特殊需求。例如，盲生需要各楼层和空间的盲文指示、声音提示及无障碍通道等物理空间；聋生教室除安置电铃外，还应有灯光等视觉信号，保证上下课指令的传达。如果没有支持性环境，各类特殊学生就不易进入学习生活。除物理环境外，学生还需要良好的心理环境，这包括教师与学生、学生与学生之间的心理调适。学生只有在安全、尊重、关心、平等、和谐、互助、竞争、激发学习欲求的环境中，才能主动参与学习生活。

2. 完成教育教学目标

让教师、学生在良好的物理环境和心理环境中完成教育教学目标是班级管理的目的，因此，班级管理应以教育教学目标为指导来拟定班级管理计划，决定班级管理内容，并实施管理。

3. 培养学生的良好行为习惯和社会适应能力

班级制定的行为守则、班级规范等制度有助于学生形成适应家庭、学校、社会的行为习惯，发展正向行为和潜能，矫正不良行为。同时，教师也应该培养学生自我选择、自我调控、自我修正的能力，使学生参与班级管理，发挥主体作用，成为自尊、

自立、自强的人。

(四)班级管理的原则

1. 安全第一

人身安全是特殊儿童的首要权利，也是其他一切权利的基础。因此，特殊教育班级管理要保证安全意识贯穿所有管理活动。特殊儿童由于其自身的缺陷和障碍，比普通儿童更容易受到伤害，因此班级管理要采取多样、细致的措施保障特殊儿童的安全。

2. 营造积极的班级氛围

学生生活在一个积极快乐的班级中有助于其养成良好的行为习惯，也有助于形成乐观、自信、友爱的性格。每个学生在班集体中通过对班级良好行为的模仿养成自身行为习惯。因此，班级管理的第二个原则就是保证班级氛围是积极的、快乐的。

3. 注意发挥学生的主体性

虽然特殊教育班级管理的总负责人是教师，但学生在班级里具有主体地位，教师可以根据实际情况让学生参与班级管理。这不仅能使学生对班级有更强的归属感和认同感，而且学生可以在参与管理的过程中提高自己的主动性和自觉性。良好的班级管理是在教师的引导下将所有的计划、目标转化为学生的行为，而且是主动自制的行为。

4. 正面教育为主，强化正向行为

在特殊教育领域，已有大量研究支持正面教育或正向管教的效果要远好于批评和惩罚的效果。正面教育就是教师明确地告诉学生所期待的行为是什么，并让学生理解"好"的行为的性质、内容。传统的批评教育一方面会让学生产生负面的情绪情感，另一方面不利于学生掌握正确的行为方法。尤其对于特殊儿童来说，他们大多存在沟通和理解方面的障碍，并且自信心不强，因而更加需要正面教育。

5. 定期评量

班级管理要想保证质量及效果，就必须进行阶段性的目标管理，定期评量，并根据评量的结果进行调整，坚持或中止之前的计划；否则，管理就很容易流于烦琐的日常事务，被杂务淹没，不利于班级培养目标的达成。

二、特殊教育班级常规管理

(一)班级常规管理的意义

常规指日常生活中的规矩、规则、惯例和条例。《孟子》写道："不以规矩，不能成方圆。"社会生活中的人只有学习、遵循一定的规则，才能自立于社会，与社会中的人、事、物正常互动。班级常规指教育教学中教师与学生在班级环境里需要遵循的基本规则。

1. 班级常规是班级教学正常进行的保障

班级教育教学的开展及正常进行，除需要教师、教材、教学设备上的准备外，还需要学生坐下来专心听讲，听从指令，不无故离开座位；服从教师的教导，与同学友好相处，互助合作；不随意吵闹，爱护班级的设备、环境，爱护书籍作业；等等。因此，班级常规的建立首先是为了维持教育秩序，并为教学活动的开展创造必要条件。

2. 班级常规管理帮助学生建立规则意识

学生在理解、执行班级常规的过程中会逐渐发展出规则意识和集体意识，这可以为学生理解社会规则、适应社会生活打下良好的基础。

3. 班级常规管理有助于创设支持性环境

支持性环境基于对残障认知的生态学视角，通过调整环境来帮助特殊儿童克服自己遇到的困难。在支持性环境中，特殊儿童自身的缺陷被弱化，教育也由原来的治疗和矫正变成支持和正向教导。有了班级常规的约束和训练，班级师生之间、学生之间能够相互尊重和帮助，这样的人际关系有助于营造和谐、支持的氛围，并使正面教育更容易实施。

(二)班级常规管理的流程

班级的常规管理一般有六个步骤。

1. 班级现状调查

班级现状包括全班现阶段的教育教学效果、学生各方面能力的发展水平、学生是否进步、学生的人际交往情况、需要干预的问题行为等。调查班级现状和了解所需常规的目的在于有针对性地确定班级常规的内容，使班级常规真正切合本班的需要，并培养出学生相应的适应行为。

对班级现状的调查通常结合班级课程评量结果、日常教育教学的观察记录、班级环境对学生的需求调查、社会环境对学生的需求调查及教师设计的常规评量表的调查等方面的资料。

2. 制定班级常规

班级常规的内容一般包括教室常规、寝室常规、进餐常规、清洁常规、礼貌常规、道德生活常规、卫生生活常规、劳动生活常规、休闲生活常规等。

在制定班级常规时，通常遵循以下原则。

首先，班级常规要合情合理。班级常规的制定不能脱离班级学生的实际情况，班级情况不同，班级常规也就有所差异。比如，若一个班级的学生在大多数情况下不能正确交往，常互相推打或争抢玩具，上课铃响后不能及时回到班里，上课时经常未经允许就离开座位，那么在制定教室常规时，这几项就应该被列为常规训练的内容。班级常规的制定要符合班级儿童的特点，不能过于容易或过于困难；并且班级常规的执行要符合班级的环境，在执行过程中可以制定奖励或惩罚的制度。

其次，班级常规要可操作、可观察。班级常规是对班级学生行为的一种约束，因此在制定班级常规时要进行可观察、可操作的行为描述。比如，"对人有礼貌"的操作性就不如"见到教师、同学能主动问好"或"能恰当运用'对不起''谢谢''没关系''借过一下'等礼貌用语"。班级常规最重要的意义就在于让班级学生养成良好的行为习惯和学习习惯。

再次，班级常规的表述应该简明扼要。复杂且较长的句子不利于特殊儿童理解和记忆，进而不利于特殊儿童接受和执行班级常规。班级常规应该简洁扼要，比如，"如要回答问题，就应先举手，待老师叫到你再发言"就不如"发言先举手"简洁突出，且后者更具有指令性。

最后，对班级常规的表述应该以正面行为的表述为主。正面行为的表述有利于特殊儿童知道如何做出正确的行为，而"不准……"的句式容易让儿童产生反感，并且儿童不清楚正确的行为是怎样的，不如直接要求做出正面行为更加有效。

3. 选择实施策略

班级常规制定好后，需要选择实施的策略，即确定通过什么途径、什么方法来实施常规。一般来说，班级常规的实施总体上包括预防性策略、支持性策略和纠正性策略。

预防性策略指在学生问题行为尚未出现时防患于未然，通过一定的措施和策略降低一些问题行为出现的可能性。这种预防性的策略既包括教室环境的调整和设计，也包括教师本身具备的专业敏感性和及早干预的能力。比如，在一个舒适、无障碍的教室环境里，学生不会浪费大量的精力去调整自己适应环境，也不用忍受不舒适的感觉，这样便自然地使学生的情绪趋于平和。教师如果能对学生的情绪保持敏感，并且能对其行为进行一定的分析，就可以找到学生出现问题行为的原因，根据具体的行为进行分析、干预。另外，教师如果具有良好的专业能力，则可以通过调整课程与教学使学生充分参与课堂和班级活动，使学生获得认同感和成就感，避免较多学生出现问题行为。

支持性策略指在问题行为出现前或出现时，教师或环境及时地给予支持性的协助，让问题行为不出现或及时停止。比如，在学生遇到困难时，教师可以协助学生克服困难；当学生有良好的行为表现，教师能够及时给予强化。

纠正性策略指在问题行为出现时、出现后对该行为进行否定和矫正。纠正性策略和支持性策略相联系，支持中有纠正，而纠正本身也是支持。纠正性策略主要包括制止严重的干扰教学活动的不良行为、谈话、正向行为支持、代币制等。

4. 形成书面计划

班级常规制定好后，需要及时变成书面计划，便于班级教师对常规有一个全面准确的认识，形成统一的管理方式。同时，书面计划可以帮助家长了解班级管理情况，配合管理学生的行为，有利于家校合作。

班级常规的书面计划一般包括常规拟定的目的、常规的内容及标准、执行常规的策略与方法、所需的材料和资源、执行日期、负责人、评估的方式及期限。

5. 执行常规

形成书面计划后，就要开始一步步地落实班级常规的管理。执行常规一般包括宣布常规、常规训练、实施奖惩等几个步骤。

宣布常规包括将班级常规的文字版或图文版贴在班级的墙面上，便于学生记忆。同时，班级应该召开关于常规的专门会议，教师向学生做口头宣布和解释，协助学生理解常规的各项内容、目的和要求。宣布常规时，教师还应该将设计好的奖惩措施告知学生，使他们在常规形成的初步阶段能够根据奖惩结果调整自己的行为。

宣布常规后，学生需要一段时间学习常规、形成习惯，这时教师应该帮助他们进行常规训练。对于有困难的学生，教师应提供个别化支持，使他们能够逐步地根据情境和常规的要求规范自己的行为，形成良好的行为习惯。在这个过程中，教师需要注意坚持和重复。一方面，不能因为一些干扰和借口中止常规的要求，要做到坚持训练，而且不能放弃每天放学前必须进行的评议和奖励；另一方面，常规的训练一定要落实重复性，因为有的常规行为看似建立起来了，实则并不稳固，会随着时间的推移而逐渐消退，其中很重要的一个原因就是所进行的重复不够，对常规的训练应通过重复练习达到自然、习惯的状态。

在对学生进行常规管理的时候，教师要根据预先设计的奖惩措施告知特殊儿童其行为的后果，使他们能够根据行为的后果调整自己的行为。在这个过程中，教师需要注意评价的统一性和一致性，使学生清楚其每一个行为都是算数的。

6. 评估

常规执行的时间是一个月或一个学期，应按常规规定的时间，对常规的执行情况、常规的内容及执行常规的办法进行评估。评估后应针对评估结果调整常规，增加内容或找到更适当的训练方法，拟定新的常规。

三、特殊教育班级环境管理

对特殊教育来说，无障碍环境的建设是对特殊儿童的主要支持之一，这里的无障碍一方面指的是物质环境的无障碍，另一方面指的是教学、信息、交流和支持等精神环境的无障碍。

(一)物质环境建设

班级无障碍物质环境建设通常包括干净整洁的教室空间、合理的教室布局、无障碍设施设备等。

教室空间应该保证安全、卫生和健康。比如，班级所处的环境应该是绿色、无污染、空气清新、通风良好的，周边有必要的医疗、康复服务机构，有良好的治安环境，并且远离噪声。教室空间不应过大或过小，空间过大不利于学生的管理，过小则会给师生造成压抑感，并且不便于学生活动。教室空间应该是规整的，空间敞亮，采光良好，学生在其中能够获得舒适的感觉。教室空间的分隔可以依据功能分为学习区、活动区、资源区、教师工作区。

学习区应保障学生独自的学习空间，具有一定的分隔性，但不一定是学生独处的空间，也可以是几个学生组成小组一起学习；学习区一般是学生静态学习活动的空间，放置桌椅。活动区是可以开展动态课程和教学的场所。资源区主要放置教具、教材、图书、资料等，常设在教室后部两侧墙边，由柜架组成；封闭柜架里放置教具、资料、课堂记录等，开放柜架上常放置图书、运动或游戏物品（如绳、乒乓球等），还放置学生的水具、餐具等。教师工作区供教师在学生作业、自习、休闲时处理班级事务，有桌椅和简单的办公用品。

另外，教室的布局应该合理，应根据班级学生的特点和课程教学的需求，对教室内的桌椅、教具、训练器材等进行合理的布局设计。比如，桌椅的摆放对促进学生与教师的关系及学生之间的合作有很大的作用。半圆式的桌椅摆放便于教师指导每个学生，师生之间更具亲近感，还可以增加学生间的交流；小组式的桌椅摆放便于学生相互交流，教师可做巡回指导，适合手工制作、绘画等活动；相对式的桌椅摆放可以使学生一对一、面对面地坐着，有利于相互学习和模仿，适合操作性强的桌上活动。教具的摆放应该有固定的位置，方便学生拿取，不用的时候应该有覆盖物遮盖，避免分散学生的注意力。

无障碍设施设备指为身心障碍者提供支持的设施和相关服务，包括感官辅具、行动及摆位辅具、辅助沟通系统以及其他辅助技术设施和辅助技术服务等，它们与生活、学习、休闲相关。无障碍设施设备、科技辅具的运用与服务为特殊儿童带来更多参与的可能，也带来希望和自信。

(二)精神环境建设

班级学习、社交和文化氛围的建设对于特殊儿童心理健康和良好品性的形成来说非常重要。特殊教育的目的之一是使特殊儿童能够获得生命的幸福感，为了达到这个目的，就需要对班级的精神环境进行设计，为特殊儿童提供足够的接纳、认同、尊重、开放、可信赖、负责任、平等参与的精神环境。

班级精神环境建设的关键在于班级教师的教育观及其对学生的影响。如果教师认同特殊儿童的个体价值，尊重特殊儿童的特点和差异，那么在班级的管理和教育教学中，教师就会选择和他的价值观一致的教育方法和沟通方法，在处理学生的问题行为和学生之间的冲突时，也会秉持理解、尊重、公正的原则引导学生；在这样的情况下，学生就会潜移默化地调整自身行为，正确地看待自己和他人。

此外，班级精神环境管理还应该注意信息资源建设。班级信息资源指师生在教育教学或班级管理的过程中产生的及可利用的各类信息。[①] 信息资源是学生获取知识、了解自我和世界的主要途径，也是教师了解学生、梳理教育教学过程、分享教学成果的渠道。一方面，班级要提供班级学生的相关信息，如最近的照片、学生画的画、学习活动记录、学生个人的进步情况和获得的奖项等，使学生有一定的归属感和认同感；还要提供与学生学习、生活和社会适应相关的其他信息，如社区环境的照片、社区活动的信息、国家历史或地方历史中的人物和故事、本地著名的景区、适合学生参与的社会活动或比赛的介绍等。另一方面，班级的信息建设要考虑班级教师的专业发展需求，教师可以通过网络获取与专业发展、教育教学相关的信息资源，包括最前沿的研究动态、最新的科研成果、国内外同行的教学实践、相关的培训和知识等。教师还可以下载网络资源中可使用的软件和图片，用于制作教具、丰富课堂教学内容。

四、特殊教育班级一日活动管理

特殊教育学校和班级的一日活动指学生从早上进校到下午离校所经历的一切活动，它既是学生在学校的生活，也是他们在学校学习的内容、过程，是教育教学过程中最基本、最完整的片段。

一般来说，不同特殊教育学校和班级的一日活动会有所不同。学前阶段特殊教育班级的一日活动类似于普通幼儿园，包括晨间活动，早操，语文、数学、艺术、社会等领域的课程，加餐，午休，个别化训练，游戏，户外活动，再见活动，等等。义务教育阶段的一日活动主要包括课堂学习、课间操、午餐、升旗、兴趣活动、生活训练等。班级一日活动的管理需要班主任及各任课教师共同承担。

(一)一日活动管理的要素

班级一日活动管理的要素主要有三个，一是时间的安排，二是活动内容的设计，三是确定活动参与者。

---

① 张文京：《特殊教育班级管理与建设》，137 页，重庆，重庆大学出版社，2017。

1. 时间的安排

每个活动是在一定时间段内进行的，活动与活动之间要有休息、过渡和衔接，因此各活动的时段需要有明确的划分，并且严格按照时间规定执行至活动结束。活动结束得太早，学生则容易陷入无聊、无目的的状态，可能导致冲突和问题行为的出现。活动结束延迟，学生则没有足够的时间休息、去厕所，可能导致学生的疲惫、注意力分散及健康问题。依照时间安排进行活动是一日活动顺利完成的基本保证。

2. 活动内容的设计

活动内容的设计应该兼顾功能性、目的性、安全性、趣味性和衔接性。

功能性指活动内容是针对儿童的最近发展区设计的，并且能够提高儿童的某项能力或促进品格的发展。每项活动都应有教育教学意义，比如，教师在起床、用餐活动中应该注意引导学生自理能力的发展，在户外活动的时候引导学生感受自然的美好，在阅读与书写时训练儿童的认知能力和精细动作能力。

目的性指活动内容设计应该目的明确、重点突出，活动与活动之间应该有明显的区别性。比如，科学活动可能涉及带学生去花园认识植物、动物、自然现象等，这一活动的设计就要与户外活动区分开来，户外活动的目的更强调户外锻炼、贴近自然所带来的健康，而科学活动聚焦在对自然中蕴含的概念和原理的认知。

安全性指设计活动内容时应避免有隐患的场所和活动内容，比如，尽量不要带学生在行人、车辆比较无序的路口或公共场所活动，在进行实验的时候应避免使用危险的化学用品等。

趣味性指活动内容的设计应该符合学生的兴趣特点，能够使学生感到愉悦；并且在选择教具和教学材料时应该注意其美学意味，让人赏心悦目。

衔接性指不同的活动之间在内容上应该是互相平衡、衔接顺畅的。互相平衡即活动与活动之间的安排应该做到动静结合，脑力活动与操作活动结合，室内外活动结合，知识学习与适应能力结合，以及个人活动、小组活动与团体活动等多种形式结合。衔接顺畅一方面体现在时间的衔接上，另一方面表现为活动内容之间具有一定的联系性。

3. 确定活动参与者

活动时间和内容不同，参与者也会不同。在特殊教育班级中，因为教学需要照顾每个学生的差异性和个别性，所以活动的形式及组成人员比普通教育活动更为灵活多变。对每个活动进行设计时，除了明确时间、场地和内容外，还应该确定参与人员，提前做好通知。

(二)一日活动的计划与实施

1. 一日活动计划的拟订

特殊教育学校的一日活动计划一般是根据国家和地方政府及其教育行政部门的教

育规章制度，根据班级学生的特点和需求，由学校的教务处拟订的；而辅读班和一些特殊教育机构的一日活动计划则由教师或教研团队一起制订。

一日活动计划拟订的依据包括学生的个别化教育计划，学期总结，季节的更替，以及学生目前的需要、能力层次及兴趣等，并参考其他学校或机构的一日活动计划、本校或本班的实际情况等。[①]

表 7-2 是学前特殊教育班级一日活动的示例。

表 7-2　某学前特殊教育班级的一日活动[②]

时间		活动	教师
上午	8:00—8:40	晨间活动/如厕	教师轮流值周
	8:40—9:05	圆圈活动	各组负责教师
	9:05—9:10	如厕/课前准备	各班教师
	9:10—9:40	学科课：周一、周三、周五为语文课，周二、周四为数学课	各教学班教师
		个别教学与康复	个别教学教师
	9:40—10:00	早操	各班教师
	10:00—10:30	间食/如厕	各组负责教师
	10:30—11:00	单元课	各教学班教师
		个别教学与康复	个别教学教师
	11:00—11:20	休闲	各班教师
		个别教学	个别教学教师
	11:20—11:30	整理、准备	各班教师
	11:30—12:30	午餐、清洁	各班教师
下午	12:30—14:30	午休	教师轮流值周
	14:30—15:00	起床	各班教师
	15:00—15:30	吃水果/生活自理训练/个别训练	各班教师
		个别教学与康复	个别教学教师
	15:30—16:00	兴趣活动（三个组轮流进行音乐、美术、游戏、外出活动）	各教学班教师及助教
	16:00—16:25	休闲/个别训练/生活自理训练	各教学班教师
		个别教学与康复	个别教学教师
	16:25—16:30	再见活动	各班教师

①②　张文京：《特殊教育班级管理与建设》，155～156 页，重庆，重庆大学出版社，2017。

2. 一日活动计划的执行

一日活动计划制订完成后，教师与相关人员需要按照计划开展一日活动。一般来说，一日活动计划的执行需要由教师及相关人员做好准备、支持与辅助工作，引导学生积极参与。教师和相关人员在一日活动中根据活动安排，做好自己所负责的活动的准备（教案、教具、儿童行为观察记录表等）。各活动负责人依照计划完成活动。在活动进行的过程中，教师或助教需要把班级活动的进行情况和存在的问题记录下来，可设计一些班级日志表以更方便地记录。

3. 一日活动的管理

一日活动的实施并非简单地执行计划，而需要一定的活动评价和督导，这对于总结活动的经验、弥补活动的不足来说非常关键。评价和督导主要集中在以下几个方面。

首先，考察活动计划的执行是否顺利。对这方面的考察主要在一日活动计划执行初期，需要对活动内容的设计、活动之间的衔接进行监督，确保一日活动的合理性。

其次，考察活动设计是否符合要求。这部分考察主要发生在一日活动执行的初期和中期。活动初期，教师在把握活动目标、活动设计原则时感到困难，需要一定的指导。活动中期，很多教师认为自己已经熟练，可能失去学习和探究问题的动力，并且经过一段时间的执行，教师容易出现懈怠情绪。此时应该加强对活动设计质量的要求，保持较高的执行水准，在这样的要求下，教师会将活动设计的能力和要求内化，切实提升业务水平。

再次，对学生的活动参与状态和进步情况进行评估。一日活动的管理需要考察学生的活动参与状态和进步情况，因为这是对一日活动效果最有效的评价。一日活动的目标是促进特殊儿童的发展，如果特殊儿童在一日活动中不能获得进步，那么就需要找到原因，进行针对性的调整。

最后，对一日活动的执行进行记录，并作为档案保存一定的时间。一方面，这些记录可以作为教学和研究的资料；另一方面，这些记录可以提供给家长，用于家校交流，让家长清楚每天孩子在学校和班级中的学习和生活情况。

本章小结

本章通过对特殊教育管理基础理论的介绍，阐释了特殊教育管理的概念、意义、性质和特点。特殊教育管理从内涵上可以分为特殊教育管理学与特殊教育管理（活动）。特殊教育管理学是特殊教育学与管理学的交叉学科，是研究特殊教育中的管理现象，揭示特殊教育管理规律的科学。特殊教育管理（活动）指的是特殊教育管理的实践活动，从层次上可以分为宏观和微观两种。宏观特殊教育管理活动指国家管理特殊教育的活动，也就是特殊教育行政活动；

微观特殊教育管理活动主要指学校内部的管理活动，涉及教学工作的管理、思想政治工作的管理、科研工作的管理、体育卫生工作的管理、后勤工作的管理等。特殊教育管理是一种具有文化性的社会实践活动，其关键在于提高特殊教育的效率和质量。由于对象特殊、体量庞大、管理结构松散、管理人员类别多样的现实状况，特殊教育管理具有特殊性和复杂性。特殊教育学校管理制度既可分为国家对学校的管理制度与学校内部管理制度，也可分为基本管理制度和一般管理制度。特殊教育学校的上层管理者包括校长、党支部书记和副校长，中层管理者包括教导主任、教研组组长、工会主席等，下层管理者为班主任、任课教师、人事秘书、医务人员、电教管理员、图书馆馆长、图书资料管理员、工勤人员等。特殊教育学校管理活动包括思想政治学习、工作会议、日常管理、教研活动、教育督导与考核。特殊教育学校管理具有统一的目标、规范性、强制性和制度上的稳定性。特殊教育班级管理主要包括常规管理、环境管理和一日活动管理。班级常规是班级教学正常进行的保障，可以帮助儿童建立规则意识，班级常规管理有助于创造支持性环境。班级管理制度的制定需要提前进行现状调查，了解班级学生的特点和需求，在此基础上制订计划，实施管理。

思考题

· **单项选择题**

1998 年教育部颁发的（　　）是目前我国特殊教育学校管理制度建设的重要依据。

A.《特殊教育学校暂行规程》

B.《中华人民共和国义务教育法》

C.《中华人民共和国教师法》

D.《残疾人教育条例》

· **简答题**

①特殊教育管理的性质是什么？

②特殊教育管理的特点是什么？

③特殊教育学校基本管理制度和一般管理制度有什么区别？

④特殊教育学校管理活动有哪些？

⑤特殊教育班级信息环境建设的意义是什么？该如何建设？

·**论述题**

①论述特殊教育班级环境建设的内容和注意事项，并谈一谈理想的班级环境。

②论述特殊教育班级一日活动管理的要素。

本章阅读书目

[1]蒋云尔.特殊教育管理学[M].南京：南京大学出版社，2007.

[2]刘义娥.特殊教育学校管理制度建设[M].北京：中国轻工业出版社，2012.

[3]左元国.特殊教育学校管理[M].北京：中国轻工业出版社，2012.

[4]陈孝彬.教育管理学[M].北京：北京师范大学出版社，1999.

[5]张文京.特殊教育班级管理与建设[M].重庆：重庆大学出版社，2017.

```
                                                              ┌── 特殊教育教师的特点
                            ┌── 特殊教育教师的特点与劳动价值 ──┤
                            │                                 └── 特殊教育教师的劳动价值
                            │
                            │                                 ┌── 教师的权利地位
                            │                                 │
                            │                                 ├── 特殊教育教师的权利地位
特殊教育教师 ───────────────┼── 特殊教育教师的权利地位与专业伦理 ──┤
                            │                                 ├── 提高教师权利地位的十条建议
                            │                                 │
                            │                                 └── 特殊教育教师的专业伦理
                            │
                            │                                 ┌── 特殊教育教师的专业素质
                            └── 特殊教育教师的专业素质与专业发展 ──┤
                                                              └── 特殊教育教师的专业发展
```

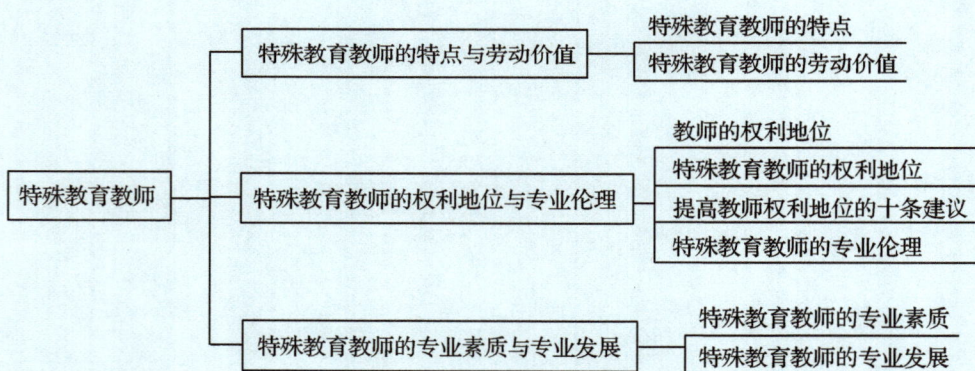

本章导读

　　特殊教育是我国国民教育的重要组成部分,特殊教育的发展情况是一个国家教育发展和社会文明程度的重要指标,而特殊教育的发展情况首先取决于特殊教育教师的质量。由于特殊儿童与普通儿童之间有差异,特殊教育教师与普通教师相比亦有自身的特殊性。[①] 特殊教育教师有广义和狭义之分,广义的特殊教育教师不仅包括直接从事特殊儿童教育工作的一线教师,还包括培养特殊教育一线教师的教师;狭义的特殊教育教师主要指特殊教育一线教师,即在特殊教育学校、普通中小学、幼儿园及其他机构中专门对残疾学生履行教育教学职责的专业人员,他们要经过严格的培养与培训,具有良好的职业道德,掌握系统的专业知识和专业技能。本章所讨论的是狭义的特殊教育教师,即直接从事特殊儿童教育工作的一线教师。而一线教师根据其教育对象的范围又可分为两大类,一类是在特殊教育学校、班级或资源班级为特殊儿童提供教学、康复及相关服务的教师;另一类是在融合班级为所有儿童提供教育,同时满足班级中特殊儿童的教育需要的教师,即融合教育教师(也被称为随班就读教师)。[②] 本章通过对特殊教育教师的特点与劳动价值、权利地位与伦理、专业素质与专业发展的阐述来加深对特殊教育职业的了解。

第一节
特殊教育教师的特点与劳动价值

　　经过多年的努力,我国基本形成了以特殊教育学校为骨干,以普通学校随班就读和附设特教班为主体,以送教上门和家庭、社区教育为补充的特殊教育发展格局。[③] 以北京市为例,《2016 年北京市残疾人事业发展统计公报》显示,北京市在读残疾学生有7544 人,其中 2516 名残疾学生在 19 所特殊教育学校学习,485 名重度残疾学生接受送教上门,4543 名残疾儿童少年就读于 1071 所普通中小学,融合教育比例超过60%。[④] 为了适应特殊教育发展的新格局,特殊教育教师的类别从在特殊教育学校中从

---

① 雷江华、方俊明:《特殊教育学》,26 页,北京,北京大学出版社,2011。
② [美]路得·特恩布尔等:《今日学校中的特殊教育(第三版)》,16 页,上海,华东师范大学出版社,2004。
③ 杨银、赵斌:《生态系统理论视域下我国特殊儿童融合教育发展路径探析》,载《教育评论》,2019(2)。
④ 中国残疾人联合会:《2016 年北京残疾人事业发展统计公报》,http://www.cdpf.org.cn/sjzx/dfsj/201712/t20171214_614597.shtml,2019-04-21。

事教育教学的教师逐渐扩展到资源教师、巡回教师、融合教育教师及其他特殊教育专业人员。下面以不同类型的特殊教育教师为切入点，介绍特殊教育教师的特点，并阐述特殊教育教师的劳动价值。

一、特殊教育教师的特点

（一）特殊教育学校教师

在特殊教育学校中从事教育教学工作的教师是特殊教育教师的主要群体，他们通过特别制定的课程、教材、教具和学具、教学设备等为中重度和极重度的残疾儿童提供教育教学。根据 2019 年教育部统计数据，我国共有 2192 所特殊教育学校，教职工人数约为 7.21 万人，专任教师人数约为 6.24 万人。[①]

（二）资源教师

为更好地推进融合教育，完善普通学校随班就读支持保障体系，提高残疾学生教育教学质量，教育部办公厅于 2016 年印发《普通学校特殊教育资源教室建设指南》，要求以增强残疾学生终身学习和融入社会的能力为目的，招收 5 人以上残疾学生的普通学校（含幼儿园、普通中小学、中等职业学校）一般应设立资源教室，为随班就读的残疾学生及其他有特殊需要的学生、教师和家长提供特殊教育专业服务。资源教室要具备以下功能：开展特殊教育咨询、检查、评估、建档等活动；进行学科知识辅导；进行生活辅导和社会适应性训练；进行基本的康复训练；提供支持性教育环境和条件；开展普通教师、学生家长和有关社区工作人员的培训。

资源教师保障资源教室正常发挥作用，原则上须具备特殊教育、康复或其他相关专业背景，符合《中华人民共和国教师法》规定的学历要求，具备相应的教师资格，符合《特殊教育教师专业标准（试行）》的规定，经过岗前培训，具备特殊教育和康复训练的基本理论、专业知识和操作技能。

资源教师作为学校资源教室的运营者，是普通学校随班就读整体工作的组织者和特殊教育工作的核心人员，其主要职责是确保资源教室的功能得以实现。其承担的工作可归纳为三个方面：学科教学工作；评估、咨询和指导工作；组织管理工作。[②]

首先，资源教师的学科教学工作有两个方面的任务，一是普通班的学科教学，二

---

① 中华人民共和国教育部：《各级各类学校校数、教职工、专任教师统计情况》，http://www.moe.gov.cn/s78/A03/moe_560/jytjsj_2019/qg/202006/t20200611_464804.html, 2020-07-12。

② 王和平、肖洪莉：《随班就读资源教师工作及其专业培训的思考》，载《中国特殊教育》，2017(6)。

是资源教学。资源教师通过承担普通班的学科教学，可以熟悉普通教育课程的教学目标、教学内容、教学方法和进度等，能够更好地为满足随班就读学生的教育需求选择、调整或重新设计适合其学习能力和学习特点的教育内容。另外，通过参与教学和教研活动，资源教师可以与其他任课教师建立良好的沟通合作关系，更加有效地指导普通教师开展随班就读教育教学活动。

其次，资源教师要对学生开展评估，为学生家长和普通教师提供咨询和指导。例如，组织家长、普通教师收集疑似有特殊教育需要的学生的相关信息，为正式评估或诊断做准备；开展正式评估，分析整理评估结果，认定随班就读学生接受资源教室服务的资格，指导随班就读学生家庭开展教育训练等。

最后，资源教师还要开展随班就读和资源教室服务中的各种事务性工作，如组建多学科小组，组织相关会议，为接受资源教室服务的随班就读学生制订个别化教育计划，督查、指导普通教师对随班就读学生的服务，等等。此外，资源教师还可能扮演培训师和研究者的角色，定期或不定期地对学校的普通教师开展专业培训。

(三)巡回教师

巡回教师是从事特殊教育教学指导工作的专职人员，是资源教师的一种。以巡回教学的方式对一个地区的若干学校、家庭、医院中的特殊儿童进行定期或专项辅导，同时也为学校教师、特殊儿童家长提供指导。巡回教师主要包括语言病理学家、学校心理学家、社会工作人员、物理治疗师、医生、特殊教育教师等。[1] 在中国，巡回教师一般由特殊教育学校教师担任，任务是巡回辅导本地区的随班就读工作。[2]

(四)融合教育教师

融合教育教师是融合教育背景下的新型教师角色，通常被认为是在融合班级(有残疾学生的普通班级)任教的教师，主要与特殊教育学校教师和班内没有特殊学生的普通教师相区分。在我国，融合教育教师也被称为"全纳教师""随班就读教师"等。[3] 有研究者指出，融合教育教师并非单指某一类型的教师，而是一个由多层次、不同专业背景的专业人员构成的群体性、集合性概念。一是在普通学校里承担随班就读教育教学工作的学科教师，由于特殊儿童进入普通班级，在教育教学中兼顾这两类儿童成为学科教师在融合教育工作中的常规任务与内容；二是能为随班就读的特殊儿童提供跨专业、

---

① 雷江华：《融合教育导论》，62 页，北京，北京大学出版社，2012。
② 朴永馨：《特殊教育辞典(第三版)》，76 页，北京，华夏出版社，2014。
③ 谢正立、邓猛：《论融合教育教师角色及形成路径》，载《教师教育研究》，2018(6)；周丹、王雁、胡玉君：《二十一世纪以来国际融合教育教师研究热点——基于科学知识图谱的可视化分析》，载《中国特殊教育》，2017(12)。

跨学科特殊教育和辅导，同时为其他教师提供培训工作的资源教师；三是来自特殊教育学校或特殊教育资源中心，具有更广阔的知识、技能和丰富的融合教育经验的巡回指导教师。无论是哪一类别的融合教育教师，都需要具备普通教育和特殊教育能力，但因其身份不同，每一类融合教育教师的工作内容、范围有所不同，教师应具备的专业素养也有所不同，要对此进行更为深入的研究。[①]

然而，也有研究者持有不同观点，他们认为仅以教育对象中有无特殊儿童为标准判断教师是否属于融合教育教师，与融合教育的本质理念——面向全体儿童，满足所有儿童（包括普通儿童与特殊儿童）的特殊教育需要，使每个人的个性都得到充分和谐发展——是相左的。他们认为，融合教育教师指在普通学校担任教学任务，具备融合教育信念，掌握融合教育知识与技能，能够应对学生多样化需求的高素质班主任及任课教师，但不包括资源教师、巡回指导教师、康复工作者及心理咨询师等。融合教育教师是能够为所有学生提供高质量教育并满足学生不同需求的高素质教师，无论该班级是否有特殊学生。融合教育教师是融合教育环境的创设者、融合教育课程的设计者、融合教育教学的实施者、沟通合作的组织者及研究性学习者。[②]

第一，融合教育教师创设的环境应渗透融合的理念与文化。融合教育环境是特殊学生学习生活的微观环境，其创设包括教室物理环境的创设与调整及心理氛围的营造。适应教室物理环境是特殊学生适应班级生活的第一步，融合教育教师要创设安全、适宜的教室环境，消除教室内的障碍物及潜在的危险因素，并且根据学生的学习需要安排座次。同时，教师应创设结构化的教学环境，根据实际需求对教室进行功能分区，如学习区、讨论区、休闲区等，帮助学生了解活动、学习与环境的关系，更好地融入教学活动。在心理氛围的营造方面，融合教育教师首先要做到接纳所有学生，善于发现、欣赏学生的优势与潜能，并引导学生正确看待并尊重差异，帮助学生建立良好的同伴关系，与学生共同建构融合教育教室文化。

第二，课程的融合是融合教育最高也是最难达成的目标。融合教育课程是普通学校融合教育教师为满足所有学生的不同学习需求、学习风格及文化背景等多方面的差异而设计的具有弹性、相关性和可调整性的综合课程体系；既强调面向所有学生，又要求体现学生的差异性，是共性与弹性的结合。

第三，融合教育的理念、态度和价值观以及课程的设计与构想最终都要通过融合教育教师的教学实现。学生间的个体差异与多样化的教育需求要求融合教育教师实施差异化教学，摒弃传统的拘泥于统一内容、统一进度与统一结果的教学；通过对所有学生进行分层教学、弹性分组等来适应学生的学习进程、风格与兴趣。面对与普通学

① 王雁、王志强、冯雅静等：《随班就读教师专业素养现状及影响因素研究》，载《教师教育研究》，2015(4)。
② 谢正立、邓猛：《论融合教育教师角色及形成路径》，载《教师教育研究》，2018(6)。

生存在较大差异的特殊学生，融合教育教师要为其开展个别化教学，以个别化教育计划为依据，实现教学目标、教学内容、教学方法和教学评价的个别化。差异教学与个别化教学的实施需要教师之间的协同合作，这对于我国普通学校班额较大、教育对象日渐复杂、教师压力不断增加的现实状况而言具有重要意义。

第四，融合教育的成功依赖于高质量的沟通与协作以及教师、家庭和社会资源的有效整合。融合教育教师并非全能型教师，他们需要具备与他人合作的能力和获取支持的能力，从而为学生提供高质量的教育与有效支持。作为融合教育执行团队的核心人员，融合教育教师应扮演组织者的角色，促进团队成员之间的有效沟通，并进行资源整合。一方面，融合教育教师应做好相关人员之间的协调工作，围绕特殊学生的发展定期组织活动。例如，召开评估小组会议，协调家长、特殊教育教师、学校行政人员、康复训练者等，为特殊学生举办个别化教育计划会议。另一方面，融合教育教师要整合相关资源为学生提供相应的支持与服务。例如，为有需要的智力障碍学生联系康复人员，使其获得言语康复、运动康复等服务；为处于转衔阶段、有就业需求的学生提供相关资源。

第五，作为一种开放性、弹性教育，融合教育面向所有学生，不因学生的个别差异而将其置于门外，而是根据学生的特点不断调整课程目标、课程内容、教学策略和评估方式来满足学生的不同需求。融合教育的开放性和弹性决定融合教育教师须成为一名研究型学习者。一方面，融合教育教师要不断更新知识与技能。教育对象的多样性和教学情境的复杂性使教师告别一劳永逸的时代，教师要以学生需求为中心、以有效教学为目的，不断丰富自己的知识储备，并将知识技能转化为实践中的执行力，提高教学技能。另一方面，融合教育教师要增强实践中的研究能力，成为行动研究者，在真实的教学情境中发现问题、解决问题，提升自身专业能力。

(五)其他特殊教育专业人员

其他特殊教育专业人员主要为特殊学生提供学业以外的辅助服务，帮助学生从教育中获益。这些辅助服务包括心理咨询，康复训练(语言训练、感觉训练、视觉训练、听觉训练、物理治疗、动作协调训练)，卫生保健，社会支持，等等；由持有专业执照的人员提供相应的服务，如心理学家，康复人员(言语治疗师、职能矫正治疗师、物理治疗师)，护士或营养师，社会工作者，等等。

心理学家应承担对特殊儿童的心理特点进行研究的重任；同时，他们还应根据特殊儿童的心理特点，向家长传授各类特殊儿童心理学的知识，对特殊教育教师进行心理学知识培训；并协助医疗机构、教育机构、社会福利机构等为特殊儿童提供相关服务，包括对特殊儿童的能力进行评定，对特殊儿童的生活环境进行评定，参与特殊儿童个别化教育计划的制订，以及其他相关专业服务。康复人员必须具备康复治疗的理论知识，掌握针对不同类别特殊儿童的康复训练方法；掌握康复评定技术；掌握现代和传统的康复治疗与康复护理技术；掌握心理健康教育的方法；能为不同类别的特殊儿童有针对性地拟定康复训练计划，并能为特殊儿童的家长及教师提供相应的康复咨询。护士或营养师负责特殊儿童的用餐和服药，促进特殊儿童身体健康发展，并向特殊儿童家长进行营养学知识的宣传。社会工作者主要对特殊儿童进行交往能力、职业能力及其他相关能力的教育训练，同时为他们提供维权服务等；目前我国的社会工作者大多从事社会福利、社区矫治、司法等工作，并逐步扩展到卫生、教育、社会保障、心理辅导等领域。[①]

在确定学生是否有必要接受辅助服务时，以下三个因素应得到充分考虑：一是学生某方面障碍的矫治服务需要在为其安排的教育安置环境中是否得到满足；二是辅助服务是否有助于提高其学习成绩；三是辅助服务的缺乏是否严重影响其学业表现。[②]

二、特殊教育教师的劳动价值

教师劳动的主要特点是为社会提供合格的劳动者。作为全体教师的一分子，特殊教育教师的劳动与其他教师的劳动有共同的价值，但也有自身的特殊性。

（一）教师的劳动价值

教师劳动的主要目的是教育人、培养人、提高人的劳动能力。教师担负着人类知识文化的传递与传播的任务，这一点是在知识文化领域进行精神劳动的教师与主要从事科学发明创造和文学创作等的科学家、文学家的根本区别。[③]

教师劳动的对象不是无生命的自然物质，也不是一般的动物，而是有一定自觉意识、有感情、有理性、有个性的作为社会中的一员的活生生的个体，是年龄特征不同、个性特点各异的儿童、青少年。教师既要按统一的要求开展教学，又要采取不同的方法因材施教。另外，教师劳动对象的复杂性还表现为影响学生成长因素的多样性。学生天赋及身体条件的差别，家庭与社会环境的不同，学生原有学习兴趣、习惯、能力的区别，以及学生与教师和同伴的关系等，都对学生的学习和思想产生影响。简言之，一切直接或间接地作用于学生的客观因素都会给学生造成一定影响，学生带着各种影响来到学校，有些影响是有利于教师教育教学的，有些影响是不利于教师教育教学的。教师既要对社会、国家层面的群体事业负责，也要对个体的健康成长、成人、成才负责。就像杜威所说的："教师总是真正天国的代言者，真正天国的引路人。"[④]

---

① 雷江华、方俊明：《特殊教育学》，40页，北京，北京大学出版社，2011。
② 任颂羔：《特殊教育发展模式》，56页，北京，北京大学出版社，2012。
③ 胡德海：《教育学原理》，320页，兰州，甘肃教育出版社，2006。
④ ［美］杜威：《我的教育信条》，11页，上海，华东师范大学出版社，2015。

　　教师劳动的效果具有迟效性和长效性的特点。教师的劳动是对人的身心施加影响的特殊劳动，而一个人从儿童成长为劳动者要经过长期且复杂的生长、发育、教育、训练过程，其知识体系的获得、思想信念的形成、智力能力的发展是极其复杂的，不是短时间内就能实现的，因此，教师劳动的效果要经过相当长的时间才能充分显示出来，这是教师劳动的迟效性。另外，受教育者的劳动能力经过培养得到提高，获得长期的社会生产效能，这种能力不仅不会随受教育者从事劳动的增加而逐渐减少，反而会在经验和知识的积累中更加丰富，智力和能力的发展更趋于成熟，思想认识更全面和深刻，这是教师劳动的长效性。

　　教师劳动的另一个重要特点是：教师自己在教育过程中，在传授知识的同时，可从学生的提问、反馈中获得启发，在传道、授业、解惑的活动中进一步理解教学内容，提高自身教学水平，使自己不断进步。

（二）教师的地位与作用

　　教师的地位与作用主要体现在三个层面：一是在人类社会发展中，二是在学校中，三是在教育教学过程中。①

　　教师在人类社会发展中的作用大致可以概括为三个方面。一是继承、传递和发展人类文化的优秀成果。前人在长期的社会实践中积累了丰富的经验，创造了灿烂的科技和文化，留下了宝贵的精神财富。人类只有在继承前人的优秀科学文化成果的基础上，才能建设、发展社会，创造更高的文明。教师通过自己的劳动，吸收人类社会积累起来的社会精神财富，包括科学文化知识和技术、文学艺术、哲学思想、道德规范等，并加以总结，传授给年青一代，使他们在较短时间内能够适应现实社会的实践活动。二是促进人类个体的完善和发展。教师按照社会需要为社会培养各种人才，教师积极探索整个社会文明的发展状况及发展趋势，并按照这种状况与趋势的要求培养合格的人才，更好地促进人类文明不断向前发展。三是推动人类社会的发展。随着科学技术的进步和生产力的提高，教师劳动的社会作用越来越凸显，知识成为比资本和劳动力更重要的资源。教师是精神财富的创造者，这种精神成果直接作用于学生，可促进社会提高劳动生产率。

　　教师在学校中、在教育教学过程中的地位和作用主要表现为教师的主导地位及教师对学校教育、教学工作质量所起的关键性、决定性作用。学校教育是一种教育事业，教师肩负传播一定时代、一定社会的政治、思想、文化的任务，对学生有积极引导和鼓励教化的责任。教师作为国家确认的合格的专业教育者，要承担起组织者与领导者的责任，对学生的学习方向、内容和方法起主导作用，让学生的主动性在有目的、有

---

　　①　胡德海：《教育学原理》，324 页，兰州，甘肃教育出版社，2006。

意识的活动中获得发展。

(三)特殊教育教师的作用与劳动价值

由于特殊儿童与普通儿童之间有差异，特殊教育教师与普通教师相比具有自身的特殊作用，主要表现在对特殊儿童的作用、对教育发展及构建和谐社会的作用、对特殊儿童家长的作用三个方面。[①]

对特殊儿童来说，特殊教育教师是知识的传授者、各项技能的训练者、道德品质的塑造者和积极心态的树立者。特殊儿童不仅需要关于生存的知识，而且需要适应生活和社会的知识，还需要个性发展的知识。特殊教育教师通过向特殊儿童传授适合其发展需要的知识来缩小特殊儿童与普通儿童之间的差距，帮助特殊儿童减轻由身心缺陷造成的各种影响。在这一过程中，特殊教育教师要根据不同类型特殊儿童的能力发展强项与弱项开展有针对性的训练，促进他们各项技能的发展。另外，教师的一言一行都会潜移默化地塑造儿童的行为与人格，教师优美的语言、和善的态度、深邃的洞察力及教师营造的轻松的课堂氛围都会带给儿童美的享受和理性思考，影响儿童的道德情感、态度和行为，帮助他们形成正确的价值观。特殊儿童由于自身的缺陷，往往产生自卑、恐惧、焦虑、孤独等情绪情感，特殊教育教师通过营造轻松和谐的氛围，关爱儿童，鼓励儿童，并提供适当的心理辅导与咨询，帮助他们克服自卑、恐惧心理，使他们自觉树立积极向上的心态。

对教育发展和和谐社会的构建来说，高质量的特殊教育教师可为保证教育公平、实现教育机会均等提供保障，这是构建和谐社会的重要基石。特殊教育教师通过对特殊儿童进行缺陷补偿，发掘其潜能，使其具备生活自理能力和职场适应能力，从而减轻社会压力。

在特殊儿童家长方面，特殊教育教师通过特殊教育教学手段和方法促进特殊儿童各方面的发展，使家长看到希望、树立信心。另外，特殊教育教师通过家访、家长会等各种形式为家长提供教育咨询和交流平台，教给他们必要的与孩子交流沟通的技术和方法。

总而言之，特殊教育教师尽自己最大的努力满足每个学生的需要，通过评估学生的学术能力和残疾程度，为专业评估提供参考，参与学生特殊教育需要的认定，参与制订个别化教育计划，与家长或监护人进行沟通，与其他专家合作等方式，为特殊儿童的教育做贡献。[②]

[①] 雷江华、方俊明：《特殊教育学》，26 页，北京，北京大学出版社，2011。
[②] ［美］丹尼尔·P. 哈拉汉、［美］詹姆士·M. 考夫曼、［美］佩吉·C. 普伦：《特殊教育导论（第十一版）》，16 页，北京，中国人民大学出版社，2010。

第二节
特殊教育教师的权利地位与专业伦理

　　教师的权利地位可反映一个国家的历史、政治发展和社会文化规范。我国学者对教师的权利地位主要有两种界定：一是从教育学的角度出发，认为教师权利主要是一种专业性权利，是"教师在学校中对学生、班级和课程等教育资源所具有的权力"[①]；二是从法律的角度出发，认为教师权利是"教师在教育教学活动中依法享有的权益，是国家对教师能够作出或不作出一定行为，以及要求他人相应作出或不作出一定行为的许可与保障"[②]。各国法律对教师权利地位的界定主要有三种形式：一是大陆法列举式，主要指大陆法系国家的教育法律采用列举的方法来界定教师权利的范围，但各国法律所列举的教师权利在具体内容和数量上有很大的差异，除各国历史文化背景不同这一原因外，这些差异也说明列举式的局限，即不能穷尽教师权利的所有方面；二是判例法概括式，主要指英国、美国等实行判例法的国家的教育法律并不是明确规定教师权利的内容，而是抽象地概括若干判例原则，如学术自由、言论自由等；三是分层概括式，这是联合国教科文组织《关于教师地位的建议》所采取的做法，即从教师应享有的基本权利和教师应享有的职业权利两个层面来界定教师权利的具体内容。[③]

　　教师专业伦理是教师专业不可缺少的组成部分，是专业成熟的重要标志，也是推进教师专业化的一个重要维度，随着教师专业化运动的发展，教师从职业走向专业，传统师德开始向专业伦理转变。教师职业道德是行业道德的一种，通常简称为"师德"，指教师在从事教育教学活动中逐步形成的道德观念、道德情感、道德行为和道德意志以及应该遵循的行为规范。师德是教育工作者的灵魂，我国各类教师专业标准均强调"师德为先"，体现了对中华优良传统的继承，也是建设高素质教师队伍的内在要求和重要保证。[④] 不过，中国传统文化中的师德注重人际关系的内在和谐，缺少有关伦理规范的现实基础，存在过分崇高化、理想化的倾向。与之相对应，西方在实证研究的基础上形成的专业伦理符合科学的要求，但其对人际关系的动态生成缺乏很好的把握。比较完备的教师专业伦理规范是自成系统的，突出专业和服务这两个核心理念，坚持底线伦理要求与最高伦理准则的统一，且各种规范之间具有内在协调性，还具有可操

① 谢维和：《教育学的社会学分析》，114 页，北京，北京教育科学出版社，2000。
② 劳凯声：《教育法学》，128 页，沈阳，辽宁大学出版社，2000。
③ 张志欣：《我国公立中小学校教师权益的法律保护及救济》，硕士学位论文，南京师范大学，2005。
④ 高利、朱楠、雷江华：《中小学与特殊教育教师专业标准的比较及启示》，载《中国特殊教育》，2018(6)。

作性。①

下面先介绍我国法律法规所规定的教师的权利地位，在此基础上对中国特殊教育教师所享有的权利地位进行说明；然后介绍 2015 年发布的《亚太地区的教师：权利与地位》中关于提高教师权利与地位的十条建议；最后对特殊教育教师的伦理道德进行阐述。

一、教师的权利地位

教师作为中华人民共和国公民，全面且充分地享有《中华人民共和国宪法》所规定的公民所具有的广泛的基本权利。在此基础上，作为一种职业，教师又有其职业权利。教师的职业权利指教师在教育教学活动中依法享有的权益，是国家对教师能够做出或不做出一定行为，以及要求他人相应做出或不做出一定行为的许可或保障。依据《中华人民共和国教师法》等法律法规的规定，教师具有以下权利。

(一)进行教育教学活动，开展教育教学改革和实验

教师有权依据其所在学校的教学计划、教育工作量等具体要求，结合自身教学特点，自主地组织课堂教学；有权依照教学大纲的要求确定其教学内容、进度，不断完善教学内容；有权针对不同的教育教学对象，在教育教学的形式、方法、具体内容等方面进行改革和实验。

(二)从事科学研究、学术交流，参加专业的学术团体，在学术活动中充分发表意见

教师在完成规定的教育教学任务的前提下，有权进行科学研究、技术开发、学术论文撰写和著书立说；有权参加有关的学术交流活动，参加依法成立的学术团体，并在其中兼任职位；有权在学术研究中发表自己的学术观点，开展学术争鸣。教师从事这些工作，既有利于提高自身的政治、业务素质，又有利于教学水平的提高和人才的培养。

(三)指导学生的学习和发展，评定学生的品行和学业成绩

教师有权根据教育规律、学生的性格和特长因材施教，有针对性地指导学生的学习，并在学生的升学、就业等方面给予指导；有权对学生的思想品德、学习、文体活动、劳动等方面给予客观公正的评价；有权运用正确的指导思想和科学的方式方法，

---

① 徐廷福：《教师专业伦理建设探微》，载《教育评论》，2005(4)。

使学生的个性和能力得到充分发展。教师在行使管理学生的权利时，要注意加强对学生各个方面的管理，将关心爱护学生与严格要求结合起来，促进学生德、智、体等全面发展，任何组织和个人不得非法干涉教师行使这一占主导地位的基本权利。

(四)按时获取工资报酬，享受国家规定的福利待遇以及寒暑假期的带薪休假

按时获取工资报酬即教师有权要求所在单位及其主管部门根据教师聘任合同的规定，按时、足额地支付其工资报酬。工资报酬通常包括国家规定的教师基础工资、职务工资、课时报酬、奖金、教龄津贴、班主任津贴和其他各种津贴、政府政策性补贴等工资性收入。国家规定的福利待遇主要指教师在医疗保健、住房、退休等方面依照法律及国家其他有关规定享受的各种福利待遇和优惠措施。教师的劳动是专业性、社会公益性较强的劳动，而非简单劳动，也非营利性劳动，其得到的工资报酬和各种福利待遇应当是稳定、规范的。教师这项基本权利的行使是教师维持个人家庭生活和体能的基本保障。因此，各级人民政府、有关部门应当采取有力措施，依法保障教师的工资、福利及带薪休假等权利的落实。教师也可以借助国家强制机关保护自己权利的落实。

(五)对学校教育教学、管理工作和教育行政部门的工作提出意见和建议，通过教职工代表大会或者其他形式，参与学校的民主管理

教师有权通过教职工代表大会、工会等组织以及其他适当方式参与学校的民主管理，讨论学校改革发展等方面的重大事项，保障自身的民主权利和切身利益，推进学校的民主建设。以教职工代表大会为例，教师的参与管理权体现为：听取校长的工作报告，讨论学校年度工作计划、发展计划、改革方案、教职工队伍建设等重大问题；讨论教职工奖惩办法及其他有关教职工的福利事项，监督学校的管理工作。教师在行使民主管理权时，应注意遵循民主集中制的原则，并充分发挥自己对学校、教育行政部门工作的监督作用。

(六)参加进修或者其他方式的培训

教师有权参加进修或其他多种形式的培训，以提高自身思想政治觉悟和业务水平。教育行政部门、学校及其他教育机构应采取多种形式、开辟多种渠道，努力为教师的进修培训创造有利条件，切实保障教师权利的落实。这一权利的基本内容包括：教师有权参加进修或接受其他形式的培训，不断更新知识，调整知识结构，逐渐完善终身学习体制，从而保障教育教学质量。教育行政部门、学校和其他教育机构应当采取多种形式、开辟多种渠道，保证教师进修培训权的行使，如运用现代远程教育技术为教

师提供继续教育、终身学习的机会。教师行使这一权利时，必须保证完成本职工作，有组织、有安排地进行，不得影响学校正常的教育教学工作。

（七）接受聘任

《中华人民共和国教师法》规定，教师的聘任应当遵循双方地位平等的原则，由学校和教师签订聘任合同，明确规定双方的权利、义务和责任。学校和教育行政部门不得随意撤销教师资格，非法辞退、辞聘或解聘教师；在辞退、辞聘或解聘教师时应遵循法定程序。

《教师资格条例》规定，有下列情形之一的，由县级以上人民政府教育行政部门撤销其教师资格：弄虚作假、骗取教师资格的；品行不良、侮辱学生，影响恶劣的。被撤销教师资格的，自撤销之日起 5 年内不得重新申请认定教师资格，其教师资格证书由县级以上人民政府教育行政部门收缴。另外，在做出处罚决定前，要依据《教育行政处罚暂行实施办法》，由教育行政部门发出《教育行政处罚告知书》，告知当事人做出处罚决定的事实、理由和依据，并告知当事人依法享有陈述权、申辩权和其他权利。

（八）获得教育法律救济

由于在行政机关与教师、学校与教师的法律关系中，教师为弱势的一方，在受到侵害时，教师应借助法律救济手段保护自己的合法权益。《中华人民共和国教师法》规定："教师对学校或者其他教育机构侵犯其合法权益的，或者对学校或者其他教育机构作出的处理不服的，可以向教育行政部门提出申诉，教育行政部门应当在接到申诉的三十日内，作出处理。教师认为当地人民政府有关行政部门侵犯其根据本法规定享有的权利的，可以向同级人民政府或者上一级人民政府有关部门提出申诉，同级人民政府或者上一级人民政府有关部门应当作出处理。"

二、特殊教育教师的权利地位

特殊教育教师在教育教学的过程中要投入比一般教师更多的时间和精力，因此，特殊教育教师除依法享有公民权和职业权利外，还享有一些特殊的权利。比如，《中华人民共和国义务教育法》第三十一条和《中华人民共和国残疾人保障法》第二十八条分别规定特殊教育教师享有特殊岗位补助津贴和特殊教育津贴；《残疾人教育条例》第四十三至四十六条对特殊教育教师的受聘权，职前、职后培训，以及聘任、进修、表彰奖励等方面的权利进行了规定，具体如下。

第四十三条 省、自治区、直辖市人民政府可以根据残疾人教育发展的需求，结合当地实际为特殊教育学校和指定招收残疾学生的普通学校制定教职工编制标准。

县级以上地方人民政府教育行政部门应当会同其他有关部门，在核定的编制总额内，为特殊教育学校配备承担教学、康复等工作的特殊教育教师和相关专业人员；在指定招收残疾学生的普通学校设置特殊教育教师等专职岗位。

第四十四条　国务院教育行政部门和省、自治区、直辖市人民政府应当根据残疾人教育发展的需要有计划地举办特殊教育师范院校，支持普通师范院校和综合性院校设置相关院系或者专业，培养特殊教育教师。

普通师范院校和综合性院校的师范专业应当设置特殊教育课程，使学生掌握必要的特殊教育的基本知识和技能，以适应对随班就读的残疾学生的教育教学需要。

第四十五条　县级以上地方人民政府教育行政部门应当将特殊教育教师的培训纳入教师培训计划，以多种形式组织在职特殊教育教师进修提高专业水平；在普通教师培训中增加一定比例的特殊教育内容和相关知识，提高普通教师的特殊教育能力。

第四十六条　特殊教育教师和其他从事特殊教育的相关专业人员根据国家有关规定享受特殊岗位补助津贴及其他待遇；普通学校的教师承担残疾学生随班就读教学、管理工作的，应当将其承担的残疾学生教学、管理工作纳入其绩效考核内容，并作为核定工资待遇和职务评聘的重要依据。

县级以上人民政府教育行政部门、人力资源和社会保障部门在职务评聘、培训进修、表彰奖励等方面，应当为特殊教育教师制定优惠政策、提供专门机会。

除此之外，我国多项行政法规，如《关于进一步加快特殊教育事业发展的意见》《国家中长期教育改革和发展规划纲要（2010—2020年）》《国家贫困地区儿童发展规划（2014—2020年）》《关于加强特殊教育教师队伍建设的意见》《特殊教育提升计划（2014—2016年）》《第二期特殊教育提升计划（2017—2020年）》《中共中央 国务院关于全面深化新时代教师队伍建设改革的意见》，都包含保障特殊教育教师权利地位的条款，主要体现在特殊教育教师的职前和职后培训及特殊教育津贴两个方面。具体内容可被总结为以下四点。

第一，提高特殊教育教师职前培养的质量。

在实施师范生公费教育政策的同时，把特殊教育师资培养纳入培养计划，加大对特殊教育和相关专业研究生的培养力度。鼓励各省（自治区、直辖市）择优选择师范类院校和其他高校增设特殊教育专业。鼓励高校在师范类专业中开设特殊教育课程，培养师范生的全纳教育理念和指导残疾学生随班就读的教学能力。鼓励优秀高校毕业生到特殊教育学校、儿童福利机构等单位任教。

第二，扩大特殊教育教师职后培养的范围。

将特殊教育教师培训纳入教师继续教育培训计划，实行5年1个周期、不少于360学时的全员培训，重点抓好骨干教师特别是中青年骨干教师培训；加强对在普通学校、儿童福利机构或其他机构中从事特殊教育工作的教师和特殊教育学校巡回指导教师的培训；高度重视残疾人职业教育专业课教师培训；依托高等特殊教育学院、其他有关院校和专业机构建设特殊教育教师培训基地；加大国家级教师培训计划中特殊教育教师培训所占的比重，采取集中培训和远程培训相结合的方式，逐级开展特殊教育教师全员培训和校长、骨干教师培训；加强普通学校随班就读、资源指导、送教上门等特殊教育教师培训；推进信息技术与特殊教育教师培训的深度融合，为特殊教育教师专门建立网络研修社区，开展特殊教育教师教育技术能力专项培训，促进特殊教育教师专业发展常态化；教师培训机构要建设专兼结合的特殊教育教师培训队伍，加强特殊教育教师教研、科研队伍建设，提高培训的专业性、针对性和实效性。

第三，保障特殊教育教师的工资津贴政策得到落实。

各地要采取措施，确保国家规定的特殊教育教师工资待遇政策得到落实。将随班就读教学与管理工作列入绩效考核内容，完善教师收入分配激励机制，有效体现教师的工作量和工作绩效，绩效工资分配向班主任和特殊教育教师倾斜；落实儿童福利机构特殊教育教师的相应待遇；对在普通学校承担残疾学生随班就读教学和管理工作的教师，在绩效考核中给予倾斜；为送教教师和承担医教结合实验的相关医务人员提供工作和交通补贴。

在优秀教师和优秀教育工作者表彰中提高特殊教育教师和校长的比例，教师职务（职称）评聘向特殊教育教师倾斜，将儿童福利机构特教班教师职务（职称）评聘工作纳入当地教师职务（职称）评聘规划。

确保特殊教育教师按规定享有医疗、养老等社会保障待遇；按规定为特殊教育教师缴纳住房公积金；鼓励地方政府将符合条件的特殊教育教师住房纳入当地住房保障范围，统筹予以解决；关注特殊教育教师心理健康，定期开展心理健康咨询。

第四，营造关心和支持特殊教育教师的氛围。

加大特殊教育宣传力度，在全社会形成关心支持特殊教育、尊重特殊教育教师和残疾人教育工作者的舆论氛围。加大优秀特殊教育教师的宣传力度，在全社会大力弘扬特殊教育教师的人道主义精神和奉献精神。对长期坚守在特殊教育岗位、做出突出贡献的教师，按照国家有关规定给予奖励。

三、提高教师权利地位的十条建议

从关于我国特殊教育教师权利地位的政策文本来看，我国的法律、法规、政策对此已经有较为全面的规定，切实保障特殊教育教师的各项权利；但在具体落实时，因缺乏相应的操作性规定而出现一些困难。联合国教科文组织于 2015 年发布了《亚太地区的教师：地位与权利》，提出了针对提高教师的质量、保障教师的权利与地位的十条建议，为我国特殊教育教师专业能力提升、权利地位的落实及相关政策的制定提供了可借鉴的依据，同时也让特殊教育专业学生在了解自身可以努力争取哪些方面的权利的基础上增强专业认同和专业自信。[①]

(一)选拔标准

应制定一个严格的教师选拔程序，既要考虑学术成绩，又要确保那些被选为教师的人有教书的动力和热情，即具有一颗教育之心。

(二)职前教师教育

根据教师的需要，提供教师教育课程。

增加经费投入，用来提高教师教育课程的质量，使师范教育能够培养出合格的未来教师。

通过运用适当的教育技术不断整合师范教育的优质资源，提升师范教育的培养能力。

确保职前课程与基础教育课程是密切相关的，帮助职前教师做好成为合格教师的准备；课程要在保持学术严谨性的同时，为职前教师提供充分的实践机会，使他们能够将所学的东西付诸实践。

为教师教育者制定明确的标准，以确保这些教育者既有符合要求的学历，又有一定的一线学校教学经验。

为教师教育者提供持续的专业发展课程和在一线学校开展教学实践的机会，使他们了解最新的教学方法和最佳实践的过程及结果。

教师教育课程的方案设计要考虑国家、地方的特点，如果有些学校有混龄教学班级，就要保证师范生能够了解并体验混龄教学班级的运作。

建立清晰的质量监控标准，所有师范院校都只有在达到这些标准时才能获得师范专业认证。

(三)专业发展

将教师专业发展纳入学校改革的主要任务。

为教师制定清晰易懂的专业标准，并为评估教师和确定教师发展需求制定标准。

确保所有教师享有公平有效的专业发展制度，并根据教师的需要提供持续的专业发展机会。

在可行的情况下，为所有教师制订校本专业发展计划。

鼓励教师通过阅读专业期刊和继续教育进行自我提升。

[①]　UNESCO，*Teachers in Asia Pacific：Status and Rights*，Bangkok，UNESCO Bangkok，2015，p. 39.

确保定期开展教师培训，介绍最新的教学方法，使教师能够在课堂实践中运用新的教学方法。

在学校内营造协作学习的氛围，使教师能够互相学习、互相支持。

为新入职的教师开展入职培训，使他们融入学校生活，并努力成为有经验的、优秀的教师。

通过成人学习和主动学习方法提高专业发展的效率。

增加教师专业发展项目的财政投入。

(四)职业发展

将专业发展参与的情况与职业发展结合起来。

制定清晰的职业发展路径，为教师提供晋升的机会。

确立明确的职位名称和职责，这有助于提高教师在学校内外的地位。

建立与特定角色和职责相联系的清晰的工资标准。

鼓励管理和行政人员在其职业生涯中取得进步。

(五)工资待遇

提供与职位要求相适应的薪金，薪资水平应与要求类似资格的其他职业一致。

提供社会保障和其他福利，以保障教师在受雇期间和退休后的合理生活水平。

(六)教师绩效评估

认真、公正地进行教师评估，并对教师的专业发展需求进行评估。评估的结果应反馈给教师本人，并对教师的专业发展和职业发展提出建议。评估的目的是给予教师支持和赋权，而不是吹毛求疵或惩罚。

在学校内部建立一种积极的评估文化，使所有员工都从评估中获得帮助与发展。

建立与教师评估相适应的专业发展学分体系。

提高教育主管部门相关人员和校长的教师绩效评估能力。

通过建立与专业标准相联系的明确的评估领域和标准，加强评估程序的正当性。

将评估标准与教师的职业阶段联系起来，这将意味着对每个职业阶段教师的专业水平都有清晰的标准，对从优秀的师范专业毕业生到优秀的专家教师应该具备哪些能力要有清晰、具体、准确的描述。

确保由校长及/或其他高级职员在学校层面开展评估。

（七）学校领导

规范学校领导的选拔任命流程。

为学校领导定期提供专业发展培训项目。

专业发展培训项目要确保学校领导获得更全面的技能，使他们能够创造有利于教师和学校发展的工作环境，而非仅注重行政任务能力。

加强学校领导提供工作环境支持的能力，从而鼓励教师进行自我管理和自我提升，最终促进团队合作。

（八）教师的发言权

各方应意识到教师在提升自身地位和专业能力方面有重要的贡献和独特的见解。

通过全国教师专业协会，使教师获得为教育问题的解决、教育决策的制定等做出贡献的机会。

（九）教师的劳动条件

确保教师选拔制度的公平和公开，使教师的技能和才能更符合学校的需要。

为在偏远和艰苦地区工作的教师提供适当的奖励。

为必须承担超出负责标准的教学、行政工作的人员提供额外补助。

确保教师用于教育教学和提高教学质量的工作时间与其他职业相比是合理的。

任何改善教师劳动条件的制度和程序都应使所有教师受益，不应因教师的雇佣状态（合同制或正式雇员）而有所差别。

同工同酬制度下合同制教师数量的增多可能通过影响教师的权利和地位重塑教师行业，因此，仔细规划并充分了解其影响是有必要的，应确保合理地聘用合同制教师，避免对教师的权利产生不利影响。

（十）性别

制定相关政策，鼓励女性在学校中担任管理职务，并消除女性参与高级管理的任何障碍。

在教师职业的女性人数超过男性人数的国家和地区开展吸引更多男性从事这一职业的招聘活动；在中学里积极宣传不论对男性还是对女性而言教师职业都是受人尊敬和有合理收益的职业的观念。

四、特殊教育教师的专业伦理

目前我国特殊教育教师的专业伦理还处在建设和形成中，在 2015 年发布的《特殊教育教师专业标准（试行）》中，"专业理念与师德"作为三大维度之一，对特殊教育教师的专业伦理进行了初步的界定。表 8-1 将该维度下的具体内容与美国特殊儿童委员会于2016 年发布的《每一位特殊教育工作者必须知道什么：专业伦理和标准（第七版）》[①]中的专业伦理进行了对比，展示了中美文化背景下的特殊教育教师专业伦理要求。

表 8-1　中美特殊教育教师专业伦理对比

中国《特殊教育教师专业标准（试行）》中"专业理念与师德"维度		美国《每一位特殊教育工作者必须知道什么：专业伦理和标准（第七版）》中的专业伦理
领域	主要内容	
职业理解与认识	贯彻党和国家教育方针政策，遵守教育法律法规。 理解特殊教育工作的意义，热爱特殊教育事业，具有职业理想和敬业精神。 认同特殊教育教师职业的专业性、独特性和复杂性，注重自身专业发展。 具有良好的职业道德修养和人道主义精神，为人师表。 具有良好的团队合作精神，积极开展协作交流。	在尊重学生的尊严、文化、语言和背景的前提下，对特殊儿童保持较高的期待，使其尽可能达到较理想的学术水平和生活能力水平。 确保高水平的专业胜任力和公正、有经验的专业判断，使特殊儿童及其家庭受益于融合的环境，促进特殊儿童参与学校和社区活动。 能够在实践中与其他提供特殊教育相关服务的人员进行合作。
对学生的态度与行为	关爱学生，将保护学生生命安全放在首位，重视学生的身心健康发展。 平等对待每一位学生，尊重学生人格尊严，维护学生合法权益。不歧视、讽刺、挖苦学生，不体罚或变相体罚学生。 理解残疾是人类多样性的一种表现，尊重个体差异，主动了解和满足学生身心发展的特殊需要。 引导学生正确认识和对待残疾，自尊自信、自强自立。 对学生始终抱有积极的期望，坚信每一位学生都能成功，积极创造条件，促进学生健康快乐成长。	在相互尊重的基础上与特殊儿童家庭建立关系，使特殊儿童及其家庭积极地参与教育决策。 利用证据、教学数据、研究和专业知识来指导教学实践。 保护和支持特殊儿童的生理和心理安全。 不以任何形式伤害特殊儿童，并且对任何伤害行为保持零容忍。 践行美国特殊儿童委员会关于职业道德、标准和政策的规定，在专业实践中遵守法律法规和相关政策，并为完善法律法规和政策做出贡献。

---

① The Council for Exceptional Children, *What Every Special Educator Must Know：Professional Ethics & Standards（7th ed.）*, Arlington, Virginia, Council for Exceptional Children, 2016.

续表

中国《特殊教育教师专业标准（试行）》中"专业理念与师德"维度		美国《每一位特殊教育工作者必须知道什么：专业伦理和标准（第七版）》中的专业伦理
领域	主要内容	
教育教学的态度与行为	树立德育为先、育人为本、能力为重的理念，将学生的品德养成、知识学习与能力发展相结合，潜能开发与缺陷补偿相结合，提高学生的综合素质。 尊重特殊教育规律和学生身心发展特点，为每一位学生提供合适的教育。 激发并保护学生的好奇心和自信心，引导学生体验学习乐趣，培养学生的动手能力和探究精神。 重视生活经验在学生成长中的作用，注重教育教学、康复训练与生活实践的整合。 重视学校与家庭、社区的合作，综合利用各种资源。 尊重和发挥好少先队、共青团组织的教育引导作用。	采用专业的环境和资源提升特殊儿童的学习效果。 通过积极参与专业组织来提高专业水平。 为特殊教育相关专业知识和技能的丰富和传播做出积极的贡献。
个人修养与行为	富有爱心、责任心、耐心、细心和恒心。 乐观向上，热情开朗，有亲和力。 具有良好的耐挫力，善于自我调适，保持平和心态。 勤于学习，积极实践，不断进取。 衣着整洁得体，语言规范健康，举止文明礼貌。	

第三节
特殊教育教师的专业素质与专业发展

专业素质是人们从事社会活动和职业工作所需要的基本知识、技能与某些心理素质的总称。在一定的社会分工条件下，每一个社会成员想要参与一定的社会活动，就必须具备与既定的、专属的活动领域相适应的专业素质。教师的专业素质可以从知识结构、能力结构和相关心理素质这三个方面来考察。[1] 教师专业发展包括教师从经验中学习而获得的发展，以及通过有意识、有计划地参加直接或间接地作用于个人、小组和学校的有助于课堂教学质量提升的活动而获得的发展，通过这个过程，教师批判性地发展知识、技能和情绪智力，从而使自己在职业生涯的各个阶段进行有品质的专业

---

[1] 胡德海：《教育学原理》，345 页，兰州，甘肃教育出版社，2006。

思考和实践。① 下面首先介绍对特殊教育教师专业素质的要求，然后对特殊教育教师专业发展的资格获得、取向和内涵、现实困境进行阐述。

一、特殊教育教师的专业素质

教师首先应具备的专业素质是合理的知识结构，主要包括专业知识、科学文化基础知识、教育学和心理学知识。教师的能力结构则指教师进行教育教学工作、从事教书育人活动的本领，如思维的条理性和逻辑性、口头表达能力、组织教学活动的能力等。教师的个性和心理素质是教师自身稳固的、异于他人的心理特征的总和，是塑造学生和谐人格的重要途径，是影响学生非智力因素发展的重要因素，是营造活跃的课堂氛围、提高教学效率的基础。②

2015 年发布的《特殊教育教师专业标准（试行）》中，除"专业理念与师德"维度外，还有"专业知识"和"专业能力"两个维度，分别对特殊教育教师应具备的学生发展知识、学科知识、教育教学知识和通识性知识这四个知识领域，以及环境创设与利用、教育教学设计、组织与实施、激励与评价、沟通与合作、反思与发展这六个能力领域进行了规定。详细内容如表 8-2 所示。

表 8-2　特殊教育教师的专业知识和专业能力

维度	领域	主要内容
专业知识	学生发展知识	了解关于学生生存、发展和保护的有关法律法规及政策。 了解学生身心发展的特殊性与普遍性规律，掌握学生残疾类型、原因、程度、发展水平、发展速度等方面的个体差异及教育的策略和方法。 了解对学生进行青春期教育的知识和方法。 掌握针对学生可能出现的各种侵犯与伤害行为、意外事故和危险情况下的危机干预、安全防护与救助的基本知识与方法。 了解学生安置和不同教育阶段衔接的知识，掌握帮助学生顺利过渡的方法。
	学科知识	掌握所教学科知识体系的基本内容、基本思想和方法。 了解所教学科与其他学科及社会生活的联系。
	教育教学知识	掌握特殊教育教学基本理论，了解康复训练的基本知识与方法。 掌握特殊教育评估的知识与方法。 掌握学生品德心理和教学心理的基本原理和方法。 掌握所教学科的课程标准以及基于标准的教学调整策略与方法。 掌握在学科教学中整合情感态度、社会交往与生活技能的策略与方法。 了解学生语言发展的特点，熟悉促进学生语言发展、沟通交流的策略与方法。

① 赵明仁：《教学反思与教师专业发展》，61 页，北京，北京师范大学出版社，2009。
② 胡德海：《教育学原理》，345 页，兰州，甘肃教育出版社，2006。

续表

维度	领域	主要内容
专业知识	通识性知识	具有相应的自然科学和人文社会科学知识。 了解教育事业和残疾人事业发展的基本情况。 具有相应的艺术欣赏与表现知识。 具有适应教育内容、教学手段和方法现代化的信息技术知识。
专业能力	环境创设与利用	创设安全、平等、适宜、全纳的学习环境，支持和促进学生的学习和发展。 建立良好的师生关系，帮助学生建立良好的同伴关系。 有效运用班级和课堂教学管理策略，建立班级秩序与规则，创设良好的班级氛围。 合理利用资源，为学生提供和制作适合的教具、辅具和学习材料，支持学生有效学习。 运用积极行为支持等不同管理策略，妥善预防、干预学生的问题行为。
	教育教学设计	运用合适的评估工具和评估方法，综合评估学生的特殊教育需要。 根据教育评估结果和课程内容，制订学生个别化教育计划。 根据课程和学生身心特点，合理地调整教学目标和教学内容，编写个别化教学活动方案。 合理设计主题鲜明、丰富多彩的班级、少先队和共青团等群团活动。
	组织与实施	根据学生已有的知识和经验，创设适宜的学习环境和氛围，激发学生学习的兴趣和积极性。 根据学生的特殊需要，选择合适的教学策略与方法，有效实施教学。 运用课程统整策略，整合多学科、多领域的知识与技能。 合理安排每日活动，促进教育教学、康复训练与生活实践紧密结合。 整合应用现代教育技术及辅助技术，支持学生的学习。 协助相关专业人员，对学生进行必要的康复训练。 积极为学生提供必要的生涯规划和职业指导教育，培养学生的职业技能和就业能力。 正确使用普通话和国家推行的盲文、手语进行教学，规范书写钢笔字、粉笔字、毛笔字。 妥善应对突发事件。
	激励与评价	对学生日常表现进行观察与判断，及时发现和赏识每一位学生的点滴进步。 灵活运用多元评价方法和调整策略，多视角、全过程评价学生的发展情况。 引导学生进行积极的自我评价。 利用评价结果，及时调整和改进教育教学工作。
	沟通与合作	运用恰当的沟通策略和辅助技术进行有效沟通，促进学生参与、互动与合作。 与家长进行有效沟通合作，开展教育咨询、送教上门等服务。 与同事及其他专业人员合作交流，分享经验和资源，共同发展。 与普通教育工作者合作，指导、实施随班就读工作。 协助学校与社区建立良好的合作互助关系，促进学生的社区融合。

续表

维度	领域	主要内容
专业能力	反思与发展	主动收集分析特殊教育相关信息，不断进行反思，改进教育教学工作。 针对特殊教育教学工作中的现实需要与问题，进行教育教学研究，积极开展教学改革。 结合特殊教育事业发展需要，制定专业发展规划，积极参加专业培训，不断提高自身专业素质。

由表 8-2 可以看出，在专业知识方面，该标准强调特殊教育教师应是具备学科知识、康复知识、心理学知识和通识性知识的综合性人才，以满足医教结合的需要；强调教师要在了解普通学生发展规律的基础上掌握特殊学生的身心发展规律及特点，既要看到共性，又要看到个性，做到因材施教；此外，教师还应掌握一定的康复知识，减少或消除各种残疾给学生生活、学习带来的障碍，帮助学生顺利过渡，融入社会。在专业能力方面，与普通教师专业标准相比，除常规的课堂教学能力、教育管理能力、现代化教育信息技术使用能力和教研能力外，该标准还要求特殊教育教师应具备诊断评估、环境创设、个别化教育及运用辅助技术促进康复的能力。[①]

与美国特殊教育教师专业标准相比，我国的特殊教育教师专业标准体现了指导规范性和综合性，而美国的专业标准更突出实用操作性，着重精细化。这种差异具体表现在四个方面。第一，我国对特殊教育教师专业知识的要求范围更广，这与我国的教师专业标准涉及多个类型、跨学段教育的特点有关，它的适用对象是为所有障碍类型学生提供教学的专业人员。此外，我国目前随班就读、医教结合工作的开展对特殊教育教师提出了更高要求，如要求特殊教育教师具备综合性知识。第二，我国对特殊教育教师整体技能的要求比美国高，这是因为我国目前特殊教育专业人员相对缺乏，对各类特殊教育教师的类别、等级、工作职能等还没有清晰的规定。第三，两国的专业标准在教师技能方面的侧重点不同，具体表现在合作沟通能力和教育教学能力两个方面。美国对特殊教育教师合作技能的要求更高；而我国随班就读工作开展得较晚，当前虽然积极倡导特殊学生融入普通学校，但特殊教育教师的主要工作场所仍是特殊教育学校，普通教育教师和特殊教育教师的体系仍是相对独立的。第四，从教育教学层面看，美国注重教师教学的科学性和差异性；而中国特殊教育教师的学科知识相对薄弱，这一方面是因为教师多半在就业时已根据自己的特长或兴趣选择担任某一学科的教师，另一方面是因为开设特殊教育专业的高等院校在培养方案中没有足够关注学生的学科知识。[②]

---

① 李欢、李翔宇：《中美加特殊教育教师专业标准比较研究》，载《教师教育研究》，2017(6)。
② 刘艳、江琴娣：《中美特殊教育教师专业标准比较研究》，载《现代特殊教育》，2017(10)。

二、特殊教育教师的专业发展

教师的专业发展与教师的专业化发展这两个概念是相通的，均指加强教师专业性的过程。其中，教师的专业化发展强调教师群体的、外在的专业性的提高；而教师的专业发展则指教师个体的、内在的专业性的提高。教师的专业化发展的脉络在一定意义上即教师专业化概念的演变、分化及逐渐向教师的专业发展倾斜的过程。[1] 通过教师个体内在的发展促进教师群体的专业性提升是现代教师研究的新焦点，因此，这里选用教师的专业发展这一概念展开论述。

(一)特殊教育教师专业资格的获得

《残疾人教育条例》规定，特殊教育教师应当符合下列条件：依照《中华人民共和国教师法》的规定取得教师资格；特殊教育专业毕业或者经省、自治区、直辖市人民政府教育行政部门组织的特殊教育专业培训并考核合格。但我国针对特殊教育教师资格认证的政策还处于研制过程中，如今只能依据《中华人民共和国教师法》取得相对应阶段的教师资格。《中华人民共和国教师法》关于取得教师资格的规定是："中国公民凡遵守宪法和法律，热爱教育事业，具有良好的思想品德，具备本法规定的学历或者经国家教师资格考试合格，有教育教学能力，经认证合格的，可以取得教师资格。"其中，取得幼儿园教师资格，应当具备幼儿师范学校毕业及其以上学历；取得小学教师资格，应当具备中等师范学校毕业及其以上学历；取得初级中学教师，初级职业学校文化、专业课教师资格，应当具备高等师范专科学校或者其他大学专科毕业及其以上学历。

(二)教师专业发展的取向和内涵

1. 教师专业发展的取向

根据教师在学习中的决策权，教师的专业发展可分为外在控制和内在控制两类。外在控制是由教师以外的人和机构决定教师专业发展的方向、内容和方式；内在控制指由教师自己决定学习的方向、内容和方式。内在控制又可以根据教师是否受限于现存结构而分为保守型和超越型两种。外在控制和内在控制的教师专业发展是相互补充与促进的，只有将两者结合起来，才能形成教师进行复杂教学工作所必需的知识基础。[2]

外在控制的教师专业发展取向指教师的学习由教师以外的机构主导，学习的内容

---

① 叶澜等：《教师角色与教师发展新探》，208页，北京，教育科学出版社，2001。
② 赵明仁：《教学反思与教师专业发展》，67页，北京，北京师范大学出版社，2009。

远离教师的日常工作实践，教师主要通过接受培训和自学等方式进行学习。然而，由教育行政人员主导的教师专业发展受到政府问责的压力和工作零碎性的影响，教师非常关注基于技术理性的规定性知识①，在面对复杂的、不确定的实践情境时往往显得力不从心。

内在控制的保守型教师专业发展取向指当通过外在控制获得的专家产生的知识不能或不能直接应用于实践时，教师就不得不诉诸实践来寻求改进。这种取向认为，教师在专业实践中创造知识、建构理论，形成一套缄默的实践知识，且会通过此实践知识指导自身的课程计划及与其他教师的互动。教师可以调用自己的实践经验来吸纳外界的规定性知识，从而开展更有效的教学活动；也能通过反思呈现、提升自己的实践经验。然而，教师通过学习所要达到的目标是"正确地做事情"，而不是"做正确的事情"，在决定做什么事情即教育价值的取舍上，教师缺乏自我判断，并不能真正具有专业自主权。

内在控制的超越型教师专业发展取向要求教师的知识超越狭隘的个人和实用的范围，承认教师是实践中的"权威"，希望教师所持有的价值观能够帮助教师通过批判来揭示和修正不公平的现象。

2. 教师专业发展的内涵

通过教师专业发展概念的转变可以发现，教师专业发展的内涵也不断地发展变化，具体包括三个方面：教师专业发展视为人的发展；教师专业发展作为教师学习的过程；教师专业发展作为探究的过程。②

教师专业发展是人的发展，要尊重教师在专业发展中的主体性，承认教师的个人历史及其在专业发展中的作用。教师作为有思想的学者也有真实的需求，如个人尊严、个人价值及自我实现等。教师专业发展是教师作为人的多方面发展的结果，要重视并认可教师现有的信念和实践经验。

教师专业发展是学习的过程，要将教师作为学习者，更多地从教师的角度思考如何进行专业发展。教师是自身专业发展的当事人，教师之间因年龄、教育信念、知识、能力、环境、学生的不同而有所不同，他们最了解自己拥有什么样的知识、经验和能力，也有最现实的学习与专业发展需求，他们希望通过学习来解决实践中的困惑。因此，与学生的学习相比，教师的学习是问题解决取向的，具有很强的自愿性。从教师

---

① 有研究者将教师的知识分为技艺知识、规定性知识和系统知识三类。技艺知识主要是通过经验获得的，具有非理论化、个人习惯性特征，对教师来说是增值的、累计的；规定性知识一般通过政府的考试、绩效责任系统、教材等政策文本来表达，并经常宣称"应该"怎么做，对教师的影响是暂时的；系统知识主要通过大学、研究论文、学术期刊和专业组织获得，具有理论化、概念化和抽象化的特征。以上三类知识均不能独立满足教师的工作需要。

② 赵明仁：《教学反思与教师专业发展》，72页，北京：北京师范大学出版社，2009。

个体的角度看待教师的学习需要与学习过程有利于知识和经验向教学实践转化。在此基础上，将教师专业发展视为探究的过程，为教师提供持续成长和问题解决的机会，这样一来，教师作为持续的学习者和探究者，不仅获得知识技能的增长，而且在价值、信念方面发生改变。

(三)特殊教育教师专业发展的现实困境

教师专业发展受到情境、内容和过程的影响。也就是说，在设计教师专业发展活动时，要对专业发展的情境、内容和过程三个维度进行综合考虑。其中任何一个维度被忽视或出现问题，都会影响教师专业发展的效果。[1] 通过对这三个维度的因素进行分析，可以发现特殊教育教师专业发展面临的三个层面的困境。

第一，从情境支持层面来看，特殊教育教师专业发展的资源与教师专业发展需求之间的矛盾突出，不同地区发展水平差异显著。我国特殊教育发展时间较短，学生规模迅速扩大，教师人数也随之扩大，但教师专业发展的资源比较有限，专业期刊比较少。虽然专业培训的数量在增加，但平均每个教师获得的培训数量较少，若排除无效的培训，教师实际获得的专业发展资源则更少。虽然普通教育也存在这个问题，但相对而言，特殊教育由于起步比较晚、观念差异比较大，该问题更加严重。相较于沿海地区，我国中西部地区特殊教育教师的来源较为复杂，流动性较大，吸纳专业人员的体制机制不健全，导致地区间差异比较大。

第二，从专业内容的选择层面来看，特殊教育教师的整体素质与学生教育需求之间的差距较大，应尽快提升教师整体素质，满足教育发展的需求。全纳教育观念的推广使特殊教育对象的类别范围扩大，重度残疾儿童所占的比例不断增加，其对特殊教育的需求更加多样化。家长素质提高，对教育的要求从量的满足向质的提升转变，要求学校提供高品质的教育。与儿童家长和社会需求形成鲜明对比的是特殊教育教师队伍整体较低的专业水平：特殊教育专业知识不足，学科专业知识欠缺；教学能力不强，实然态与应然态差距较大；研究意识单薄，研究动力不足。

第三，从专业发展的实现过程层面来看，特殊教育缺乏直接有效的评价，教师专业发展的动力不足。特殊教育领域不乏评价理论和量表，但相较于普通教育，评价内容、评价方式、评价标准等都没有规范的做法，这导致两个问题：一是以学生差异为借口，掩盖教育无效的事实；二是对教育结果的解释更多是自说自话。这两个问题都直接或间接地对行业专业发展和教师自身专业发展的动力产生消极影响。[2]

---

[1]　周坤亮：《何为有效的教师专业发展——基于十四份"有效的教师专业发展的特征列表"的分析》，载《教师教育研究》，2014(1)。

[2]　申承林：《大数据时代特殊教育教师专业发展》，载《当代教师教育》，2017(4)。

本章小结

特殊教育教师的概念有广义和狭义之分，本章关注的是狭义的特殊教育教师，即在特殊教育学校、普通中小学、幼儿园及其他机构中专门对残疾学生履行教育教学职责的专业人员。他们经过严格的培养与培训，具有良好的职业道德，掌握系统的专业知识和专业技能，这些主要通过其对学生、家长、社会的作用体现出来。为了适应特殊教育发展的新格局，特殊教育教师有较为细致的类别划分，每一种类型的教师均有自身的特点和具体任务。但我国《特殊教育教师专业标准（试行）》并没有对特殊教育教师进行划分，在整体上要求特殊教育教师既承担教育教学任务，又对学生进行各类康复实践。这就使特殊教育教师的专业素质和专业发展具有特殊性，如强调特殊教育教师应是具备学科知识、康复知识、心理学知识和通识性知识的综合性人才，以满足医教结合的需要；强调教师要在了解普通学生发展规律的基础上掌握特殊学生的身心发展规律及特点，既要看到共性，又要看到个性，做到因材施教；强调教师掌握一定的康复知识，减少或消除各种残疾给学生生活、学习方面所带来的障碍，帮助学生顺利过渡，融入社会；强调教师具备诊断评估、环境创设、个别化教育及运用辅助技术促进康复的能力；等等。

思考题

· 单项选择题

以下哪个类型的特殊教育教师不属于狭义的特殊教育教师范畴？（　　　）

A. 在特殊教育学校、班级中承担教育教学工作的教师

B. 资源教师

C. 巡回教师

D. 融合教育教师

E. 其他特殊教育专业人员

F. 从事特殊教育教师培养工作的教师

· 简答题

①简单介绍狭义的特殊教育教师的概念。

②简单介绍特殊教育教师的权利地位。

③简单介绍特殊教育教师的专业伦理。

·论述题

结合我国《特殊教育教师专业标准（试行）》中"专业知识"和"专业技能"维度的具体内容，以及特殊教育教师专业发展的现实困境，论述其专业发展的途径。

本章阅读书目

[1][美]丹尼尔·P. 哈拉汉，詹姆士·M. 教夫曼，佩吉·C. 普伦. 特殊教育导论（第十一版）[M]. 肖非，等译. 北京：中国人民大学出版社，2010.

[2]叶澜，等. 教师角色与教师发展新探[M]. 北京：教育科学出版社，2001.

[3]赵明仁. 教学反思与教师专业发展[M]. 北京：北京师范大学出版社，2009.

第九章

特殊教育学生

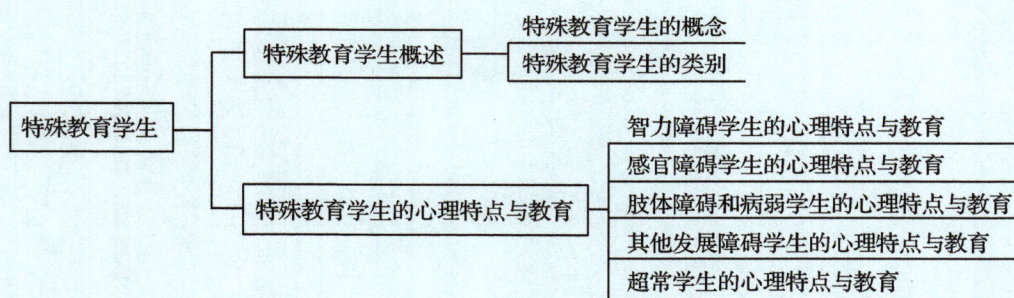

```
                                    ┌─ 特殊教育学生的概念
               ┌─ 特殊教育学生概述 ─┤
               │                    └─ 特殊教育学生的类别
               │
特殊教育学生 ──┤                                    ┌─ 智力障碍学生的心理特点与教育
               │                                    ├─ 感官障碍学生的心理特点与教育
               └─ 特殊教育学生的心理特点与教育 ──┼─ 肢体障碍和病弱学生的心理特点与教育
                                                    ├─ 其他发展障碍学生的心理特点与教育
                                                    └─ 超常学生的心理特点与教育
```

本章导读

本章主要介绍特殊教育学生的概念，分析对特殊教育学生进行分类的优势及弊端，并介绍我国和美国对特殊教育学生的分类；然后分别介绍智力障碍学生、感官障碍学生、肢体障碍和病弱学生、其他发展障碍学生及超常学生的心理特点与教育。

第一节
特殊教育学生概述

一、特殊教育学生的概念

特殊教育学生指的是在身心发展上与普通学生存在较大差异且在正常范围之外的学生，这些学生的身心发展水平可能低于常态，也可能高于常态。他们与大多数学生相比可能在智力水平、视觉、听觉、语言沟通等一个或多个方面存在显著差异，这导致他们只有接受特殊教育和相关服务才能挖掘其全部潜能。[①] 在不同特殊教育发展阶段及不同国家和地区，对特殊教育学生的称谓也不尽相同，大致有残疾学生、障碍学生、特殊学生几种。理解和把握这些称谓的内涵及其内在联系，对于理解特殊教育学生具有重要意义。

(一)残疾学生

《中华人民共和国残疾人保障法》规定："残疾人是指在心理、生理、人体结构上，某种组织、功能丧失或者不正常，全部或者部分丧失以正常方式从事某种活动能力的人。"世界卫生组织颁布的《国际功能、残疾和健康分类》将残疾定义为："由于损伤使得能力受限或缺乏，以致人不能按照正常的方式和在正常的范围内进行活动。"[②]也有学者将残疾定义为一种能力的缺乏，残疾人无法从事大多数有正常成熟过程、机会或受过正常教育的人所能做的事。综上所述，残疾具有三个特征：第一，个体身心的某个或

① ［美］丹尼尔·P. 哈拉汉、［美］詹姆士·M. 考夫曼、［美］佩吉·C. 普伦：《特殊教育导论(第十一版)》，5页，北京，中国人民大学出版社，2010。
② 世界卫生组织：《国际功能、残疾和健康分类：ICF》，45页，日内瓦，世界卫生组织，2001。

多个器官组织出现结构缺损、功能失调或机能异常；第二，残疾影响和限制个体的某项或多项特定的活动能力；第三，残疾的程度及其对个人活动能力的限制范围存在差异。基于此，残疾学生被定义为因心理、生理、人体结构的某种组织、功能丧失或不正常，从事某项或多项特定活动的能力全部或部分丧失而需要接受特殊教育服务的学生。

(二)障碍学生

障碍是指强加于个体的不利因素，它导致个体的某种活动能力和机会丧失或受到限制，无法与其他人平等地参与社会生活，与环境发生冲突。使用此词的目的是强调环境中和社会上的许多有组织的活动(如信息、交流)和教育上的欠缺使残疾人无法在平等的基础上参与社会生活。[①]

(三)特殊学生

汉语中的"特殊"主要是相对于"普通""一般""平常"而言的。在英文中用"exceptional"来表示特殊，大多数情况下强调某事物的特别性、专业性、独特性。相较于普通学生，特殊学生的身心存在显著的差异性，且其差异性特征超出了常模范围。我国特殊教育专家朴永馨将这种差异表现概括为四点：第一，生理上的发展有缺陷，如盲童、聋童、肢体残疾儿童等；第二，心理上的发展有缺陷、低于正常水平，如智力障碍儿童；第三，高出正常发展水平，如超常儿童或有特殊能力表现的儿童；第四，行为或言语等方面有特殊之处的儿童，如情绪和行为问题儿童、言语障碍儿童等。[②] 特殊学生指需要接受个别化教育服务的学生，有广义和狭义之分。狭义上的特殊学生主要指盲、聋、智力障碍、肢体残疾等残疾学生；广义的特殊学生包括残疾学生、障碍学生、天才学生及因某种因素而不能适应课程学习的普通学生，这些学生在英国、澳大利亚等国家被称为特殊教育需要学生，即在满足一般教育需要后还应该给予特别帮助、照顾的学生。我国在具体政策制定和实践中所使用的特殊学生是狭义上的特殊学生。[③]

总体而言，从残疾学生到障碍学生再到特殊学生，这一过程充分体现了特殊教育服务对象范围的逐步扩大，实质上反映了特殊教育理念与实践模式的转变。当前特殊学生这一概念使用得较为广泛，原因在于相较于残疾学生、障碍学生，特殊学生隐去了带有标签性、歧视性的残疾、缺陷、障碍的提法；相比之下，特殊学生这一概念更符合特殊教育领域的人本理念和全纳教育思想。[③]

---

① [美]丹尼尔·P. 哈拉汉、[美]詹姆士·M. 考夫曼、[美]佩吉·C. 普伦：《特殊教育导论(第十一版)》，5页，北京，中国人民大学出版社，2010。

②③ 朴永馨：《特殊教育概论(修订本)》，8、9页，北京，华夏出版社，1999。

③ 马红英、谭和平：《特殊教育需要学生的教育》，31页，北京，北京大学出版社，2011。

二、特殊教育学生的类别

对人、事、物进行归类有助于人们更好地理解、描述、记住并区分他们。而分类是在比较的基础上，根据对象的本质属性或显著特征，将对象分为若干种类，使每个种类相对于其他种类都具有自身确定的地位。分类是将无规律的事物变得有规律的过程，具有一定的客观性，有助于人们区别事物、明确概念，从而更快地认知世界，把握事物的特点，缩短认知的过程。[①] 但是，在特殊教育中，分类是一个较为复杂的问题，不仅受国家经济、文化发展状况的影响，还与传统文化、伦理、情感、公平等因素密切相关。我国于 1990 年制定了《中华人民共和国残疾人保障法》，2008 年对该法进行了修订，2018 年进行了修正。该法对残疾人的定义、类别和标准做出了原则性规定，同时也明确了政府在保障残疾人权益、发展残疾人事业方面的职责。该法规定残疾人包括视力残疾、听力残疾、言语残疾、肢体残疾、智力残疾、精神残疾、多重残疾和其他残疾的人。从我国特殊教育的整体发展及特殊教育所处的教育系统与医疗、社会保障等系统的相互关联的角度来看，对特殊学生进行分类有其重要性与必要性。但在特殊教育领域，关于特殊学生的分类或标签问题的争论一直存在，尤其是在 20 世纪 60 年代末，随着回归主流运动的兴起，传统的特殊学生分类问题再度引起教育界的强烈关注。部分国家采取不分类或宽泛分类的做法来减少标签对学生造成的负面影响，比如，瑞典用"具有特殊需要的儿童"来概括传统的各类生理残疾或有学习困难的特殊学生。英国 1981 年颁布的《教育法》提出了取消传统障碍学生分类的做法，引入对特殊教育需要的评估与鉴定，将特殊学生统称为"特殊教育需要学生"，将具有学习困难的学生统称为"学习障碍学生"。澳大利亚则将支援等级或教育方案类型而非障碍类别与程度作为提供教育服务的依据。[②] 对特殊学生进行分类，既存在一定优势，又存在一定弊端。

(一)特殊学生分类的优势

第一，特殊学生的分类与特殊学生接受的教育及社会支持密切相关。对特殊学生的分类可以用来鉴别哪些学生符合条件、需要接受特殊的社会服务和教育计划。在我国，只有经过专业鉴定和评估的残疾学生才能享受相关的社会福利与补贴。在某种程度上，对特殊学生进行分类是学校为特殊教育服务筹措资金和获得行政支持的一种方法。在我国现行的法律框架下，学生要接受特殊教育服务，就必须接受分类，并且被

① 廖盖隆：《马克思主义百科要览(上卷)》，305 页，北京，人民日报出版社，1993。
② 陈丽如：《特殊教育论题与趋势》，37~39 页，台北，心理出版社，2004。

归入国家分类系统。同时，政府对特殊教育的资金投入也是以被鉴定为符合条件的特殊学生的数量和种类为依据的。

第二，对特殊学生的分类有助于鉴别特殊群体的特殊需要。对特殊学生的评估以对特殊学生的分类为依据，并在此基础上具体评估特殊学生在哪些方面存在特殊需要，从而判断为其提供服务和支持的程度。另外，若社会资源有限，社会则根据特殊学生的分类及他们所需要的支持的程度来确定优先接受服务的对象。

第三，对特殊学生的分类有助于更快、更准确地了解特殊学生，便于人们之间的沟通交流。对特殊学生的分类是人们对特殊学生及他们的发展需要的初步认识，为人们对特殊教育现象的讨论及研究的深入提供一个框架；同时，对特殊学生的分类有助于人们认识特殊学生在认知、行为等方面的差异，从而对特殊学生产生一种保护效应，使人们更容易理解并接受特殊学生表现出来的差异性行为。

第四，对特殊学生的分类有助于特殊教育领域研究的不断深入。对特殊学生的分类有助于与特殊教育有关的各个领域的专家进行交流，并对研究结果进行分类和评估，同时也有助于非专业人士与专业人士之间的交流。当前，很多与特殊学生研究有关的信息是与分类体系联系在一起的。如果完全排斥这种长期存在的分类体系，那么在研究某一个具有共同特征的群体时，就不能有效地利用前人的研究，很容易失去很多重要的、有价值的相关信息。

(二)特殊学生分类的弊端

首先，在特殊教育中，对特殊学生的分类极易引发特殊学生被贴标签的情况，而标签会导致外界对特殊学生不全面、不科学的认识，影响人们对特殊学生的态度和行为，进而对特殊学生的发展产生消极影响。在大多数情况下，人们会把贴标签看作分类的同义词，认为只要把特殊学生分成不同的类别，就是给他们贴上了标签。其实，分类与贴标签既相互联系，又存在本质上的不同。在特殊教育领域中，分类是指将儿童划分到分类体系中的某个一般类别或特殊位置上，具有客观性；而贴标签指为了便于分类而对人、群体、理论等选用一个描述的短语，对某一事物或群体进行整体概括和说明，具有主观性。[1] 贴标签本身并不是问题，但当标签与残疾等词结合，往往就变得较为负面。特殊学生的分类与贴标签之间存在一种内在的联系，虽然贴标签并不等于分类，但标签是由分类引起的，标签是特殊学生分类产生的负面效应，或者说是人们对被分好类的各种特殊学生的消极认识。

其次，分类会使外界对特殊学生产生误解。我国对特殊学生的分类主要依据个体最核心的缺陷特质。从分类思想上看，如果固执于某一类或某一主流，对其他类的理

---

① 张洪杰：《残疾大学生人格教育研究》，博士学位论文，东北师范大学，2016。

解就容易陷入偏见。由分类导致的偏见并非源于差异性，而是源于主次之分和对彼此的包容性的缺乏。① 特殊学生分类所带来的标签会导致外界对特殊学生不全面、不科学的认识，这主要表现在两个方面。第一，为特殊学生贴上的标签会导致人们不能以全面的眼光看待特殊学生，仅以缺陷特质为依据，关注特殊学生不能做什么，而不关注特殊学生可以做什么、可以学会做什么；仅看到特殊学生发展的阻碍和限制，没有看到特殊学生的整体能力及发展潜能。因此，标签会导致社会对特殊学生形成刻板印象。尽管某一类特殊学生具有某些特定的特征，但每一个学生都有个别化差异。第二，为特殊学生贴上标签会导致人们不能以发展的眼光看待特殊学生。标签只能说明学生当下的状态，对其今后的发展往往没有任何指导或象征意义。然而，人们往往错误地将标签与特殊学生永久地联系起来，甚至以此来解释学生的所有行为。② 对特殊学生不全面、不科学的认识会影响人们对待特殊学生的态度和行为，进而对特殊学生的发展造成影响。

再次，分类会使教师和家长降低对特殊学生的期望和要求。教师和家长出于保护与照顾的心理，容易在标签的基础上对特殊学生区别对待，进而影响特殊学生的正常发展与能力提升。有研究表明，智力障碍学生的同伴关系发展明显落后于普通学生，其原因一方面是智力障碍学生自身的交往能力落后于普通学生，另一方面是普通学生对智力障碍学生普遍抱有排斥、不接纳的态度。普通学生排斥智力障碍学生的主要原因是对智力障碍没有正确的认识和了解。很多班级中的学生没有与特殊人群接触的经验，也不了解该人群的特质，对智力障碍学生产生了刻板印象，认为这些学生是怪异的、难以接近的。③ 与普通学生相比，教师给予孤独症学生更多的练习和奖赏，对他们的错误反应较少进行口头纠正。④

最后，分类会对特殊学生自身产生消极影响。贴标签似乎就是给特殊学生打上烙印，易导致他人对特殊学生的拒绝和歧视，不利于特殊学生与他人形成和谐友善的关系，阻碍特殊学生健康快乐地成长。⑤ 他人对特殊学生不全面、不科学的认识和判断也会影响特殊学生的自我认识和自我发展。根据标签理论，当一个人被贴上标签，他就会做出自我印象管理，使自己的行为与所贴标签的内容一致。这种现象是由贴标签引起的，故被称为标签效应。之所以会出现标签效应，主要是因为标签具有定性导向作用，会引导人们对被贴上标签的人采取某种态度或行为，由此引起的人际情境会影响被贴上标签的人的行为发展。⑥ 标签会对个体个性意识的自我认同产生强烈影响。那些

①　张洪杰：《残疾大学生人格教育研究》，博士学位论文，东北师范大学，2016。
②　孙玉梅：《对残疾标签的回应与超越》，载《现代特殊教育》，2016(12)。
③　戚宝萍：《随班就读的智力障碍学生同伴关系的研究》，硕士学位论文，沈阳师范大学，2017。
④　魏寿洪：《自闭幼儿融合教育的个案研究》，载《中国听力语言康复科学杂志》，2007(6)。
⑤　赵康：《标签化对残疾儿童就学的负面影响》，载《新课程(上)》，2013(7)。
⑥　时蓉华：《社会心理学词典》，151页，成都，四川人民出版社，1988。

被贴上标签的特殊学生，由于被界定为"有问题"，若缺乏必要的关怀与引导，他们就可能自暴自弃，继而采取违反规范的行为；同时，标签也会导致自我退缩和社会性退化，当标签内化和社会歧视结合起来，特殊学生就可能产生社会退缩。[①] 研究指出，智力障碍学生的学校适应行为发展不完善，且表现出性别及程度的差异：智力障碍男生的反社会行为水平显著高于女生，智力障碍女生的自我管理能力水平显著高于男生；智力障碍程度越重，学校适应能力越差。[②] 在人格类型方面，研究发现相当一部分智力障碍学生存在人格问题。[③]

(三)我国与美国对特殊学生的分类

1. 我国对特殊学生的分类

我国于 2018 年修正的《中华人民共和国残疾人保障法》规定："残疾人是指在心理、生理、人体结构上，某种组织、功能丧失或者不正常，全部或者部分丧失以正常方式从事某种活动能力的人。残疾人包括视力残疾、听力残疾、言语残疾、肢体残疾、智力残疾、精神残疾、多重残疾和其他残疾的人。"各类残疾按残疾程度分为四级：残疾一级、残疾二级、残疾三级和残疾四级。残疾一级为极重度，残疾二级为重度，残疾三级为中度，残疾四级为轻度。

视力残疾指各种原因导致双眼视力低下并且不能矫正或视野缩小，以致影响其日常生活和社会参与。视力残疾包括盲及低视力。按视力和视野状态分级，其中盲为视力残疾一级和二级，低视力为视力残疾三级和四级。视力残疾均就双眼而言，若双眼视力不同，则以视力较好的一眼为准。如仅有单眼为视力残疾，而另一眼的视力达到或优于 0.3，则不属于视力残疾范畴。视野以注视点为中心，视野半径小于 10 度者，不论其视力如何均属于盲。视力残疾分级如表 9-1 所示。

表 9-1 视力残疾分级

级别	视力、视野
视力残疾一级	小于 0.02(含无光感)；或视野半径小于 5 度
视力残疾二级	大于等于 0.02 小于 0.05；或视野半径小于 10 度
视力残疾三级	大于等于 0.05 小于 0.1
视力残疾四级	大于等于 0.1 小于 0.3

听力残疾指各种原因导致双耳不同程度的永久性听力障碍，听不到或听不清周围环境声及言语声，以致影响其日常生活和社会参与。按平均听力损失，以及听觉系统

① 彭兴蓬：《残疾人的身份认识及其标签分析》，载《现代特殊教育》，2016(12)。
② 王雁、王姣艳：《智力落后学生学校适应行为研究》，载《中国特殊教育》，2004(6)。
③ 李祚山：《智力落后儿童人格发展特征的研究》，载《重庆师范学院学报(自然科学版)》，1998(2)。

的结构和功能、活动和参与、环境和支持等因素分级。听力残疾一级：听觉系统的结构和功能极重度损伤，较好耳平均听力损失大于 90dB HL，不能依靠听觉进行言语交流，在理解、交流等活动上极重度受限，在参与社会生活方面存在极严重障碍。听力残疾二级：听觉系统的结构和功能重度损伤，较好耳平均听力损失为 81～90dB HL，在理解和交流等活动上重度受限，在参与社会生活方面存在严重障碍。听力残疾三级：听觉系统的结构和功能中重度损伤，较好耳平均听力损失为 61～80dB HL，在理解和交流等活动上中度受限，在参与社会生活方面存在中度障碍。听力残疾四级：听觉系统的结构和功能中度损伤，较好耳平均听力损失为 41～60dB HL，在理解和交流等活动上轻度受限，在参与社会生活方面存在轻度障碍。以上标准均为不配戴助听放大装置时的情况。

　　言语残疾指各种原因导致的不同程度的言语障碍，经治疗一年以上不愈或病程超过两年，而不能或难以进行正常的言语交往活动，以致影响其日常生活和社会参与；包括失语、运动性构音障碍、器质性构音障碍、发声障碍、儿童言语发育迟滞、听力障碍所致的言语障碍、口吃等。言语残疾按各种言语残疾不同类型的口语表现和程度，以及脑和发音器官的结构、功能，活动和参与，环境和支持等因素分级。言语残疾一级：脑和/或发音器官的结构、功能极重度损伤，无任何言语功能或语音清晰度小于或等于 10％，言语表达能力等级测试未达到一级测试水平，在参与社会生活方面存在极严重障碍。言语残疾二级：脑和/或发音器官的结构、功能重度损伤，具有一定的发声及言语能力，语音清晰度为 11％～25％，言语表达能力等级测试未达到二级测试水平，在参与社会生活方面存在严重障碍。言语残疾三级：脑和/或发音器官的结构、功能中度损伤，可以进行部分言语交流，语音清晰度为 26％～45％，言语表达能力等级测试未达到三级测试水平，在参与社会生活方面存在中度障碍。言语残疾四级：脑和/或发音器官的结构、功能轻度损伤，能进行简单会话，但用较长句表达时困难，语音清晰度为 46％～65％，言语表达能力等级测试未达到四级测试水平，在参与社会生活方面存在轻度障碍。

　　肢体残疾指人体运动系统的结构、功能损伤造成的四肢残缺或四肢、躯干麻痹（瘫痪）、畸形等导致人体运动功能不同程度丧失以及活动受限或参与的局限。肢体残疾主要包括：上肢或下肢由伤、病或发育异常所致的缺失、畸形或功能障碍；脊柱由伤、病或发育异常所致的畸形或功能障碍；中枢、周围神经由伤、病或发育异常造成躯干或四肢的功能障碍。

　　智力残疾指智力明显低于一般人水平，并伴有适应行为的障碍。此类残疾是由于神经系统结构、功能障碍，使个体活动和参与受到限制，需要环境提供全面、广泛、有限和间歇的支持。智力残疾包括在智力发育期间（18 岁之前）由各种有害因素导致的精神发育不全或智力迟滞，以及智力发育成熟以后由各种有害因素导致的智力损伤或智力明显衰退。而特殊学生中的智力残疾主要指在智力发育期间（18岁之前）智力水平明显低于一般人水平。智力残疾分级如表9-2所示。

表9-2　智力残疾分级

级别	智力发育水平		社会适应能力	
	发育商（DQ）	智商（IQ）	适应行为（AB）	"世界卫生组织残疾评定量表"得分
智力残疾一级	小于等于25	小于20	极重度	大于等于116分
智力残疾二级	26～39	20～34	重度	106～115分
智力残疾三级	40～54	35～49	中度	96～105分
智力残疾三级	55～75	50～69	轻度	52～95分

注：适应行为表现分为四个程度：极重度——不能与人交流，不能自理，不能参与任何活动，身体移动能力很差，需要环境提供全面的支持，全部生活由他人照料；重度——与人交往能力差，生活方面很难达到自理，运动能力发展较差，需要环境提供广泛的支持，大部分生活由他人照料；中度——能以简单的方式与人交流，生活能部分自理，能做简单的家务，能参与一些简单的社会活动，需要环境提供有限的支持，部分生活由他人照料；轻度——能生活自理，能承担一般的家务劳动或工作，对周围环境有较好的辨别能力，能与人交流和交往，能较正常地参与社会活动，需要环境提供间歇的支持，一般情况下生活不需要由他人照料。

精神残疾指各类精神障碍持续一年以上未痊愈，存在认知、情感和行为障碍，以致影响其日常生活和社会参与。对18岁及以上的精神障碍患者依据"世界卫生组织残疾评定量表"得分和适应行为表现分级，对18岁以下精神障碍患者依据适应行为的表现分级。精神残疾一级："世界卫生组织残疾评定量表"得分大于或等于116分，适应行为极重度障碍；生活完全不能自理，忽视自己的生理、心理的基本要求；不与人交往，无法从事工作，不能学习新事物；需要环境提供全面、广泛的支持，生活长期、全部需他人监护。精神残疾二级："世界卫生组织残疾评定量表"得分为106～115分，适应行为重度障碍；生活大部分不能自理，基本不与人交往，只与照顾者简单交往，能理解照顾者的简单指令，有一定学习能力；在监护下能从事简单劳动；能表达自己的基本需求，偶尔被动参与社交活动；需要环境提供广泛的支持，大部分生活仍需他人照料。精神残疾三级："世界卫生组织残疾评定量表"得分为96～105分，适应行为中度障碍；生活上不能完全自理，可以与人进行简单交流，能表达自己的情感，能独立从事简单劳动，能学习新事物，但学习能力明显比一般人差；被动参与社交活动，偶尔能主动参与社交活动，需要环境提供部分支持，即所需要的支持服务是经常性的、短时间的，部分生活需由他人照料。精神残疾四级："世界卫生组织残疾评定量表"得分为52～95分，适应行为轻度障碍，生活上基本自理，但自理能力比一般人差，有时忽略个人卫生；能与人交往，能表达自己的情感，体会他人情感的能力较差，能从事一般的工作，学习新事物的能力比一般人稍差，偶尔需要环境提供支持，一般情况下生活不需要由他人照料。

多重残疾则指同时存在视力残疾、听力残疾、肢体残疾、智力残疾、精神残疾中的两种或两种以上残疾，多重残疾按所属残疾中残疾程度最重类别的分级确定残疾等级。

另外，我国台湾地区对特殊学生进行了更加细致的分类。

特殊教育学生先被分为身心障碍和资赋优异两大类，然后再被分入这两大类中的具体类别。

身心障碍学生是指因生理或心理之障碍，经专业评估及鉴定具有学习的特殊需求，需要特殊教育及相关服务和措施协助的学生，其分类如表9-3所示。

表9-3　我国台湾地区对身心障碍学生的具体分类

障碍类别	定义及鉴定标准
智能障碍	个人智能发展较同龄者明显迟缓，且在学习及生活适应能力上有严重缺陷。鉴定标准为：心智功能明显低下或个别智力测验结果未达平均数负2个标准差；学生在自我照顾、动作、沟通、社会情绪或学科学习的表现上较同龄者有显著差距。
视觉障碍	由先天或后天原因导致视觉器官的构造缺损，或者机能发生部分或全部障碍，经矫正后对事物进行视觉辨认仍有困难。鉴定标准为：视力经最佳矫正后用国际标准视力表测定，优眼视力未达0.3，或视野在20度以内；无法以国际标准视力表测定时，可以其他方式测量认定。
听觉障碍	由先天或后天原因导致听觉器官的构造缺损，或者机能发生部分或全部障碍，导致对声音的听取或辨认有困难。鉴定标准为：接受自觉性纯音听力检查，优耳语音频率达25分贝以上；无法接受自觉性纯音听力检查时，用他觉性听力检查的方式进行测量认定。
语言障碍	语言理解或语言表达能力与同龄者相比有显著偏差或迟缓现象，存在沟通困难。状况及鉴定标准为：构音障碍——说话的语音有省略、替代、添加、歪曲、声调错误或含糊不清等现象，并由此导致沟通困难；声音异常——说话的音质、音调、音量或共鸣与个人的性别或年龄不相称，并由此导致沟通困难；语畅异常——说话的节律有明显的不自主重复、延长、中断、言语难发或急促不清等现象；语言发展迟缓——语言之语形、语义、语汇、语法、语用的发展在语言理解或语言表达方面较同龄者有明显偏差或迟缓现象。
肢体障碍	上肢、下肢或躯干的机能有部分或全部障碍，并影响学习。鉴定标准依照卫生部门制定的身心障碍等级所列的肢体障碍标准。
大脑性瘫痪	以肢体运动功能障碍为主的多重性障碍，一种非进行性的脑部病变；大脑在未发育成熟时，由一些原因造成控制动作的某些脑细胞受到伤害或发生病变，引起运动机能障碍。
身体病弱	罹患慢性疾病，体能虚弱，需要长期疗养，以致影响学习。鉴定由医生进行诊断后认定。

续表

障碍类别	定义及鉴定标准
情绪行为障碍	长期情绪或行为显著异常，严重影响生活适应。此类障碍并非智能、感官或健康等因素直接造成的结果，情绪行为障碍的症状包括精神性疾病、情感性疾病、畏惧性疾病、焦虑性疾病、注意力缺陷及其他持续性的情绪或行为问题。严重情绪行为障碍的鉴定标准为：行为或情绪显著异于同年龄和社会文化的常态者，并参考精神科医生的诊断来认定；除学校外，至少在一种情境中表现出适应困难；在学业、社会人际生活等方面的适应有显著困难，且经评估确定一般教育所提供的辅导无显著成效。
学习障碍	因神经心理功能异常而表现出注意、记忆、理解、推理、表达、知觉或知觉动作协调等能力有显著问题，以致在听、说、读、写、算等学习上有显著困难。此类障碍并非感官、智能、情绪等障碍因素或文化刺激不足、教学不当等环境因素直接造成的结果。鉴定标准为：智力正常或在正常水平以上；个人内在能力有显著差异；注意、记忆、听觉理解、口语表达、基本阅读技巧、阅读理解、书写、数学运算推理或知觉动作协调等能力的表现上有显著不足，且经评估确定一般教育所提供的学习与辅导无显著成效。
多重障碍	同时存在两种以上不具连带关系且非同一原因造成的障碍，以致影响学习。
孤独症	因神经心理功能异常而表现出沟通、社会互动、行为及兴趣上的严重问题，在学习及生活适应上有显著困难。鉴定标准为：显著口语、非口语的困难；显著社会互动困难；表现出固定而有限的行为模式及兴趣。
发展迟缓	未满6岁的儿童因生理、心理和社会环境因素的影响，在知觉、认知、动作、沟通、社会情绪或自理能力等方面的发展较同龄者迟缓。因其障碍类别无法确定，其鉴定为依照儿童发展及养育环境评估等资料进行综合研判。
其他障碍	不属于以上类别的身心障碍者。

资赋优异学生指有卓越潜能或杰出表现，经专业评估及鉴定具有特殊学习需求，需要特殊教育及相关服务和措施协助的学生，其具体分类如表9-4所示。

表9-4 我国台湾地区对资赋优异学生的具体分类

资赋优异类别	定义及鉴定标准
一般智能资赋优异	在记忆、理解、分析、综合、推理、评鉴等方面较同龄人有卓越潜能或杰出表现。鉴定标准为：智力或综合性测验得分在平均数正1.5个标准差或百分等级为93以上；专家学者、指导教师或家长观察、推荐，并对其学习特质与表现等具体资料进行评定。
学术性向资赋优异	在语文、数学、社会科学或自然科学等学术领域较同龄人有卓越潜能或杰出表现。鉴定标准为满足下列各项之一：某领域学术性向或成就测验得分在平均数正1.5个标准差或百分等级为93以上，经专家学者、指导教师或家长观察、推荐，并对其专长、学科学习特质与表现等具体资料进行评定；参加国际性有关学科竞赛或展览活动，表现特别优异，获三等奖及以上奖项；参加学术研究单位长期辅导的学科研习活动，成就特别优异，受主办单位推荐；独立研究成果优异，经专家学者或指导教师推荐，并对其具体资料进行评定。

续表

资赋优异类别	定义及鉴定标准
艺术才能资赋优异	在视觉或表演艺术方面具有卓越潜能或杰出表现。鉴定标准为满足下列各项之一：某领域艺术性向测验得分在平均数正 1.5 个标准差或百分等级为 93 以上，再或艺术科目测验表现优异者；参加各类国际性艺术竞赛，表现特别优异，获三等奖及以上奖项；专家学者、指导教师或家长观察、推荐，并对其艺术才能特质与表现等具体资料进行评定。
创造能力资赋优异	运用心智能力产生创新及建设性作品、发明成果或问题解决方法。鉴定标准为满足下列各项之一：创造能力测试或创造性特质量表得分在平均数正 1.5 个标准差或百分等级为 93 以上；参加国际性创造发明竞赛，表现特别优异，获三等奖及以上奖项；专家学者、指导教师或家长观察、推荐，并对其创造才能特质与表现等具体资料进行评定。
领导能力资赋优异	具有优异的组织、沟通、协调、预测、决策、评鉴的能力，在处理具体事务上有杰出表现。鉴定标准为满足下列各项之一：领导才能测试或领导特质量表得分在平均数正 1.5 个标准差或百分等级为 93 以上；专家学者、指导教师、家长或同伴观察、推荐，并对其领导才能特质表现等具体资料进行评定。
其他特殊才能资赋优异	在肢体运动、工具运用、电脑、棋艺、牌艺等方面具有卓越潜能或杰出表现。鉴定标准为满足下列各项之一：参加国际性竞赛，表现特别优异，获三等奖及以上奖项；专家学者、指导教师或家长观察、推荐，并对其专长、才能、特质表现等具体资料进行评定。

2. 美国对特殊学生的分类

美国的《残疾人教育法案》依据学生在身体发育、认知发育、沟通发育、社会或情感发育及适应性发育某个方面或多方面与同龄人相比存在的发展异常，将特殊学生分为智力障碍学生、听觉障碍学生、视觉障碍学生、聋—盲学生、言语或语言障碍学生、情绪障碍学生、肢体障碍学生、孤独症学生、学习障碍学生、创伤性脑损伤学生、其他健康障碍学生、多重障碍学生、发展迟缓学生，共 13 类。美国联邦法律和相应的残疾人协会对每种障碍进行了一些典型定义，以下介绍部分协会对一些特定障碍类别的定义。

美国智力与发展性障碍协会将智力障碍定义为：以智力功能和适应性行为有显著缺陷为特征，适应性行为缺陷表现在概念性、社会性、实践性、适应性技能上。该障碍发生在 18 岁之前。这一定义基于五个假设：第一，必须在能代表同龄伙伴及文化的社区环境背景中考虑个体当前的功能缺陷；第二，有效评估既要考虑沟通、感官、动作及行为等因素的差异，也要考虑文化和语言多样性；第三，对于个体来说，缺陷与能力通常是共存的；第四，描述缺陷的一个重要目的在于阐释所需支持的整体情况；第五，持续地给予适当的个别化支持，智力障碍者的生活功能通常会得到改善。该协会认为，智力障碍者的功能表现与其从环境中获得的支持是直接相关的，而这种支持既可以是自然的，也可以是人为的。自然支持通常出现在个人、家人或朋友等环境中；

人为支持是由教师、心理咨询师和心理学家等专业人员提供的。表 9-5 列出了智力障碍者可能需要的不同支持水平。①

表 9-5　针对智力障碍者的不同支持水平

支持力度	说明
间歇的	根据需要提供支持，特征是不定期的(个体并不总需要支持)或短期的(在生命全程的转衔期提供需要的支持，如失业或患急性疾病)。所提供的支持强度可高可低。
有限的	特征是连贯性和限时性，而非间歇性。与更高的支持水平相比，它需要较少的职员和较低的成本(例如，在从学校到成人社会的转衔中，提供限时的就业培训或转衔支持)。
广泛的	特征是定时(如每天)介入一些重要的环境(如学校、工厂或家庭)，并且是不限时的(如长期支持和长期家居支持)。
全面的	特征是持续性、高强度、跨环境，并能帮助个体维持生命。与广泛的或有限的支持相比，全面的支持通常需要更多的职员和干预。

美国学习障碍联合会认为学习障碍是用于指称一系列异质性障碍的概括性术语，这些障碍表现为在获得和使用听、说、读、写、推理或计算等能力上有显著困难。该联合会认为，这些障碍是个体固有的，源于中枢神经系统功能失调，并且在整个生命历程中都可能出现。自我调节行为、社会知觉及社会互动问题可能与学习障碍并存，但它们本身不会导致学习障碍。②

美国心理健康与特殊教育联合会指出，情绪障碍应满足三点。第一，情绪或行为障碍的表现是在学校中的行为或情绪反应不符合适当年龄、文化或种族的常模，其对教育表现会产生负面影响。教育表现包括学业、社会性、职业及个人技能。这种障碍可能是对环境中压力事件的暂时、可预期的反应；一致地表现于两个不同情境中，其中至少有一个与学校有关；对普通教育的直接干预没有反应，或者普通教育干预不足以应对学生的状况。第二，情绪和行为障碍可与其他障碍并存。第三，该障碍类别包括精神分裂症、情感障碍、焦虑障碍及其他行为或适应上的持续性障碍，并且这些障碍对教育表现造成负面影响。这里的教育表现与第一点的规定是一致的。

美国言语语言听力协会对言语和语言障碍做了界定。言语障碍是在发音、流畅性或声音方面存在障碍。其中，发音障碍指言语声音的产生存在异常，主要特征有替代、遗漏、增加和歪曲，影响语言的可理解性；流畅性障碍指语流出现中断的现象，主要特征是在发出声音、音节、词语和短语时出现异常的速度、节奏和重复现象，这种障碍可能伴有过度紧张、挣扎行为和继发性怪异行为；声音障碍的特征是音质、音高、响度、共鸣或音长存在异常，这些异常与个体的年龄或性别不符。而语言障碍指理解

①② ［美］丹尼尔·P. 哈拉汉、［美］詹姆士·M. 考夫曼、［美］佩吉·C. 普伦：《特殊教育导论(第十一版)》，128～129、164 页，北京，中国人民大学出版社，2010。

和使用口语、书面语或其他符号系统的障碍。这种障碍可能包含：语言形式（语音学、词态学、句法），语言内容（语义学），任何形式沟通中语言的功能（语用学）。在语言形式方面，语音学指语言的声音系统及支配声音组合的规则系统；词态学指支配单词结构和单词形态的规则系统；句法指支配单词的顺序和组合以形成句子，以及句子中各元素间关系的规则系统。在语言内容方面，语义学即支配单词和句子的意义的规则系统。在语言的功能方面，语用学指结合上述语言成分进行适当的社会交往的沟通系统。[①]

　　听觉障碍是一个广义的术语，其涉及的个体障碍程度轻重不同，包括聋和重听两类群体。聋指因听力残疾而无法在没有助听设备帮助的情况下顺利通过听力处理语言信息。重听通常指在使用助听设备的情况下，有足够的残余听力，能顺利地通过听力处理语言信息。[②]表 9-6 列举了不同程度的听觉障碍对人的沟通造成的影响。

表 9-6　不同听觉障碍程度对沟通造成的影响

听力水平	级别	对沟通造成的影响
10～15dB	正常	无影响。
16～25dB	轻微	在安静的环境中，个体辨别言语没有问题；但在嘈杂的环境中，个体无法理解声音微弱的言语。
26～40dB	轻度	在知道谈话主题且所用词汇有限的安静的对话环境中，个体能够顺利与人交流。即便在安静的环境中，个体也很难听到声音微弱的言语或距离稍远的人所说的话。学生很难跟上课堂讨论的进度。
41～55dB	中度	个体只能听到近距离的谈话，参与小组活动（如课堂讨论）是一件具有很大挑战性的事情。
56～70dB	中重度	个体只能听到音量较大的、清晰的谈话，而且在团体活动中很难听清他人的话语。通常个体的言语虽然能被理解，但所受影响比较显著。
71～90dB	重度	除非谈话的声音很大，否则个体无法听到；而且即便谈话的声音很大，个体仍然无法辨认其中的许多词汇。个体能够觉察环境噪声，但并非总能将其辨别出来。个体的部分言语难以被理解。
91dB 及以上	极重度	个体可能听到很大的声响，但完全听不到人们的谈话。视觉是其进行交流的主要形式。即便个体能够发展起言语，也不易被他人理解。

　　视觉障碍包括盲和低视力，对视觉障碍的鉴定要求评估视力和视野。美国法律所定义的盲人是优势眼最佳矫正（如戴眼镜）视力不高于 20/200，或者视野半径不大于 20 度的人。20/200 这个分数指个体在 20 英尺（约 6 米）处看到的物体相当于视力正常的个体在 200 英尺（约 61 米）处看到的。在美国法律的定义中，视野变窄这一规定意味着即

　　[①②]　［美］丹尼尔·P. 哈拉汉、［美］詹姆士·M. 考夫曼、［美］佩吉·C. 普伦：《特殊教育导论（第十一版）》，276、306 页，北京，中国人民大学出版社，2010。

使个体拥有 20/20 的中心视力，但若其周边视力严重受限，则也属于盲人。盲人有资格获得一些合法利益，如税收优惠和特殊物资经费等。低视力有时被称作部分视力。根据美国法定的分类系统，低视力个体的优势眼矫正视力为 20/200～20/70。教育工作者更加强调针对盲或低视力学生的阅读教学方法。为了接受教育，视力严重受损的盲人必须学习阅读盲文，他们也可以使用听觉方法（录音带和磁带）；低视力的人能够阅读印刷文字，不过他们需要放大设备或大字课本等辅助设施。①

美国精神医学学会编制了《精神障碍诊断与统计手册》，其中对孤独症进行了界定。该协会认为，孤独症学生会表现出五个方面的特征。其一，在多种场合下，孤独症学生在社交交流和社交互动方面存在持续性缺陷，表现为当前或曾经出现过下列情况（此处为示范性举例，而非全部情况）：在社交情感互动中存在缺陷，如异常的社交接触，不能正常地来回对话，很少分享兴趣、情绪或情感，不能启动社交互动或对社交互动做出回应；在社交互动中使用非语言交流行为时存在缺陷，如语言和非语言交流存在整合困难，有异常的眼神接触和身体语言，在理解和使用手势方面有缺陷，缺乏面部表情和非语言交流；在发展、维持和理解人际关系方面存在缺陷，如难以调整自己的行为以适应各种社交情境，难以分享想象的游戏，存在交友困难，对同伴缺乏兴趣。其二，孤独症学生有受限且重复的行为模式、兴趣或活动，表现为当前或曾经出现下列情况（此处为示范性举例，而非全部情况）：刻板或重复的躯体运动、物体使用或言语，如简单的躯体刻板运动，摆放玩具或翻转物体，模仿言语，特殊短语；坚持相同性，不能弹性地坚持常规，采用仪式化的语言或非语言的行为模式，如对微小的改变感到极端痛苦，难以转变僵化的思维模式，进行仪式化的问候，需要走相同的路线或每天吃同样的食物；高度受限的、固定的兴趣，其强度和专注度是异常的，如对不寻常物体的强烈依恋或先占观念，过度的局限或持续的兴趣；对感觉输入的过度反应或反应不足，或在对环境的感受方面有不同寻常的兴趣，如对疼痛或温度感觉麻木，对特定的声音或质地有不良反应，对物体过度地嗅或触摸，对光线或运动进行凝视。其三，症状必须存在于发育早期，但直到社交需求超过有限的能力时，缺陷才会完全表现出来，缺陷也可能被后天学会的策略掩盖。其四，这些症状可导致其在社交、职业或其他重要功能方面有临床意义的损害。其五，这些症状不能用智力障碍（智力发育障碍）或全面发育迟缓来更好地解释。智力障碍和孤独症经常共同出现，做出孤独症和智力障碍的合并诊断时，其社交交流应低于预期的总体发育水平。②

---

① ［美］丹尼尔·P.哈拉汉、［美］詹姆士·M.考夫曼、［美］佩吉·C.普伦：《特殊教育导论（第十一版）》，345 页，北京，中国人民大学出版社，2010。

② 美国精神医学学会：《精神障碍诊断与统计手册（案头参考书）（第五版）》，46～48 页，北京，北京大学出版社，2014。

第二节
特殊教育学生的心理特点与教育

一、智力障碍学生的心理特点与教育

(一)智力障碍学生的认知发展与情绪行为表现

智力障碍学生可能在注意力、记忆、语言、自我调节、动机及社会性发展等主要领域存在障碍。需要指出的是，某一特定智力障碍学生可能不会表现出下面罗列的所有特征。

在感知觉上，智力障碍学生表现出加工速度慢和辨别能力差的特点。智力障碍学生的视觉集中能力、视敏度及颜色视觉辨别能力均低于普通学生。智力障碍会严重制约学生的颜色认知，虽然他们能识别和命名部分颜色，但正确率远低于普通学生。智力障碍学生对颜色的基本属性有一定感知，但很难形成抽象的分类标准，这说明智力障碍学生的颜色认知还处于较低水平。智力障碍学生的视觉辨别、听觉辨别及触觉辨别能力都明显低于普通同龄学生，他们的其他感觉反应也较为迟钝，如对冷热、疼痛的感觉较为迟钝，因而容易自伤。另外，智力障碍学生的知觉恒常性不如普通学生。当同一事物置于不同的环境时，智力障碍学生往往缺乏辨认能力。例如，在黑板上认得的字，在课本上可能就认不出来。

在注意力上，智力障碍学生普遍表现出注意力容易分散。因为智力障碍学生的注意不易受预定目的的支配，所以外界的无关新异刺激往往对他们有很大的吸引力。在学习活动中，他们难以将注意集中在学习任务上，时常被无关刺激干扰。他们注意广度的发展水平、注意稳定性的发展水平、注意分配及注意转移的发展水平均显著低于普通学生。在记忆的发展上，智力障碍学生的感觉记忆可能存在某种缺陷，短时记忆中的记忆广度较窄，工作记忆能力的发展也显著迟滞于普通学生；此外，他们的记忆监控能力较差，往往难以评价自己的记忆状态，也难以正确估计和判断自己的记忆程度，致使记忆组织和长时记忆能力都较弱。智力障碍学生的语言发展水平往往与其智力水平有直接关系，智力受损的程度越严重，语言的理解能力和表达能力也就越差。智力障碍学生在思维上大多停留在具体形象思维阶段，他们在进行思维时明显需要凭借具体事物极其鲜明的表象，而不善于运用概念、判断、推理等来论证客观事物及事

物之间的关系，缺乏分析、综合、抽象的概括能力。①

　　相较于普通学生，智力障碍学生更容易出现行为问题和情绪障碍，智力障碍的程度愈严重，相应的情绪与行为问题就愈复杂。智力障碍学生的情绪与行为发展表现出三个特点。其一，情绪与行为发展水平低。他们的情绪与行为发展长时间停留在比较低级的水平上，与同龄普通学生相比显出明显的不成熟。他们具有感觉水平上的情绪体验，如恶臭引起的厌恶感、清新空气引起的舒适感，但认知水平上的情绪体验出现得比较迟，如成功的喜悦、失败的沮丧、考试前的紧张、面临威胁的恐惧等。在行为发展上，他们明显不及同龄普通学生，有低龄化的倾向，常给人以行为幼稚的印象。其二，情绪控制的能力差。智力障碍学生的情绪不稳定，容易受外界情境的支配，他们的情绪与行为往往为机体的生理需要和激情所支配，在情绪与行为的控制方面不及普通学生。他们难以按照社会道德、行为规范来调节和控制自己的情绪与行为，一旦需要得不到满足，便可能有明显的情绪与行为表现，可能不分场合地大哭、大吵、大闹，难以控制。即便到了六七岁、进入小学，他们的情绪与行为控制能力也远不及普通学生。其三，情绪与行为反应直接。智力障碍学生的情绪表达方式直接，他们通常不会隐藏自己的感受，并且常常伴有外显的行为，如生气时会吐口水，高兴时会拍手。

　　智力障碍学生常见的情绪问题包括抑郁、害怕及易怒。不同程度的智力障碍学生都比较常见的行为问题有四种。其一，社会性问题。智力障碍学生往往表现出与其年龄不相符的幼稚行为，因此，他们比较喜欢与比自己年龄小的同伴在一起，而与同龄人的相处比较困难。由于行为幼稚、动作不灵活，他们有时会遭受同伴的戏弄，智力障碍学生因而常常表现出比较胆怯、害怕、孤独。在集体中，他们可能独处一隅，或茫然凝视，或无所事事，有时不理会别人的友好行为，表现出与群体的不融合。其二，注意力缺陷问题。他们的注意力难以集中，且难以持久，有人形容这类学生为"糊里糊涂，如在云里雾中"。部分智力障碍学生还有多动和冲动的行为表现，严重者需用药物控制。其三，攻击行为。他们可能以各种方式攻击别人，也可能破坏自己或他人的物品。其四，明显的强迫行为。他们不断重复某些动作。相比较而言，轻度与中度、重度智力障碍学生的行为问题表现也存在一定差异，从总体情况来看，中度、重度智力障碍学生出现以上四种行为问题的概率更高。另外，轻度智力障碍学生有一些特殊的行为问题，主要有：离家出走；偷东西，在家偷东西或在外偷东西；戏弄他人；破坏公物；玩火；多疑；等等。而中度与重度智力障碍学生特有的行为问题主要有：自我刺激行为，如舔手、咬物、踢腿、摇摆、大叫等；自我伤害行为，如撞墙、挖眼睛、拔头发、敲头、抓五官、咬手指等；侵犯或破坏行为，如打人、吐口水、推人、摔东西、撕衣服等；爆发性行为，如又叫又跳、冲动等；其他行为问题，如随地大小便，

---

　　① 刘春玲、马红英：《智力障碍儿童的发展与教育》，75～94 页，北京，北京大学出版社，2011。

强迫行为，喜欢吃不能作为食物的物品，公开玩弄自己的性器官，不够活跃，动作迟钝，精力不足，等等。①

(二)智力障碍学生的教育

智力障碍学生的教育对智力障碍学生的发展具有决定性影响。这主要是因为智力障碍学生接受系统的学校教育，在德、智、体、美、劳诸方面得到发展，各种身心缺陷得到适当的矫正和补偿，可以使他们更好地适应社会，参与社会生活，从而更好地体现人生价值。教育是按照一定的目的要求，对受教育者的德、智、体、美、劳诸方面施加影响的有计划、有组织、有系统的活动。它对智力障碍学生的影响主要表现在三个方面。第一，学校教育引导智力障碍学生发展的方向。这是因为有目的、有计划的教育可以排除和控制环境中不良因素的影响，给予智力障碍学生更多的正面教育，使他们按照一定的思想政治方向发展，有利于他们良好思想品德的培养。第二，学校教育给智力障碍学生的影响比较全面、系统。影响智力障碍学生发展的因素有很多，如家庭的影响、社会的影响等，但这些因素通常都是自发的、偶然的、片面的。学校教育则不然，它能根据智力障碍学生身心发展的特征和每个个体的特殊需要，制订个别化教育计划，选择适当的教学内容，运用特别设计的教学方法和评估手段，利用集中的时间，有计划、系统地对智力障碍学生施加影响。第三，学校教育能使智力障碍学生的发展更顺利、更迅速。智力障碍学生教育机构中有受过特殊教育专业培训的教师和其他类型的专业人员，他们有较高的专业造诣，有为智力障碍学生教育做贡献的强烈事业心，有良好的职业道德，掌握智力障碍学生身心发展的规律和特点，能够按照学生的身心发展规律和教育教学规律教育学生。这有利于智力障碍学生更顺利地学习知识和技能，弥补身心缺陷，成为社会的有用之材。②

针对智力障碍学生的教育，需注意以下几个方面。首先，要选择合适的教育安置方式。目前，我国智力障碍学生的安置方式主要有三种：特殊教育学校、普通学校附设的智力障碍班(辅读班)和随班就读。专为智力障碍学生设立的特殊教育学校被称为培智学校、辅读学校、启智学校等。此类学校通常是全日制的，配备专门的特殊教育教师，采用国家规定的培智课程大纲及专门的培智教材，针对学生的个别情况，为学生提供系统的教育，是中重度智力障碍学生的主要安置方式。附设智力障碍班指的是附设在普通中小学的辅读班，此类班级的数量较少，且多为小班制，辅读班的学生大部分时间在隔离的教室里接受教育，在体育、音乐等课程中与普通学生一起上课，在一定程度上保障了智力障碍学生与普通学生的融合。随班就读是我国在普通教育机构

---

① 刘春玲、马红英：《智力障碍儿童的发展与教育》，95～97 页，北京，北京大学出版社，2011。
② 肖非、王雁：《智力落后教育通论》，32 页，北京，华夏出版社，2000。

中对特殊学生实施教育的一种形式，轻度智力障碍学生大多被安置于普通学校随班就读。一般情况下，每个普通班安置1～2名智力障碍学生，最多不超过3名。[1]

其次，要对智力障碍学生进行系统教学。教师应采用教学提示、表现后果及刺激控制等迁移策略，且往往需要提示或暗示智力障碍学生以适当的方式做出反应。这些提示可以是语言、手势或肢体动作，也可以是提供示范。此外，做出正确反应并受到正强化的学生学得更快。正强化物有很多种，如口头表扬、用于交换奖赏或其他奖励物的代币。对于智力障碍学生，尤其是重度智力障碍学生而言，强化越及时就越有效。一旦学生持续表现出适宜的行为，目标就变为尽快让学生脱离对外部强化物的依赖。教师应帮助学生逐渐实现不依靠提示就能做出回应，并做到更加独立。为了将控制从提示转向更为自然的刺激，教师可以使用一些技巧，包括加大请求与提示之间的时间间隔。另外，教师应使用真实材料在真实生活情境中进行教学。教学可以发生在教室、模拟情境或真实的生活情境中，通常更好的方法是在真实情境中教授智力障碍学生日常生活技能，以及在哪些情境中会用到这些技能。由于与真实生活情境相比，在班级中开展教学要简单些，教师可以先在班上进行教学，然后辅以真实生活情境中的教学。

最后，教师还应开展功能性行为评估及积极行为干预与支持。一些智力障碍学生难以融入普通班级的主要原因之一是他们有时表现出打人、啃咬或尖叫等不适当行为。专家建议，教师应该结合功能性行为评估及积极行为干预与支持以减少或消除这些行为。功能性行为评估指确定后果、前提事件及维持行为的情境事件。后果指服务于个人的行为目的。例如，一些学生通过不适当的表现来获取注意。前提事件指引发行为的事情。例如，学生可能只在面对特定同伴时才表现出攻击性行为。对于情境事件，教师则需要考虑更广泛的情境因素。例如，在生病或天气炎热潮湿时，学生更可能表现出不适当的行为。基于功能性行为评估，教师可以改变后果、前提事件或情境事件，并监控这些改变的有效性，进而以此为基础开展积极行为干预与支持，使用适合特定情境和文化的干预，强调对积极行为的奖励，使问题行为变得较为无效、低效和无关，使适宜行为变得更具功能性。

总体来说，智力障碍学生有自身的心理、学业发展特点。在社会性发展上，他们不仅需要融合的环境、与普通学生交往的机会，而且需要额外的社会交往方面的训练。在学业发展上，智力障碍学生需要直观形象的教学法，更适应接受性学习，对于所学知识技能需要更多的时间来消化吸收。完全的普通班安置环境与完全的隔离学校都可能忽略学生某一方面的发展需求。另外，智力障碍学生的个体差异较大，有的适合随班就读，有的适合特殊教育学校，不能一概而论。简单地根据智力障碍程度来选择教育安置的方式是不合适的。应加强对智力障碍学生教育教学质量的监控，建立智力障

---

[1]　肖非：《中国的随班就读：历史·现状·展望》，载《中国特殊教育》，2005(3)。

碍学生评价体系。

二、感官障碍学生的心理特点与教育

(一)感官障碍学生的心理特点

感官障碍学生主要包括听觉障碍学生和视觉障碍学生。听觉障碍学生主要通过视觉来认识世界，有关研究表明，失聪儿童接受的外界刺激中有 90％以上来自视觉，"以目代耳"是听觉障碍儿童感知觉的突出特点。听觉障碍学生的感知觉因残余听力及听力补偿和康复的程度不同而有较大差异，但他们都会受到视觉补偿作用的影响，这种作用自接受视觉图形识别的练习开始发挥，因此听觉障碍学生视觉图形识别敏度与普通学生相比有所差异。有研究指出，听觉障碍学生存在明显的视觉补偿作用，他们的视觉图像识别敏度优于普通学生；听觉障碍学生在平时的生活、学习中经常使用视觉，视觉得到有效锻炼，这使他们的视反应时间越来越短。[①] 此外，听觉障碍学生可能出现感知事物不全的特点。由于听不到或听不清周围环境的声音，听觉障碍学生对物体或周围环境的认识和理解受到限制。听觉障碍学生还可能出现感知主次不清的问题。听觉障碍学生为了弥补自身的听觉缺陷，会强化自身的视知觉等，观察事物过于仔细，这可能导致他们忽视事物的主要方面，分辨不清主要和次要、本质和非本质的东西。在注意方面，他们表现出三种特征。其一，视觉刺激引起的注意较好。听觉障碍学生由于听力损失或障碍，听觉注意能力较差甚至没有，而听觉之外的其他感觉器官（特别是视觉器官）刺激引起的注意发展得比较好。其二，有意注意发展缓慢。听觉障碍学生的语言发展迟缓，与普通学生相比，他们的有意注意形成与发展比较缓慢。其三，注意的稳定性较差。听觉障碍学生在学习和生活中经常使用眼睛，长时间使用眼睛会引起眼睛的疲劳，因而影响注意的稳定性。[②]

视觉主要是光的刺激作用于人眼所产生的感觉，也是人类最重要的感觉之一。对于普通人来说，大脑从外界获得的信息中有 80％以上来自视觉。视觉障碍儿童由于部分或全部丧失视觉，听觉、触觉和嗅觉成为他们认识世界、获取信息的主要手段。视觉障碍学生的触觉灵敏度与其接受的触觉强化训练有关。有研究者对视觉障碍儿童应用触觉的能力做了研究，结果表明，只要视觉问题不因其他缺陷（如智力落后）而复杂化，视觉障碍儿童和普通儿童之间没有明显差异，但需要通过长期的触摸训练以提高触觉的感受性，只有经过触觉强化训练，视觉障碍儿童的触觉灵敏度才有可能比普通

---

① 雷江华、李海燕：《听觉障碍学生与正常学生视觉识别敏度的比较研究》，载《中国特殊教育》，2005(8)。
② 雷江华、方俊明：《特殊教育学》，46～47 页，北京，北京大学出版社，2011。

人高。① 听觉是听觉器官对外界物体属性的反应，在失去全部或部分视觉后，听觉便成为视觉障碍学生认识外界事物的重要途径。凭借听觉，视觉障碍学生可以判断发声物体的远近，判断生人和熟人，判断人的喜怒哀乐，并进行空间定向。听觉对视觉障碍学生的学习（尤其是对语言的学习）、语言知觉的发展及语言和思维的培养具有重要意义。视觉障碍学生往往存在空间知觉困难。空间知觉是客观事物的空间特性在头脑中的反映，它包括形状知觉、大小知觉、距离知觉、立体知觉、方位知觉等。视觉障碍学生通过空间知觉，理解自己与周围物体的空间关系。空间知觉不是生来就有的，而是后天学习的结果。空间知觉的形成与视觉、听觉、触觉、嗅觉、动觉都有联系，其中视觉最为重要，因此，盲人形成空间知觉是比较困难的。

视觉障碍学生的注意力会得到较好发展。视觉障碍学生部分或完全失去视力后，需要更大程度地依赖其他感官去获得信息，因而需要更大程度地集中注意，他们的听觉、触觉等有意注意都有所加强，尤其是听觉的注意。此外，视觉障碍学生的短时记忆和机械记忆能力较强。一般情况下，普通人的短时记忆单位为 5～9 个数字单位，有实验表明，视觉障碍学生至少能记住 6 个数字单位，多数人能记住 9～12 个数字单位。由于视力残疾，视觉障碍学生缺乏对事物的感性认识，常常需要识记自己并不理解的东西，对此只能机械识记，久而久之，其机械识记能力增强。

视觉障碍学生思维发展的规律和普通人之间没有本质的差别，但也有其特殊性，呈现出三个特点。其一，思考问题时难以抓住事物的本质。视觉障碍学生对某一事物的分析是建立在自己通过听或触摸而获得的感性经验的基础上的，由于缺乏感性的形象知识，他们常常只能依据某一特征或少数特征来综合，不易分辨事物的本质和非本质属性，其结果是把不同类的事物概括在一起，或把同类事物拆分开。其二，概念的形成与理解存在困难，分析与推理容易出错。由于缺乏视觉表象，对事物的感知受到限制，通过其他感觉获得的感性材料往往只反映事物的局部特征，视觉障碍学生以此为依据进行的分析、推理就很容易产生错误。其三，形象思维能力差，抽象思维能力发展缓慢。动作思维、形象思维和抽象思维是思维发展的三个阶段。在普通人的思维中，往往以抽象思维为主，且兼具其他两种思维形式。但无论是哪种思维形式，都与语言和感性经验有关；思维是对客观事物间接概括的反映，它以已有的知识为中介，是借助语言实现的。感性经验越丰富、越全面，思维结果就越正确。视觉障碍学生由于感性经验不丰富，其语言缺乏感性形象的基础，这便妨碍其思维活动的顺利进行。由于感知方面的限制，视觉障碍学生的抽象概括过程比较困难，所形成的概念往往不准确，常出现概念泛化或概念外延缩小的现象，且难以进行合乎实际的判断推理。②

---

① 教育部师范教育司：《盲童心理学》，21～32 页，北京，人民教育出版社，2000。
② 雷江华、方俊明：《特殊教育学》，49～51 页，北京，北京大学出版社，2011。

(二)感官障碍学生的教育

我国听觉障碍儿童学前教育的安置方式主要有听力语言训练机构、普通幼儿园附设特教班、聋校附设学前班。学龄期听觉障碍学生的安置方式主要有聋校教育和随班就读两种，绝大多数听觉障碍学生在专门的特殊教育学校接受教育和训练。如何改进聋校办学条件，提高教育教学质量，最大限度地发掘学生潜能，是一个非常重要的问题。但与其他残疾儿童相比，听觉障碍学生回归主流的比例偏低(如低于盲生的回归主流比例)。许多听觉障碍学生及其家长认为寄宿制聋校有助于发展他们的手势语言，并且可以提供亚文化的社交环境。此外，在没有熟练地掌握读唇法和口语前，听觉障碍学生回到普通学校学习的确会面临许多实际困难。

听觉障碍学生在得到适当的声学放大辅助的基础上，还必须接受有组织的、有系统的语言训练，只有这样才能得到充分发展。针对听觉障碍学生的语言训练需要遵循早期教育、个别教育、多方合作创造最佳语言环境，最大限度利用残余听力的原则。关于语言教育，长期以来有两种形式。一是口语教育。口语教育中的听觉口语法非常重视使用扩音设备来促进言语和语言发展，让具有残余听力的学生使用扩音设备，如助听器和人工耳蜗。同时，听觉口语法十分重视言语训练，强调使用视觉线索，如读话和手语提示沟通模式。读话是比读唇法更为准确的术语，其目的是让听觉障碍者留意包括唇部运动的一系列刺激。例如，熟练的读话者通过仔细观察某一语境中的刺激，可以对特定情境中的特定信息类型有所预期；他们借助面部表情来理解别人在对他们说什么；在区分某人口中发出的各种语音时，他们也会利用个体舌头、下颌和唇部运动的视觉线索，如在学习区分元音时，读话者会关注与下颌张开程度和唇形相关的线索。二是手语教育。在手语提示沟通模式中，个体在说话时使用手势表示特定的声音，各国的手语并不相同。[①]

在我国现阶段，视觉障碍学生安置的基本方式有三种：其一，专门的视觉障碍学校，招收视觉障碍学生入学，实行集中式教育；其二，特殊班，指在一般学校中专门为视觉障碍学生开设的特殊班级；其三，随班就读，在培训教师的基础上，将视觉障碍学生安置在普通班中，使其同普通学生一起接受教育。盲生与低视力学生的教育主要包括生活技能和学业技能两部分。

首先，在生活技能方面，普通学生可以通过观察、模仿不知不觉地学会简单的日常生活技能，但对于完全丧失视力的盲生来说，他们看不见别人的动作，看不到周围的情况，因此他们的生活自理能力要经过长期艰苦的训练才能形成，训练内容包括辨

---

① 　[美]丹尼尔·P. 哈拉汉、[美]詹姆士·M. 考夫曼、[美]佩吉·C. 普伦：《特殊教育导论(第十一版)》，322～323 页，北京，中国人民大学出版社，2010。

音训练、触摸训练、辨物训练、定向行走训练、日常生活自理活动训练。其中，辨音训练教会学生听和理解自己周围的各种声音。辨音训练可以从简单到复杂，从近到远，并尽可能结合触摸训练进行。盲生通过触摸了解物体的形状和性质。在触摸训练中，给盲生常用的物品，让他们通过触摸来了解这些物品的形状、大小、质地；触摸时，给他们讲述各种物品的性质、用途和使用方法。辨物训练应结合辨音训练进行，即使是不发出声音的静止物体，也应尽量让盲生了解这些物体在碰撞时可能发出的声音，如脸盆、碗筷、茶杯碰撞时的声音。定向行走是一项需要特别指导的功能性生活技能。定向行走训练能扩大盲生的活动范围，为培养其生活自理能力和上学读书等打下基础。视觉障碍学生必须学会听辨交通流量，对街道和路面的变化做出反应，使用视觉以外的其他感觉、设备（如手杖、导盲犬等）来发现环境中的事物，并了解自己所在的位置。日常生活自理活动训练主要包括吃喝、穿衣、上厕所、洗脸、洗澡、洗衣等最基本的生活训练。

其次，在学业技能方面，视力障碍学生要想和普通学生一样学习科学文化知识，就必须掌握一些适合他们学习的方法，如接受触读训练，掌握盲文的阅读和书写方法，并会使用阅读机和计算机阅读有声书籍。而对于低视力儿童来说，应尽可能地保护他们的残余视力，改善照明条件，减少用眼疲劳，鼓励他们多用耳而少用眼。除注意用眼卫生、不过分疲劳、适度按摩外，还应从以下几个方面安排适合用眼的学习环境：提供适当的照明；配备合适的助视器；提供大字体课本及阅读材料；教室的墙壁、黑板等对比鲜明，桌椅颜色柔和，教室的地板和墙壁有一定的对比度。[①]

三、肢体障碍和病弱学生的心理特点与教育

（一）肢体障碍和病弱学生的心理特点

公众的态度对肢体障碍学生的自我概念、心理适应及教育和就业机会都有极大的影响。许多肢体障碍学生受到排斥，被歧视或同情。肢体缺陷越明显，个体就越可能被公众消极地对待。如果公众害怕、拒绝或歧视肢体障碍学生，那么这些学生就会用大量的精力来隐藏让他们感到羞耻的异常状况。如果公众怜悯他们或认为他们很无助，那么这些学生就可能表现得很有依赖性。如果公众认为肢体障碍学生虽然有一定限制，但他们在其他方面和普通人一样，肢体障碍学生则会受到鼓舞，努力成为独立且有贡献的社会成员。大多数病弱学生的智力发展是正常的，但由于患有慢性疾病或体质虚弱，其生活和学习受到影响，导致他们的情绪不够稳定，大多有孤僻感、退缩感。肢

①　方俊明：《特殊教育学》，135～148 页，北京，人民教育出版社，2005。

体障碍对不同年龄段的儿童会产生不同的影响，下面进行具体说明。

1. 肢体障碍对婴儿期的影响

婴儿期是初涉人世的婴儿对父母建立信任的时期。有先天性肢体障碍的婴儿出生后不久就被发现有不正常的情况，这对其父母来说是突然的沉重打击。他们往往一开始不能接受这一现实，表现得十分焦虑，甚至恐惧。有的父母怕碰伤孩子，不敢接触他们，加上患儿反复住院治疗，与父母分离，这些都使患儿和父母的感情联系中断，患儿会产生一种不信任的感觉。这种早期建立的不信任感会影响患儿未来与他人的相处和对他们的信任。

2. 肢体障碍对学步儿期的影响

学步儿开始显露独立意识。有肢体障碍的学步儿由于存在运动功能障碍、大小便失禁等问题，其独立能力的发展受到影响，无法完成一些有助于建立自信的简单活动，如进食、爬楼梯等。与父母的分离（如住院）也对学步儿有很大的伤害，他们容易表现出抑郁和攻击行为，并以此作为对失去父母保护的补偿。他们还容易产生一种被遗弃的感觉，并且由于缺乏明确的时间概念而把短暂的分离看作永久的遗弃。

3. 肢体障碍对学龄前期的影响

学龄前期儿童更加关心周围事物，也了解一些自己参与外部活动的能力。玩耍是他们发现和表达自己的主要手段。肢体障碍会干扰他们正常发育的连续性，并使他们获得独立的愿望受到打击。由于肢体障碍，他们往往受到父母或他人的特殊对待，吃饭、穿衣、上厕所这些基本活动也可能只有在别人的帮助下才能完成。因此，他们无法像普通学龄前期儿童那样度过这一时期，在心理和行为上仍表现得像婴儿。同时，由于受到肢体障碍的影响，他们缺乏与同伴玩耍和参加娱乐活动的机会，进而使他们的性格发生某种程度的改变，如怕生，无法和同龄普通儿童一样与人交往。

4. 肢体障碍对学龄期的影响

学龄期儿童开始注意自身的能力及与同伴的关系。有上进心是学龄期儿童的重要特征，他们不希望自己在学习和运动等活动中比别人差。但对于肢体障碍儿童来说，他们可能因身体外形有缺陷或运动技能较差而遭到同伴的讥笑或被瞧不起，加上与外界接触的机会较少，他们在与他人的交往中表现出胆怯、害羞等。有些肢体障碍儿童为了弥补自己在体力方面的不足而特别用功地学习。一些肢体障碍儿童通过调整自己很好地适应现实，并且经过努力学习取得比普通儿童更好的学习成绩。然而，大多数有肢体障碍的学龄期儿童因受到肢体障碍的影响（有时还伴有其他障碍，如感官障碍、智力障碍等）而不能正常学习，学习成绩差，逐渐产生比较强烈的自卑感，甚至害怕上学。

5. 肢体障碍对青春期的影响

随着学生进入青春期，社会压力明显地增加，自身形象对他们来说日益重要，并且与他们的性成熟紧密相关。有肢体障碍的青少年可能因缺乏对异性的吸引力或不能表现自己的各种能力而自尊心受损，他们可能觉得自己低人一等，或者认为社会对他们不公，并将此作为脱离社会的借口。那些曾经与同性伙伴相处得很好的肢体障碍学生也可能由于青春期的到来而与社会隔离，转而退缩至接纳他们并被他们看作"安全地带"的家庭或医院中。肢体障碍青少年还可能出现压抑、否认的情绪及出格或攻击性行为，表现出对任何事情都失去兴趣，有的变得严重抑郁，甚至想到自杀。[①]

(二)肢体障碍和病弱学生的教育

肢体障碍儿童在哪一种环境中接受教育，取决于他们障碍的类型和程度、社区可提供的服务及疾病的医学干预。大多数肢体障碍儿童被安置在普通教室中。一些学生有相对轻度或非永久性的肢体障碍，只需要做出一些常规调整就能让他们继续学习，防止他们落后于其他同学。而另外一种情况是学生有严重或慢性的肢体障碍，这就需要让他们在医院附设的学校或专门针对肢体障碍儿童的特殊教育学校中学习一段时间。如今，由于医疗技术的进步，大多数肢体障碍儿童都进入了普通学校。

依据学生障碍程度的轻重，大致有四种安置方法。一是混合型就读，轻度的肢体障碍学生可以与普通学生一起上课，学校可以设置机能训练教室，定时由专人给予肢体障碍学生机能训练或特别辅导。二是特殊班，多设在普通学校内，有的附设于医院或特殊教育学校，这种班级的学生以障碍程度较重或正在接受治疗的儿童为主。三是特殊教育学校，学校的学生都是肢体障碍程度严重或有多重障碍的儿童，且多数学生寄宿在学校；学校内除有普通教室外，还有医疗室、机能训练室、水疗室、物理治疗室、言语治疗室、职业训练室等。四是床边教学，这是为不能接受班级教学的严重肢体障碍儿童设立的，通常采用个别化教学，使用各种视听设备、教具等进行教学，从而使儿童得到适当的发展。教育和训练的内容包括生活训练和文化课学习，给予学生社会适应方面的指导，帮助他们树立与困难做斗争的信心和勇气，培养其坚强的意志；同时，帮助学生克服自卑心理，理智地认识和处理问题，既不过于放纵自己，也不强求自己去实现过高的、普通人也难达到的目标，保持心理上的平衡。对于肢体障碍严重且精神发育明显迟缓的肢体障碍儿童来说，训练的主要是他们对刺激反应的敏感性，防止肌肉僵化，这类儿童的生活要有专门的保姆来看护。对那些运动功能发展缓慢、精神发育也偏缓的儿童来说，教育训练可多采用游戏的方法，以发展他们的感觉和运动功能。对肢体障碍学生的教育与训练通常从五个方面进行：一是增强体力，保持健康；二是扩大活动范围，掌握一定的工具使用方法，如轮椅、拐杖等；三是发展社会交往的能力；四是培养听、说、写的能力，掌握一定的科学文化知识；五是进行某些

① 方俊明：《特殊教育学》，268～277页，北京，人民教育出版社，2005。

适合学生身体条件的职业训练。课程则包括安全教育课程、生活课程、文化课程、功能训练课程、艺术训练课程、职业教育课程。除此之外，肢体障碍儿童的教育也可根据个人的身体情况，不同程度地结合普通教育的有关课程进行。病弱儿童的养护与医教结合是病弱儿童教育的基本原则。根据病弱儿童病情的轻重、体质的虚弱程度，可将他们安排在不同的环境中进行养护和教育，如养护学校、病弱儿童特殊教育班、普通班、家庭学习小组，使儿童能积极配合医生、护理人员的治疗，恢复健康，增强体质；增强与疾病做斗争的信心，锻炼意志，消除病弱感、自卑感，稳定情绪，适应环境；学习一定的科学文化知识，最大限度地挖掘个人潜能，培养正确的生活观念和自强不息的精神。[①]

四、其他发展障碍学生的心理特点与教育

其他发展障碍学生包括孤独症谱系障碍学生、学习障碍学生、情绪与行为障碍学生、言语与语言障碍学生、多重障碍学生等。这里主要介绍孤独症谱系障碍学生和学习障碍学生的心理特点与教育。

(一)孤独症谱系障碍学生的心理特点与教育

有孤独症谱系障碍的个体大多表现出社会互动缺陷、沟通缺陷和重复刻板的行为模式。此外，他们还会表现出认知缺陷，有些个体还有异常的感知觉。在社会互动缺陷方面，个体的社会互动障碍大多表现为社会性应答缺陷。孤独症谱系障碍儿童的父母经常发现他们的孩子在婴儿期或学步儿期无法对他人的托举或拥抱做出正常的回应；孩子对他人几乎或完全不感兴趣，但对物体有浓厚兴趣，他们可能无法学会正常地玩游戏。这些特征始终存在，使孤独症谱系障碍儿童很难与父母形成正常的依恋关系，也很难与同伴建立起友谊关系。在沟通缺陷方面，多数孤独症谱系障碍儿童缺乏沟通意向，或缺乏为实现某些社会性目的而进行沟通的意愿。大多数孤独症谱系障碍儿童不愿意使用语言交流，而使用语言的孤独症谱系障碍个体的口语在语调、语速、音量和内容上会出现异常。在重复刻板的行为模式方面，许多孤独症谱系障碍个体表现出刻板行为，即重复的、仪式化的动作行为，如旋转、转动物体、拍手、摇晃等；孤独症谱系障碍个体还可能表现出极端痴迷或沉醉于某一物体，或者有非常狭窄的兴趣范围。在认知缺陷方面，多数孤独症谱系障碍个体表现出类似于智力障碍个体的认知缺陷。同时，孤独症谱系障碍个体也有其独特的认知加工障碍，有些孤独症谱系障碍个体会在特定技能上表现出突出的能力或明显的天赋，这些技能可以独立于个体的其他

---

① 　方俊明：《特殊教育学》，272～279 页，北京，人民教育出版社，2005。

能力而发挥作用。在异常的感知觉方面，孤独症谱系障碍个体对于环境中的特定刺激要么反应过度，要么反应迟钝。

有学者指出，孤独症谱系障碍儿童教育需要遵循一些原则。首先，孤独症谱系障碍个体最需要获得沟通技能和社会技能上的指导。其次，针对孤独症谱系障碍学生的教育计划应包括：技能的直接教学，采用功能性行为评估和积极行为干预与支持进行的行为管理，自然情境教学。针对孤独症谱系障碍学生的有效教学通常要采用一种高度结构化的直接的方法，这种方法采用行为主义心理学的基本原理来分析任务及最佳教学方式。直接教学包含以下元素：结构化的教师主导式课程，小组教学或一对一教学，以小步骤呈现的课程，频繁的教师提问，大量的练习机会，频繁的反馈，强化与纠正。教师可以采用直接教学来教授沟通技能、社会互动技能和日常生活技能。孤独症谱系障碍学生，特别是那些程度较为严重的学生，有时会表现出极不适当的行为，如咬人、打人或尖叫。功能性行为评估的使用可以减少或消除这些不当行为。功能性行为评估指确定维持这些不当行为的后果、前提事件和情境事件，其中前提事件指诱发该行为的事件，情境事件则考虑行为出现的情境因素。积极行为干预与支持指鼓励学生的积极行为而非惩罚学生的消极行为。孤独症谱系障碍学生的教师越来越重视在自然情境和自然互动中应用行为主义心理学，这里所说的自然情境和自然互动指的是有正常学生参与的情境和互动。[①]

(二)学习障碍学生的心理特点与教育

学习障碍学生在认知上通常表现出五个特点。第一，认知和元认知缺陷。认知指学习者对自己的思维过程和思维技巧的掌握和意识；元认知指规范和监控思维过程、技巧的能力。第二，低学业成就。学业成就低下可以表现在任何学业领域中，如语言课程、阅读课程、数学课程、外语课程等，其中语言课程和数学课程的学业成就低下最为突出。第三，较差的记忆力。很多学习障碍学生很难记忆那些通过视觉或听觉传输的信息，教师总说这些学生常常忘记单词的拼写、数学定理、词汇及其用法等。第四，注意缺陷和多动。学习障碍学生多在课堂上缺乏积极思考并随时把注意力转移到新知识上的能力，不能排除外界干扰，总被无关事物吸引。第五，知觉失真。学习障碍学生存在视觉和听觉障碍，无法精确复制知觉印象。学习障碍学生在情感上有四个特点。一是较差的社交技能。学习障碍学生的社会交往困难主要表现为不会打招呼，无法接受某种风俗习惯和他人的称赞，不能提出异议或做出积极回应等。二是较差的自我概念。学习障碍学生会经历经常性的学习困难和掌握知识技能的困难，常常遭受

---

① [美]丹尼尔·P. 哈拉汉、[美]詹姆士·M. 考夫曼、[美]佩吉·C. 普伦：《特殊教育导论(第十一版)》，394～412页，北京，中国人民大学出版社，2010。

失败，而长期的失败和失望可能转变成心理上的普遍的价值缺乏，这会严重地影响他们对自己能力的认识。三是较差的学习动机。学习障碍学生由于屡遭学业失败，和其他学生相比，他们的学习欲望低下，求知欲差。四是消极的情绪状态。学习障碍学生较其他学生在情绪上更易焦虑、抑郁、过分敏感、轻度身体疼痛、孤独和忧郁；行为上表现出适应性行为缺陷、破坏性行为和退缩性行为。[①]

　　针对学习障碍学生的教育干预，相关研究者提出四种方法。第一，认知训练，包括改变思维过程、提供学习策略、教授自我发起的策略。行为矫正关注矫正可观察的行为，而认知训练关注矫正不可观察的思维过程，进而促进行为发生变化。认知训练包括多种特定策略，如自我教学、自我监控、支架式教学等。其中，自我教学指教师在解决问题时先示范口语程序的使用，接着教师密切观察学生在操作任务时使用口语程序的过程，最后由学生独立完成；自我监控指学生追踪自身行为，通常包括自我评价和自我记录；在支架式教学中，教师在学生初次学习完成某项任务时给予支持，然后逐渐减少支持，以使他们最终能独立完成任务。第二，内容改变。改进材料内容可以帮助学习障碍学生更好地学习，内容改变是一种让材料更为鲜明或突出的方式。第三，直接教学。直接教学关注教学过程的细节，将学业问题分解成若干组成部分，教师可以先单独教授这些部分。第四，同伴指导。全班性同伴指导对于存在或可能存在学习障碍的学生来说是有效的。[②]

五、超常学生的心理特点与教育

(一)超常学生的心理特点

　　第一，认知能力高是超常学生突出的特点之一。但是，超常学生与普通学生并不是在所有认知方面都有显著性差异，只是在类比推理、创造性思维能力等难度较大的测验项目上有显著性差异。此外，超常学生与普通学生的认知结构也不同。第二，无论是在同伴间友谊关系中，还是在家庭的亲子关系和兄弟姐妹关系中，超常学生的社会认知发展水平都高于同龄普通学生，且超常学生显示出更大的个体差异。此外，许多研究发现，独立、自尊和自信是超常学生性格中最突出的特点。第三，认知、情感、行为的独立性是超常学生的又一显著特征。他们往往有比较强的自尊心，非常相信自己的能力，喜欢依靠自己的力量独立地完成任务。第四，不同的超常学生有共同的个性特征，即独立性和自信心。但有些超常学生在身心发展的过程中可能出现发展不平

　　①　赵微：《学习困难儿童的发展与教育》，37～39页，北京，北京大学出版社，2011。
　　②　［美］丹尼尔·P. 哈拉汉、［美］詹姆士·M. 考夫曼、［美］佩吉·C. 普伦：《特殊教育导论(第十一版)》，178～183页，北京，中国人民大学出版社，2010。

衡、不同步的现象，例如，身体发育和心理成熟的不同步，学习上学科之间的不同步，自然认知与社会认知发展的不同步，等等。第五，超常学生和有创造力的学生还有一些意料之外的外部表现：比较敏感；精力过于充沛；容易不耐烦，且注意的广度似乎很窄；需要情感上的安全感，要成人待在他们身边；反抗权威，但并非以民主为目的；有比较喜欢的学习方式，特别是在阅读和数学上；很容易泄气，因为他们的想法太大，又缺乏实现想法的资源或缺少别人的帮助；喜欢在探索中学习，反对死记硬背，或不满足于只做听众；常坐不住，除非有他们很感兴趣的事物；有极强的同情心，常会担心很多事情，如害怕死亡和失去所爱的人，还可能因早期失败经历而选择放弃，并形成学习上的永久性障碍。[1]

(二)超常学生的教育

与普通教育相比，对超常学生的教育需要强调五条原则。第一，保持超常学生的学习兴趣和创新意识。一般来讲，超常学生都有浓厚的学习兴趣和创新意识，但能否长期保持下去，取决于教育工作者能否有效引导。在超常教育中，教育工作者要从学习目标的增设、学习内容的更新、奖励方法的改变等方面，防止某些超常学生学习兴趣和创新意识的减退。

第二，提供更好的学习条件，满足他们对知识的渴求和自我实现的需要。超常学生由于学习能力强，渴望学习更多的知识，保持较快的学习速度。超常学生教育中各种项目的安排都要尽可能地满足他们渴求知识的愿望，满足他们充分施展自己的才能和自我实现的需要。

第三，提高超常学生的动机水平。随着超常学生年龄的增长和经验的丰富，教育者要注意不断提高超常学生的动机水平，将近景动机和远景动机有机结合起来，提高超常学生学习和工作的责任感，使他们树立为社会和科学的进步与发展献身的奋斗目标，并具有抗拒环境中消极因素的干扰的能力。只有这样才能保证超常学生通过自己的才学为社会的进步和发展做出积极的贡献。

第四，培养他们的自学能力、独立工作能力。从终身学习的观点看来，学习是个体一生的任务，学校学习只是人生中的一个阶段。对超常学生来说，要想在这样一个信息爆炸、知识快速更新的世界中保持自己超乎常人的学习与工作能力、取得卓越的成就，就要有强大的自学能力和独立工作能力。

第五，加强心理辅导，克服发展中的不平衡性。如前所述，在超常学生的发展过程中可能出现各种不同类型、不同性质的不平衡性。例如，在人格发展中，认知、情感和意志行为的发展出现不平衡性；在认知发展中，自然认知和社会认知发展出现不

---

① 方俊明：《特殊教育学》，405～408 页，北京，人民教育出版社，2005。

平衡性；在学习过程中，各门功课的学业成就出现不平衡性。另外，由成功引起的过多的优越感，由性别差异引起的遐想，由不间断的拼搏引起的烦躁，都可能造成超常学生身心发展的不平衡。

针对超常学生的教育，可以采取以下措施：第一，早期评估与鉴定，了解学生的禀赋特性和发展方向；第二，改革招生考试制度，采取合理的教育管理，允许提前上学、升级和跳级；第三，根据学生的实际水平，选择最佳的教育模式，如加强班辅导教师项目、资源教室、独立学习项目、特殊教育学校等；第四，更新教育观念，采用多种教学方法；第五，较早地把超常学生引入研究领域，发展创造性思维和灵活运用知识、解决实际问题的能力。[①]

本章小结

特殊教育学生指的是在身心发展上与普通学生存在较大差异且在正常范围之外的学生，这些学生的身心发展水平可能低于常态也可能高于常态。对特殊教育学生进行分类，既有一定优势，也有一定弊端。美国将特殊教育学生分为 13 类。我国大陆将特殊教育学生分为 8 类；我国台湾地区则将身心障碍学生分为 13 类，将资赋优异学生分为 6 类。不同类别的学生具有自己独特的心理与行为发展特点，对不同类别特殊学生的教育有不同的考虑事项。

思考题

- **单项选择题**

《中华人民共和国残疾人保障法》将残疾分为几类？（　　　）

A. 7 类　　　　　B. 8 类　　　　　C. 13 类　　　　　D. 10 类

- **简答题**

①简述智力障碍学生的心理特点及教育。

②简述听觉障碍学生的心理特点及教育。

③简述孤独症谱系障碍学生的心理特点及教育。

- **论述题**

论述对特殊学生进行分类的优势与弊端。

---

① 方俊明：《特殊教育学》，411～415 页，北京，人民教育出版社，2005。

本章阅读书目

[1][美]丹尼尔·P. 哈拉汉，詹姆士·M. 考夫曼，佩吉·C. 普伦. 特殊教育导论(第十一版)[M]. 北京：中国人民大学出版社，2010.

[2]朴永馨. 特殊教育概论(修订本)[M]. 北京：华夏出版社，1999.

[3]马红英，谭和平. 特殊教育需要学生的教育[M]. 北京：北京大学出版社，2011.

[4]刘春玲，马红英. 智力障碍儿童的发展与教育[M]. 北京：北京大学出版社，2011.

[5]肖非，王雁. 智力落后教育通论[M]. 北京：华夏出版社，2000.

[6]雷江华，方俊明. 特殊教育学[M]. 北京：北京大学出版社，2011.

[7]教育部师范教育司. 盲童心理学[M]. 北京：人民教育出版社，2000.

[8]方俊明. 特殊教育学[M]. 北京：人民教育出版社，2005.

[9]赵微. 学习困难儿童的发展与教育[M]. 北京：北京大学出版社，2011.

第十章

特殊教育的未来发展

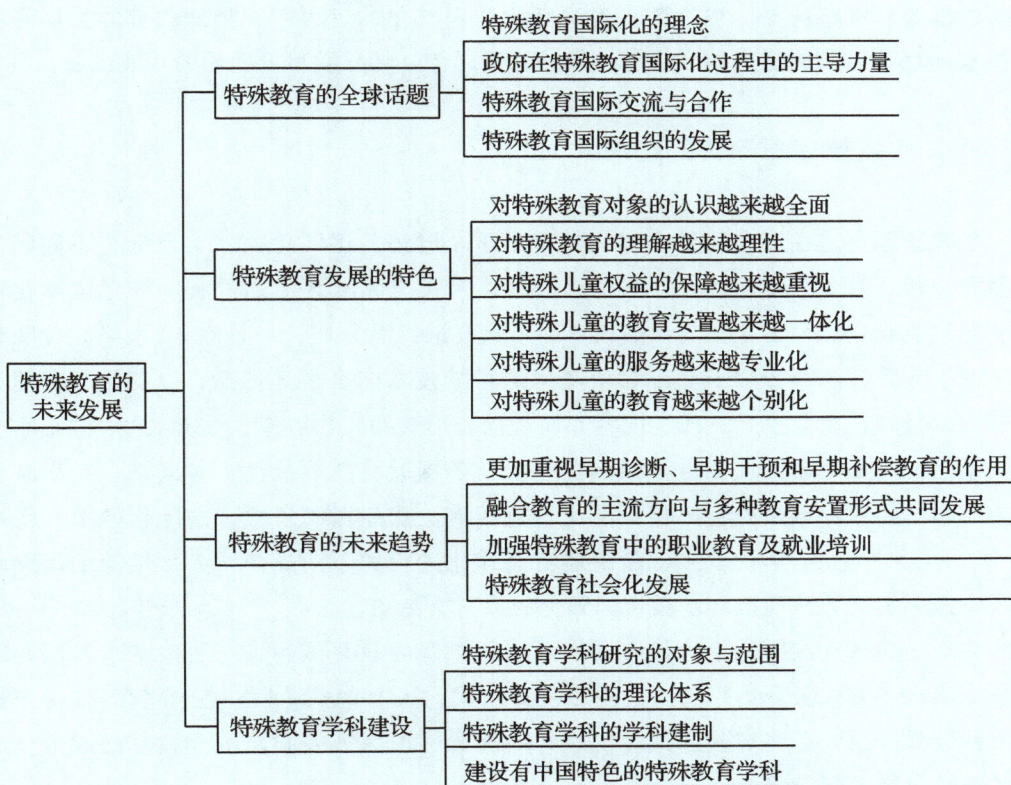

```
特殊教育的
未来发展
├─ 特殊教育的全球话题
│   ├─ 特殊教育国际化的理念
│   ├─ 政府在特殊教育国际化过程中的主导力量
│   ├─ 特殊教育国际交流与合作
│   └─ 特殊教育国际组织的发展
│
├─ 特殊教育发展的特色
│   ├─ 对特殊教育对象的认识越来越全面
│   ├─ 对特殊教育的理解越来越理性
│   ├─ 对特殊儿童权益的保障越来越重视
│   ├─ 对特殊儿童的教育安置越来越一体化
│   ├─ 对特殊儿童的服务越来越专业化
│   └─ 对特殊儿童的教育越来越个别化
│
├─ 特殊教育的未来趋势
│   ├─ 更加重视早期诊断、早期干预和早期补偿教育的作用
│   ├─ 融合教育的主流方向与多种教育安置形式共同发展
│   ├─ 加强特殊教育中的职业教育及就业培训
│   └─ 特殊教育社会化发展
│
└─ 特殊教育学科建设
    ├─ 特殊教育学科研究的对象与范围
    ├─ 特殊教育学科的理论体系
    ├─ 特殊教育学科的学科建制
    └─ 建设有中国特色的特殊教育学科
```

本章导读

教育现代化的发展离不开特殊教育的发展。在经济全球化的影响下,特殊教育的发展面临更多挑战。本章主要介绍国际视角下特殊教育的发展特色、未来趋势及特殊教育学科的发展。学完本章,可以了解特殊教育的发展特点,掌握特殊教育未来的发展趋势,并思考特殊教育作为一门学科在经济全球化视野下应如何发展。

第一节
特殊教育的全球话题

随着经济全球化进程加速,世界各国在教育上的联系也日益加强,教育国际化成为全球教育发展的基本趋势,影响 21 世纪世界教育变革的走向,影响各国教育改革和发展的战略和策略选择。在教育实现国际化和现代化的过程中,特殊教育的发展是不可或缺的部分。如何适应国际特殊教育的发展趋势是特殊教育界面临的现实问题。

一、特殊教育国际化的理念

教育国际化是在当今经济全球化的背景下,以培养国际化人才为目标,不同国家的教育思想、教育内容、教育方法、教育模式相互交流与合作的过程。教育国际化的进程源远流长,迄今为止,公认的教育国际化高潮已有三次。一是在 19 世纪,伴随着第一次工业革命和第二次工业革命所产生的科学技术向全世界传播,以英国、德国为主的大学教育在教育模式、教学内容方面趋同,形成第一次高潮。二是在 20 世纪后半叶,第三次工业革命大大促进了经济全球化,各国教育的普及性日益增加,关于教学思想、教学模式、教学内容的相互交流日益频繁,从而形成了教育国际化的第二次高潮。三是 20 世纪 90 年代以来,随着经济全球化进程的不断加快,人才培养的国际化要求也极大提高,从而掀起了教育国际化的第三次高潮。

在新一轮教育国际化中,很多国家对本国原有的教育体制进行了改革,各国在教育领域的很多方面表现出趋同。在特殊教育领域,从 1994 年《萨拉曼卡宣言》首次正式提出融合教育至今,实现融合且优质教育的理念逐渐深入人心,融合教育已成为全球特殊教育发展的新趋势。

我国特殊教育的发展程度同发达国家相比还有一定差距。

　　第一，我国特殊教育支持保障体系有待进一步健全，有关特殊教育事业发展的政策和运作机制还需完善。我国还处在社会主义初级阶段，各地经济社会发展不平衡，社会保障体系和公共服务体系仍有待完善，故而社会公正等问题一时难以彻底解决，残疾儿童的受教育水平与普通儿童相比仍存在较大差距。因此，首先，我国必须坚持把公平正义作为政策和制度设计的基本理念与调整原则，以保障残疾儿童受教育权为核心努力通过顶层政策设计和制度建构形成特殊教育发展导向机制，引导资金、人力、专业技术等资源的分配更多地向特殊教育倾斜，加快特殊教育发展，缩小特殊教育与普通教育发展的差距，最大限度地实现教育公平，保障残疾儿童的受教育权，促进他们健康成长。

　　第二，针对残疾儿童的发现、诊断、评估、转衔、安置、服务网络亟须建立，关于建立特殊教育科学有效的评价体系的研究有待开展。目前对特殊儿童的发现、诊断、评估存在工具单一、操作不规范的问题。从方法上看，主要使用智力测验量表对儿童进行测验，基本停留在医学诊断的单一模式上，缺乏对儿童进行社会适应性等方面的测验。另外，诊断、评估工具的开发长期脱离实际，这导致针对特殊儿童诊断、评估缺乏实质性、针对性，评估的效果并不理想。此外，我国特殊教育领域缺少理论先进、技术含量高的整套评估工具，自编工具数量比较少且效果不理想。

　　第三，特殊教育师资的专业化水平需要进一步提高。改革开放以来，我国特殊教育事业取得了长足的发展。然而，在特殊教育事业的发展历程中，特殊教育师资不仅在数量上出现明显的短缺，而且在质量上越发不能满足特殊教育事业发展的需求。2019年，我国特殊教育在校学生数已经增至79.46万人，而特殊教育专任教师不到6.24万人，接近13∶1的生师比远高于发达国家。在现有特殊教育教师队伍中，教师的学历水平总体不高，本科及以上学历者的比例不占优势。其中，有一部分教师并不是通过特殊教育专业培养出来的，而是先修读普通教育专业，再接受一些关于特殊教育的专业知识培训，最后成为特殊教育教师的。这使得特殊教育教师的专业知识结构不健全，极大地限制了教师的专业化发展。

　　发达国家在特殊儿童的鉴定与评估、特殊儿童的个别化教育、学段转衔、融合教育研究与实践等方面积累了丰富的经验。教育国际化是一个发展过程或趋势。教育国际化的真谛不是教育在形式及内容方面符合某种潮流或具有某些通用的国际性，而是教育接受某些体现新的时代精神且具有更大合理性的教育理念、教育方法、教育制度。[①] 只有从全球的视角来认识特殊教育的改革与发展问题，树立国际化理念，加强对国际特殊教育发展的研究，进一步借鉴世界各国特殊教育的先进经验，探索规律，才能更好地促进我国特殊教育的创新和持续发展。

---

　　① 黄志成：《全纳教育：21世纪全球教育研究新课题》，载《全球教育展望》，2001(1)。

二、政府在特殊教育国际化过程中的主导力量

政府的直接参与对教育国际化发展的推动作用是其他形式的国际性教育活动所不能取代的。教育国际化发展的趋势包括由政府直接参与和多边协调组织的国际性教育活动不断增加。政府的参与具有组织力强、号召力大、活动范围广、资金雄厚、导向明确的一系列优势和特点，对教育国际化的推动作用越来越明显。政府参与教育国际化活动有其特殊的形式和工作重点。在教育国际化背景下，我国应着重签订政府间教育交流与合作的协议，相互承认和认可学历、文凭、教师或教授资格；掌握和传播各国教育和教育国际化的发展动态、趋势等信息；参加世界教育发展论坛，参与世界教育发展的决策过程，引导世界教育的发展方向；向国际社会宣传中国教育的优势，争取国际教育市场上的主动权；争取国际社会对国际性教育活动的经费投入，为国内外教育机构开展国际性教育活动创造条件。

在特殊教育国际化的过程中，教育行政部门是主导力量。政府可以调整、完善国际合作与交流的内容与形式，完善相关的法律法规，鼓励国际交流与合作，进行有利于教育资源合理、高效流动的宏观调控。由于教育行政管理体制、学校的办学条件、师资力量等各方面的原因，我国现阶段特殊教育领域的开放程度比较有限，大部分特殊教育学校并不具备独立开展国际交流的条件和能力，这是我国特殊教育领域的国际化程度远远落后于高等教育和普通基础教育领域的主要原因。

三、特殊教育国际交流与合作

特殊教育的国际交流与合作不仅可以增进各国之间的相互理解，拓宽各国教师的文化和教育视野，而且可以使各国学习、借鉴先进的教育技术和经验，引进优质教育资源，加快特殊教育国际化的步伐。特殊教育国际化需要积极推动国际交流与合作，做到"走出去，请进来"。"走出去"就是增加特殊教育教师与研究人员参加国际交流的自主权与自由度，支持和鼓励教师出国学习、进修、访问、考察，参加国际学术研讨会、交流会和跨国合作研究；以摄影展和艺术作品展为抓手，创造条件，为特殊学生提供国际交流和展示的机会；充分利用现代科技、现代教育技术，大力发展以互联网为载体的远程交流，创建特殊教育学校英文网站，为教育信息国际交流提供便捷的技术手段；充分利用国内外教育资源，为特殊教育服务。知识是无限的，教师掌握的知识只有通过相互交流，才能相互促进、相互提高。通过"走出去"，教师可以了解、吸取大量新知识，了解当代最新的实验设备，学习新的教学观点和教学方法，增强动手和实践能力。"请进来"就是邀请国外专家、教师到中国进行讲学，参加学术讨论，在思维的碰撞中促进特殊教育理念

的提升和实践能力的提高；行政主导制定相应的政策，改善办学条件，招收外籍学生，让外籍学生和家长了解中国，同时使我国特殊教育走向国际市场；整合高校、研究院所及地方特殊教育资源，承办国际性特殊教育活动，拓展特殊教育国际化的途径。

四、特殊教育国际组织的发展

随着国际交往的日益频繁和经济全球化时代的到来，教育国际化越来越依靠国际组织的参与和协调。有大量的国际组织发挥着协调沟通的重要作用，它们在形成国际共识、通过政治和经济等手段推动全球社会接纳国际共识等方面有得天独厚的优势。

作为国际教育发展最大财政支持者之一的世界银行持续向中低收入国家提供贷款、政策建议、技术协助和知识分享服务。在亚洲，许多国家都有世界银行的教育项目，项目的覆盖范围很广。联合国儿童基金会致力于保护儿童权利，帮助满足儿童的基本需要，增加儿童充分挖掘自身潜能的机会。联合国教科文组织努力通过教育、科学及文化促进各国间的合作，为和平与安全做出贡献，增进对正义、法治及《联合国宪章》所确认的世界人民不分种族、性别、语言、宗教等均享有人权与基本自由这一观念的普遍尊重。在世界银行、联合国儿童基金会、联合国教科文组织及一些地区性国际机构的工作中，促进教育国际化一直是备受关注的重点领域。

19世纪中后期，代表特殊儿童利益的各种团体相继成立。他们有的由特殊儿童家长组成，有的由特殊教育教师组成，有的由医生、教育工作者、心理学家、律师和社会工作者组成，等等。这些组织的组成人员、结构各不一样，但出发点和最终目标都是提高特殊教育服务质量和为特殊儿童争取更多的权益。他们通过定期举办会议、创办会刊、为学校教育教学和儿童家长提供专业咨询等方式研究和解决特殊教育实际问题，成为推动特殊教育专业发展的主要力量之一。

下面以美国为例，对特殊教育相关组织团体的产生、发展及特点做简要介绍。

(一)美国特殊儿童委员会

美国特殊儿童委员会的前身是于1922年成立的特殊儿童教育国际委员会。其创办源于哥伦比亚大学教师学院的伊丽莎白·法雷尔开设的两门课程，一门是特殊教育教学方法，另一门是特殊班级管理。1922年，一些暑期培训班的学生讨论了组建一个全国性的、对特殊儿童教育与治疗感兴趣的特殊教育者组织团体的可能性，并决定将之付诸实践。参加创办该委员会的人来自美国、加拿大、印度、南非、瑞典等多个国家，他们便在组织名称中使用了"国际"一词。1923年，特殊儿童教育国际委员会召开了第一次会议，投票选举伊丽莎白·法雷尔为委员会主席。这是一个国家级的、统一的组织机构，它涵盖了所有特殊教育从业人员，成员拥有充分的自我管理权，主要任务是开展特殊教育研究，为政府特殊教育决策提供建议，建立特殊教育教师职业标准，支持特殊教育者发展，促进特殊教育和职业培训理念发展，定期举办研讨会。1942年，该委员会成为全美教育委员会的一个分支机构，并于1958年正式更名为美国特殊儿童委员会。委员会在刚成立时会员不到400人，到20世纪中期已发展为数万名会员的规模，成为美国特殊教育领域规模最大、综合性最强、影响力最大的特殊教育学术性非营利民间组织。

美国特殊儿童委员会是一个多元化、充满活力、国际化的特殊教育专业组织，如今在美国已有900个分会，并在40多个国家设有275个分部，代表了特殊教育实践和政策领域的较强力量。当前，美国特殊儿童委员会主要致力于提升特殊儿童和青少年的教育和生活质量，改进家庭参与，研制特殊教育教师专业标准等。其基本理念包括：尊重所有人的尊严和价值；倡导教育的多样性和包容性；促进社会公正；追求卓越的专业、诚信和责任；推进特殊儿童完全参与社会；实施有效的个别化教育；保障家庭参与；加强学校与社区合作；支持成员发展。美国特殊儿童委员会创办了《特殊儿童》(*Exceptional Children*)和《特殊儿童教学》(*Teaching Exceptional Children*)两本专业期刊。前者侧重于学术研究，主要发表有关特殊儿童发展与教育教学实践及调研报告等方面的理论性文章；后者主要介绍各地特殊教育学校教学的新方法，进行经验交流，发布有关特殊教育的信息，为广大一线特殊教育工作者提供教育教学服务。此外，各个分支机构(专业委员会)也有自己的会刊，对各专业领域的特殊儿童教育问题进行研究探索，为学校特殊教育实践提供理论支持。

(二)由特殊教育教师和管理者成立的组织

为寻求专业发展的相互支持，19世纪50年代以来，特殊教育学校的教师和管理者成立了不同的专业组织。最早的是于1850年成立的美国聋哑教育者协会(Convention of American Instructors of the Deaf and Dumb)。该协会是美国第一个正式的全国性特殊教育教师组织，也是美国最早成立的四个全国性教育组织之一，旨在为聋哑教育实践提供专业化服务，提升教师的专业水平。1868年，在加劳德特的建议和推动下，美国聋哑教育机构校长协会成立。该协会经常就学校教育管理和聋哑儿童教育教师专业发展问题进行讨论和交流，推进学校之间的特殊教育项目合作。1890年，在贝尔的促进下，美国聋人口语教学促进协会成立，贝尔担任协会主席，大力推动聋人口语教育的发展。

在盲人教育领域，1871年，美国盲人教育者协会成立，后改为视力障碍者教育者协会。该协会在改进盲人教育工作、完善盲人学校设施条件和布莱尔盲文的推广使用等方面发挥了重要作用。

在智力障碍教育领域，自19世纪中期开始，出现了一些专业性组织，其中影响力比较大的是塞甘于 1876 年创立的美国白痴和弱智者教育机构医务人员协会①。该协会成员主要为各州智力障碍儿童教育机构管理者和智力障碍儿童教育者，他们均在智力障碍儿童教育和社会政策发展研究方面具有丰富的经验。1907 年，在科林医生的倡导下，该协会更名美国弱智者研究协会；1933 年更名为美国智力缺陷协会；1988 年更名为美国智力落后协会。协会名称的频繁更换实质上体现了对智力障碍儿童研究的深入和教育理念的变化。期间，该协会对智力落后的定义进行了多次修正，反映了该组织在智力障碍儿童研究及教育方面所做的努力。

（三）家长、残疾人、社会工作者等成立的组织

除特殊学校和机构的教育者成立了各自领域的专业性组织外，社会工作者、聋人、盲人和特殊儿童家长也成立了一些相应的组织。例如，由社会工作者于 1870 年成立的美国社会工作委员会和美国公共健康委员会，旨在为所有有障碍的人士提供服务。1878 年成立的美国慈善与矫正协会的成员均来自各州的慈善委员会，其服务对象包括特殊教育机构中的聋、盲和智力障碍学生。1880 年成立的美国聋人协会是众多全国性、区域性或地方性的旨在为聋人服务的组织之一，该协会的成员大多为聋人。1905 年成立的美国盲人工作者协会旨在为成年盲人提供服务。美国盲人联盟和美国盲人基金会是 20 世纪 40 年代美国最具影响力的两个代表盲人利益的组织，它们在促进保障盲人合法权益的法律和政策的制定、加强盲人自立精神、开发盲人潜力和促进盲人教育交流与合作等方面起到重要作用。传奇性人物海伦·凯勒是美国盲人基金会的早期领导者之一。

家长在特殊教育中的重要作用引起了特殊教育专业人士的关注，专业人士开始为家长提供专业性服务。在美国特殊儿童委员会等专业组织的帮助和支持下，父母团体组织的影响力逐渐增强。1950 年，美国智障儿童父母与朋友协会成立，1951 年更名为美国智力障碍儿童协会。该组织积极参与政府特殊教育决策，积极为智力障碍儿童争取权益，成为推动美国特殊教育改革发展的重要力量。

---

① 该协会的中文名称是其英文名称 Association of Medical Officers American Institutions for Idiots and Feeble-minded Persons 直译的结果。

第二节
特殊教育发展的特色

特殊教育是整个教育体系的重要组成部分。特殊教育的发展情况是衡量一个国家教育发展的充分程度、社会文明程度、社会发达程度的重要指标之一。近 30 年里，世界上许多国家的特殊教育有了迅猛发展，出现了以下几个特色。

一、对特殊教育对象的认识越来越全面

早期特殊教育的对象只包括身心有残疾的儿童少年，即那些身心有明显障碍且障碍有明确的生理学原因的儿童少年。教育史上最早出现的特殊教育学校就是聋校和盲校。20 世纪以后，特殊教育的对象呈现多元化的发展趋势，一方面，在纵向上对特定残疾儿童的障碍程度加以细化；另一方面，在横向上覆盖残疾儿童以外的有特殊需要的儿童。

在对特殊教育对象的认识上，早期的学者倾向于把残疾儿童的问题归因于儿童本身，多从生理学的角度进行研究。他们普遍认为，残疾儿童的问题是一种机体的器质性缺陷，即人体解剖生理、神经系统或生物化学方面存在异常，因此，对特殊儿童的定义也基本上是以器质性缺陷为标准来确定的。近几十年来，随着科学的进步和特殊教育的发展，特殊教育的对象有了扩展，学习障碍、情绪和行为障碍、孤独症等类型的儿童得到关注。要对这些儿童的特殊性进行界定，仅从其自身的身心特征来认识已远远不够，还应该同时考虑个体对环境要求的反映水平。这种在对特殊性的界定中重视环境作用的认识是从传统的医学模式向社会生态学模式转变的结果。一个人的障碍类型及程度是由其与生活环境之间的关系决定的。当残疾人受到文化、物质或社会方面的阻碍，不能利用他人可以利用的各种社会系统时，障碍就产生了。因此，障碍指与其他人平等参加社会生活的机会的丧失，或这种机会受到限制。

二、对特殊教育的理解越来越理性

对特殊教育有各种各样的定义方式，也可以从不同的角度来理解特殊教育。从过去的特种教育、残废教育、盲聋哑教育、残障教育到现在统称的特殊教育，反映了人们对特殊教育本质的认识越来越理性。首先，特殊教育是有目的的干预，即通过特殊

教育来预防、消除或克服那些可能影响甚至阻碍有特殊需要者进行学习以及全面、积极参与学校和社会生活的障碍。其次，特殊教育是一种经过特别设计的教学，这种特别表现在特殊教育的对象、内容、方式方法、安置环境等方面。特殊教育是通过个别化教育计划进行的专门化、强化、目标导向的教学。在以最为有效和合乎伦理的方式进行实践时，特殊教育表现出两个特征：一是使用基于研究的教学方法；二是由对学生表现水平的直接和经常性测量引导特殊教育工作的实施。最后，特殊教育和相关服务是融为一体的。在西方国家，如美国、加拿大等，特殊教育这个词通常和相关服务是紧密联系在一起的。所谓相关服务，指的是交通及其他既帮助特殊儿童又利于特殊教育的发展性、矫正性、支持性服务，具体包括：言语病理学、听力学、心理学服务；物理治疗和职业治疗；娱乐活动；早期干预和儿童期残疾的评估；咨询服务；以诊断和评估为目的的医疗服务；学校健康服务；社会工作服务；父母咨询和培训。现在人们已经普遍认识到，只有给特殊儿童提供专业的、高质量的相关服务，特殊教育的效果才能凸显。

当前的特殊教育就其含意来说，至少包含以下内容：特殊教育是一种为有特殊教育需要的儿童特别设计的教学；目的在于满足有特殊教育需要儿童的各种独特的需要；是免费的；应该包括班级教学、身体运动训练（体育）、家庭教学、医院和其他寄宿机构的教学；还包括言语治疗和其他相关服务及职业教育。

三、对特殊儿童权益的保障越来越重视

保障特殊儿童的权益并不是一种慈善活动。许多国家在特殊儿童权益保障方面积累了比较丰富的经验，且具有详细的实施指导。

在法律方面，20世纪初，通过立法保障残疾人权益的做法出现，并于第二次世界大战结束后逐步发展。目前已有130多个国家或地区制定了有关残疾人的法律。除了各个国家或地区出台的本国或本地区的保护残疾人权益的法律，联合国大会及其下属国际组织也通过了一系列保障残疾人权益的文件、决议，比较重要的有：《禁止一切无视残疾人的社会条件的决议》《智力迟钝者权利宣言》《聋盲者权利宣言》《残疾人权利宣言》《关于残疾人恢复职业技能的建议书》《关于残疾的预防和康复决议》《残疾人机会均等标准规则》《开发残疾人资源的国际行动纲领》等。美国于1975年通过了《所有残疾儿童教育法》，这部法律被认为是残疾儿童的"权利法案"，它规定所有5～21岁的特殊儿童和青少年可以获得免费、适当的公共教育以满足其需求；保障特殊儿童的权利，并保护其父母；帮助州政府和地方部门提供面向特殊儿童的教育并保障这些教育措施有效。该法后来不断得到完善和修订，并根据各州的实际情况制定了配套的实施规则。英国于1970年制定的《残疾儿童教育法》以及于1990年制定的《残疾人教育法》等规定

了特殊儿童有平等接受合适的公共教育的机会；1995 年颁布的《残疾人歧视法》于 2001年修订为《特殊教育需求和障碍法》，它规定残疾儿童有权享受养育教育及养育计划提供的服务。智利于 1994 年颁布的关于将有特殊需要者纳入社会主流的法律涉及社会的各个部门，要求公立和私立主流教育机构进行必要的创新和课程改革，从而使有特殊需要者能够入校学习。上述措施一方面具有法律的预防、教育、干预、强制作用，另一方面改变了人们以往的一些消极甚至错误的观念。现在越来越多的人认识到残疾人作为社会的一类成员，在社会生活、家庭生活和个人生活中享有与正常人同等的权利；对于残疾儿童而言，接受教育和康复服务是其受教育权的基本体现。

在家长方面，家长在权利保护过程中的参与权越来越受到重视。美国的法律规定，必须通过评估来鉴别特殊儿童的问题是否符合联邦政府对障碍的分类及其障碍的程度。步骤就是先由父母提出鉴定申请，然后在社会工作者的组织下，由家长、医生、学校及其他相关机构的人员组成专业委员会，展开鉴定。此过程详细规定了父母的参与权。英国的特殊儿童相关法规也比较明确地规定了家长在特殊儿童监护方面所具有的权利，如地方教育单位应该以书面的形式通知家长有关权利申诉的程序；志愿团体若能够为家长提供建议或帮助，应主动通知家长。挪威在 1975 年以法律形式强调，所有残疾儿童优先被准许进入幼儿园，并在幼儿园接受由专家及父母共同承担的评估，从而保证儿童能在参与中获益。

在财政方面，政府对特殊儿童权利保护的经济保障受到重视。美国的《所有残疾儿童教育法》规定，联邦政府在特殊儿童权利保护方面提供资金支持。虽然联邦政府为特殊教育提供 40％的资金这一承诺从未实现，但到 2000 年，联邦资金大约覆盖了 12％的特殊儿童教育开支。挪威于 1975 年以法律的形式规定，政府部门负责提供特殊儿童教育的资金及其他员工费用。乌拉圭设立了包容性教育基金，以促进常规学校的包容性教育，帮助这些学校接纳残疾儿童。智利设立了特殊教育国家基金，为购置轮椅、假肢和助听器等辅助设备提供资金。

在环境与资源方面，协调各方面资源，为特殊儿童的权利保护提供最优化环境成为重点。为保障特殊儿童权利的落实，各个国家在协调教育、医疗与社会服务部门等的资源方面采取了一定措施。如美国国会于 1973 年发文强调，以培养"完全儿童"为宗旨的提前开端计划每年必须有至少 10％的名额留给经过专家确认的发育缺陷儿童；为使幼儿保育和教育计划适应有特殊需要的幼儿，特殊教育教师需要参加由教育部特殊教育司支持的课程培训。在英国，根据有关教育法律的规定，每所普通学校必须有一位特殊教育协调人负责本校特殊学生的教育工作，同时设立由特殊教育专家组成的支持小组。乌拉圭于 1985 年制定了特殊教育政策，取消了只招收残疾儿童的班级，取而代之的是提供个人支持的主流班级，由国家派遣特殊教育巡回教师为这类班级的残疾儿童提供学习上的个性化帮助。

四、对特殊儿童的教育安置越来越一体化

现如今，把特殊儿童尽可能地安置在普通教育环境中已经成为各国特殊教育发展的基本政策。美国的《残疾人教育法案》明确规定，在适当的最大范围内，所有残疾儿童，包括那些在公立或私立机构及其他养护机构中的儿童，都应该与那些没有残疾的儿童一起接受教育；特殊班级、隔离式学校和其他将残疾儿童从普通教育环境中分离出来的举动，只被允许在残疾的性质或严重程度使运用额外的辅助和服务的普通班级教育不能令人满意的情况下发生。在这种政策的影响下，越来越多国家的学校开始为有特殊教育需要的儿童提供一种服务连续体。这种服务连续体指一系列能够满足特殊学生个别化需要的安置和服务选择。服务连续体可以被形象地描述为金字塔，其中的安置形式从最底部的普通教室开始，向上有特殊教育学校、寄宿制机构，处于顶部的安置形式为住院或休学在家。金字塔的底部是最宽的，表明大多数特殊儿童是在普通教室中接受教育的。

从 20 世纪 90 年代开始，教育界兴起了全纳教育思潮。全纳教育要求在一切可能的情况下让全体儿童在一起学习，无论他们有何困难和差异。也就是说，一名儿童，不论其性别、种族、宗教信仰、社会地位、残疾及其轻重为何，都应该就近进入当地的普通学校学习。学校必须照顾不同学生的不同需要，顺应不同学习类型和学习速度，通过适宜的课程、组织安排、教学策略、资源利用及社区合作，确保面向全体学生的教育质量。全纳教育思潮带来很多启示，它的精髓在于改变了原有的儿童观、特殊儿童观及为儿童提供教育和服务的模式。它主张教育要主动适应儿童，而不是按照儿童的需要为其提供某种形式的教育。它强调所有儿童都是不同的，教育应当面向所有儿童，而不只为某一类儿童服务。它要求改革现有的儿童教育和服务体系，重建学校系统。

五、对特殊儿童的服务越来越专业化

教师教育的专业化是世界范围的趋势，特殊教育教师的专业化问题也是世界各国近些年花大力气解决的问题。这里的专业化不是指教师职业的专业化，而是指在特殊教育机构中的教师与各类相关服务人员结成协作团队。可以看到，在很多国家的特殊教育学校和机构中，除了有传统的特殊教育教师，还有各种各样的专业人员。例如，儿童言语和语言问题的解决需要言语治疗师提供服务，儿童精细肌肉运动问题的解决需要物理治疗师提供服务，儿童大肌肉运动问题的解决少不了职业治疗师的工作，有听觉障碍的儿童需要教育听力学家的服务，学校、家庭和社会之间关系的协调和处理离不开

社会工作者的努力，等等。不少国家的大学设有专门的院系或计划来培养特殊教育所需要的上述专业人员，政府和行业协会则对专业人员的学历、专业技能水平、伦理道德等方面做出明确的规定，基本做法是规定只有通过考试取得相应资质的人才能从事相关工作。

六、对特殊儿童的教育越来越个别化

如果说特殊教育有主流教学理论的话，那就一定是个别化教育理论。个别化教育是一种以适应并发展学生的差异性和个别性为主旨的教育策略与设计。它要求在教学过程中，教师根据学生的能力、需要、兴趣、身体状况等设计不同的教学计划或方案，利用不同的教学资源、教学方法和教育评价手段，从而使班级中的每一名学生都能得到合适的教育，并取得最大限度的进步。个别化教育在特殊教育中的实施在很多国家是通过个别化教育计划来进行的。例如，美国的《所有残疾儿童教育法》规定，各州必须为每一名接受特殊教育的学生制订一份书面的个别化教育计划，计划内容必须包括：对这个学生现实教育水平的描述；对年度目标的陈述，每个年度目标还必须包括一系列短期教学目标；为学生提供的具体的教育服务，包括参与普通教育的计划；每项服务的起始日期和期限；评估程序和合适的评估标准，在一年内对教学目标的达成情况进行评估。《所有残疾儿童教育法》先后进行了多次重要的修改。1986 年的《残障者教育法修正案》要求对 0～5 岁的残疾儿童实施个别化家庭服务计划。1990 年的《残疾人教育法案》要求在制订个别化教育计划时，应增加对残疾个体转衔服务的考虑，并为 16 岁以上的残疾学生制订个别化转衔计划。这样一来，从学龄前特殊儿童到学龄特殊儿童再到处于过渡转衔时期的特殊儿童都有了接受个别化教育的保障。特殊教育中个别化教育的实施使成千上万的有特殊教育需要的儿童受益。

第三节
特殊教育的未来趋势

18 世纪，具有现代意义的特殊教育产生；20 世纪 50 年代，特殊教育进入迅速发展的阶段，通过对各国特殊教育的发展历史及现状进行研究，可以预测特殊教育的未来走向。

一、更加重视早期诊断、早期干预和早期补偿教育的作用

从全球范围看，普及的、义务的特殊教育有向学前教育阶段延伸的趋势。人类无法完全避免残疾儿童的产生，只能致力于使身体的残疾尽量不给儿童后天的发展带来功能、社会适应性等方面的不良影响。因此，早期干预是特殊教育未来发展趋势之一。

早期干预指尽可能早地诊断和鉴定残疾儿童的先天缺陷，并采取医学、心理学和教育的手段对可能出现的后天缺陷进行预防、矫正和补偿，从而为残疾儿童提供更好的发展起点。现代科学研究证实，越早开始干预，就越容易取得良好的教育结果，可以使残疾幼儿的缺陷不会演变为更严重的残疾和障碍。基于对早期干预作用的认识，无论是发达国家还是发展中国家，都把残疾儿童开始接受特殊教育的时间向前移。例如，美国法律规定 3 岁为特殊教育的起始年龄；英国明确规定儿童在出生后需要接受多次发育检查，以尽早发现发育异常的儿童，发育异常的儿童可从 2 岁起接受特殊教育服务；我国在《残疾人教育条例》中也明确规定"应当注重对残疾幼儿的早期发现、早期康复和早期教育"。

早期干预需要大量的人力、物力和财力投入，大多数国家的残疾儿童早期干预仍处在发展之中。但作为特殊教育的未来发展趋势，早期干预将来会得到更多的关注和研究。

二、融合教育的主流方向与多种教育安置形式共同发展

在特殊教育发展初期，大多数特殊儿童被安置在隔离的特殊教育机构（寄宿制或非寄宿制的特殊教育学校）中，特殊儿童生活在隔离的环境中。20 世纪后半叶，回归主流运动掀起热潮。回归主流的思想萌芽于北欧的"正常化"运动。1959 年，丹麦颁布《社会福利法》，将社会中智力障碍人士的社会辅助原则置于一个崭新的基础之上，即允许智力障碍人士有尽可能正常的生活。"正常化"是一种方法，它允许智力障碍人士有获得成就的机会，与社会上的其他群体一样，接触并使用日常生活中的各种条件。

20 世纪 70 年代后，经美国特殊教育界的大力提倡，"正常化"运动得到欧洲许多国家的承认，并对世界融合教育的发展产生了深远影响。回归主流就是尽可能地把残疾儿童安排进普通学校，即让残疾儿童与非残疾儿童一起学习，但学校要根据残疾儿童的心理、生理和认知水平制订个别化教育计划，设置多种类型的特殊教育形式，以满足不同残疾儿童的教育需要。回归主流的教育思想改变了以特殊教育学校为主、将残疾儿童隔离起来的传统特殊教育方式，使残疾儿童可以在普通社会中学习和生活。根据 1994 年在联合国教科文组织召开的世界特殊需要教育大会上发表的《萨拉曼卡宣言》

的精神，回归主流的结果就是建立全纳性学校，这种学校的原则是：只要可能，所有儿童应该一起学习，不论他们可能有的困难或差异如何。这种学校是为社区内所有儿童服务的，能最好地实现残疾儿童、青年的社会融合。

由于各国国情、经济条件、政治制度和文化背景不同，各国对融合教育的实施也采用不同的方式，当前各国的实践方式主要有四种。

(一)资源教室方式

资源教室对我国来说是一个外来词汇，它产生并实施于 20 世纪 50 年代。伴随特殊教育中的"正常化"运动和回归主流思想，资源教室首先在美国出现。其最初指的是在普通学校或特殊学校中设立的一种专用教室。它具有辅导教师特定、辅导时间特定、辅导对象特定、辅导内容特定四个特征。它的运行需要资源教师(也可以叫辅导教师)和被辅导学生的任课教师进行配合，是一种采用部分时间制，介于特殊班与普通班之间，在固定教室提供评量、直接教学或其他特殊教育服务，以协助有特殊需要的学生在普通班就读的特殊教育安置方案。其核心理念是发挥资源即教学设备设施、教材资源和人力资源的功能。[①] 在资源教室方式中，特殊儿童与普通儿童一起学习、进行课外活动，但每天有一定的时间去资源教室接受资源教师的帮助，进行补偿学习。资源教师为特殊儿童制订一套符合其需求的计划，根据其具体情况和实际需要为他们提供各种服务，包括物理治疗、职业治疗、心理咨询、教学建议等。

按照目前我国基础教育的实际，我国的资源教室与西方传统意义上的资源教室既有联系又有区别。我国的资源教室既包括传统的专门设置的教室，也包括学校中除专门教室外的一切可以用于帮助有特殊教育需要儿童的设施或场所，是学校中旨在帮助所有有特殊教育需要儿童的教育教学资源的总和，这些资源可以是有形的，如专门的教室和一般的教室，专门的教具和一般的教具，专门的资料和一般的资料，等等；也可以是无形的，如资源教室的管理运行机制等。或者说，我国的资源教室不仅是一个地域概念，也是一种教育思想。

《中华人民共和国教育法》第九条规定："中华人民共和国公民有受教育的权利和义务。公民不分民族、种族、性别、职业、财产状况、宗教信仰等，依法享有平等的受教育机会。"第三十八条规定："国家、社会、学校及其他教育机构应当根据残疾人身心特性和需要实施教育，并为其提供帮助和便利。"《中华人民共和国未成年人保护法》第十八条规定："学校应当尊重未成年学生受教育的权利，关心、爱护学生，对品行有缺点、学习有困难的学生，应当耐心教育、帮助，不得歧视。"《中华人民共和国义务教育法》第五条规定："各级人民政府及其有关部门应当履行本法规定的各项职责，保障适

---

① 王振德：《资源教室的理念与实施》，载《中国特殊教育》，1997(3)。

龄儿童、少年接受义务教育的权利。"《残疾人教育条例》第十七条规定："适龄残疾儿童、少年能够适应普通学校学习生活、接受普通教育的，依照《中华人民共和国义务教育法》的规定就近到普通学校入学接受义务教育。"《国家教育委员会关于开展残疾儿童少年随班就读工作的试行办法》第十九条规定："有条件的乡镇中心小学或随班就读残疾学生人数较多的学校要逐步设立辅导室，配备必要的教具、学具、康复训练设备和图书资料。辅导室应配备专职或兼职辅导教师。辅导教师应当受过特殊教育专业培训，其主要工作是帮助残疾学生学习文化知识，指导学生正确选配和使用助视器、助听器等辅助用具，对其进行康复训练，培养社会适应能力等；帮助随班就读班级教师制订个别教学计划和评估残疾学生的进步情况；宣传、普及特殊教育知识、方法及提供咨询等。"这些法律、法规、文件指出的资源教室服务对象是一切有特殊教育需要的儿童，这些儿童不仅包括感官残疾儿童，也包括身心有障碍的儿童，还包括智力超常儿童。

(二)巡回指导方式

在巡回指导方式中，有某种障碍的学生与普通学生在同一个班级进行目标相同的学习，为了满足特殊学生的特殊教育需求，特殊教育学校的教师作为专职巡回指导老师为特殊学生提供专业化的支持，帮助他们完成和普通学生相同的教学目标。[1] 这种方式是让特殊儿童就近入学，由巡回指导教师定期为特殊学生提供指导、评估、训练等服务的支持方式。

美国加利福尼亚州和新泽西州分别在 1938 年和 1943 年进行了巡回指导方式的最早尝试。[2] 在融合教育理念与实践的推动下，巡回指导作为融合教育支持保障体系中的重要方式，逐渐成为世界各国推动融合教育发展的普遍做法。[3] 其中，巡回指导教师在推动融合教育的实践中发挥核心作用。巡回指导教师的角色可被形象地概括为融合教育的支持者、资源提供者、合作者、协调者、督导者。[4]

在我国，巡回指导教师的工作内容主要包括筛查评估、康复训练、协助资源教师管理与运作资源教室、案例研究。筛查评估是对有特殊教育需要的学生进行指导的前提与基础，是了解学生现状的重要环节，也是考察巡回指导教师自身能力的内容。通常情况下，课堂观察是巡回指导教师对班主任提出的疑似有特殊需要的学生进行筛查评估的第一步。课堂参与情况、情绪行为、与同伴的互动等是主要的观察内容，一旦

---

① 汤明瑛：《视力残疾儿童随班就读巡回指导教师角色探究——以角色理论为视角》，硕士学位论文，北京师范大学，2008。

② Olmstead J. E.，*Tricks of the Trade for Teachers of Students with Visual Impairments*（*second edition*），New York，AFB Press，2005.

③ 李拉：《巡回指导：学前融合教育的专业支持模式》，载《现代中小学教育》，2013(3)。

④ 王红霞：《融合教育巡回指导模式探索——基于北京市海淀区的实践》，载《现代特殊教育》，2016(17)。

异常表现足够明显，就进入专业筛查程序。

康复训练工作的主要内容是开展一对一或小组训练课程，是满足学生个别需求的有效训练手段。它被广泛应用于智力障碍、孤独症、情绪和行为障碍、学习障碍学生的认知、注意力、思维、语言、精细动作、感觉统合等训练。巡回指导教师是普通中小学教师的特殊教育专业技术指导者，指导班主任、资源教师为随班就读学生进行康复训练是巡回指导教师的主要工作内容之一。

在资源教室的管理与运作中，巡回指导教师的工作有三个阶段：在资源教室筹建初期，巡回指导教师与资源教师根据学校随班就读学生的需求，参照资源教室的配备清单，共同讨论建设方案；中期，在硬件设备到位后，巡回指导教师帮助资源教师根据功能区域的划分对资源教室进行环境布置；后期，巡回指导教师对资源教师进行业务指导，共同商讨资源教室的功能定位、课程安排等。这种指导式、合作式的资源教室建设模式可有效地保证资源教室定位的准确性、康复训练设备配置的适当性和环境规划的合理性。

案例研究主要指在巡回指导的过程中，一旦遇到问题多且难解决的学生，巡回指导教师便协同精神科医生及其他专业评估人员，以医教结合的形式对学生展开共同评估。与家长面谈后，巡回指导教师联合班主任教师、其他任课教师、学校领导、资源教师等相关人员召开个别化教育计划研讨会，会上不仅对学生的问题进行综合的分析，还讨论出详尽的训练方案，由家长、班主任、资源教师对学生进行有针对性的训练。

(三)合作方式

这种方式指普通教师与特殊教育教师共同在同一教学空间中为特殊学生和普通学生提供实质性教学。两类教师在教学计划的制订及实施、学生的成就、评估和纪律管理方面都负有责任。特殊儿童学习适合其年龄的学习内容，接受辅助服务及改进的、可行的教学。这种方式可尽量减少时间安排所带来的问题，使教育者之间进行不断且即时的交流。

通常来说，合作模式分为一个教一个帮、平行教学设计、教学站三种。在一个教一个帮模式下，一位主导教师负责全班教学，另一位教师则作为助理教师，在教室里来回走动、观察学生，并在必要时给予学生帮助。这种策略能够为学生提供基本的帮助，从而使班上学生多样化的学习需要得到满足。平行教学设计指教师把班级学生分为几个小组并同时教学。这种策略能让学生专注于学习，重新教学的机会可即时获得，来自教师的帮助也是即时的。师生间不断地交流，学生的行为问题也会减少。教学站是把学生分成不同的组并安排在教室的不同位置，教师将教学内容分割，然后分别进行教学。这种模式不按照特定顺序教学，而以单元来进行主题教学。

(四)咨询服务方式

在挪威、英国等国家，特殊儿童就读于普通班级，由受过训练的特殊教育教师担任咨询教师，为普通教师服务。这种咨询模式和巡回指导模式的明显区别在于，特殊教育教师在一个固定的地点办公，特殊教育教师常驻办公地点，充当咨询师的角色，为有需要的普通教师、特殊儿童及其家长提供相关的咨询和服务，指导普通教师开展融合教育，并协助普通教师制订教学计划，也为特殊儿童及其家长提供支持性资源。

三、加强特殊教育中的职业教育及就业培训

无论是在发达国家还是在发展中国家，职业教育都是残疾人适应社会、平等参与社会生活的重要途径。目前，接受高等教育的残疾人仍是少数，大多数残疾人在接受完义务教育后就进入社会，谋生、自立，因此，各国在发展特殊教育时都尤其重视职业教育及就业培训。

联合国颁布的《残疾人权利宣言》规定残疾人享有劳动权利。美国政府也签署了关于雇佣残疾人的文件。我国于2017年修订的《残疾人教育条例》中设专章对残疾人的职业教育做出明确规定，要求大力发展中等职业教育，加快发展高等职业教育，积极开展以实用技术为主的中期、短期培训，以提高就业能力为主，培养技术技能人才，并加强对残疾学生的就业指导；普通职业学校不得拒绝招收符合国家规定的录取标准的残疾人入学，普通职业培训机构应当积极招收残疾人入学；县级以上地方人民政府应当采取措施，鼓励和支持普通职业教育机构积极招收残疾学生；实施残疾人职业教育的学校和培训机构，应当根据社会需要和残疾人的身心特性合理设置专业，并与企业合作设立实习实训基地，或者根据教学需要和条件办好实习基地。

无论是在发达国家还是在发展中国家，残疾人的职业教育及就业培训都是未来特殊教育发展的重点。

四、特殊教育社会化发展

特殊教育的发展涉及多个社会部门，世界上大部分国家的特殊教育是由教育部门主管的，但也有归社会福利部门管理的，还有归卫生部门管理的，由此可以看出特殊教育的发展需要多部门的协调与沟通。在我国，在特殊教育事业发展方面正在形成合力。一是改革特殊教育管理体制，加强统筹协调，探索成立专门的部门负责全口径残疾人教育。二是整合高校、特殊教育学校、医疗机构、康复中心等多方面的力量，开展试点工作，构建多方联动合作的特殊教育联盟；加强对融合教育、医教结合等特殊

教育理论问题的研究，深化国际交流，借鉴有益经验，更好地指导实践。三是加大宣传力度，充分发挥志愿者等社会力量的重要作用，扩大社会参与，引导更多人关注、支持特殊教育发展，理解、接纳并帮助特殊儿童；对社会捐资捐助情况进行有效监督，使其在阳光下运行。四是加强对新生儿出生缺陷的筛查与预防，加大优生优育宣传力度，做好婚检、孕检工作，从源头上控制残疾儿童的数量。五是在明确政府主体责任和学校关键作用的同时，高度重视父母在残疾儿童教育和康复中的作用，通过在学校设置亲情聊天室、为残疾儿童的父母提供就近就业机会等形式，使父母有更多机会陪伴在孩子身边、与孩子沟通，将学校教育与家庭教育紧密结合起来，实现特殊教育功能的最大化。此外，残疾人教育事业越来越受到非政府部门、社会团体的关心和支持。

总之，创造一个不排斥任何障碍人士、每一位有特殊教育需要的人士都可接受教育的社会环境是全人类的共同追求，它超越国家、民族、语言、宗教、政治的界限，成为特殊教育国际化发展的趋势。

第四节
特殊教育学科建设

美国科学史学者库恩认为，一个成熟学科至少有一个学术范式，实际上一个学科通常有若干个相互竞争的范式。每个学术范式都有自己确定的知识体系、方法体系、学术评价体系以及典范的培育体系与工作体系。这些体系实质上处于两个层面。一是学科规范理论体系，即知识体系和方法体系，它代表范式的基本特征。这些体系体现在一系列学科经典著作中。知识体系确立了范式不容怀疑的知识核心，包括对研究对象、学科性质、基本理论假设和原理的澄清。二是学科建制，库恩指出的学术评价体系、培育体系和工作体系是确保学科活动开展的外在制度，学科的发展表现为学科的制度化。[1] 特殊教育自20世纪20年代开始，逐步发展为一个需要特定知识与技能的职业领域，形成自己独特的话语体系、概念范畴与研究领域，初步获得了独立学科的尊严。[2] 对特殊教育的学科特质进行分析，有利于奠定特殊教育学的学科基础；同时，其学科特点的澄清也为特殊教育学的学科性与科学化提供有力的支持。

---

① 郭卉：《"学科"标准的审视与超越——对我国高等教育管理学学科建设的思考》，载《现代教育科学（高教研究）》，2005(1)。

② Winzer，M. A.，*The History of Special Education：Fromisolation to Integration*，Washington D. C.，Gallaudet University Press，1993，p. 210。

一、特殊教育学科研究的对象与范围

广义的特殊教育学研究各种有特殊教育需要儿童教育的现象与规律，狭义的特殊教育学研究各类残疾儿童教育的现象与规律。[1] 早期特殊教育学科的出发点为缺陷，即人的心理、生理及解剖结构和功能的缺失或畸形，强调特殊儿童的病理学特征，研究对象为残疾程度较重的盲、聋、智力障碍人士。[2] 20 世纪中叶后，特殊教育的出发点转为残疾，即一个人的活动能力从正常人的角度看是受到限制或完全缺失的，描述损伤引起的身体功能或活动能力的限制。特殊教育研究对象的范围随之扩大，残疾类型更加分化，情绪行为障碍、孤独症、学习障碍等新的残疾类型不断出现，轻中度残疾儿童的教育与社会适应问题受到更多关注。

1978 年，英国发布《沃诺克报告》，首次提出特殊教育需要的概念，指出特殊教育需要既包括轻微、暂时性的学习困难，也包括严重的、永久性的残疾；传统的残疾分类仅具有医学意义，对于儿童的教育没有帮助。[3] 2001 年，英国公布的《特殊教育需要实践准则》规定：如果儿童在学龄阶段具有相较于同龄儿童非常显著的学习困难，或者具有阻碍他们像普通儿童一样学习的残疾，他们就是特殊教育需要儿童。[4] 在此背景下，特殊教育学科的范围首次超越了残疾的范畴，走向广义的特殊教育，也使特殊教育成为普通学校需要面对的一个问题。从缺陷到残疾再到特殊教育需要，这是特殊教育基本理念与实践模式变化的过程。

二、特殊教育学科的理论体系

(一)特殊教育学的基本理论假设

理论假设是指科学的推测或设想，是关于事物现象的因果关系或规律的一种假定性解释。在社会科学领域，理论假设以现有的科学知识或经验事实为依据，经由科学逻辑的方法归纳、推理而形成，具有客观与抽象的特征。同时，它与人们美好的理想与价值追求相适应，具有一定的人本主义色彩。总的来看，特殊教育的发展经历了隔离式教育、回归主流、全纳教育几个阶段。回归主流使特殊教育与普通教育形成交叉，但并未摆脱隔离式教育的束缚，仍然以特殊儿童应该在隔离的环境中受教育为前提，

---

[1] 朴永馨：《特殊教育辞典(第三版)》，43 页，北京，华夏出版社，2006。

[2] 刘全礼：《特殊教育导论》，71 页，北京，教育科学出版社，2003。

[3] O' Hanlon, C. *Special Education Integration in Europe*, London, David Fulton Publishers, 1993, p. 39.

[4] DFES, *Special Education Needs Code of Practice*," http://dera. ioe. ac. uk/4507, 2019-05-28.

是一个等级制的安置体系。它要求特殊儿童只有达到某种预定的标准（鉴定结果）才能到普通教室就读，否则只能在限制程度较大的环境中学习。全纳教育则是在批判、反思回归主流的基础上发展起来的，其目的是彻底告别隔离的等级制教育，使特殊教育与普通教育真正融合为统一的教育体系。[1]

1. 隔离制特殊教育体系的基本假设

古希腊与古罗马时期，人们对于残疾儿童的遗弃甚至杀戮较为常见。[2] 在西方中世纪，残疾人往往被视为"上帝的惩罚"，社会对残疾人的怜悯与歧视并存。[3] 中国古代社会对残疾的态度受制于迷信思想与宿命论，儒家文化孕育了对残疾的同情，但并不对残疾人进行教育。[4] 14 世纪，科学的进步与博爱平等的思想奠定了西方特殊教育的基础。[5] 后来西方逐步确立了隔离制特殊教育最基本的理论假设，具体如下。

第一，个别差异是普遍存在的。个别差异是因材施教原则的基本依据，也是心理学研究的重要课题。对个别差异的测验与测量不仅推动了心理学研究与测量技术的发展，也奠定了残疾诊断与检测的基础。残疾是个别差异达到显著水平的必然产物。

第二，残疾儿童是可教育的。科学的进步与理性的宣扬使人们认识到残疾人和普通人之间的共性远远超过差异，残疾人同样具有可塑性。[6] 爱尔维修曾言："一切人接受教育的能力是一样的。"[7]狄德罗认为盲人有足够的智慧和能力接受教育，并和正常人一样过体面的生活。[8] 伊塔德对"狼人"维克多的教育实验说明智力落后人士可以通过教育得到改变。这些乐观的信念不仅反映了文艺复兴后带有浪漫色彩的人道主义精神，而且为心理学、医学等学科的发展所证实。

第三，残疾儿童享有平等接受教育的权利。在民主、自由、博爱等思想的影响下，公平越来越多地成为评价社会制度的道德标准。[9] 教育机会均等被视为公民基本权利的一部分，成为实现社会公平与正义理想的利器。所有儿童都有权接受教育得到联合国

① 邓猛：《从隔离到全纳——对美国特殊教育发展模式变迁的思考》，载《教育研究与实验》，1999(4)。

② Yang, H. L., Wang, H. B., "Special Education in China", *The Journal of Special Education*, 1994(1), pp. 93-105.

③ Telford, C. W., Sawrey, J. M., *The Exceptional Individual* (2nd ed.), New Jersey, Prentice Hall, 1972, p. 42.

④ Deng, M. Poon-McBrayer, K. F., "Inclusive Education in China: Conceptualization and Realization," *Asia-Pacific Journal of Education*, 2004(2), pp. 143-157.

⑤ 刘全礼：《个别教育计划的理论与实践》，21 页，北京，中国妇女出版社，1999。

⑥ 刘全礼：《特殊教育导论》，71 页，北京，教育科学出版社，2003。

⑦ 邓猛、苏慧：《质的研究范式与特殊教育研究：基于方法论的反思与倡议》，载《中国特殊教育》，2011(10)。

⑧ Winzer, M. A., *The History of Special Education: From Isolation to Integration*, Washington, D. C., Gallaudet University Press, 1993, p. 210.

⑨ 邓猛、郭玲：《教育公平与特殊教育》，载《教师博览》，2007(11)。

相关条约的确认，也成为各国教育政策与行动的指南。[1]

第四，残疾儿童的残疾是其学业、人生困境的主要根源。自特殊教育诞生起，人们关注残疾的病理学根源与矫正补偿的方法，认为残疾为个体生理、心理缺陷所致，如唐氏综合征就有其特定的遗传学原因，应对残疾人进行医学上的诊断、训练与缺陷补偿。[2] 这种认识将儿童的残疾假定为儿童陷入困境的根本原因，而非学校本身条件或教学的不足，并为学校将特殊儿童推向限制更多的环境找到了借口。[3]

第五，隔离的特殊教育是有效的。从 19 世纪到 20 世纪中叶，隔离的特殊教育学校与特殊班在西方一直呈增长态势。[4] 受社会达尔文主义及高尔顿的优生学等理论的影响，人们认为低能者会将他们的缺陷基因传递给后代，应对他们采用隔离甚至绝育的措施。隔离的特殊教育机构的发展很大程度上源于人们对残疾的恐惧。公立特殊教育学校与特殊班在欧洲国家与美国的迅速发展使特殊教育与普通教育成为两个互不相干、平行发展的教育体系与研究领域。[5] 20 世纪 70 年代，西方出现了回归主流思想及与之相对应的瀑布式特殊教育服务体系，主张应尽可能地让残疾儿童从最多限制逐步向最少限制的环境过渡，实现平等与公正的理想。[6] 事实上，这一思想通过环境限制与分级将隔离式教育的存在合法化了。

2. 全纳教育模式的基本假设

20 世纪 80 年代后，全纳教育的思想在西方得到发展，并对全球特殊教育理论与实践产生巨大影响。全纳教育的思想使特殊教育的基本理论假设发生了根本性的变化，具体有以下几点。

第一，每个儿童都有学习能力且有获得成功的权利。

第二，普通学校应为社区内所有儿童提供高质量的、适合儿童学习特点的、无歧视的教育。

第三，特殊儿童本来就属于普通教室，他们应该在普通教室中而非在"抽出"的环境中接受必需的支持与服务。

第四，对儿童进行鉴定、划分类别的做法会导致对儿童的歧视与不平等现象；用

---

① United Nations, *Convention on the Rights of the Child*, New York, United Nations, 1989, p. 2.

② Ballard, K., "Researching into Disability and Inclusive Education: Participation, Construction and Interpretation," *International Journal of Inclusive Education*, 1997(3).

③ Skrtic, T. M., *Behind Special Education: A Critical Analysis of Professional Culture and School Organization*, Denver, Colo., Love Pub. Co., 1991, p. 15.

④ Wood, J. W., Lazzari, A. M., *Exceeding the Boundaries: Understanding Exceptional Lives*, NewYork, Harcourt Brace &Com, 1997, p. 60.

⑤ Villa, R. A., Thousand, J. S., *Restructuring for Caring and Effective Education: Piecing the Puzzle Together*, Baltimore, M. D., Paul H. Brooks Pub, 2000, p. 17.

⑥ Sage, D. D., Burrello, L. C., *Leadership in Educational Reform: An Administrator's Guide to Changes in Special Education*, Baltimore, M. D., Paul H. Brooders, 1994, p. 24.

正常—异常的二分法划分儿童是武断的做法；应对儿童进行弹性的、个别化的鉴定与评估。

总之，特殊教育学的理论假设是关于特殊教育现象的本质、内在联系及其规律的猜测与推断。特殊教育的理论发展总是建立在特定社会的政治、经济、文化基础之上的，当某一社会对残疾、平等、个性、自由等的主流观念发生变化，特殊教育的基本假设与教育服务形式就会随之变化。[①]

(二)特殊教育学的性质与基础

当前，与特殊教育学学科领域的分化共同存在的要求是把特殊教育学和特殊教育当作现代文明的一种独特现象，将最具共性的规律融合；特殊教育学的根本性、基础性理论须发展得更完善。为建设特殊教育学的完整理论，需要根据特殊教育学内部的统一规律对科学信息进行系统化。

一般来说，人们认为特殊教育学是一门应用学科，它作为一种知识理论体系具备层次性、交叉性与发展性的基本特性。首先，特殊教育学是教育学的分支学科，其理论体系正在建构和完善之中。其次，特殊教育学具有交叉性的特点，来自医学、心理学、教育学、社会学等学科的理论奠定了特殊教育学最核心的理论基础。最后，学科是新旧知识更替的专门化领域，学科的发展要经历孕育、发生、成长、成熟的阶段。[②]特殊教育学属于发展中的而非成熟的学科，学科的系统性与完整性有待加强。特殊教育学的发展性体现为自身理论的发展。例如，特殊教育的理论范式从隔离走向融合，从医学—心理学模式走向社会学—教育学模式，从残疾走向特殊教育需要，等等。

(三)特殊教育学的研究方法

特殊教育学的学科方法论可以分为三个层次：一是哲学方法论，二是一般学科方法论，三是具体研究方法。哲学方法论是从事实材料出发，根据逻辑规律和法则形成概念、做出判断和进行推理。包括比较、分析、综合、抽象、概括、演绎、归纳等。运用哲学的逻辑方法对已有的事实、命题、理论等进行考察，可以得到新的、更深刻且全面的知识。一般学科方法论主要包括质的研究方法和量的研究方法。质的研究方法是从大量的社会现象出发，收集大量材料，经过分析和综合找出其中规律的方法；从特殊教育的大量现象中，抽象出其本质的关系，概括出概念、范畴，进行推理和判断，形成理论，并在实践中加以检验和修正。量的研究方法是对事物和社会现象的存

① Kirk, S. A., Gallagher, J. J., Anastasiow, N. J., *Educating Exceptional Children* (7th ed.), Boston, Houghton Mifflin Co., 1993, p. 41.

② 刘贵华：《泛"学科"论》，载《现代大学教育》，2002(2)。

在、发展、变化以及构成事物和社会现象的成分、关系、空间排列等用数量表示其规定性的研究方法。特殊教育学应用量的研究方法，可以探索特殊教育个体及群体的诸多身心指标之间的相互关系、相互作用及其构成的数量变化和数量关系，从而寻找一定的规律。特殊教育学所运用的具体研究方法主要包括观察法、文献法、测验法、调查法、统计法、图表法、历史法、比较法、实验法、个案法、行动研究法、人种学研究方法等。

三、特殊教育学科的学科建制

学科建制是确立学科地位和确保学科研究活动开展的制度因素。[①] 然而，学科建制不局限于机构与行政管理范畴，学科是一个以具有正当资格的研究者为中心的研究社群，他们有共同的组织目标和价值观、约定俗成的学术权威标准及相似的学术生态环境，共同构建有利于交流、可操作的学术活动平台。[②] 特殊教育学的产生离不开具体的特殊教育实践活动，但作为一门学科，其产生必须有特别的标志，如特殊教育著作的问世、特殊教育专业的设立、特殊教育学术团体的建立、特殊教育期刊的创建等。

特殊教育在 20 世纪 20 年代左右发展成一个需要专门化知识与技能的职业领域，特殊教育专业人员的资格制度及大学培训课程逐渐完善，由特殊教育教师、管理者、研究者、治疗师等构成的专业人员体系不仅直接服务于残疾群体，还对整个社会残疾观念的变化及国家的特殊教育政策产生实质性的影响。

美国特殊儿童委员会于 1995 年明确规定了特殊教育专业人员标准：至少获得学士学位；掌握美国特殊儿童委员会规定的共同核心知识和技能；掌握特定残疾领域（如孤独症、智力障碍等）工作应具备的专业知识与技能；具备一年以上的特殊教育实际工作经验。[③] 这些专业标准涵盖特殊教育专业人员必备的学位、知识、技能、实践经验等，构成了可操作的特殊教育专业与培训制度。这些资格标准同样体现在高等教育研究机构的学科建设中，目前西方各大学招聘特殊教育教授或研究人员时，几乎都明确要求应聘者须具备特殊教育相关的博士学位和 1~3 年的教学实践经验。

四、建设有中国特色的特殊教育学科

1986 年，北京师范大学率先开办特殊教育本科专业，拉开了我国特殊教育学科专

---

① 郭卉：《"学科"标准的审视与超越：对我国高等教育管理学学科建设的思考》，载《现代教育科学》，2005(1)。
② 刘贵华：《泛"学科"论》，载《现代大学教育》，2002(2)。
③ 顾定倩、钱丽霞：《美国特殊教育教师的任职资格及其对我们的启示》，载《外国教育研究》，1999(4)。

业化发展的序幕。此后，华东师范大学、华中师范大学等高等师范院校纷纷成立特殊教育研究中心，政府有关部门组建了相应层次的特殊教育研究机构，逐渐形成较为稳定的研究团队。中国教育学会特殊教育分会也日益壮大，《中国特殊教育》《现代特殊教育》等学术期刊相继创刊，为特殊教育学科的发展提供了广阔平台。[①]

我国特殊教育学的发展历史可分为两个阶段。

(一)萌芽起步阶段

一般认为，我国特殊教育开始于 19 世纪末瞽叟通文馆(现在的北京市盲人学校)的建立，其后尽管当时的政府出台过一些文件以加强特殊教育，但终因战乱而未能实现发展特殊教育的愿望，有关特殊教育的成果并不多。根据当时参加聋人教育师资培训的学员回忆：“虽有师范班名义，但未见有何专为师范生研究之课程。每日除随班上课见习，或自己试教一班外，仅有‘聋哑教育讲义撮要’十数页略供参考而已。”[②]商务印书馆 1929 年发行的华林一编写的《低能教育》和《残废教育》两本书比较系统地介绍了西方特殊教育发展的历史与当时的状况，以及各类残疾儿童教育教学的原理与方法；作为我国近代教育史上最早的两本有关特殊教育的专著，对我国当时特殊教育的发展起到了一定的指导作用。[③] 最早的立足于本土化的特殊教育研究成果为吴燕生于 1935 年撰写的《聋教育常识》，但仅为探讨聋教育方面的特殊教育成果。

中华人民共和国成立后，随着国家对特殊教育的重视，特殊教育很快被纳入整个国民教育体系。特殊教育在政府的积极支持下得到稳步的发展。1959 年，教育部和一些地方教育部门举办了为期 3～6 个月的聋人教育和盲人教育师资短期训练班，学习内容包括听课、讨论、见习和实习。但此时有关特殊教育的论著仍不多见。1957 年，人民教育出版社出版了译著《我怎样理解和想象周围世界》(奥·伊·斯柯罗霍道娃著)。遗憾的是，“文化大革命”极大地影响了特殊教育学的发展。

(二)发展深化阶段

党的十一届三中全会召开后，特殊教育迎来了新的曙光。1977 年 10 月，教育部部长蒋南翔同志在中国盲人聋哑人第三届全国代表会议上的讲话中指出：筹办一所全国性的特殊教育师范学校，为全国各地培养特殊教育师资。[④] 之后，我国开始筹建中等特殊教育师范学校。1981 年，黑龙江肇东师范学校率先开办特殊教育师范部；1982 年，南京特殊教育师范学校由教育部创办；1982 年，朴永馨先生开始在北京师范大学教育

---

① 雷江华：《中国特殊教育学学科论初探》，载《华中师范大学学报(人文社会科学版)》，2005(4)。
② 顾定倩：《特殊教育导论》，55 页，大连，辽宁师范大学出版社，2001。
③ 张福娟：《特殊教育史》，上海，华东师范大学出版社，2000。
④ 何东昌：《中华人民共和国重要教育文献 1976～1990》，1800 页，海口，海南出版社，1998。

系开设特殊教育选修课，这是我国高等师范院校最早设置的特殊教育课程；1980 年，北京师范大学教育系成立了特殊教育研究室，这是我国最早的特殊教育专门研究机构；1986 年，北京师范大学设立了我国第一个特殊教育本科专业；1988 年，华东师范大学心理学系设立特殊教育专业；1989 年华中师范大学教育系特殊教育专业成立并开始招生。[1] 这一时期成立特殊教育专业的师范院校还有辽宁师范大学、西南师范大学（今西南大学）等，这些高等师范院校在加强专业建设的同时，纷纷设立了特殊教育研究机构，如北京师范大学特殊教育研究中心（前身为特殊教育研究室）、华东师范大学特殊教育研究所、华中师范大学特殊教育研究中心、陕西师范大学特教研究室、东北师范大学特殊教育研究所等。1997 年 9 月，华东师范大学率先成立特殊教育学系，并于 2001 年成为上海市重点学科教育学的二级学科。2001 年，北京师范大学教育系特殊教育专业经调整整合为特殊教育系。高校特殊教育专业陆续成立后，教育部开始加强特殊教育课程计划和教材建设。1989 年起，教育部先后颁发《中等特殊教育师范学校教学计划（试行）》以及中等特殊教育师范学校盲人教育、聋人教育、智力落后教育 3 个专业的专业课教学大纲，组织编写和出版了 22 门专业课教学用书。1989 年 10 月，全国高等师范院校特殊教育专业课程方案研讨会召开，对制订高等师范特殊教育专业教学计划提出指导性意见。自此，特殊教育学的译著、著作、教材相继问世。其间，中国教育学会特殊教育研究会（今特殊教育分会）成立；一批不同层次的特殊教育研究机构组建，如中央教育科学研究所特殊教育研究室等。《特殊儿童师资与培训》（后更名为《中国特殊教育》）、《现代特殊教育》《特殊教育研究》《特殊教育》等期刊陆续创刊，为特殊教育学的繁荣发展提供了理论的舞台。

我国特殊教育学科经历了从无到有的质的飞跃，学科建制日益完善，形成了稳固的组织机构、研究群体和学术协会等。然而，衡量一门学科发展成熟程度的标准，除上述确保学科活动顺利开展的外在制度外，还包括规范的学科理论体系，它确立诸如研究对象、学科性质、基本假设和原理、范式方法等学科发展的核心问题，是一门学科能否获得独立学科的尊严的关键。关于特殊教育的学科理论体系，我国也有研究者对此进行了探讨，不过，细究后不难发现，中国特殊教育学科理论体系基本源于西方，鲜有中国本土化的理论贡献。就西方特殊教育学科发展而言，从各类特殊儿童的界定标准，到特殊教育核心概念的内涵与外延；从不同教育安置模式及其背后所蕴含的教育思想的转变历程，到学科理论基础和方法范式的拓展更新，无一不根植于西方社会政治、经济发展。反观我国特殊教育学几十年的发展历程，除在学科建制上有较大进步外，理论建设方面的重大突破很有限。

中国特殊教育改革发展的历史轨迹和当今存在的现实问题是中国特殊教育学科建

---

① 曾凡林、刘春玲、于素红：《上海市特殊教育师资的需求及其对策》，载《中国特殊教育》，2003(1)。

设的基点。独特的历史、文化和国情决定了我国必须走自己的特殊教育发展道路，在今后的学科建设中，应当从以下几方面进行努力。第一，立足于本土化特殊教育改革。过去几十年中，我国特殊教育经历了数次改革实践，收获了很多具有本土特色的经验，值得将之总结分享并形成理论；也遇到了一些极富地方性特征的问题与困难，无法从已有经验中找到答案，需要特殊教育工作者结合当地实际情况，创造性地提出解决方法。这些经验和方法都是在本土情境中产生的，具有较强的针对性，是中国特殊教育学科建设过程中的宝贵资源，应当予以重视和充分利用。第二，加强有中国特色的特殊教育理论建设。习近平总书记在哲学社会科学工作座谈会上的讲话中明确指出："要善于提炼标识性概念，打造易于为国际社会所理解和接受的新概念、新范畴、新表述，引导国际学术界展开研究和讨论。""国际化理念＋中国化实践"是当前我国特殊教育学科发展的普遍模式，这种看似与国际接轨的教育潮流实际上往往造成水土不服的现象，致使教育理念与实践发展脱节。如何从本土教育实践中提炼、总结出有中国特色的教育理论，是每一位特殊教育工作者需要思考的问题。第三，批判地吸收国际特殊教育经验。发展有中国特色的特殊教育学科并不意味着完全拒绝国际特殊教育发展经验，相反，我们应秉持"拿来主义"的原则，对国外的特殊教育理论、概念、话语、方法进行分析与甄别，杜绝生搬硬套，在中国特殊教育改革发展需要的基础上，批判地吸收国际特殊教育经验。

本章小结

　　要深入了解特殊教育的发展趋势，首先就要理解特殊教育成为全球话题的过程。它的发展离不开国际化理念、政府的主导及国际交流与合作。其次要了解特殊教育的发展特色：对特殊教育对象的认识越来越全面，对特殊教育的理解越来越理性，对特殊儿童权益的保障越来越重视，对特殊儿童的教育安置越来越一体化，对特殊儿童的服务越来越专业化，对特殊儿童的教育越来越个别化。再次，要理解特殊教育的发展趋势：更加重视早期诊断、早期干预和早期补偿教育的作用，融合教育的主流方向与多种教育安置形式共同发展，加强特殊教育中的职业教育及就业培训，特殊教育社会化发展。

思考题

·填空题

①特殊教育学科的研究层次有＿＿＿＿＿＿＿＿＿＿＿＿＿＿＿＿＿＿＿。

②全纳教育的基本假设有＿＿＿＿＿＿＿＿＿＿＿＿＿＿＿＿＿＿＿＿。

·简答题

①简述特殊教育发展的特点。

②简述特殊教育的发展趋势。

·论述题

论述特殊教育学科在教育现代化的背景下应如何发展。

本章阅读书目

[1][美]丹尼尔·P. 哈拉汉，詹姆士·M. 考夫曼，佩吉·C. 普伦. 特殊教育导论(第十一版)[M]. 北京：中国人民大学出版社，2010.

[2]黄培森. 中国特殊教育史略[M]. 成都：西南交通大学出版社，2015.

[3]张福娟. 特殊教育史[M]. 上海：华东师范大学出版社，2000.

[4]朴永馨. 特殊教育和我：朴永馨口述史[M]. 北京：北京师范大学出版社，2017.